陕西师范大学史学丛书

百济·集史

冯立君 著

社会科学文献出版社
SOCIAL SCIENCES ACADEMIC PRESS (CHINA)

本书由陕西师范大学历史学重点学科建设经费
陕西师范大学优秀著作出版基金资助出版

丛书总序

在高等院校，教学科研是一般教师关注的主要对象。教师们不仅关注自身的教学科研，也关注他人的教学科研，但学校和学院高度关注的则是学科，即我们通常讲的学科建设。所谓学科建设，一般包含学科平台建设、师资队伍建设、科学研究和人才培养四个方面。学科平台建设，主要指硕士学位授权点和博士学位授权点的设置和建设、博士后科学流动站的设置和建设，另外，包括教育部人文社会科学重点研究基地的设置和建设，以及其他各类研究平台的设置和建设。师资队伍建设，主要指师资队伍的规模、职称结构、学历结构、年龄结构、学缘结构等方面。科学研究，主要指师资队伍成员从事学术研究所产出并公开发表和出版的学术论文、著作以及研究报告等。人才培养，主要指硕士学位授权点和博士学位授权点所培养的硕士研究生和博士研究生的数量、质量及其在学术界的影响和社会各行业的影响。学科建设的四个方面相互依托，相互促进，相辅相成，共同构成了学科建设的有机整体。其中，学科平台是基础，有了学科平台，有利于引进人才和加强队伍建设；有了学科平台，才能招收研究生，进行人才培养。师资队伍是核心，拥有一支合理的师资队伍，才能支撑和维持学科平台，才能有进行科学研究和人才培养的主体。科学研究是关键，科学研究的成果体现学科平台的力量，也是培养人才的前提和基础；没有较强的科学研究能力，就不可能培养出合格的人才。人才培养是目标，人才培养必须依托学科平台，同时，人才培养不但必须要有师资队伍，而且必须要有具备科学研究能力的师资队伍，才能完成合格的人才培养。

与国内大多数高校一样，陕西师范大学的历史学科建设在 2012 年之前，主要进行的是学科的外延建设。所谓外延建设，就是指增加学科的数量和规模，如拥有几个一级博士学位授权点，几个国家重点学科以及几个教育部人文社会科学重点研究基地等。随着我国改革开放的深化和综合国力的增强，民众对高等教育有更高期待，党的十八大明确提出推动高等教育的内涵发展，走以质量提升为核心的内涵发展道路，高校学科建设进入了一个新的时期，学科建设的重点由外延建设转向内涵建设。外延建设主要强调量，而内涵建设则更加注重质，外延建设为内涵建设奠定了坚实的基础。也就是说，在已有学科平台的基础上，凝练高水平的队伍，产出高水平的成果，培养高质量的人才，将成为学科发展的关键所在，而统领这三方面的正是学科特色。凡大学都应该有自己的特色，大学的特色集中体现在学科特色上。所谓学科特色，主要指在某一学科的某一领域，凝练一支高水平的研究团队，产出一系列有影响的研究成果，同时培养出一批在学术界和相关行业有影响的人才。说学科特色是学科内涵建设的灵魂，原因有三：一是从人力资源配置看，很难有一个高校有能力支撑一个学科（一级学科）所包含的所有学科领域。二是从财物资源配置看，很难有一个高校有能力支持一个学科（一级学科）所包含的所有学科领域发展所需要的财力和物力。支持学科建设不仅必须要有研究团队，而且必须要为研究团队提供从事科学研究所必需的财力和物力，如从事历史学研究所必需的场所设施、网络环境和图书资料等，只有完成人、财、物的合理配置，才能进行科学研究。三是只有发展学科特色，实现资源配置才能成本最低、效率最高。如果学科领域广泛，需要配置的文献资源也必然广泛，相应的，如果学科领域相对集中，需要配置的文献资源也相对集中，成本低而利用率高。另外，发展学科特色，易于传承学术传统，易于形成内部合作，易于产出系列成果，易于培养团队人才，易于形成学术影响，也易于保持学术影响。

　　发展学科特色需要考虑诸多因素。作为历史学科建设，要充分考虑地方历史文化，形成自己的学科优势，这种优势既能更好地服务地方，也能充分彰显自己的学科特色。要注重已有学术传统，顺应国家长期发展的重大战略目标，着眼未来，长远规划学科特色。要充分考虑学校的实力地位，谋划学校能够实现的规划，因为学科建设规划只有在人财物的可持续投入基础上才能实现。

　　陕西师范大学的历史学科，依托地处周秦汉唐历史文化中心、考古资源丰富、出土文物规格高和数量大的特点，经过几代历史人70多年的不懈努力，逐步形成了以周秦汉唐历史为主要研究领域的学科特色，中国古代史国家重点学科的获批也是对这一学科特色的充分肯定。随着国家对历史学科精细化分类管理，原来既是门类也是一级学科的历史学一分为三，调整为中国史、世界史、考古学三个一级学科。根据学校地位的变化和学校对历史学科人、财、物的持续投入状况，面对三个一级学科的评估和建设，在国家一流大学和一流学科建设中，我们面临着前所未有的巨大挑战。在严峻的挑战面前，思路必须明确，决策必须正确，行动必须快捷。环顾国内外高等院校学科建设成功者，无不具有显著特色。我们在学科内涵建设中，特色发展是唯一选择。中国史作为一级学科，我校的中国古代史和历史地理学作为两个国家重点学科，是陕西师范大学的特色学科，也是陕西师范大学的优势学科。在国内学科建设的激烈竞争中，只有加大建设力度，才能保持优势地位；而要保持传统优势学科的地位，除了加大已有建设的力度，还必须不断探索新的学科增长点，才能进一步强化学科优势，彰显学科特色。中央提出的"一带一路"建设，为地处丝绸之路起点的陕西师范大学历史学科发展迎来了难得的发展机遇，学院"丝绸之路历史文化研究中心"的建立，不仅顺应了国家重大战略需求，也是历史学院探索新的学科增长点的体现。中国史升格为一级学科后，发展中国近现代史学科势在必行，而从时间和空间上看，中国近现代史学科的研究领域同样极为广泛，我们也必须选择某一领域，重点建设，特色发展。西北地区的近现代史研究是中国近现代史研究的重要组成部分，把西北地区的近现代史作为陕西师范大学中国近现代史学科的发展方向，同样具有明显的地域优势，也必将成为陕西师范大学的学科特色和新亮点。

此外，文物博物馆学也是学院谋求学科建设发展特色的一大发力点。2008年1月23日，中宣部、财政部、文化部和国家文物局联合下发《关于全国博物馆、纪念馆免费开放的通知》。根据该通知，全国各级文化文物部门归口管理的公共博物馆、纪念馆，全国爱国主义教育示范基地将全部实行免费开放，博物馆已成为国民素质教育的重要基地。在全国范围内，博物馆如雨后春笋，发展迅猛，但博物馆学的专业人才明显不足，这就为高等院校博物馆学人才培养提出了新的要求。陕西是考古大省、文物大省，更是博物馆大省，博物馆的人才需求也相对较大。基于地缘优势和省内学科建设差异化发展的思路，我校在考古学学科下重点发展博物馆学，经过十多年的发展，取得了一定成就，陕西省文物局与我校签订战略合作框架协议，国家文物局在陕西师范大学设立"国家文物局人才培训示范基地"，充分说明我校重点发展博物馆学符合陕西省和国家对博物馆人才培养的需求,特色建设博物馆学的思路得到了肯定和支持。我们将在国内博物馆学研究的基础上,学习、借鉴、吸收国外博物馆学的理论和方法,深入探索努力构建我国博物馆学的学科理论体系,彰显陕西师范大学博物馆学的学科特色。

彰显学科特色的要素很多,但产出颇具影响的系列研究成果尤为重要。为此,学院设计出版"陕西师范大学史学丛书"。丛书的内容广泛,涉及中国古代史、中国近现代史、俄国古代史、中西史学比较、中东历史与国际关系等。希望通过出版本套丛书,集中展现学院教师近年来学术关注的领域和成就。鉴于本丛书是在陕西师范大学大力推进一流学科建设的开启之年规划的,故以一流学科建设的思路代为本套丛书之总序。

何志龙
陕西师范大学长安校区文汇楼
2019 年 3 月

目　录

序论：汉唐时代与百济历史 …………………………………… 001

第一编　百济史事撷要 …………………………………… 028
 一　百济起源、王系与国号 …………………………… 028
 二　百济核心区及文化遗产 …………………………… 049
 三　百济与外部世界的关系 …………………………… 056
 四　百济的灭亡及遗民动向 …………………………… 068

第二编　百济史料提要 …………………………………… 078
 五　中国正史中的《百济传》 ………………………… 078
 六　《三国史记·百济本纪》 ………………………… 097
 七　其他汉文典籍相关记载 …………………………… 133
 八　金石文与考古文物资料 …………………………… 213

第三编　百济学史述要 …………………………………… 250
 九　中国学者的百济史研究 …………………………… 250
 十　日本学者的百济史研究 …………………………… 287
 十一　韩国学者的百济史研究 ………………………… 336
 十二　百济研究专刊论文总目 ………………………… 384

附　录 ………………………………………………………… 449

后　记 ………………………………………………………… 450

表目录

表 1-1	百济历史年表	029
表 1-2	百济王系	042
表 1-3	百济历代王位传承方式	042
表 1-4	百济国王的巡幸	044
表 1-5	百济国王的祭祀	045
表 1-6	熊津的称呼流变一览	049
表 1-7	泗沘的称呼流变一览	050
表 1-8	韩国世界文化遗产"百济历史遗迹区"简表	051
表 1-9	百济的内外官、六佐平与五部、五方	052
表 1-10	百济与新罗的官阶区分	052
表 1-11	百济王从晋—唐受册封爵号、官号一览	060
表 1-12	唐代册封百济王室带方郡王一览	061
表 1-13	百济向隋唐遣使一览	061
表 1-14	百济对中原遣使/来使统计	063
表 1-15	百济战争记事统计	065
表 1-16	百济外交记事统计	065
表 1-17	百济天灾地变记事统计	069
表 1-18	百济系日本人的动向	072
表 1-19	西日本地区朝鲜式山城一览	073
表 1-20	新罗的九州、五小京、十停	075
表 2-1	《三国史记·百济本纪》内容分析	098
表 2-2	武周新字与旧字对照示意	223

表号	表名	页码
表 2-3	忠南大学百济研究所"学术研究丛书"部分书目	235
表 2-4	圆光大学马韩·百济文化研究所遗迹调查与发掘报告书书目	235
表 2-5	韩国国立扶余博物馆百济史相关书目	239
表 2-6	韩国汉城百济博物馆百济史相关书目	242
表 2-7	韩国国立公州博物馆百济史相关书目	245
表 2-8	忠清南道历史文化研究院发掘调查报告	247
表 3-1	中国学者百济史研究论著一览	273
表 3-2	《三国史记·百济本纪》关于百济、中国交涉关系记事与相关史书对照	292
表 3-3	战后日本百济史论文一览	300
表 3-4	战后日本百济史著作一览	331
表 3-5	周留城·百济文化开发研究院历史文库书目	338
表 3-6	忠清南道历史文化研究院"百济文化史大系研究丛书"书目	355
表 3-7	忠清南道历史文化研究院其他百济相关资料	356
表 3-8	忠南大学百济研究所"百济研究丛书"部分书目	356
表 3-9	汉城百济博物馆"百济学研究丛书"书目	357
表 3-10	汉城百济博物馆"百济史争论"系列学术会议	357
表 3-11	韩国历年百济研究博士学位论文总览	359
表 3-12	韩国学界百济对外关系研究主要论文目录	362

图目录

图 1-1	首尔梦村土城	047
图 1-2	首尔风纳土城	048
图 1-3	公州市鸟瞰	048
图 1-4	扶余郡远眺	049
图 1-5	武宁王陵金冠饰	055
图 1-6	公山城	055
图 1-7	百济金铜大香炉	056
图 1-8	扶余郡陵山里寺址石造舍利龛铭文	066
图 1-9	武宁王陵内部	067
图 1-10	梁元帝《职贡图》百济使者形象	067
图 1-11	锦江（公州附近）	075
图 1-12	百济泗沘王京遗址西北方水井遗址	076
图 1-13	扶余郡定林寺址五层石塔	076
图 1-14	益山王宫里寺塔	077
图 1-15	益山弥勒寺址石塔	077
图 2-1	《中国正史中的朝鲜史料》	096
图 2-2	《中国正史百济传研究》	097
图 2-3	《译注中国正史外国传》丛书	097
图 2-4	韩国首尔奎章阁藏《三国史》	131
图 2-5	日本东洋文库版《三国史记》译注	132
图 2-6	韩国学中央研究院新版《译注三国史记》	132
图 2-7	吉林大学版《三国史记》	132

图 2-8	韩国出版的《资治通鉴》版本	212
图 2-9	国史大系版《日本书纪》	212
图 2-10	津田左右吉关于《日本书纪》等的研究	213
图 2-11	《南北汉文典》古代卷	213
图 2-12	《百济以后,百济》	248
图 2-13	《百济的冠》	248
图 2-14	《扶余王兴寺舍利庄严具》特别展,2019 年,韩国国立扶余博物馆	249
图 2-15	韩国国立中央博物馆出版百济相关发掘报告	249
图 2-16	百济文化财研究院文化遗迹调查报告书	249
图 2-17	卢重国等合著《从金石文中阅读百济》	249
图 3-1	拜根兴《唐代高丽百济移民研究》韩文版	286
图 3-2	韩昇《东亚世界形成史论》	286
图 3-3	《历史研究》	286
图 3-4	《朝鲜·韩国历史研究》	286
图 3-5	《延边大学学报》	287
图 3-6	《当代韩国》	287
图 3-7	《韩国研究论丛》	287
图 3-8	《社会科学战线》	287
图 3-9	今西龙	334
图 3-10	今西龙著作	334
图 3-11	今西龙的《京畿道高阳郡北汉山以及调查报告书》	335
图 3-12	韩国近年翻译出版的今西龙作品(《新罗史研究》)	335
图 3-13	轻部慈恩	335
图 3-14	《轻部慈恩的百济研究》	336
图 3-15	日本出版的百济相关著作	336
图 3-16	申滢植《百济史》	382
图 3-17	首尔特别市市史编纂委员会《汉城百济史》	382
图 3-18	卢重国《百济政治史》	383
图 3-19	卢重国《百济的对外交涉与交流》	383

图 3-20	朴淳发《百济的都城》	383
图 3-21	汉城百济博物馆学术会议海报	383
图 3-22	韩国国史编纂委员会《韩国史》百济卷	384
图 3-23	朝鲜社会科学院《朝鲜断代史》百济史卷	384
图 3-24	《百济学报》	447
图 3-25	《百济文化》	447
图 3-26	《百济研究》	448
图 3-27	《马韩·百济文化》	448

序论：汉唐时代与百济历史

在汉唐时代，从百济历史中可以"发现"东亚：以百济为国号的人群共同体及其文明，活跃于与周邻世界多元而密切的联系之中，这映现出百济作为汉唐东亚枢纽而非边缘的历史内涵。而关于百济的历史书写，一类是"他者"的历史记录，包括中国、日本和新罗—高丽三个系统；一类是带有不同程度"自我作古"意味的百济人群历史遗迹，包括考古资料和金石文等，全面解读这些散布于今日东亚各地的不同史料，是深化百济与东亚研究的根本途径。如果以第二次世界大战结束为分水岭，汉唐百济研究的学术史可分为两部分：1945年以前，中国学者虽最先涉入，但日本学者的调查发掘和研究唱主角；战后，半岛学者的系统考古和精细研究逐渐成为主力。近年来，中国学者通过汉唐史与东亚史的交叉、细绎汉文坟典、追寻新出史料，初步确立中国风格的区域史研究新格局，将为推动欧亚史整体进展做出贡献。

作为东亚史的百济史

西嶋定生提出"东亚世界论"学说，用以描述古代东亚地区因与中国的政治与文化紧密关系而形成的单独的历史世界：以古代中原王朝、朝鲜半岛、日本列岛为主的东亚区域，在政治上主要是以册封体制来结为君臣关系，文化上则以汉字、律令、佛教、儒学等共通要素构成汉字文化圈。[1]

---

[1] 〔日〕西嶋定生：《六—八世紀の東アジア》，《岩波講座日本歷史》第2卷，東京：岩波書店，1962。《東アジア世界と冊封體制—六—八世紀の東アジア》，《中國古代國家と東アジア世界》，東京：東京大學出版会，1983；《西嶋定生東アジア史論集》第3卷《東アジア世界と冊封体制》，東京：岩波書店，2002；《東亚世界的形成》，刘俊文主编《日本学者中国史研究论著选译》第二卷，高明士译，中华书局，1993，第88—103页。

这一学说是一种几近于教科书式的理论范式，对于东亚史研究影响深远。在日本学界，泊乎堀敏一[①]、金子修一[②]、李成市[③]等学者，主要从中原王朝与北方的北亚、西方的中亚诸民族之间联系的角度，或提出"羁縻体制论"对"东亚世界论"予以完善，或转而提倡"东部欧亚世界论"对西嶋定生这一蜚声国际的学说进行多层面的反思。韩国学界和中国学界也受到东亚世界论的不同影响，韩国学界的主流长期致力于实证细化以朝鲜半岛为中心的东北亚史；中国学界在吸收东亚世界论的基础上进行了艰难摸索，树立了有特色的东亚史研究范式。[④]

在东亚世界论之外，越来越多的研究者以多角度的个性化研究，塑造了汉唐时代东亚历史研究的新面貌，在这一波澜壮阔的学术大潮之中，居于中原内地、内亚草原、日本列岛之间的朝鲜半岛的历史地位日益凸显，以之为对象的研究实践和理论总结，构成东亚史极为重要的一环。由于史料的丰寡、学者"在地化"的程度[⑤]，以及史观的影响等因素，学者们具体对于汉唐时代诸如高句丽、百济、新罗、加耶等政治体的细化研究着力相当不均衡。特别是百济史，无论是治汉唐史者还是治东亚史者，都关注较少，大量的注意力被吸引到鼎盛时期版图横跨鸭绿江两岸的高句丽，以及被誉为与唐朝建立朝贡关系的最佳"典范"——新罗。

[①] 〔日〕堀敏一：《中国と古代東アジア世界：中華的世界と諸民族》，東京：岩波書店，1993。《東アジア世界の形成：中国と周辺国家》，東京：汲古書院，2006；《東アジア世界の歴史》，東京：講談社，2008；〔日〕堀敏一《隋唐帝国与东亚》，韩昇、刘建英编译，兰州大学出版社，2010（云南人民出版社2002年首版）。

[②] 〔日〕金子修一：《古代東アジア研究の課題——西嶋定生・堀敏一両氏の研究に寄せて——》，（専修大学社会知性開発研究センター《東アジア世界史研究センター年報》一），2008；《東アジア世界論の現在》（2015年度駒沢史学会大会記念講演），《駒沢史学》第85号，2016，第67-75頁，特别是金子先生最近在旧作《隋唐の国際秩序と東アジア》（東京：名著刊行会，2001）基础上，改定增补的厚重之作《古代東アジア世界史論考》（東京：八木書店，2019）。

[③] 〔日〕李成市：《東アジア文化圏の形成》，東京：山川出版社，2000；《古代東アジアの民族と国家》，東京：岩波書店，1998（2014年再版）；〔日〕李成市《日本历史学界东亚世界论的再探讨——兼与韩国学界的对话》，王坤译，《唐史论丛》第21辑，2015。

[④] 关于"东亚世界论"的学术谱系，参阅冯立君《东亚抑或东部欧亚？——隋唐东亚关系史研究的理论、范式与成果》，《江海学刊》2019年第2期；冯立君：《唐朝与东亚》，社会科学文献出版社，2019，第7—41页。

[⑤] 由于中国或东亚广大区域内部文化与社会发展相当不平衡，当研究者"生活身份"与"研究对象"之间契合时，社会学家称作"在地化"。可参阅杨念群《"在地化"研究的得失与中国社会史发展的前景》，《天津社会科学》2007年第1期。

实际上，百济在东亚国际关系中的角色不可或缺，其历史内涵丰富多彩。在汉唐时代，百济的对外关系可以视作朝鲜半岛南部与东部欧亚存在广泛的文化联系的具体案例，百济的历史脉络——包括其起源（夫余人南下）和覆亡（唐朝、新罗联军攻灭）——无不与汉唐王朝海东政策息息相关。从政治势力的移动、族群的凝聚等具体问题域切入，百济史也存在跳出半岛视角迈入更广阔视野的可能。汉末至唐初，中国大陆大体处于秦汉、隋唐两次大一统时代中间的分裂期，其间天下秩序崩毁、政治中心多元并存，北方诸民族南下中原，先后建立一系列政权，异域文明和外来人群交相涌入华夏，由此唐代中国与汉代中国之间，无论国家气质、人群本体、文明形态、生活方式、社会面貌等都大为不同。中古中国史的魅力或许恰在于此，它虽然战乱频仍，但文化多元并包，民族混杂交融，社会急剧变化，外部关系多姿多彩，吸引着众多学者投身于中古史探究的名山事业之中。在中原王朝的周邻世界，东亚地区在汉唐时代也在不断摄取汉字文化而飞速发展，向中国派遣使节，吸取华夏文明，创立国家组织，完善律令制度，增强君主权力，大量使用汉字，引入佛教与儒学等。其时，朝鲜半岛南部主要是百济（公元前18—660）、新罗（前57—935）以及二者之间长期存在的加耶诸国，其北部则是自辽东一带鸭绿江流域崛起的高句丽（前37—668）。随着汉晋时代所建立的乐浪诸郡最终沦陷（313年前后），高句丽与百济、新罗之间因被"凿空"而接壤，"海东三国"间的"战争与和平"长篇大剧拉开序幕，一直持续到7世纪中叶唐朝先后敉平百济和高句丽。与此同时，日本列岛上邻近大陆的西部地区兴起古代国家，它们先后通过朝鲜半岛或直接派遣使者来到中国，也大力引进汉字文化，其所作所为大多与高句丽、百济、新罗类似，但有一点却截然不同：汉唐时代海东三国与中原王朝建立了长久、紧密的册封关系，逐渐形成其君主登基之初即遣使朝贡并求取册封的惯例，中原王朝在颁赐王号的同时，也授予其爵号、官号等本朝内臣才有的头衔；而日本除极短暂的时期外，长期游离于此政治体制之外，隋代尤为明显，隋倭甚至出现"国书争端"①。唐朝大举进攻百济时，倭国站在唐军对立面扶助百济王室残余势力，663年白江口唐朝水军全歼百济与倭国（其后才更名为日本）联军之

---

① 〔日〕堀敏一：《日本与隋唐王朝之间的国书》，〔日〕堀敏一《隋唐帝国与东亚》，韩昇、刘建英编译，兰州大学出版社，2010，第69—88页。

后，日本对外政策转入内敛收缩，不断派出遣唐使到中国学习。东亚地区尤其是在大力摄取以汉字为载体的华夏文明（其中包含取道中国而来的其他欧亚文明因素），以及与汉唐诸王朝建立紧密的政治关系这两个方面引人瞩目。

百济原为半岛西南一隅小国，通过兼并马韩诸部、蚕食带方郡故地，逐渐壮大，统治中心最初在汉水中下游的汉城（今首尔一带），在与新罗、高句丽争霸中丧失了汉水流域，先后迁都熊津（今忠清南道公州）、泗沘（今忠清南道扶余郡）。百济后期外交转向联合高句丽、倭国合纵夹击新罗，但是悲剧的是，在唐朝对东亚的军事行动中最先被灭亡（660），其残余势力与倭国水军曾在白江（今锦江）口与唐朝大军作战，史称白江之战（663）。唐朝在其故地设置了马韩、熊津等五都督府及带方州，八年后唐朝在平壤设置安东都护府。百济史无疑是汉唐时代研究的重要内容，其学术价值与实际受到的关注高度不符。从汉唐时代的百济历史可以"发现"东亚，同时，只有在东亚的历史脉络中才能理解百济历史。本书借助前辈学者强有力的肩膀，尝试从宏观视野出发，以具体实证案例作为支撑，整体把握汉唐时代与百济历史这一研究课题的研究内涵、历史书写以及学术谱系三个问题。

研究内涵即历史内涵，作为汉唐时代史重要内容的百济历史，其研究范畴、旨趣、路径是什么，其所应致力于研究的问题有哪些，历史书写，一方面关乎反映600多年的百济史内容的各种文献材料，它主要包括史籍、碑志、文书等文字性材料，另一方面则关乎百济人所留存于世的物质性材料，举凡考古遗迹、文物皆包含在内，除了揭櫫它们的类别，还涵盖解题性质的总结。学术谱系，则是希望能将近代学术兴起以来东亚各国学者对于百济的研究进行回顾和反思，继往开来。这三个问题对于作为东亚史的百济史而言是基础问题，希望我们的总结和评论，能为深化东亚史和相关领域研究提供有益参考。

汉唐世界的边缘抑或枢纽：百济历史的内涵

在汉唐时代，从东亚可以发现百济，从百济也可以发现东亚。这是百济政治体一个与众不同的特性：面对逐步走向统一并最终统一了的中原王朝（巨型王朝隋唐帝国），东亚的高句丽、百济、新罗、倭国诸国，表现各异，相较之下更能观察到百济的独特抉择，在军事上它不像高句丽那样穷兵黩武和桀骜不驯，在外交上它不若新罗那般贴紧中原王朝且身段柔软，在对待中华文化上它又不像倭国那样既自大又自卑，它是一个广泛联结汉字文化圈的文明使者角色；它对中原王朝相对温和但又相当倔强，它与高句丽和新罗都曾长期为敌、旷日持久地对抗，但总是旗帜鲜明地化敌为友或者出人意料地与盟友割席决裂；百济实际上是朝鲜半岛4—7世纪历史舞台的一个被忽视的重要角色，它精彩的演出不幸被两个更为吵闹而惹眼的对手成功抢镜。

百济既居于朝鲜半岛的中间衔接部位，也是周邻东亚世界的某种地理枢纽：从百济出发，跨汉江往北是高句丽，越加耶向东是新罗，南渡海抵倭国，西涉洋至中原。不仅如此，倭国接受汉唐文化主要的中介渠道就是百济，越来越多的考古资料显示新罗接受的华夏文明也有相当多来自百济。百济自身的文化要素也是多元文明的产物，例如卢重国等人揭示出来的内亚文化要素。① 然而隋唐时代，百济既不是新兴统一帝国东方政策中摆在首位的打击和清除对象，也不是他们在这一过程中首要积极争取的合作对象，而是实施此政策可能牺牲的对象。似乎隋唐帝国的措置体现出百济在东亚的某些边缘特征，并且历史本身即战争的结局使百济以历史诉说的失语者/沉默者形象示人，更加剧了这一错误印象。历史学家的任务，也包括为失语者发声。实际上，新罗的统一，首先要抹杀的是近在咫尺的百济土地上的记忆。显然，百济自身的历史书写，经过后期新罗近三百年的侵蚀，已然散失殆尽，但正是因为百济是一个被多方关注的"中心性"角色而非边缘，它的历史记录在中国和日本史书——甚至在新罗的历史书写中也无法磨灭而顽强存活，学者们仍将充分地利用这些史料，更多地重现百济与东亚历史的原貌和细节。

既然百济并非汉唐世界的边缘，相反，具有地理中间区位和文化中介作用，那么百济史究竟蕴含着哪些可以映照出东亚史的重要内容？换言之，当谈论"百济史"时，我们究竟在谈论什么？那一定不是抄袭金富轼的编年史，按时序叙述从温祚王到义慈王、扶余隆的陈年旧事，而是以采撷的问题为中心，探究在600余年的时间里以百济为国号的人群及其创建

---

① 〔韩〕노중국：《백제의 대외 교섭과 교류》，지식산업사，2012，159-161쪽；冯立君：《百济与北族关系问题》，《韩国研究论丛》2016年第2期。

和发展的政体与文明,特别是勾连的内外联系、产生的历史意义。

下面所列举的问题是百济史的代表性课题,既关乎其历史建构的根基,又深具接连东亚史的延展特性。前贤的辛勤耕耘,业已各显神通地揭示出百济史的不同面相,但是国际学界至今为止却只有一部出版于近30年前的《百济史》。① 这和新罗史、高丽史等领域反差悬殊,② 百济史固然存在史料稀缺的根本原因,但掩饰不了一个令人尴尬的事实:百济之于汉唐时代的东亚区域是某种枢纽,百济研究在汉唐史和东亚史研究中却都属边缘领域。

百济历史空间与核心区问题。百济存续的六个多世纪中,先后有两次规模较大的迁都:第一次在475年,百济盖卤王在与高句丽的战争中被杀,王都沦陷,国力受重创,文周王被迫南迁熊津;第二次在538年,百济圣王主动"移都于泗沘",泗沘又名所夫里,百济由此还改国号为"南扶余"。③ 两次迁都分别标志着新的时代开端,学界一般据此将百济史划分为以汉城、熊津、泗沘为都邑的三个时期,称为汉城百济、熊津百济、泗沘百济。百济的疆域历时性变化较大。

百济最初属于"三韩世界"的一隅小国,常受马韩的支配性影响。随后百济不断拓展,仅在温祚、多娄二王时期,就与"靺鞨"、乐浪作战十余次,在北边修筑城、栅。1世纪中叶后,百济已占领所夫里以北大片土地,雄踞半岛西南。百济将原马韩势力圈都纳入辖境后仍不断向四周扩展疆域。1—3世纪,百济对辰韩—新罗始终处于积极进攻的态势中。2世纪中后期攻占小白山(横跨今韩国忠清北道丹阳郡和庆尚北道荣州市的山

---

① 〔韩〕申滢植:《百济史》(신형식:《백제사》,이화여자대학교출판부,1992)是目前唯一一部《百济史》(不计在野学者)。虽然韩国国史编纂委员会的多卷本《韩国史》有百济专卷,学者们也合撰过百济史概论,但这些论著出自众手,难以反映通贯的百济史。即便是申滢植《百济史》这部开创性作品,也是专题史,全书实由六大专题构成:百济史理解的展开;文献中出现的百济社会;百济的成长与发展;百济的统治结构;百济的对外关系;百济的文化。作者申滢植还著有《百济的对外关系》(《백제의 대외관계》,주류성,2005)、《新罗通史》(《신라통사》,주류성,2004);《高句丽史》(《고구려사》,이화여자대학교출판부,2003);等等。

② 例如,关于近五百年高丽史(918—1392年),目前至少两种大部头的通史行世:金庠基:《高麗時代史》,首尔:首尔大学出版部,1985年首版;朴龍雲:《高麗時代史》(上下册),首尔:一志社,1988—1989年首版。前者是按照王代顺序的传统方式叙述高丽时代发展史,后者则是一种笼统划分高丽前期、高丽后期的专题史。

③ 〔高丽〕金富轼:《三国史记》卷二六《百济圣王本纪》,杨军校勘,吉林大学出版社,2014,第314页。

脉）以南广大土地，3 世纪后则对小白山以东新罗国土展开攻击。向南，迄至 3 世纪末基本完成对弁韩故地的吞并，隔蟾津江与加耶为邻。

313—314 年西晋乐浪、带方两郡沦陷后，百济国境始与高句丽相接，二者间的竞逐开始。百济在 371 年倾举国之力发兵北上，围困平壤城，高句丽故国原王中箭身亡，高句丽南下受到有力阻挡。但在高句丽好太王（又称广开土王）时期，百济北方疆土不断丧失，475 年百济盖卤王又在与之作战中亡故。在不可避免的迁都熊津的同时，百济丢失居于朝鲜半岛最重要的战略要冲——汉江下游地带，由此在列国争霸中处于相对不利的境地。百济后期复被新罗西进所败，国土日蹙。554 年对新罗的管山城战斗，百济圣王战死，全军覆没，实际再无能力东山再起。《大唐平百济国碑铭》载，唐军 660 年渡海灭百济后，"凡置五都督，卅七州二百五十县，户廿四万，口六百廿万"①，三十七个州二百五十个县的辖境显然仍是相当广袤的。

概言之，今天韩国国土西半部大体即为百济核心历史空间，在公州及其毗邻的扶余郡分布有百济王都遗迹和贵族墓葬便是其代表。2015 年 7 月 4 日，在德国波恩举行的第三十九届联合国教科文组织（UNESCO）世界遗产委员会会议上，韩国的百济历史遗迹区（Baekje Historic Areas）被列为世界文化遗产。该遗址区包括公州、扶余、益山的八处百济遗迹：公州公山城、松山里古坟群和武宁王陵、扶余的官北里遗址和扶苏山城、定林寺址五层石塔、陵山里古坟群、扶余罗城、益山王宫里遗址、弥勒寺址。这样一种长时段范围内经由政治权力所凝聚而起的人群在某一地理空间移转的历史，研究者结合历史地理方法，把握其共时性的相对稳定和历时性的相对变化是极为重要和必要的（譬如百济都城和地方制度、贵族与官僚体制等所昭示的）。

百济的起源与国号问题。百济的建国记事与高句丽、新罗的卵生始祖和神话色彩的创国记事大为不同，有自己的特色。关于始祖王的叙事，《三国史记》表述为高句丽第一代王朱蒙之子温祚，而在中国史书中则多表述成仇台在带方一带建国，例如《周书·异域·百济传》："百济者，其先盖马韩之属国，夫余之别种。有仇台者，始国于带方。"② 在《三国史

---

① （唐）贺遂亮：《大唐平百济国碑铭》，《全唐文》卷二〇〇，中华书局，1983，第 2026 页。
② 《周书》卷四九《异域·百济传》，中华书局，1971，第 886 页。

记·百济始祖温祚王本纪》中，温祚王的建国历程始于从夫余政权的分离迁徙："温祚都河南慰礼城，以十臣为辅翼，国号十济。"① 对于温祚选择的"河南之地"的形胜，史书借大臣之口赞美说，"北带汉水，东据高岳，南望沃泽，西阻大海"，具有"天险地利，难得之势"。温祚的身份是朱蒙的第三子，朱蒙的太子是北夫余所生子孺留，沸流、温祚同为卒本的召西奴所生。朱蒙—孺留一系在卒本脱离北夫余政权，创建高句丽；温祚则在慰礼城创建百济，二者王室都与夫余存在关联，且百济王室以"扶余"为姓。中国史书有时称其为夫余别种，有时将之与马韩对应，其间固然有北朝、南朝对百济历史与地理认识差异的客观因素，但实际上，应将夫余别种理解为其上层王族及统治者，马韩则是其原始国土圈域及其人民。立国于带方的叙事则与马韩叙事相类，同属于地理的指涉。因此较为合理的解释是，夫余上层贵族势力南迁至被中原目为带方故地或者马韩故地的汉江流域建政，统合了当地后马韩时代诸部落，凝聚为新的百济政治体。

同起源问题密切相关的是国号问题。温祚王记事可见得名于十大辅臣襄助之意的"十济"是最初政权的名称，同书后文又记载说："后以来时百姓乐从，改号百济。"唐代杜佑《通典》则提供了另一种说法："初以百家济海，因号百济。"② 这些解释都相当文雅，似乎是后来百济汉字文化较为成熟之后的附会，就如同将本为"徐那伐"转音的"斯卢"/"新罗"国号与复杂的汉文"网罗四方，德业日新"③ 相联系一样，是东亚政治体受容华夏文明之后对土著文化的改造。因此杜佑的说法可能来自百济对中原的自称。而相对的，《三国史记》的说法则可能是百济官方自我书写所传承的一种解释。在中原史书中，百济国号来源与马韩诸国中的伯济相联系，例如《三国志·东夷传》关于马韩有五十余国的记载说："各有长帅，大者自名为臣智，其次为邑借，散在山海间，无城郭。"诸国之中就包括伯济国。④ 在范晔《后汉书》中则将伯济单独抉出，列为弁辰之一⑤。与陈寿相比，范晔的历史书写应当是其时百济已经崛起并与南朝密切往来的历史投射。"伯济"的影响远及后世，直到唐开元年间，册封给内蕃百济

---

① 《三国史记》卷二三《百济始祖温祚王本纪》，第274页。本书除引文外，对于汉魏时代东北的古族古国夫余一律写作"夫余"而不是"扶余"。
② 《通典》卷一八五《边防·百济》，中华书局，1988，第4990页。
③ 《三国史记》卷四《新罗智证麻立干本纪》，第44—45页。
④ 《三国志》卷三〇《魏书·韩传》，中华书局，1982，第849页。
⑤ 《后汉书》卷八五《东夷·三韩传》，中华书局，1965，第2818页。

王室后裔的爵号仍写作"伯济带方王"①。而在5世纪初高句丽好太王碑的书写中，百济被镌刻成带有蔑视意味的"百残"，8—9世纪回鹘可汗派往东方的使者发回的报告即《北方若干国君之王统叙记》则将称百济为"蛮子百济"（Mon-ba-beg-tse）。② 高句丽人、回鹘人口中的"百残"或"beg-tse"大体和古代朝鲜半岛语言中"百济"读音相类，与中古汉语读音也十分接近。③ 此外，百济以泗沘为都时期，改国号"南扶余"，这又与百济早期与夫余—高句丽的紧密联系有关。由此可见百济王室一直保留着浓厚的夫余意识，④ 北族文化在其政治文明中的作用显然被更多明显的南朝文化受容现象遮蔽了。百济国号问题是百济与汉唐世界广泛联系的良好例证。

百济与外部世界的联系问题。百济与周边世界的交往多元而丰富，这一问题牵涉广泛，也是中国学者用力较多的领域。汉魏时代，百济早期与乐浪、带方等边郡交往，可视作以之为途径吸收中原先进文明。带方郡故地纳入百济，其实仅从政治文明传承的角度而言，极大地促进了百济的飞跃，这和汉唐时代中原边郡对邻近民族发展的促进作用是一致的。百济同新罗、加耶的战争与交流，同高句丽的互竞争雄，导致列国合纵连横，有学者将其归纳为"力学关系"。⑤ 战争、外交、交流等不同形式的互动，促使包括马韩、辰韩、弁韩在内的部落联盟体解体。百济诸国调动各种资源提升实力，不断与对手展开全面竞争，争当"三韩世界"新的主导者。例如，百济对中国将军号授予的重视，旨在对内抑制国内贵族，对外抵制外压积极争霸。⑥ 百济构筑的外交堡垒，同样丰富多彩。最受研究者关注的是百济—南朝之间的文化频密交流，这一方面反映在文献史料的叙事中，另一方面被南京、公州、扶余等地的考古发现所证实。其中典型的是武宁

---

① 《旧唐书》卷二三《礼仪志》，中华书局，1975，第907页。点校者将"伯济"改为"百济"。
② 王尧、陈践译注：《P. T. 1283号〈北方若干国君之王统叙记文书〉解题》，《敦煌吐蕃文献选》，四川民族出版社，1983，第159-161页。
③ 冯立君：《高句丽与柔然的交通与联系》，《社会科学战线》2016年第8期；冯立君：《百济与北族关系问题》，《韩国研究论丛》2016年第2期。
④ 〔韩〕양기석：《백제 문화의 우수성과 국제성》，《百濟文化》40，2009。노중국：《백제의 고대동아시아 세계에서의 위상》，《百濟文化》40，2009。배재영：《백제의 부여 인식》，《百濟文化》41，2009。
⑤ 〔韩〕盧重國：《高句麗・百濟・新羅사이의 力關係變化에 대한 一考察》，《동방학지》28，1981。
⑥ 〔日〕井上直樹：《백제의 왕호・후호・태수호와 장군호- 5세기 후반 백제의 지배질서와 동아시아 -》，《백제학보》25，2018。

王陵墓室的结构样式，与南朝如出一辙。政治交流的密切与文化传播的深入互为表里，这的确是值得书写的一笔。百济与东晋南朝的亲密关系及其后与隋唐关系日益趋于"实利外交"的变化，实际上应以其自身发展来思考，而非以中原王朝的立场或百济最终成为第一个被灭亡者的"后见之明"来逆推。百济后期对外策略是自立、自主的，这是一个首要前提。历史本身混沌纷繁，我们并不赞成将百济亡于唐朝的结局与其采取的外交政策简单对应（特别是后者决定前者的论调），政权覆亡事件中还有相当多军事、政治、地理等偶然因素。百济与江南政权之外的其他势力的交往同样应该得到重视，中原史籍记载盲区不少，非中原政体不易得到记录，目前有一些钩沉辑佚之作已然通过非汉语文献信息，撬开历史之门，揭示朝鲜半岛和内陆亚洲的联系，这也是东亚史应予注意的一面。

百济在东亚文化传播互动过程的中介角色是饶有趣味的问题。这又涉及百济与日本独特的交流样态。汉字无论是作为文化载体还是文化内容，百济传播的汉文典籍都是倭国受容华夏文明的重要渠道。因为百济在朝鲜半岛力学关系中的排斥力，通过海路与倭国之间的文化交流显得有趣而又自然，是其积极外向发展的某种映射。与6世纪之前的高句丽、6世纪之后的新罗的大陆通交相比，百济同南朝的关系方面与二者不分轩轾，但百济同倭国的联系无疑却稍胜一筹。百济后期与高句丽"结盟"对抗唐与新罗，倭国加入百济一方，百济、倭国二者内在联系强韧，成为影响倭国内政以及东亚全局的重要一环：最典型的莫过于倭国将具有质子性质的百济王子护送回百济故地从事反唐运动，并以军事武装给予扶持。然而，白江口展开的决定性水战，重创百济与倭国势力，导致参与百济战事武装力量的覆灭命运以及倭国内政的大崩盘、大转向。百济复国运动的最终失败，使唐朝羁縻府州体系在半岛自南向北加速推进。

百济对外关系的特质。如果说新罗外交特点是"柔软"，高句丽则无疑是"倔强"，那么百济或许可用"坚韧"概括。百济与新罗、高句丽、加耶、耽罗等组成第一层外交圈，又与周围的中原王朝、内亚政体、日本列岛构成更大范围第二层外交圈。在两层外交圈域中，百济与新罗、高句丽互竞称雄的目标指向越来越明显，百济的最低目标与新罗一样，都是"统一三韩旧地"，[1] 那么百济外交理所当然是为这一目标争取最佳外部环

---

[1] 王小甫：《新罗北界与唐朝辽东》，《史学集刊》2005年第3期。

境。而统一三韩旧地的核心和首要步骤是争夺汉江下游和出海口。百济虽有贪安的君王，但从未有偏安锦江以南的论调，相反即使两位国王战死也未阻遏其不断北进的步伐，此即其开拓精神。为统一三韩，百济积极西通中国、东联倭国：中国的册封和倭国的援助"同盟"有利于从形式上、法统上、国际上以及军事上压制各阶段首要敌人，倭国的武力援助则已证明是强敌环伺的百济的一剂强心针。百济538年出于国防考虑第二次迁都到锦江更下游的泗沘，虽然一度"中兴"，但从国家发展来看，毕竟是遭到了围堵而削弱。然而，百济始终没有放弃恢复北方汉江流域疆土的努力，它以马韩、带方故地以及汉江中下游地区的土地和人口为诉求，不断地反抗高句丽和新罗。在这一过程中，目标从未改变，也没有打过折扣，但同盟者和敌对方则在新罗和高句丽之间变换了不止一次，合弱制强，保持着一种坚韧不拔。百济坚持自主、自立的外交道路，始终遵循的是追求自身核心利益，即，谁占据汉江，谁就是头号死敌。百济诸多政策，从中原王朝立场绝难理解，但考虑到其核心关切，则全盘可解。

另外，这种"坚韧"在外力重压之下难免"峣峣者易折"。隋唐巨型帝国形成以后，百济等国在南北分裂时代推行"两面外交"的故技虽不能再施，但百济却从未屈服隋唐解除辽东问题过程中带来的强大压力。这多少反映出百济外交的思维定式，同时也是百济固守自身核心利益的必然要求：百济与隋唐帝国辽东之役总体战略存在结构性冲突。百济之地的掌控者，能够东联新罗、北攻高句丽、西通大陆、南渡日本——无论是百济、唐朝还是此后的新罗无不如此——百济战略地位的特殊性，导致百济在唐高宗时期海东政策调整之后最先被确定为攻灭的第一对象。

百济的灭亡与复国浪潮。百济灭亡蕴含着丰富的国际国内因素。隋唐巨型帝国的创建，是欧亚史上汉末以来重要的划时代变化。中国王朝四百多年的内部分裂、对抗以及多中心格局，使得内亚边疆和周邻世界人群聚合能量，不断突进、碰撞、组合、联动。自隋朝一统南北以来，中原帝国对于周边的控驭力显著增强，朝鲜半岛的政治版图也不可避免地受到莫大影响。对于唐朝而言，辽东问题是牵动东方全局的核心关切，由此对高句丽外围的新罗、百济、靺鞨、倭国等展开多元联动。新罗成为唐朝的军事、政治紧密合作者，而与高句丽"结盟"的百济、倭国则日益成为敌对方，靺鞨则被分化为两个阵营。百济在隋朝辽东之役期间即首鼠两端，对隋阳奉阴违；在唐朝辽东之役时期则没能及时调整航向，因其直接面临中国方向的广大海域之地理特点，成为高宗时期南北双向夹攻高句丽的桥头堡，因而最先被攻灭。在军事上，相对弱势的百济未能有效地获取高句丽的南下支援，统治阶层内部的分裂极大削弱了抵抗能力，加之唐、新罗通力合作，百济遭遇灭顶之灾，都城泗沘被唐军攻破，全国应声瓦解。唐廷径在其地设立府州，百济遂入大唐版图。①百济王室贵族及百姓大量内徙中原。随之展开的百济复国浪潮，也折射出半岛内外多种力量的交错：百济残余势力在倭国支持下不断掀起反唐运动，663年震荡东亚的白江之战之结局，底定了东亚政治格局。倭国势力退出朝鲜半岛，引发国内政治连环波动，对外政策上转向积极与中原王朝联系、学习先进文明。唐朝与新罗实现从南北两侧陆海同时进军高句丽的目标，加之高句丽权臣渊盖苏文薨逝，引发政治局面失控，他的儿子之间兄弟嫌隙，萧墙祸起，唐朝因势利导，政治军事双管齐下，顺利攻入平壤，灭亡高句丽。吊诡的是，其后新罗与唐朝矛盾逐渐暴露并导致正面军事冲突（史称唐罗战争，670—676年），经过一番博弈，唐朝最终默认了新罗独占百济全部和高句丽南部故地的既成事实，这又与渤海国在辽东北部的崛兴有着内在的联系：国际关系的演变环环相扣，既有政体、人群在广袤地域范围内的共时性联动，也有着在时间进路中的历时性联动。

百济历史与文明的地位。在朝鲜半岛历史进程中，百济是一个特色鲜明而辨识度很高的王朝。百济起点承接的是酋邦林立的贵族联盟体时代，而百济与同时代相继崛起的新罗、加耶则在大陆文明的影响下强化王权，逐步扩充为新型国家，贵族—官僚政治体特性明显，接续百济终点的统一新罗，则跃入王权国家时代。在政治史研究中，百济的重要地位和独特作用已然被充分揭示出来，而百济在经济文化交流上的重要性可能比目前研究所展现的更大，学界津津乐道于7—9世纪新罗、渤海在唐日文化交流中的中继站角色，实际上早在它们之前百济就已发挥着类似的作用，这就是前述南朝—百济—日本文化交流路线，它也丝毫不逊色于由马具、墓葬形式等揭橥的中原—鲜卑—高句丽—日本文化传播路线。百济的汉字文化、宗教艺术、典章制度、祭祀和信仰、外交成就等都有可圈可点之处，在半岛史和东亚史上理应占据重要一席。虽然统一半岛的主体并非百济而是其

---

① 《资治通鉴》卷二〇〇，唐高宗显庆五年条载："百济故有五部，分统三十七郡、二百城、七十六万户，诏以其地置熊津等五都督府（熊津、马韩、东明、金连、德安五都督府），以其酋长为都督、刺史。"（中华书局，1956，第6321页）。

对手新罗，但毕竟百济故土遗民及其文化成为统一新罗的重要组成部分，并经由稳定的地域和人群，承袭给其后的高丽王朝和朝鲜王朝，"百济基因"在朝鲜半岛文明体中始终存活。

一言以蔽之，百济是中古东亚政治文化格局无可代替的重要一员，百济历史的内涵使其成为汉唐世界的枢纽而非边缘，其关联问题对于拓展和深化东部欧亚史具有独特价值，学界十分有必要加强研究。

"他者书写"与"自我作古"：百济历史的载体

百济在朝鲜半岛政治一元化的白热化斗争中最终国灭，和高句丽一样，它的历史一方面成为胜利者新罗王朝的历史编纂中必然挤压和抹杀的对象，经过"处理"后留存在《三国史记》等本土纪传体史撰中；另一方面在其存续期间即被作为四夷之一，长期被选取性地记录在中国正史及其他史籍中；因其与日本密切的关联和对后者的强烈影响，日本史籍对于百济的历史也给出另一视角的不少记载。这些构成三种主要的"他者"视角的历史书写。

中国官修史书从《宋书》到《新唐书》大多为百济立传。总体上，汉唐前期主要记载百济与中原王朝交往方面的史事，以"朝贡"与册封为主，多附录表文与诏书原文；后期随着对百济内政了解加深，开始增添百济本国地理、典章、风俗、文化等情况的介绍，本质上仍属于他者视域中的历史书写。

《宋书·百济传》叙事上将百济和高句丽并列，认为二者分别攻占了辽西、辽东两郡。除介绍百济的地理方位外，还以东晋义熙年间与百济的政治册封关系为起点，追述晋宋两代与百济主要政治交往事迹，多为百济朝贡和宋朝册封记录，特地保留元嘉二年赐百济诏书、大明二年百济上表。《南齐书·百济传》卷首散佚，现本保存百济东城王给南齐皇帝的三篇完整表文和半篇残卷。在两篇上表文里胪列不少百济受封将军号及对应的具体人名、官名，弥足珍贵，还记录了北魏十万大军征伐百济而百济反击"大破之"的史事。《梁书·百济传》是现存最早记载百济国内地方制度"檐鲁"以及百济城池、社会风俗、服饰特点、民众语言的文献。该传追述了百济与古三韩的渊源关系、百济与东晋南朝的交往，特别是记录了百济使臣在南朝梁武帝时期侯景之乱中的表现,生动反映出百济与南朝梁密切的友好关系。《南史》是唐代李延寿所撰具有通史性质的纪传体史书,与北朝通史《北史》相比,对于百济历史的记述集中于百济与南朝的交往,这一部分基于南朝视角的互动记录是删改《宋书》《南齐书》《梁书》相关记事而成。这篇长时段的《百济传》开头对百济前身始源、与辽西郡所谓关联的记载,结尾对百济檐鲁制度、社会风俗民情的记载则基本照抄《梁书·百济传》。

《魏书》将东北方的高句丽、百济、勿吉、契丹等合为一卷,这是北朝系统史书第一次专门为百济立传。史臣在卷末宣示了其四夷观念:"夷狄之于中国,羁縻而已。"并凸显高句丽的地位,"高丽岁修贡职,东藩之冠……其他碌碌,咸知款贡"[1],百济似乎仅次于高句丽。《百济传》涉及百济族源、地理位置、居住特点、饮食衣服等情况,重点仍放在百济与北魏之间的政治联系。传文主体是延兴二年百济遣使北魏上表投诉高句丽梗阻朝贡海道,北魏随之回复诏书安抚调停,并交代了北魏送百济但未获高句丽积极配合一事,显然高句丽是《百济传》"不在场的主角"。《周书·异域传》中包含《百济传》,是中国史书第一次详细介绍百济疆域范围、都城所在、官品体系、衣服制式、社会风俗、信仰情况,以及经济、法律、物产、祭祀等诸多方面的情况。同时也记载了百济与北周之间的迟晚而有限的联系。《隋书》对百济族源的记载异于他书,明确宣称高句丽是百济王室的出身地。第一次引入高句丽东明卵生神话及其从高句丽南奔到夫余人居地,并作为百济始祖仇台在带方立国的先祖记事;仇台娶汉辽东太守公孙度之女而使百济成为"东夷强国"。该传重点记述从隋代开皇年间大业年间百济与隋朝之间关系的完整记事。其中还插入一段包括百济国境面积和地理方位、都城名称并详载其官品、五方、民俗等记载,对《周书》有增补。百济与隋关系史事除了隋初受册封外,是从隋平陈战争、开皇辽东之役、大业东征中百济的不同表现来凸显对隋朝的态度,较前代史书显然对百济的内情有了更深入的理解。传末附有躭牟罗国(耽罗,今济州岛)记载,也是新增史料。《北史》是李大师与李延寿父子接力编撰的史学巨著,统一是其主题思想,将淝水之战至隋末动乱之间出现的各政权视为有机联系的整体,揭示中华社会从分裂走向统一的曲折轨迹,体现唐

---

[1] 《魏书》卷一○○《百济传》,中华书局,1974,第2224页。

初结束战乱的政治目标。①《北史·百济传》并非完全抄掇前史，例如关于百济起源，《北史》即与《隋书》高句丽说不同，并兼顾夫余说（《魏书》）、"马韩属国，夫余别种"说（《周书》），如果说马韩说主要集中在南朝系统史书书写，那么夫余说则始于北朝系统书写，《周书》开启的兼容模式在《北史》得到承袭。

唐代史书情形又有变化。《旧唐书·百济传》是历代百济知识最详尽可靠的一种。关于百济族源，兼采众说而有定谳："扶余之别种，尝为马韩故地。"② 关于百济地理的描述相当准确，是以京师为基准，以其四至邻国为坐标，将百济精确定位。王都内部分东西两城详情有交代，对百济官制、地方制度有新的说法。关于百济律法、衣服、时节、文化都有涉及，文字内容完全不同于前朝史籍，反映出唐代切实的百济知识内核。唐朝海东战事频仍，最终取百济、高句丽地设置羁縻府州，迁徙其民众入内地，对于百济的记载充实度、全面性非前代可比，应予重视。唐代百济关系史事记载详细，所附诏书、盟书相对完整。《新唐书》关于百济并无太多新增材料，反倒是由于简省文字而造成信息丢失。与《旧唐书》相比，本传逻辑不变，个别字句可以作为校勘依据。例如，《旧唐书》所说"又外置六带方，管十郡"令人困惑，《新唐书》则谓"有六方，方统十郡"③ 显然更为合理。唐朝方面的百济史料还散见于如下典籍。在《文馆词林》中有一份唐太宗答复百济王上表的诏书，主要阐释亲征辽东的目标与进军部署，称赞百济请兵助攻，还透露了百济遣使、学问僧、请遣智照归国等细节，太宗还要求百济保护唐朝赴新罗使臣的安全等。此诏书不见于其他史典，颇具价值。④ 在《唐律疏议》中有关于百济人法律地位的内容。唐初，百济尚在域外，化外人的法律规定中举高句丽、百济相犯之例作为适用法律范畴的解释。⑤ 唐代杜佑《通典》之《边防典》中对于百济有专门介绍，略有新知识填入旧史料，例如关于百济始祖是以"汉末夫余王尉仇

---

① 李凭：《〈北史〉中的宗族与北朝历史系统——兼论中华文明长存不衰的历史原因》，《中国社会科学》2016 年第 5 期。
② 《旧唐书》卷一九九上《百济传》，第 5328 页。
③ 《新唐书》卷二二〇《百济传》，中华书局，1975，第 6198 页。
④ 《抚慰百济王诏一首》，（唐）许敬宗编、罗国威整理《日藏弘仁本文馆词林校证》，中华书局，2001，第 250—251 页。陈尚君辑校《全唐文补编》卷二《唐太宗李世民》，中华书局，2005，第 21—22 页。
⑤ 刘俊文：《唐律疏议笺解》卷六《名例》"化外人相犯"条，中华书局，1996，第 478 页。

台"来叙述,族源归于夫余。对于百济据有辽西郡还以唐代地理对应,并接受了《梁书》和《南史》的百济"自晋代受蕃爵,自置百济郡"作为史实。① 其余记事分为地理位置、气候物产、南朝关系、官品王号、社会习俗等,多为承袭前代记载,并未记载唐与百济关系。《资治通鉴》百济记事二十余则,起于北魏出兵百济,终于唐高宗时期扶余隆与金法敏盟誓、高宗封禅大典百济与新罗等国使臣来朝,是《三国史记》部分记述的直接来源。

日本史籍《日本书纪》《续日本纪》是另一系统百济历史记录的渊薮。学界对于这一资料已有注意,但这一工作还应细化和优化。② 《日本书纪》记录的百济史事,自近肖古王延续到百济末年,虽然谈不上完整系统,但总量可观,从倭国立场出发,视角与中原史书和《三国史记》有所不同,又是以编年形式出现,也是难能可贵的历史书写。这一史料丛的内容特点是偏重倭国与百济及新罗、高句丽等国关系的叙述,同时兼有倭国关心的中原局势动态的记录。学界对《日本书纪》"真实性"(即其史料来源、史书编纂之中尤为后人关注的伪造史料等)存在诸多疑虑。③ 实际上,《日本书纪》的编修的确反映了日本民族意识的高举,在日本民族国家建构过程中,政治凝聚的种种措施里就包含着历史建构这一必备措置。④ 推而广之,中古时代的东亚史籍多少都难以排除这种倾向,这就要求研究者在使用这些具体的史料时应仔细甄别,而不是弃之不用,因为具体到百济相关的记载,即便是造伪的记录,那么它也反映了成书时代对于相关史事的一种态度——造伪本身也是一种历史真实。

在中国、日本两个系统的史书之外,《三国史记》作为新罗—高丽官修史书代表,则又从统一国家和正统王朝建构的立场对百济完成了较为体系化的历史书写。这部由金富轼领衔编纂的纪传体史书,彰显的是他所投身的高丽朝廷对于继承统一新罗正统的合法性。高丽(原名摩震、泰封)起于新罗北部,而重新统一了后百济(甄萱政权)、新罗(庆州周边残存势力),具有一种强烈的"一统三韩"理念意识。"一切历史都是当代

---

① 《通典》卷一八五《东夷·百济》,第 4990 页。
② 赵智滨编著《百济历史编年》,科学出版社,2016。
③ 〔日〕冈田英弘:《日本史的诞生》,王岚、郭颖译,海南出版社,2018,第 3-8 页。
④ 〔美〕斯特凡·贝格尔:《面向民族历史编纂学的一种全球史》,《书写民族:一种全球视角》,孟钟捷译,浙江大学出版社,2017,第 1—55 页。

史",统一新罗也是"一统三韩",因此《三国史记》强调的是百济、高句丽归于新罗的统一,同时抹杀加耶与耽罗等小国与新罗曾经的对等性。《三国史记》的《百济本纪》虽然存在不少疑问,但仍然是建构百济史框架最基本的史料丛,它一方面可以与中国史籍记事对照比勘,另一方面保存大量很可能是承袭自百济旧有的档案史料的内容,在其他史典荡然无存的当代,《三国史记》的百济记载无疑价值非凡。在这一意义上,它与《高句丽本纪》极为类似,并不能无端抹杀。现存《百济本纪》内容是数量最大宗和链条最完整的百济文献史料,虽然最终成书于高丽时代,但其地位不可替代。同样,高丽时代释门一然所著的《三国遗事》,原本并非严谨史著,但因高丽以前文献遗存本就不多这一客观原因,而成为珍贵史料。即使正如前辈学者们指出的,《三国遗事》舛谬疏漏、前后抵牾者众多,但因其年代最早,参考价值仍相当高,只是需要逐一考辨使用。

关于现代学术的理念和追求,陈寅恪先生的阐发至今引以为学人共勉的箴言:"一时代之学术,必有其新材料与新问题。取用此材料,以研求问题,则为此时代学术之新潮流。治学之士,得预于此潮流者,谓之预流(借用佛教初果之名)。"[1] 所谓新史料,一方面是传统文献典籍的再发现,另一方面则是新见的金石碑志。尤其碑志,乃是百济史一项重要史料资源。

譬如《大唐平百济国碑铭》,镌刻于韩国忠清南道扶余郡定林寺五层石塔底层四面立石上,又被称为"苏定方碑"等,是唐与新罗灭亡百济最直接、最珍贵的史料。作为一通纪功碑性质的碑刻,碑铭主要集中彰显唐朝平定百济的武功,交代战争的起因、战后百济旧地的措置等内容。再如,《刘仁愿纪功碑》原立于扶苏山城,现存韩国国立扶余博物馆院内,也是解读唐代百济之役相关细节的独特文献。碑石残泐,所幸碑文却在《金石续编》《全唐文》有著录。又如,西安、洛阳等地自20世纪初以来不断出土的入唐百济人墓志,极大地推动了相关领域的细节补苴工作,这其中的代表有百济王室重要成员扶余隆、百济名将黑齿常之、百济末期重要人物祢军的墓志等,引发了国际学术界的极大关注和研究热情。综合来

---

[1] 陈寅恪:《陈垣〈敦煌劫余录〉序》,《金明馆丛稿二编》,生活·读书·新知三联书店,2001,第266页。

看,作为百济与东亚历史载体的另一形式,这些碑志文献不同于官修史书的后来记录和编纂,具有产生自历史现场、即时书写等特点,既有文本性的一面,又兼具物质性的一面。① 由此,这些不同于以往的史料一经重见天日,就带来了一种更迫近百济人个体生命史的视角。其中蕴含着相对的"自我书写"特性,尽管这些直接来自历史现场的金石碑志因羼入政治话语而并非纯粹追求据实书写。

百济政治体及其人群在其发展过程中,有意无意地所遗留下的历史遗迹、遗物成为今天的考古资料,这是比金石文献更具有"自我作古"特性的历史载体。因为百济历史空间所限,其遗迹主要在韩国西部,但百济人群的遗物却未必限囿于此,入唐百济人墓志出土地点的墓葬与相关圈域,以及诸如日本境内百济来使和移民相关遗迹遗物等,也都是百济考古资料分布范围。可以将之视作百济历史载体中除新罗—高丽、中国、日本三大系统文献的"他者"历史书写之外的一种"自我"历史留存,这当然是相对意义上的自我,虽然历史遗迹、遗物产生之初自有其本意,但以历经劫难残存后世的部分示人,甚至以之作为构建其历史的建筑材料则非其本意。

韩国境内百济故地所在地区所设立的各种百济研究机构,以百济考古遗迹的调查、发掘、出版、展览为己任,编辑发行了一系列种类繁多、视角各异的考古资料,为研究者提供了便利条件。这一史料相当丰富,有待开掘。例如,忠南大学百济研究所出版的考古文物类资料,相对集中在熊津—泗沘时代;圆光大学马韩·百济文化研究所出版的资料,则偏重全罗北道特别是益山地区的马韩—百济遗迹方面。韩国国立扶余博物馆,是扶余郡地区集考古与文物展示、资料编辑与出版的重要学术机构,主要出版考古文物展示图录和发掘报告两大类资料,集中在百济后期特别是泗沘时代。韩国汉城百济博物馆编辑出版有多种百济史相关的考古文物类资料图书,这与该馆同时具有展示和研究两大功能有关,出版相关图书集中在汉城百济时代。韩国国立公州博物馆编辑出版有多种百济史相关的考古文物类资料图书,该馆是百济熊津都城所在地的公州市最主要的韩国国立博物

---

① 2017年,北京大学中国古代史研究中心举办"文本性与物质性交错的中古中国:中古研究新前沿国际研讨会",涉及中古的文本性与物质性、文本性与物质性的交错、文本与物质制作等议题。中古东亚正处于汉字文化圈的鼎盛时代,所以这些论题对东亚史领域具有启发意义。参阅荣新江主编《唐研究》第23卷,北京大学出版社,2017。

馆，该馆出版相关图书集中在熊津百济时代。

学者以《三国史记》百济纪传志相关内容为纲，对其批判性地诠释和考证，结合中日两种系统史书相关百济记载系统梳理考辨，并全面地整理金石文献以及百济遗迹遗物，将是在百济史和相关东亚史研究领域寻求创新突破的必由之路。但是，这只是问题的一个层面。历史本体，即历史事实是不以任何历史记录的主观倾向性和片面取舍性而转移的，它独立于史料之外。历史资料，包括史传典籍与金石文献、考古遗迹遗物等，不可能全面保存历史记忆——历史不仅是关于记忆的学问，如果从未被记录的历史而言，它也是关于遗忘的学问——那么，全面利用历史资料但又不能完全局限于历史资料就是历史学人一种必备技艺，特别是在面对诸如百济六百余年漫长而复杂的变迁却遗留下来如此稀少的史料，而且这些仅有的史料还星散于东亚的许多角落时，这种技艺就更显不可或缺。个体的学者，其生也有涯，面对史料种类繁杂、史料总量匮乏、史料分布零散的困局，绝不能望洋兴叹，充分的国际合作和学术交流应是破解汉唐时代东亚史料共同难题的重要步骤。古代历史上，百济人及其文化足迹广布东亚，近代以来，来自不同国度、抱持不同立场、怀揣不同目标的研究者，又相继展开百济研究的实践；在文化葛藤纠缠的当代东亚，在学者们薪火传递下，百济史业已取得骄人的成绩。这些将是我们继续探索的深厚基础。

东海西海，心理攸同：百济研究史的谱系

中国的金石学者很早就已经留意并著录百济人墓志与相关碑铭。在日本吞并朝鲜以前，日本学者即最先对百济古迹文物进行发掘调查，结合多种史料展开研究，既重视文献史料的实证分析，也重视考古文物的细化研究。第二次世界大战后，朝鲜半岛南北政权建立，朝韩学界对其"国史"重要组成部分之百济史极为重视，历史与文化研究蓬勃而起，兼以地方区域史方兴未艾，百济研究不断迈入新阶段，取得令人瞩目的业绩。同样，在中国学界的中古史研究中，学者们擅长中韩关系史、东亚文化交流史的探讨，但中国学界的百济史研究作为东亚史的一环不断深入展开，深具异军突起的潜能。

一直以来，不断有学者分别对韩国学界的百济研究①、中国学者三十多年来的百济研究②进行总结，给予了相对充分的检视和反思。日本学界的百济研究则几乎是一片未知之地，亟须予以回顾介绍，以提供镜鉴。因此本节简要说明韩、中学界百济研究总体特点，较为偏重分析日本学界百济史代表成果，并在此基础上对三国的学术特点加以比较。

　　韩国的百济史因其在本国古代史上的地位而受到中央和地方的高度重视，取得了坚实的研究业绩：一是百济研究的专业学术研究机构众多，学者、大学、政府多方参与遗迹调查、学术研究，形成集群性研究实力；二是创办多种百济专业学术刊物，积极发表学术论文，组织学术研讨；三是百济研究著作出版多、水准高，积淀深厚，针对民众的知识传播也颇具成效。目前韩国百济史研究论文累计有约八十篇；百济史学术专著，在百济史概论、分期史、专题史、考古学等领域也都成果丰硕。韩国的百济史研究特点是论题细化趋势，21世纪以来从政治史不断向断代研究、专题研究转变，考古、文化研究比例增大。韩国百济研究精细、深入，文献与考古紧密结合，前辈宿学和年轻新锐搭配，不断推出新的研究成果。

　　中国学界百济研究业已发力。中国史研究论著中涉及百济与东亚关系，更多的是从东亚大局对各国的相互关系进行宏观把握，对百济史尚未形成系统、细化的成果。如果说韩国学者的百济与东亚研究，主体是百济，那么中国学者的东亚研究，百济则属于东亚全局一员，往往并非主体。历史学专业重分割不重整合，学者们鲜少以朝鲜半岛史为主体研究者，百济史更是薄弱环节，百济研究专著付之阙如，但是围绕百济对外关系有较多探讨。目前，中文学界以百济为题的论文有百余篇，主要关注汉

---

① 〔韩〕유원재：《백제사의 연구현황과 과제》，《백제문화》25，1996。김기섭：《백제 漢城都邑期 연구 동향과 과제》，《백제문화》44，2011。정재윤：《백제의 웅진도읍기 연구현황과 과제》，《백제문화》44，2011。김주성：《사비시기 백제사의 전개과정과 신 자료 발견》，《백제문화》44，2011。박윤선：《백제와 중국왕조와의 관계에 대한 연구 현황과 과제》，《백제문화》45，2011。

② 周裕兴、丁利民：《中国百济学研究的回顾与展望》，《百济研究》第45辑，2007年。冯立君：《韩国与中国近30年百济史研究述要——以对外关系史研究为中心》，《朝鲜·韩国历史研究》第15辑，2014年。拜根兴：《中国学界百济史研究现状与课题——以中国出土百济人墓志铭为中心》，《忠清学与忠清文化》第19辑，2014年。全莹、杨璐：《中国的百济学研究相关略考》，《百济文化》第54辑，2016年。〔韩〕이동훈：《중국 학계의 백제사 연구 동향》，《초기 백제사의 제문제》，동북아역사재단，2018。冯立君：《中国学界百济史新近研究及其反思》，《当代韩国》2019年第1期。

唐与百济关系、入唐百济人群、高句丽与百济关系、百济族源等，具有"中国风格"。①

关于日本学界的百济研究情况，限于篇幅，这里撷取今西龙（1875—1932年）、轻部慈恩（1897—1970年）、坂元义种（1937—）三代学人为代表，蠡测日本学界的百济史研究传统。

今西龙，东京帝国大学史学科毕业并在同校大学院专攻朝鲜史。1906年考古踏查庆州等地。1913年与关野贞在平安南道发现秥蝉县神祠碑。1926年出任京城帝大教授，兼任京都帝大教授。今西龙除关于百济史专著外，还有《新罗史研究》《增补朝鲜古史研究》《朝鲜史刊》《高丽史研究》等著作②，是罕见的对于朝鲜古代中世纪史进行全面研究并都有研究成果产出的学者。内藤虎次郎（内藤湖南）在《百济史研究》的序言里提到今西龙对朝鲜古墓的调查活动和日本考古遗迹的发掘调查，赞誉他振兴了自坪井九马三、那珂通世、白鸟库吉之后一度衰落的局面，其综合古代中国、日本、朝鲜史籍进行研究，使研究方法为之一变，称今西龙是短期内不会再出现的朝鲜古史研究大家。

1930年代出版的今西龙遗著《百济史研究》③是一部开创之作。全书分为百济略史、百济讲话、百济国都汉山考、百济五方五部考、周留城考、白江考、百济旧都扶余及其地方等内容，是一部百济史基本内容的实证性考释力作。《百济略史》将百济定位为高句丽、新罗、百济三国中始终与日本相援护的国家，它阻止了夫余种族的高句丽的南下企图，百济遗民具有斗争精神、独立精神。将百济史分为百济的起源与兴起、近肖古·近仇首时代、百济与高句丽的战争、日本的百济援护、日本势力的衰退与百济的圣明王、后期的百济（泗沘时代）、百济灭亡、百济复兴的义军与日本的援助七章。《百济史讲话》为1930年在朝鲜教育会总会（大田）讲演的详本，今西龙向授业恩师坪井九马三及其名文《新罗、高句丽、百济三国鼎立考》给予自己的启发致敬。这篇讲演稿包括百济的起源与兴起、近肖古王·近仇首王时代、百济与高句丽的战争、百济与新罗及其和亲、

---

① 参阅冯立君：《韩国与中国近30年百济史研究述要——以对外关系史研究为中心》，《朝鲜·韩国历史研究》第15辑，2014年。
② 〔日〕今西龍遺著：《今西龍著作集》，東京：国書刊行会，1970年。今西龍：《高麗史研究》，東京：近澤書店，1944年，系"朝鮮文化丛书"一种。
③ 〔日〕今西龍：《百濟史研究》，東京：近澤書店，1934年。

百济与任那及其问题、圣明王的败死与任那的灭亡、泗沘时代、百济王都陷落等章。虽与《百济略史》有所重复，但更为重视百济后期历史的阐发，也凸显了新罗的历史作用。《百济史讲话》实际为未完成的《百济通史》底本，作者原意对高句丽、新罗、任那等各史一并予以研究，完成朝鲜古代史。《百济国都汉山考》一文结合中朝两国史籍细密考证了温祚王十四年移都之地汉山的位置问题，揭示《三国史记》《三国遗事》的史源优势，以及百济近肖古王与高句丽发生战争后迁都等历史细节。《百济五方五部考》认为武宁王时代在百济地方设置二十三"檐鲁"并以其子弟分据各地，圣明王时代将都城分为上、中、下、前、后五部，在地方则分五方，方的中心为方城，设置方领，虽形成道、郡、县，但根本上仍是城主制。百济五部可能模仿的是高句丽五部，但两国内情不同，这一制度关乎国家对贵族的组织措置。圣明王死后，氏名冠以部名，但是行政区划五部五方一直实行到义慈王时代，五方改为完全的行政区划，五部改为东、西、南、北、中。《周留城考》《白江考》两篇论文显示出作者对于唐朝东亚大作战中具体历史地理的浓厚兴趣，两地皆为百济之役中著名战地。特别是《白江考》否定白江并非今锦江一段的白马江即伎伐浦的别称，认为炭岘是沉岘的别名，而非都城附近传说的炭岘。《百济都城扶余及其地方》介绍大田、论山、平野、扶余及其附近的古迹、古城。附录《全罗北道西部地方旅行杂记》，记录了金堤郡、井邑郡、扶安郡、高敞郡、益山郡等地遗迹遗物。后记由藤田光亮、末松保和、田川孝三合撰，揭橥作者全盘考察百济遗迹并能撰写通俗的百济史记述的方法和能力，以"详密正确"褒赞作者的研究。

轻部慈恩，早稻田大学毕业后，1925 年首次来到朝鲜，在公州任日语教师，趁机发掘宋山里古坟等百济遗迹。战后回国，在日本大学三岛分校执教鞭。[①] 轻部慈恩《百济遗迹的研究》[②] 是其在朝鲜二十余年百济研究的结晶（作者此前还曾出版过《百济美术》一书）。[③] 作者自陈该书是一部在百济故地公州、扶余一带实地调查研究百济遗迹遗物，检讨百济相关

---

① 〔韩〕윤용혁:《가루베 지온의 백제연구》, 서울: 서경문화사, 2010. 정상기:《일제강점기공주 송산리고분의 조사》,《중앙고고연구》10, 2012. 参阅鄉土史・三島市, https://www.city.mishima.shizuoka.jp/mishima_info/amenity/rekishi/kyodoshi/kyodoshi.htm.
② 〔日〕輕部慈恩:《百済遺跡の研究》, 東京: 吉川弘文館, 1971 年。
③ 〔日〕輕部慈恩:《百済美術》, 東京: 寶雲舍, 1946 年。

史料，纠弹既往学界错误论点的论考总集。全书主体是第一篇《百济的历史地理研究》，主要是"百济都城及百济末期战迹相关历史地理的检讨"，下设熊津城考、白江考、泗沘城考、炭岘考、周留城考、就利山考。这些地名一部分关涉百济后期都城，一部分关涉唐朝东征百济战争期间的关键节点城镇。显然，他与今西龙的关注范围颇有重叠。第二篇分别是《百济国号考》和《百济王姓考》，可以说是百济史最为根本的一些问题：国号牵出与周边世界政治关系问题，王姓则关乎民族的由来问题。本书极为重要的贡献在于附录了大部分战前考察时拍摄的百济遗迹遗物照片，以及在付梓前访问韩国时所拍摄照片（共70页），有些遗物历经战乱兵燹，现在已不知去向。特别是当时百济古墓发掘时绘制的实测图，也成为重要的研究资料。石田幹之助、八幡一郎的序言特地褒赞他在战后对于日本考古学的贡献。

坂元义种，先在新潟大学、大阪大学求学，后在京都大学等校任教。他的《百济史的研究》[①]是一部基于文献学分析的著作，全书基于对百济的两大系统史料《三国史记·百济本纪》和中国史书进行文本细读和详解。该书分三部分。第一部分《三国史记·百济本纪》的史料批判，研究对象是以百济与中国交往关系为中心的记事。总述《百济本纪》中百济与中国交往的记事，列长表详细对照《百济本纪》中的向中国遣使记事与中国正史及《资治通鉴》、《册府元龟》相关记载进行，并对这些遣使的性质进行分类细化。对于《百济本纪》拾掇中国史料者予以文本细绎和揭示，其中以百济灭亡记事为例细致剖析《百济本纪》和两唐书、《通鉴》相关记事四十九条，条分缕析，一目了然。最后对《百济本纪》未采纳的中国交往记事予以探讨，这一层次采取了逐条论议的方式，讨论篇幅相当大，显然其意义也更不寻常。作者花费了不少气力在搜罗、对勘、比较上，这本身虽是文献功夫，但对于理解《百济本纪》的编纂及其叙述内容的来源、取舍、意义具有重要价值。第二部分探讨中国史书中的百济王系谱，副题为"中国正史外国传的史料批判"，通过百济王系的案例，结合其他外国传，探究中国正史外国传的记述特点，回过头来再细读百济王及其系谱记事。揭示《晋书》至《新唐书》等十三种正史出现的百济王名及其在百济王系中的位置关系，作为对照，继而专节讨论《宋书》对于扶南王、

---

① 〔日〕坂元義種：《百済史の研究》，東京：塙書房，1978年。

林邑王的系谱记事。在此基础上专门讨论中国正史的特征，区分了记录同代百济王的史书和同时记录前代王的史书，揭示诸史书在王系记录细节上的异同。以之为据，作者回归到对于百济王系记事的解析上来，核心认识在于，中国史书的外国传特别是关于该国王系传承的记录，往往反映对该国内部政情的了解程度和双边关系。这再次提示研究者：使用史料即甄别史料。第三部分通检中国史书百济王关系记事，为全书核心部分。总结前两部分主要观点，强调利用多元史料来弥补《三国史记》构建的百济史框架的不足，中国和日本史料、金石文资料都在此列。以中国史书关于百济国王的记事为中心，特别是外交史的记载，结合中国、朝鲜、日本三国文献史料，逐一对于外交当事者即余句至余璋十三位百济国王身份和谱系予以分析，包含了对诸王记事的文献学解读成果。

今西龙、轻部慈恩、坂元义种三代学人的著作可以视作近代以来不同历史时期（战前、过渡期、战后）的代表作，今西龙、轻部慈恩借助赴韩良机，充分调研甚至发掘百济遗迹遗物，在良好的汉文功底基础上，做出各自的贡献。今西龙偏重百济史的整体性叙述和复原，显示出"讲史""写史"的传统旨趣，而且没有局限于百济，兼顾新罗、高丽等，雄心勃勃地意欲撰成一部完整的朝鲜古史。轻部慈恩虽是考古学家，立论却兼具历史地理学的视野和技艺，对百济各种考古文化都有涉猎，作品瞄准的是基础问题、关键问题，纯熟运用考古资料，兼有严谨的文献学支撑。今西龙、轻部慈恩的研究迄今仍有影响力。坂元义种的文献学研究，与前两代大相径庭，着眼于百济文献丛的内在考辨和文献生成等相关实证问题，虽无意于构建百济史体系化论著，但对于这项工作却有奠基作用。三位学者的著作以百济为题，都或多或少地关注百济的对外关系，除日本学者对于百济与倭国关系的自然关注外，还尤为注意百济与中国关系，这显示出日本近代以来东亚研究的"关心中国"的倾向（所谓"东洋史"实际以中国史为主）。

二战结束迄今为止，日本学界以百济为主题的单行本作品约超过四十种、论文约四百篇，总体上承袭了这种实证性、微观化实证研究的传统学风。①

---

① 这是笔者的粗略统计。1970 年代末以来，国际学术交流频仍，互相借鉴，日本也出现了一些宏观视角的百济史研究。

日本、韩国、中国三国的百济史研究比较而言，虽然三者之间风格迥异，各国内部也千差万别，但是百济研究史的学术谱系仍然清晰可见。近代以来，日本学者承袭中国乾嘉学术的考证传统，并利用与政治势力结合的"优势"，率先在百济考古遗迹的调查发掘和研究上取得坚实成绩，进而凭借资料优势涵育了一大批成果。当然，值得注意的是，不少研究者和今西龙的理念一致，即百济史常常是与东亚史等缠绕在一起，因此将之一体研究，这些成果与其称为百济史研究，不如称为朝鲜史或东亚史研究更妥帖。韩国历史学因其与日本学术天然的渊源和关系，对于这种实证微观研究的继承或曰借鉴是相当多的，特别是早期朴素的政治史研究、考古学研究的作品，体现的较为明显。随着韩国学术的成长与西方史学理论乃至社会科学的引入，也能看到一些风格迥异的论著，但主流并没有根本改变。在韩国古代史体系中，百济史与新罗史双雄并峙，长期以来较高句丽史等所谓"北方史"获得更多重视。中国学界起步相对较晚，因其与汉唐史存在密切联系，百济史更多是作为中原周边史来对待，这使其相当多地吸收了中国中古史的研究方法理念，自有其中国学术风格和中国学术气派，但不可忽视的是在对域外史料的利用上还略显薄弱，与国际学术的对话也存在不足。

纵观东亚学界，百济研究无论是作为一种研究主体还是一种研究视角，它在学术史上都始终是一项国际性研究课题，其学术谱系的绵远正与百济历史内涵的丰赡、历史载体的多元相一致。钱锺书先生"东海西海，心理攸同，南学北学，道术未裂"① 这句话，原本是形容东西方文化的无界相通，这里借用以喻指东亚汉字文化圈的学者们仿若"海内存知己"一般，可以超越国界、畅所互通的境界。

结　语

汉唐时代中国文明演进的一个重要特点，是内外人群及其文化交流的加速与加深：华夏文明既已取得辉煌成果，这一时期仍不断汲取外来文明养分，并强势向周边区域扩散。东亚地区的百济适逢这一时代，它活跃于多边关系与多元文化交流之中，其崛兴衰亡无不与时代潮流和世界形势息

---

① 钱锺书：《谈艺录》，中华书局，1993，序言。

息相关。由此，百济史的研究内涵是它兼具东亚史乃至欧亚史研究的重要一环与考察视角。百济的历史载体，除了中国、日本、朝鲜半岛三个系统的史籍文献，又包括百济人群遗留的遗迹、遗物以及相关的金石碑志，这些都不止存在于百济故地，更因百济人的足迹而分布在中国内地、日本列岛。正因为百济历史的超越"一国史"的内涵、百济史料的贯通东亚的分布特点，关于百济史的近代意义上的学术研究从起步就是国际性的，从中国学者的墓志著录、日本学者的考古调查，到朝韩学者的"国史"探索，再到当下东亚史学界业已展开的国际学术交流，百济史研究的学术谱系一定会薪火相传、不断赓续。

历史研究对象"史"不是文本上的"史"，而是过去真实的历史，历史研究的目的因此不是为了"证"史，而是为了探索发现关于真实历史的新知。[①] 历史也仅仅是往事的写照，需要人类所做万事之间建立意义关联和问题关联，由此历史学家根据各自发现的不同意义关联和问题关联叙述不同的历史故事，呈现重叠的多维时空，虽然只有一个世界，却有多种历史叙事。[②] 历史研究水平的标准因此并不唯一，有学者强调以史料为依托抓取有价值议题的历史研究之道：史料与问题是历史学家终日涵泳于其间、终生面对且尽心竭力处理的对象，研究水平正取决于论著者对于史料和问题的把握方式。[③] 实证性研究应该是百济史研究的首选，同时也不应排斥基于史料、实证、史实之上的宏观通史和理论建设。但是，我们坚决反对割裂史料、过度推测、结论预设、低水平重复等做法。百济和东亚研究，应确立阐释学的标准，既要准确地诠释历史事实及其逻辑关系，又要开放地阐述其广泛的历史影响、历史规律等。[④] 这是一种结合实证性研究与理论升华的高标准学术追求。以此为准绳观察目前中国学界百济史的总体研究，前方的路还很遥远，但随着越来越多青年学人掌握韩国语、日本语，全面使用典籍文献和石刻史料，充分吸收各国既有研究成果，中国百

---

① 朱渊清：《傅斯年的史学思想》，傅斯年：《史学方法导论》，上海古籍出版社，2011，第27页。
② 赵汀阳：《历史之道：意义链与问题链》，《哲学研究》2019年第1期。
③ 邓小南：《永远的挑战：略谈历史研究中的材料与议题》，《史学月刊》2009年第1期。
④ 关于阐释学，近年新论可参阅张江《评"人人都是他自己的历史学家"——兼论相对主义的历史阐释》，《历史研究》2017年第1期；涂成林：《历史阐释中的历史事实和历史评价问题——基于马克思唯物史观的基本理论和方法》，《中国社会科学》2017年第8期；于沛：《阐释学与历史阐释》，《历史研究》2018年第1期。

济史和东亚史研究必将走向国际前沿的更高水平。

　　期待学界同道关注汉唐时代的百济史和东亚史，继承乾嘉学派那种实证研究的精华，同时能够吸收历史学和其他人文社会科学理论方法的养分，全面整理相关史料，融会既有理论，从更广阔的视域关注朝鲜半岛，回望中国，理解东亚，努力贯通欧亚大陆。①

---

① 2019年4月6日，陕西师范大学历史文化学院、吉林省社会科学院《社会科学战线》杂志社、中国社会科学院社会科学文献出版社三方合办的"汉唐时代与百济历史"学术会议，作为中国学界第一次百济史专题研讨会在西安召开。无论是就其百济史论题的广泛与深入、百济研究者的代表性、海外同行的关注度，抑或学术与出版的融合度，这次会议都取得了令人满意的效果和成果。这次会议预示着中国百济史研究作为东亚史的"新开地"，经过努力开拓和学术积累，或将成为推进区域历史研究的增长点。

第一编　百济史事撷要

一　百济起源、王系与国号

百济的起源

百济的建国记事与高句丽、新罗具有神话色彩的记事大为不同，具有自己的特色。关于始祖王的叙事，在《三国史记》表述为高句丽第一代王朱蒙之子温祚，而在中国史书中则多谓仇台建国于带方之地。例如《周书·异域传》："百济者，其先盖马韩之属国，夫余之别种。有仇台者，始国于带方。"① 在《三国史记·百济本纪》中，温祚王的建国历程始于从夫余政权的分离迁徙："温祚都河南慰礼城，以十臣为辅翼，国号十济，是前汉成帝鸿嘉三年（前18）也。"②

对于温祚选择的"河南之地"的形胜，史书借大臣之口赞美说："惟此河南之地，北带汉水，东据高岳，南望沃泽，西阻大海。其天险地利，难得之势，作都于斯，不亦宜乎？"温祚的身份是朱蒙的第三子，朱蒙的太子是北夫余所生子孺留，沸流、温祚同为卒本召西奴所生子。朱蒙—孺留一系在卒本脱离北夫余政权，创建高句丽；温祚则在慰礼城创建百济，二者王室都与夫余存在关联，且百济王室以"扶余"作为姓氏。

中国一侧史料一方面将其称为夫余别种，另一方面则将之与马韩对应，固然其间有着北朝、南朝对百济历史与地理认识差异的客观因素，但实际上，应将夫余别种理解为其上层王族及统治者，马韩则是其原始国土的圈域。立国于带方的叙事则与马韩叙事相类，同属于地理的指涉。但较

---

① 《周书》卷四九《异域·百济传》，中华书局，1971，第886页。
② 〔高丽〕金富轼等撰《三国史记》卷二三《百济始祖温祚王本纪》，杨军校勘，吉林大学出版社，2014，第274页。

为合理的解释应是，夫余上层贵族势力南迁至被中原目为带方故地或者马韩故地的汉江流域建政，统合了当地后马韩时代诸部落，凝聚为新的王权国家百济。

百济的王系

目前最完整的百济王系记述系统来自《三国史记》的《百济本纪》。根据《三国史记》等，现将百济历史大事编年列表如下（见表1-1）。

表1-1 百济历史年表

公元纪年	百济历史事件	中原王朝	世界各地
前108	汉武帝灭卫满朝鲜后置乐浪、玄菟等四郡毕，属之幽州	前119年汉出兵击匈奴，前60年置西域都护府	
前57	朴赫居世即位，国号徐那伐（即后来的新罗政权）		前49年恺撒成为罗马独裁者
前37	朱蒙建立高句丽政权		
前18	朱蒙王次子温祚出走，在汉水南岸的慰礼城建立百济政权		
前16	百济击退侵入北境的靺鞨*		前27年屋大维确立元首制，共和国变成帝国
前15	百济遭受旱灾，发生饥疫；遣使乐浪修好		
前11	百济王大败围攻慰礼城的靺鞨兵；百济筑马首城、修葺瓶山栅，由此失和于乐浪		
前9	百济击退入侵北境的靺鞨		
前8	乐浪遣靺鞨袭取瓶山栅；百济设秃山、狗川两栅阻乐浪		
前6	百济于汉山下立栅，迁移慰礼城民户；遣使马韩告迁都，划定疆界：北至浿水，南至熊川，西至大海，东极走壤；立城阙		
前5	迁都汉山城；筑城汉水以北，迁移汉城居民		
前4	百济建宫室	前2年，佛教开始传入中国	
前2	乐浪焚慰礼城；立国母庙		
前1	百济在七重河战胜靺鞨；欲袭击乐浪牛头山城，至臼谷，遇雪而还		
2	百济王设大坛亲祀天地		
5	百济筑石头城、高木城；百济王在斧岘打败靺鞨兵		
6	百济立熊川栅，遭马韩王责难，百济遂坏其栅		
8	百济攻占马韩国邑，唯圆山、锦岘未下	8年，王莽称帝	

续表

公元纪年	百济历史事件	中原王朝	世界各地
9	百济吞并马韩；筑大豆山城		
10	百济立多娄为太子，委以内外兵事		
13	百济分国内民户为南、北二部		
15	百济加设东、西二部		
16	马韩旧将据牛谷城叛乱，兵败伏诛		
18	立东明王庙；筑汤井城，迁移豆山城居民；修葺圆山城、锦岘城，筑古沙夫里城		
19	百济汉水东北部落饥馑，亡入高句丽一千余户		
20	温祚王巡幸走壤、浿水等北境；王筑大坛，祭祀天地		
21	靺鞨连续进攻百济述川、斧岘		基督教诞生
23	解娄为右辅；征民修葺慰礼城		
28	温祚王薨逝，多娄王即位	25年刘秀称帝，东汉王朝建立，定都洛阳	
29	多娄王谒始祖东明王庙；王在南坛祀天地		
30	百济败靺鞨于马首山		
31	百济败靺鞨于高木城		
33	太子己娄立；百济南部州郡种植稻田		
34	屹于为右辅；靺鞨攻陷马首山城，袭击瓶山栅		
37	高句丽陷汉乐浪郡；百济王巡行东、西两部；秋谷不成，禁私酿酒		
42	金官加耶建立		
44	汉光武帝遣兵渡海袭取乐浪，萨水以南复归汉	48年匈奴分裂为南北两部分	
55	百济袭取靺鞨北境		52年，大月氏建立贵霜帝国
56	百济筑牛谷城防备靺鞨		
61	马韩将领举覆岩城投新罗		
63	百济拓地至新罗娘子谷城，遣使请会，新罗不应		
64	百济攻打新罗蛙山城；攻打新罗狗壤城，新罗遣兵败之		
66	百济攻打蛙山城		
70	百济侵攻新罗	73年窦固败匈奴，班超出使西域；89年窦宪大破北匈奴	
74	百济进攻新罗边境		
75	百济攻克蛙山城		
76	新罗遣兵收复蛙山城		
77	百济多娄王薨，己娄王继位		77年，罗马势力扩大到英格兰
85	百济进犯新罗边境		

续表

公元纪年	百济历史事件	中原王朝	世界各地
105	百济遣使新罗请和	97年西域都护班超派甘英出使大秦等国	
108	靺鞨至百济于谷掳掠百姓		
111	新罗占领百济柰己郡		
113	百济遣使聘于新罗		
121	高句丽王与马韩、濊貊合攻玄菟郡,为夫余、汉兵所败		
122	高句丽与马韩、濊貊合攻辽东,为夫余援兵所败。		
125	靺鞨大举入侵新罗,袭大岭栅,过于泥城,新罗遣使求援,百济遣兵来救		
128	己娄王薨,盖娄王继位		
132	百济筑北汉山城		132年,犹太人起义反抗罗马被镇压,自巴勒斯坦向外离散
165	新罗阿飡吉宣谋叛,事发逃亡百济,新罗王伐百济,不克而归		
166	盖娄王薨,肖古王继位		
167	百济攻新罗西部二城;新罗一吉飡率军两万攻打百济东部诸城,新罗王亲领骑兵八千至汉水,百济归还所掠男女,乞和	167年东汉"党锢之祸"	167年,日耳曼部落突破多瑙河防线,侵入罗马边境
170	百济进攻新罗边境		
188	百济进攻新罗母山城		
189	百济与新罗战于狗壤,败北	184年太平道教主张角发起"黄巾起义"	
190	百济袭击新罗西境圆山乡、缶谷城;新罗劲卒追击,于蛙山败于百济		
199	百济进攻新罗边境		
210	百济筑赤岘城、沙道城,迁移东部民户	200年官渡之战	
214	百济攻新罗西部腰车城,杀城主。新罗率精兵伐百济,破沙岘城;百济袭取靺鞨石门城;靺鞨入侵百济述川城;肖古王薨,仇首王立	208年赤壁之战	
216	靺鞨围攻百济赤岘城,后败于沙道城		
217	百济于沙道城外置二栅		
218	百济围攻新罗獐山城		
220	靺鞨入侵百济北境	220年曹丕废汉称帝,国号魏	
221	百济王大阅兵于汉水之西	221年刘备在成都称帝;229年孙权称帝,后定都建业,三国时代正式开始	
222	命有司修堤防;百济入侵新罗牛头州,新罗守将抵抗不力		
224	新罗与百济战于烽山;新罗筑烽山城		227年,萨珊王朝灭帕提亚
229	靺鞨入侵百济牛谷界		

续表

公元纪年	百济历史事件	中原王朝	世界各地
234	仇首王薨,沙伴王短暂在位,古尔王旋立		
238	百济王祭祀天地,用鼓吹;王遣裁工到倭		
240	百济入侵新罗西境		
243	设大坛,祀天地山川		
246	百济遣使至倭		
247	真忠为右辅,真勿为左将		
248	新罗遣使与高句丽结好		
255	百济侵新罗,战于槐谷西;百济攻新罗烽山城,不克		
260	百济置六佐平,确立十六官等,实行公服制度,以王弟优寿为内臣佐平		
261	百济以真可为内头佐平;遣使新罗请和,不从		
262	百济下令官人受财及盗者,三倍征赃,禁锢终身	263年魏灭蜀	
266	百济攻新罗烽山城,不克	265年司马炎称帝,建立晋朝	
272	百济进犯新罗边境		
277	百济遣使于东晋		
278	百济围攻新罗槐谷城		
283	百济进犯新罗边境,围攻槐谷城;派缝衣女工到倭	280年晋灭吴,统一全国	
284	百济阿直岐渡倭,为太子师傅;古尔王赐书籍于倭		
286	百济遣使新罗请和;古尔王薨,责稽王立;修葺慰礼城,出师救带方而与高句丽结怨,修阿且城、蛇城以防备高句丽		
287	王谒始祖庙		
298	责稽王为汉与貊人所杀,汾西王即位	291年八王之乱起	297年,波斯军被罗马击败,被迫与罗马媾和
299	王谒东明庙		
304	百济遣师袭取乐浪二县;汾西王为乐浪太守所派刺客杀害,比流王即位		
312	百济王谒始祖庙		
313	高句丽占领乐浪郡,翌年破带方郡	316年,匈奴刘曜围攻长安,晋愍帝出降,西晋亡	313年,君士坦丁与莱西尼阿联合发表米兰敕令
320	百济射筑台于宫西		

续表

公元纪年	百济历史事件	中原王朝	世界各地
321	百济王以弟优福为内臣佐平	317年司马睿在建康称晋王，次年称帝，东晋自此始	
327	优福据汉城谋叛，王发兵讨之		
333	百济修宫室，以真义为内臣佐平		330年，君士坦丁迁都拜占庭，改名君士坦丁堡
337	百济遣使交聘百济		
344	比流王薨，契王即位		
346	百济契王薨，近肖古王即位		
347	百济祭天地神祇，拜真净为朝廷佐平		
360	百济编纂《书纪》一卷		
366	百济遣使聘于新罗		
368	百济遣使新罗		
369	高句丽南攻百济，败于雉壤		
371	百济北攻高句丽平壤城，故国原王中流矢死；百济迁都汉山；高句丽攻打百济，败于浿水之上		
372	百济向东晋遣使朝贡；百济赐倭王七支刀		
373	百济向东晋遣使朝贡；筑城于青木岭；秃山城主率三百人投新罗		
375	高句丽进攻百济水谷城；近肖古王薨，近仇首王立；百济博士王仁至倭传授汉文		
376	高句丽攻打百济北境	376年前秦统一北方	
377	百济遣兵三万攻打高句丽平壤；高句丽南攻百济；高句丽、新罗遣使前秦朝贡		
379	百济向东晋遣使朝贡，遇海风不至而返		380年，旃陀罗·笈多二世（超日王）即位，笈多王朝进全盛期
384	近仇首王薨，枕流王立；遣使东晋朝贡；僧人摩罗难陀从东晋渡海至百济，百济始兴佛法	383年苻坚亲率大军南下攻晋，败于淝水之战	
385	百济在汉山创建佛寺；枕流王薨，辰斯王立		
386	百济征民十五以上者设关防；高句丽发兵南下进攻百济	386年拓跋珪建魏，史称北魏	
387	百济于鞍鞬战于关弥岭，败北		
389	百济入侵高句丽南境		
390	百济遣将攻陷高句丽都坤城，掳获二百人		
391	百济重修宫室；鞍鞬攻陷百济赤岘城；百济与加耶联合倭军进攻新罗		
392	高句丽广开土南攻百济，占领汉水以北部落；高句丽攻陷百济关弥城；辰斯王薨，阿莘王即位		392年基督教成为罗马国教

续表

公元纪年	百济历史事件	中原王朝	世界各地
393	百济王谒东明庙，祭天地于南坛；百济攻高句丽南境，欲收复关弥城，未果		
394	百济与高句丽战于水谷城下，败绩；高句丽为防备百济进犯，筑国南七城		
395	高句丽广开土王在浿水之上大胜百济；百济欲报浿水之役，出兵攻高句丽，在青木岭遇大雪，回师。		395年罗马分裂为东、西两个帝国
396	高句丽攻百济，俘获百济王子及大臣十人，百济以男女千人、布千匹求和		
397	百济与倭国结好，以太子腆支为质		
398	百济以真武为兵官佐平；百济筑双岘城		
399	百济欲攻高句丽，大征兵马，民多奔于新罗；百济与倭联合进攻新罗，新罗求援于高句丽	399年法显出发西行，往天竺求法	
400	高句丽打败百济、加耶、倭联军		
402	百济遣使于倭		
403	倭遣使于百济；百济进犯新罗边境		
404	高句丽大败侵入带方界的百济与倭联军		
405	阿莘王薨，腆支王立		
406	百济谒东明庙，祭天地于南坛；百济遣使东晋朝贡		
407	百济以王庶弟余信为内臣佐平		
408	百济以余信为上佐平		
409	倭向百济献夜明珠		
416	东晋遣使册封百济腆支王		
417	筑沙口城		
418	百济遣使于倭		
420	腆支王薨，久尔辛王立；宋册封百济王	420年刘裕称帝，史称刘宋，南朝自此始	
425	宋使臣至百济		
427	久尔辛王薨，毗有王即位		
428	百济王巡抚四部；倭使臣至百济		
429	百济遣使入宋朝贡；以解须为上佐平		
430	宋遣使册封百济毗有王		
433	百济遣使新罗请和，从之		
434	百济遣使新罗送良马；百济遣使新罗送白鹰；新罗王以黄金、明珠报聘百济		
440	百济遣使入宋朝贡	439年北魏军灭北凉统一北方	439年汪达尔人在北非建立汪达尔王国
443	百济遣使于宋		

续表

公元纪年	百济历史事件	中原王朝	世界各地
447	百济饥荒，民有逃往新罗者	446年北魏武帝灭佛	449年日耳曼族盎格鲁·萨克森人等开始侵入不列颠
450	百济遣使于宋		
455	百济毗有王薨，盖卤王即位		
457	宋册封盖卤王		
458	百济遣使于宋		
464	高句丽攻打新罗，百济与加耶来援		
467	百济遣使于宋		
469	百济侵攻高句丽南境；修葺双岘城，置青木岭大栅		
472	百济遣使北魏朝贡		
474	高句丽长寿王亲征百济，新罗遣兵救援，未至，百济已陷		
475	高句丽攻陷百济都城汉城，盖卤王被杀；文周王即位，迁都熊津		
476	修葺大豆山城，移居汉水以北民户；遣使于宋，为高句丽所阻；耽罗国遣使百济献方物		476年西罗马帝国灭亡
477	重修宫室；文周王为解仇所杀，三斤王即位		
478	百济解仇与燕信据大豆城叛乱，为王所败，燕信奔高句丽		
479	百济移大豆城于斗谷；三斤王薨，东城王即位	479年萧道成废杀宋顺帝，称帝，史称南齐	
480	百济遣使南齐朝贡，南齐册封东城王		
481	高句丽与靺鞨侵入新罗北边，夺取狐鸣等七城，新罗、百济、加耶联军在泥河以西获胜		
482	以真老为兵官佐平，兼知内外兵马事；靺鞨袭破汉山城，掳三百余户归		
483	王至汉山城抚问军民；百济遣使南齐朝贡，南齐封百济王官爵		
484	百济遣使南齐；百济与新罗交聘；高句丽攻击新罗北境，新罗、百济联军在母山城获胜；遣使南齐朝贡，遇高句丽兵，不至而还		
485	百济与新罗交聘		
486	百济遣使南齐；重修宫室，筑牛头城		486年克洛维在高卢北部建法兰克王国，创墨洛温王朝
488	北魏进攻百济，为百济击退		
489	百济王宴群臣于南堂		
490	筑沙岘城、耳山城		
491	百济水灾，饥民六百余家逃往新罗；南齐册封东城王		

续表

公元纪年	百济历史事件	中原王朝	世界各地
493	百济王遣使新罗请婚,以伊伐飡比智之女送之	493年北魏孝文帝从平城迁都洛阳	
494	夫余为勿吉所灭,王室投高句丽;新罗与高句丽战于萨水之原,不克,退保犬牙城,百济遣兵解高句丽之围		
495	高句丽围百济雉壤城,新罗遣兵救援		
497	真老卒,以燕突为兵官佐平		
498	百济筑沙井城;百济王亲征耽罗至武珍州,耽罗国王遣使谢罪,乃止		
499	百济饥民两千投高句丽		
501	百济在炭岘设栅以防备新罗,筑加林城;攻打高句丽水谷城;东城王薨,武宁王立		
502	梁册封百济王;百济进攻高句丽	502年萧衍在建康称帝,国号梁,是为梁武帝	
503	百济击退入侵高木城的靺鞨兵		
506	靺鞨破百济高木城,杀掳六百余人;高句丽侵攻百济,遇大雪而还		
507	百济在高木城以南设二栅,筑长岭城以备靺鞨;百济在横岳击退欲进攻汉城的高句丽、靺鞨兵		507年克洛维击败西哥特军,次年迁都巴黎
509	倭派使臣至百济		
510	百济下令巩固堤防,驱逐内外游食者归农		
512	百济遣使入梁朝贡;高句丽袭取百济加弗城、圆山城,后在苇川为百济军所败;高句丽陷加弗城、圆山城;遣使于倭		
513	百济向倭派遣五经博士段杨雨		
515	新罗要求倭罢免百济使者文贵		
516	百济向倭派遣五经博士高安茂		
521	百济饥民九百户逃入新罗;遣使入梁朝贡,梁册封百济王		
522	百济向倭派遣五经博士司马达等		
523	百济武宁王巡幸汉城,筑双岘城;武宁王薨,圣王立;高句丽与百济战于浿水		
524	梁高祖册封百济圣王		
525	新罗与百济交聘;百济建武宁王陵		
526	百济修葺熊津城,立沙井栅;百济高僧谦益入天竺求法		
529	高句丽与百济战于五谷原,破之		529年查士丁尼在拜占廷颁布《查士丁尼法典》

续表

公元纪年	百济历史事件	中原王朝	世界各地
534	百济遣使入梁朝贡	534年高欢进兵洛阳，立元善见为帝，迁都邺城，史称东魏；535年魏文帝元宝炬在长安即位，史称西魏	
538	百济迁都泗沘，国号南扶余；送倭国太子像和灌佛器等，传播佛教		
540	百济攻打高句丽牛山城，不克		
541	百济遣使新罗请和，许之；百济遣使入梁朝贡，表请《毛诗》博士、《涅槃》等经文以及工匠、画师等		
544	百济两次遣使倭国		
546	百济使臣自倭国还		
548	高句丽、濊人进攻百济独山城，新罗应百济之请遣将退高句丽；百济使臣自倭国还		
549	百济使者入梁朝贡，适逢侯景之乱，在建康恸哭，为侯景所执		
550	百济攻陷高句丽道萨城；高句丽围攻百济金岘城；新罗乘两国兵疲，攻取道萨城、金岘城	550年东魏高洋自立，史称北齐	
551	新罗命居柒夫进攻高句丽，取竹岭以北十郡；百济、新罗联合进攻高句丽；百济占领汉水流域		
552	百济遣木协今等至倭国；送佛像、经论至倭国	552年阿史那土门大败柔然，自称伊利可汗，突厥汗国建立	
553	新罗占领百济东北边境，置新州（后改为北汉山州）。新罗王娶百济王女为小妃		
554	百济遣使至倭国；前出使倭国的百济使臣还；圣王进攻新罗管山城，为新罗裨将所杀，威德王即位；高句丽进攻百济熊川城；百济派五经博士、历博士、医学博士等到倭；百济僧人昙惠等九人到倭		
555	新罗真兴王巡幸北汉山，拓定封疆		
556	百济王子惠自倭国还	557年正月西魏宇文觉受禅称天王，史称北周，同年梁大将陈霸先受禅称帝，国号陈	563年波斯与突厥联合入侵嚈哒，历时五年，嚈哒灭亡
561	百济遣兵侵掠新罗边境，为新罗所败		
562	新罗征服大加耶；百济进攻新罗边境		
567	百济三月、九月两度遣使陈朝贡		
570	北齐后主册封百济威德王		
571	北齐后主册封百济威德王		
575	百济二月、六月两度遣使于倭国		577年斯拉夫人渡多瑙河侵入色雷斯，成为巴尔干主要居民
577	百济遣使入陈朝贡；百济进攻新罗西部州郡，在一善郡为新罗所败；百济遣使入北周朝贡	577年北周灭北齐，统一北方；周武帝灭佛	
578	新罗进攻百济阏也山城；百济遣使入北周朝贡		

续表

公元纪年	百济历史事件	中原王朝	世界各地
579	百济筑熊岘城、松述城,以阻挡苏山城、麻知岘城、内利西城之路	581年北周外戚杨坚废帝自立,建立隋朝	
581	百济遣使入隋朝贡,隋朝册封百济威德王		
582	百济遣使入隋朝贡		
583	百济送佛像至倭		
584	百济遣使入陈朝贡		
586	百济遣使入陈朝贡		
587	百济遣使于倭		
589	百济遣使入隋贺平陈	589年隋灭陈,结束南北朝分裂局面	590年格里哥利一世即教皇位,从此确立教皇权威
592	百济工匠完成法兴寺佛堂步廊		
597	百济太子阿左前往日本,并画圣德太子像		
598	高句丽进攻百济;百济派长史王辩那出使隋朝;威德王薨,惠王即位		
599	百济下令禁杀生;惠王薨,法王即位		
600	百济创建王兴寺;法王薨,武王立		603-628年波斯与拜占庭战争不断
602	百济进攻新罗阿莫山城(又名母山城);新罗筑泉山等城,并在泉山击败百济军队		
605	百济筑角山城;新罗侵百济东部边境	606年始建进士科,奠定科举制度	606年印度戒日王即位,在位40年,统一北印度大部
607	百济遣使入隋朝贡,兼请征伐高句丽;高句丽攻打百济松山城、石头城		
608	百济遣使入隋朝贡		
611	隋炀帝下诏征伐高句丽;百济遣使隋朝,要求隋出兵攻打高句丽;百济筑赤岩城;百济攻陷新罗椵岑城	610年京杭大运河竣工	约在610年穆罕默德开始传布伊斯兰教
612	百济助隋攻打高句丽		
616	百济攻打新罗母山城		
618	新罗收复被百济所占的椵岑城	618年隋炀帝死于江都兵变,李渊在长安称帝,唐朝建立	622年穆罕默德从麦加出走麦地那,伊斯兰教纪元开始
621	百济遣使入唐献术下马		
623	百济袭击新罗勒弩县		
624	百济遣使入唐朝贡(元月),唐高祖册封武王;唐朝册封高句丽、新罗、百济三国国王;百济遣使入唐朝贡(七月);百济遣使献明光甲(九月);百济攻取新罗速含等多城		
625	百济、新罗遣使入唐朝贡,讼高句丽阻塞朝贡路		
626	百济攻打新罗主在城;百济遣使入唐朝贡;唐高祖遣朱子奢,诏谕海东三国连和	626年玄武门之变	

续表

公元纪年	百济历史事件	中原王朝	世界各地
627	百济攻陷新罗西部边境二城，掳获男女三百余口，百济欲收复为新罗侵夺之地而屯兵于熊津，新罗遣使入唐告急；百济遣使入唐朝贡	627年玄奘赴天竺取经	
628	百济围新罗椵岑城，不克		
629	高句丽、百济、新罗并遣使入唐朝贡		
630	百济重修泗沘宫室，武王巡幸熊津城；恩率、德率出使倭国；百济遣使入唐朝贡	630年唐平东突厥，唐太宗被尊"天可汗"	630年穆罕默德征服麦加
631			
632	百济立义慈为太子；改筑马川城；进攻新罗		
633	百济遣使入唐朝贡；百济侵攻新罗西谷城		
634	百济建成王兴寺		
635	百济遣使于倭；百济遣使入唐朝贡		
636	百济遣使入唐朝贡；欲进攻新罗独山城，在玉门谷被新罗所败；宴群臣于望海楼	635年唐灭吐谷浑	
637	百济遣使入唐献铁甲雕斧		
639	百济遣扶余璋入唐献金甲雕斧		
640	新罗、高句丽、百济遣子弟入唐之国学；百济、新罗遣使于倭		637年阿拉伯攻入波斯首都泰西封（巴格达），占领伊拉克。638年，占领耶路撒冷，640年征服叙利亚
641	武王薨，义慈王立；唐遣使册封义慈王；百济遣使入唐表谢并献方物	640唐平高昌，设置安西都护府	
642	新罗、高句丽、百济各遣使入唐朝贡；百济王巡抚州郡；倭王接待百济、高句丽使臣；义慈王出师攻陷新罗西部四十余城；百济占领新罗大耶城，又与高句丽联合欲取党项城，以绝新罗归唐之路，新罗王遣使入唐告急	641年文成公主嫁给吐蕃松赞干布	
643	新罗、高句丽、百济遣使入唐朝贡（元月）；百济与高句丽联合攻取新罗党项城		
644	新罗、高句丽、百济遣使入唐朝贡（元月）；百济立扶余隆为太子；唐太宗遣使诏谕高句丽、百济勿攻新罗；新罗命金庾信领兵伐百济，取七城；唐太宗下诏海陆并进攻高句丽	644年唐灭焉耆	
645	百济入唐朝贡；唐太宗发兵亲征高句丽，百济乘机占领新罗西部七城，新罗遣金庾信攻打百济		
647	新罗击退包围茂山、甘勿、桐岑的百济军队		

续表

公元纪年	百济历史事件	中原王朝	世界各地
648	百济攻陷新罗腰车城等十余城；新罗攻占百济二十一城，金庾信在玉门谷大败百济；金春秋、金仁问出使唐朝，请兵攻打百济，太宗弗许	648年唐灭龟兹	
649	百济攻陷新罗七城，金庾信在道萨城退敌		
650	新罗遣使入唐，告破百济军		
651	百济遣使入唐朝贡，唐廷规劝百济与新罗修好	651年阿史那贺鲁一统西突厥	651年波斯亡，阿拉伯正式与唐朝交往
652	高句丽、新罗、百济遣使入唐朝贡（元月）		
653	百济与倭再建国交		
654	百济建沙宅智积碑		
655	筑马川城，遣一百五十人至倭；百济、高句丽、靺鞨攻陷新罗三十余城，新罗王金春秋遣使入唐告急	655年唐高宗立武则天为皇后	
659	百济攻打新罗独山城、桐岑城，新罗遣使入唐请兵	657年唐朝平西突厥	
660	三月，苏定方率水陆十万大军攻打百济；五月，兵攻打百济；七月，百济战于黄山之原，唐朝与新罗联军围攻百济都城泗沘，进军所夫里之原，百济请和，遭拒。义慈王退守熊津城，王子扶余隆等出降；随后，义慈王亦降，百济灭亡。唐朝在百济故地设置熊津、马韩、东明、金涟、德安五都督府 八月，佐平正武率众反抗唐与新罗联军；百济复兴军进攻新罗任存城 九月，唐将刘仁愿领兵一万驻守泗沘城，百济遗民进攻泗沘；唐朝任命王文度为熊津都督 十月，新罗王与太子率军攻打百济尔礼城，攻打泗沘城南岭军栅；百济贵族鬼室福信遣使于倭请救，欲拥戴在倭的王子扶余丰为王。十一月，新罗攻打百济王兴寺岑城 十二月，倭国齐明天皇移居难波宫，准备亲自出兵救援百济		
661	百济复兴军进攻泗沘城；百济复兴军与新罗战于宾骨城、角山、屯堡		661年倭马亚王朝建立，定都大马士革
662	倭国派遣五千兵士、战舰一百七十只护送王子扶余丰**归百济，福信、僧道琛拥戴为王；耽罗降于新罗；新罗攻击百济复兴军		

续表

公元纪年	百济历史事件	中原王朝	世界各地
663	百济扶余丰杀鬼室福信，遣使赴高句丽、倭国请援，以拒唐兵；新罗攻取百济居列城、居勿城、沙平城、德安城；倭国派出两万七千兵力救援百济；唐军在白江口大败百济与倭联军，新罗攻陷周留城，百济尽平。唐高宗下诏刘仁轨率兵镇守百济		
664	金仁问、刘仁愿、扶余隆会盟于熊津；扶余隆被唐朝任命为熊津都督		
665	新罗王、唐将刘仁愿、熊津都督扶余隆于熊津就利山刑白马会盟		
666	高句丽渊（泉）盖苏文去世，泉氏兄弟内讧，泉男生归唐		711年阿拉伯征服西班牙的西哥特王国，732年受挫于法兰克，在西欧的扩张止步
668	李勣大军攻陷平壤，高句丽灭亡；唐朝在平壤设置安东都护府，熊津等归其统辖		
678	武后拜扶余隆为熊津都督、带方郡王，令归本蕃，安辑余众，其时百济故地渐为新罗所据，扶余隆滞留洛阳不敢还归国而卒	683年唐高宗驾崩，690年武则天称帝，改国号周	

注：百济作为一个政治体的存续时间，根据高丽王朝历史学家金富轼等编纂的《三国史记》，始于汉成帝鸿嘉三年（前18），终于唐高宗显庆五年（660），国祚678年。本表以此为主要时限，前后约略延伸，撷取其间百济政治、军事、文化等重要史事，旨在提供一份极简的百济史纲。

* 关于此时期《三国史记》中出现的"靺鞨"之实体，学界倾向于认为可能是濊貊。

** 中国史书和《三国史记》作"扶余丰"，《日本书纪》作"扶余丰璋"。

资料来源：유원재：《백제사연표》，《백제의 역사와 문화》부록，학연문화사，1996。金成镐主编《朝鲜·韩国历史大事编年》，黑龙江朝鲜民族出版社，2008。中国社会科学院历史研究所编《中国历史年表》，中华书局，2012；中国社会科学院世界历史研究所编《世界历史年表》，星球地图出版社，2012；赵智滨编《百济历史编年》，科学出版社，2016。

百济的王系和国王制度有其自身特点。《周书》记载："王姓夫余氏，号于罗瑕，民呼为鞬吉支，夏言并王也。妻号于陆，夏言妃也。"① 中原史书并不关注邻国内部王权的运营细节，历代《百济传》均无这方面详情资料，只是记录了来朝的国王名字（而非《三国史记》所记的王号）。这里要介绍的正是百济国王制度的客观情形。

根据《三国史记》，百济立国六百七十八年，传王三十一代，王系始

---

① 《周书》卷四九《异域·百济》，中华书局，1971，第886页。《北史》卷九四《百济传》略同，唯曰"王姓余氏"（中华书局，1974，第3118页）。

终在扶余氏中沿袭，没有出现新罗那种朴、昔、金三姓王统更替或是金姓王族内部圣骨—真骨的移易，也很少出现高句丽那种王位经过高氏不同支脉移转，或是普遍的兄终弟及的北族继承现象。百济国王王系传承以及各代王与上代国王的关系如表1-2、表1-3所示。

表1-2 百济王系

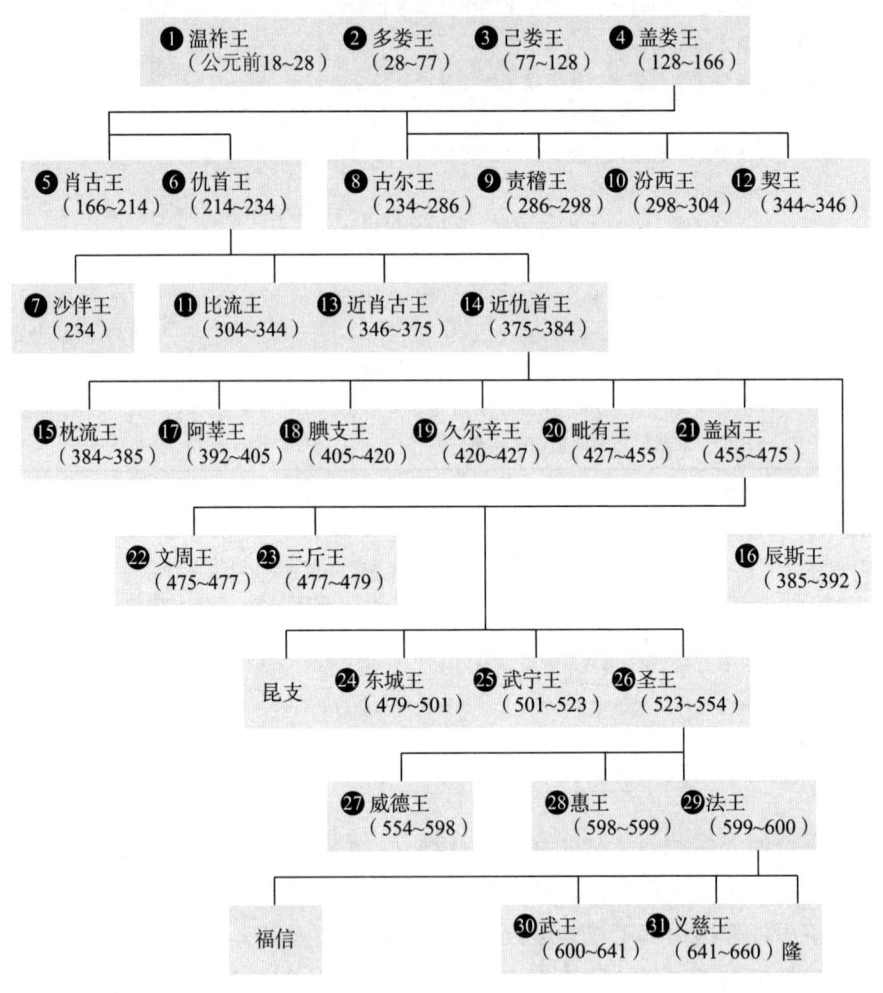

① 温祚王（公元前18~28）
② 多娄王（28~77）
③ 己娄王（77~128）
④ 盖娄王（128~166）
⑤ 肖古王（166~214）
⑥ 仇首王（214~234）
⑦ 沙伴王（234）
⑧ 古尔王（234~286）
⑨ 责稽王（286~298）
⑩ 汾西王（298~304）
⑪ 比流王（304~344）
⑫ 契王（344~346）
⑬ 近肖古王（346~375）
⑭ 近仇首王（375~384）
⑮ 枕流王（384~385）
⑯ 辰斯王（385~392）
⑰ 阿莘王（392~405）
⑱ 腆支王（405~420）
⑲ 久尔辛王（420~427）
⑳ 毗有王（427~455）
㉑ 盖卤王（455~475）
㉒ 文周王（475~477）
㉓ 三斤王（477~479）
昆支
㉔ 东城王（479~501）
㉕ 武宁王（501~523）
㉖ 圣王（523~554）
㉗ 威德王（554~598）
㉘ 惠王（598~599）
㉙ 法王（599~600）
福信
㉚ 武王（600~641）
㉛ 义慈王（641~660）隆

表1-3 百济历代王位传承方式

代	国王	与上代王关系
1	温祚王	——
2	多娄王	元子

续表

代	国王	与上代王关系
3	己娄王	元子
4	盖娄王	子
5	肖古王	子
6	仇首王	长子
7	沙伴王	长子
8	古尔王	叔父（盖娄王第二子）
9	责稽王	子
10	汾西王	长子
11	比流王	叔父（仇首王第二子）
12	契王	曾侄孙（汾西王长子）
13	近肖古王	叔祖（比流王第二子）
14	近仇首王	子
15	枕流王	元子
16	辰斯王	弟（近仇首王之仲子）
17	阿莘王	侄（枕流王之元子）
18	腆支王	元子
19	久尔辛王	长子
20	毗有王	长子（或云腆支王庶子）
21	盖卤王	长子
22	文周王	子
23	三斤王	长子
24	东城王	堂弟（文周王弟昆支之子）
25	武宁王	第二子
26	圣王	子
27	威德王	元子
28	惠王	弟（圣王第二子）
29	法王	长子
30	武王	子
31	义慈王	元子

由此可见，百济王系除了个别因太子年幼而由年长的王弟继位外，父子相继是百济王系传承的绝对主流。王弟偶然继承王位之后，仍然遵循父

子相继的原则传承王位，但也不止一次存在王位再次回归前代被褫夺王位继承权的太子一系的情况。这里的父子相继，也明确地以长子（元子）继承为主。

国王代表上天治理国家，是顶级的大贵族。一方面百济王举行一系列巡幸和祭祀先祖、天地山川的重要活动；另一方面施政布政，利用官僚体制逐步扩大王权，将贵族权力纳入王权一元化治理之下。

表 1-4 百济国王的巡幸

类型	出幸年代		出幸记事	出幸动机
出猎	温祚五年十月	前 14	巡抚北边，猎获神鹿	饥馑
	温祚十年九月	前 9	王出猎获神鹿	外交断绝
	温祚四十三年八月	25	王田牙山之原	筑城
	多娄四年九月	31	王田于横岳上连中双鹿	战争
	己娄二十七年	103	王猎汉山获神鹿	天灾
	盖娄四年四月	131	王猎汉山	即位
	仇首十六年十月	229	王猎于寒泉	祭祀
	古尔三年十月	236	王猎西海大岛，王手射四十鹿	即位
	比流二十二年十一月	325	王猎于狗原	天灾
	辰斯六年十月	390	猎于狗原，七日乃还	战争
	辰斯七年七月	391	猎国西大岛，王亲射鹿	战争
	辰斯七年八月	391	又猎横岳之西	战争
	辰斯八年十月	392	王田于狗原，经旬不返	战争
	毗有二十九年三月	455	猎于汉山	饥馑
	文周三年九月	477	王出猎宿于外，解仇使盗害之	反乱
	东城五年四月	483	猎于熊津北获神鹿	天灾
	东城十二年九月	490	王田于国西泗沘原	筑城
	东城十四年十月	492	王猎牛鸣谷亲射鹿	天灾
	东城二十二年四月	500	田于牛头城	筑城
	东城二十三年十月	501	王猎泗沘东原	筑城
	东城二十三年十一月	501	猎于熊川北原，又田于泗沘西原	筑城
	武宁二十二年九月	522	王猎于狐山之原	外交
	武王三十三年七月	632	王田于生草之原	战争

续表

类型	出幸年代		出幸记事	出幸动机
劝农、救恤	温祚十四年二月	前5	王巡抚部落，务劝农事	迁都
	温祚三十三年春夏	15	大旱，民饥相食，王抚安之	饥馑
	多娄十一年十月	38	王巡抚东西两部，贫不能自存者给谷人二石	饥馑
	肖古四十三年秋	208	蝗、旱，谷不顺成，盗贼多起，王抚安之	凶作
	毗有二年二月	428	王巡抚四部，赐贫乏谷有差	即位
虑囚、督励	武宁二十三年二月	523	王幸汉城，命佐平因友、达率沙乌等，征汉北州郡民年十五岁已上，筑双岘城	地震
	武王三十一年	630	重修泗沘之宫，王幸熊津城，夏旱停泗沘之役	宫阙筑造
	义慈二年二月	642	王巡抚州郡，虑囚，除死罪皆原之	外交
军事、慰问	温祚二十二年四月	4	王帅骑兵千猎斧岘东，遇靺鞨贼一战破之	筑城
	东城五年春	483	王以猎出至汉山城抚问军民浃旬乃还	天灾
地势把握、疆土确认	温祚十三年五月	前6	予昨出巡，观汉水之南，土壤膏腴，宜都于彼	怪异灾难
	温祚三十八年二月	20	王巡抚至走壤，北至浿河五旬而返	饥馑

资料来源：〔韩〕申滢植，《〈三國史記〉研究》，首爾：一潮閣，1981，181-182等。

表1-5 百济国王的祭祀

序号	国王	时间	记事
1	温祚王	十七年夏四月	立庙以祀国母
2		二十年春二月	王设大坛，亲祠天地，异鸟五来翔
3		三十八年冬十月	王筑大坛，祠天地
4	多娄王	二年春正月	谒始祖东明庙
5		二年春二月	王祀天地于南坛
6	仇首王	十四年夏四月	王祈东明庙，乃雨
7	古尔王	五年春正月	祭天地，用鼓吹
8		十年春正月	设大坛，祀天地山川
9		十四年春正月	祭天地于南坛

续表

序号	国王	时间	记事
10	责稽王	二年春正月	谒东明庙
11	汾西王	二年春正月	谒东明庙
12	比流王	九年夏四月	谒东明庙
13	比流王	十年春正月	祀天地于南郊，王亲割牲
14	近肖古王	二年春正月	祭天地神祇
15	阿莘王	二年春正月	谒东明庙，又祭天地于南坛
16	腆支王	二年春正月	王谒东明庙，祭天地于南坛，大赦
17	东城王	十一年冬十月	王设坛祭天地
18	法王	二年春	大旱，王幸漆岳寺，祈雨
19	武王	三十五年	王兴寺成，王每乘舟，入寺行香

百济的国号

前引温祚王建国记事可见"十济"是最初政权的名称，得名于温祚由其麾下十大辅臣襄助之意。同书后文又记载说："后以来时百姓乐从，改号百济。"唐代杜佑《通典》则提供了另一种说法："初以百家济海，因号百济。"[①] 这种解释相当文雅，似乎是百济汉文化较为成熟之后的附会，就如同将本为"徐那伐"转音的"新罗"国号与复杂的汉文"网罗四方，德业日新"相联系一样，是中国文明受容之后对土著文化的改造。因此杜佑这一说法可能来自百济对中原的自称。而相对的，《三国史记》的说法则可能是百济官方自我书写所传承的一种解释。

在中原史书中，百济国号来源与马韩诸国中的伯济相联系，例如《三国志·东夷传》关于马韩有五十余国的记载说："各有长帅，大者自名为臣智，其次为邑借，散在山海间，无城郭。"诸国之中就包括伯济国。[②] 在范晔《后汉书》中则将伯济单独抉出，列为弁辰之一："弁辰在辰韩之南，亦十有二国，其南亦与倭接。凡七十八国，伯济是其一国焉。"[③] 这种历史书写与《三国志》相比，应当是范晔的时代百济已经崛起并与南朝密

---

① 《通典》卷一八五《边防·百济》，中华书局，1988，第4990页。
② 《三国志》卷三〇《魏书·韩传》，中华书局，1982，第849页。
③ 《后汉书》卷八五《东夷·三韩传》，中华书局，1965，第2818页。

切往来的历史投射。直到唐朝开元时代，册封给内蕃百济王室后裔的爵号仍写作"伯济带方王"①。

在高句丽书写并树立于 5 世纪初的好太王碑中，百济被镌刻为带有蔑视意味的"百残"。回鹘可汗派往东方的使者发回的报告，即《北方若干国君之王统叙记》，后来因其吐蕃文版本而得以在敦煌保存，根据藏文专家王尧等先生的释读，其中将百济称作"蛮子百济"（Mon-ba-beg-tse）。② 我认为，高句丽与回鹘口中的"百残"及"beg-tse"大体和古代朝鲜半岛语言中"百济"读音相类，与中古汉语读音也十分接近。③

图 1-1　首尔梦村土城

百济后期以泗沘为都时期，改国号为"南扶余"。这又与百济早期与夫余—高句丽的紧密联系有关。由此可以看到，直到 6 世纪中叶及以后的时期，百济王室仍保留着浓厚的北方意识，北方文化在其政治文明中的作用显然被诸多强调南朝文化受容的研究遮蔽了。

---

① 《旧唐书》卷二三《礼仪志三》，中华书局，1975，第 907 页。点校者将"伯济"改为"百济"。
② 王尧、陈践译注：《P.T.1283 号〈北方若干国君之王统叙记文书〉解题》，《敦煌吐蕃文献选》，四川民族出版社，1983，第 159—161 页。
③ 冯立君：《百济与北族关系问题》，《韩国研究论丛》2016 年第 2 期（2017 年 6 月出版）。

图 1-2　首尔风纳土城

图 1-3　公州市鸟瞰

图 1-4 扶余郡远眺

二 百济核心区及文化遗产

文化遗产

百济存续的 600 多年中，先后有两次规模较大的迁都。第一次是在 475 年，百济盖卤王在与高句丽的军事战争中被杀，慰礼城沦陷，百济国力遭到重创，文周王被迫将都城南迁至熊津（今韩国忠清南道公州）。第二次是在 538 年，百济圣王主动"移都于泗沘"，泗沘（今忠清南道扶余郡）一名所夫里，百济由此还更改国号为南扶余。这两次迁都分别标志着新的时代之开端，学界一般据此将百济史划分为百济以汉城（慰礼城）、熊津、泗沘为都邑的三个时期，称之为汉城百济、熊津百济、泗沘百济。

表 1-6 熊津的称呼流变一览

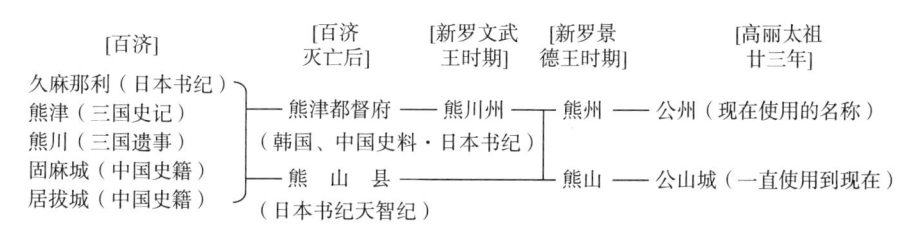

[百济]	[百济灭亡后]	[新罗文武王时期]	[新罗景德王时期]	[高丽太祖廿三年]
久麻那利（日本书纪） 熊津（三国史记） 熊川（三国遗事） 固麻城（中国史籍） 居拔城（中国史籍）	熊津都督府 ── 熊川州 ── （韩国、中国史料·日本书纪） 熊 山 县 ──────── （日本书纪天智纪）	熊州 ── 公州（现在使用的名称） 熊山 ── 公山城（一直使用到现在）		

资料来源：軽部慈恩：《百济遺跡の研究》，東京：吉川弘文館，1971，第 18 页。

表 1-7　泗沘的称呼流变一览

	泗沘迁都至陷落前相关记事	显庆五年（660）唐军攻略百济相关记事	百济陷落后相关记事
日本史料		1. 王城（书纪） 倾覆百济（书纪） 覆拔社稷（书纪）	
中国史料	1. 所指熊津、泗沘何地判别困难 ｛固麻城（梁书、南史、北史、周书） 　居拔城（隋书、北史）｝ 2. 百济王城（括地志） 3. 东西二城（唐书）[东城熊津，西城泗沘]	1. 都城（注曰：固麻城、居拔城）（通鉴） 2. 真都城（旧唐书、唐书） 大破其国（旧唐书）	1. 百济府城（旧唐书、唐书、通鉴）
韩国史料	1. 泗沘（史记） 2. 泗沘（遗事、胜览） 3. 所夫里（史记、遗事、胜览）	1. 所夫里（史记新、史记地） 2. 泗沘（史记新） 3. 都城（史记百、列、遗事） 4. 真都城（史记百） 5. 义慈都城（史记新） 6. 王都（遗事、史记百）	1. 府城（史记新） 2. 泗沘城（史记新） 3 *

资料来源：轻部慈恩：《百济遗跡の研究》，东京：吉川弘文馆，1971，第 97 页。

原注：《三国史记》（史记）、《百济本纪》（百）、《新罗本纪》（新）、列传（列）、《三国遗事》（遗事）、《新增东国舆地胜览》（胜览）、《日本书纪》（书纪）、《资治通鉴》（通鉴）。

＊原文为"史记（百记百）"有误，据前后文并查阅史料，或为"古省津（遗事）"，暂缺。

百济的疆域前后变化较大。初期的百济属于三韩世界的一隅小国，还常常受到马韩的支配影响。随后百济即不断拓展，特别是北进。《三国史记》记载，仅在温祚、多娄两位君主时期，百济就曾与"靺鞨"、乐浪作战十余次，在北边修筑马首、石头、高木等城，瓶山、秃山、狗川等栅。1 世纪中叶以后，百济即已占领所夫里以北大片土地，雄踞半岛西南。百济将原马韩势力圈都纳入辖境，此后仍不断向四周扩展疆域。1—3 世纪，百济对辰韩—新罗始终处于积极进攻的态势中。2 世纪中后期攻占小白山（横跨今忠清北道丹阳郡和庆尚北道荣州市的山脉）以南广大土地，3 世纪后则对小白山以东新罗国土展开攻击。百济还继续向南部发展，迄至 3 世纪末已基本完成弁韩故地的吞并，隔蟾津江与加耶为邻。

在 313—314 年西晋的乐浪、带方两郡沦陷于高句丽之后，百济国境开始与高句丽相接，百济—高句丽之间的竞逐开始。百济在 371 年倾举国之力发兵北上，围困平壤城，高句丽故国原王中箭身亡，高句丽南下脚步受到有力阻挡。在高句丽广开土王（又称好太王）时期，百济北方领土不断丧失，475 年百济盖卤王又在对高句丽作战中兵败身死。在不可避免的迁都熊津以后，百济丧失了居于朝鲜半岛最重要的战略要冲——汉江下游地带，由此在列国争霸过程中处于相对不利的境地。百济后期复被新罗西进所败，国土日蹙。554 年对新罗的管山城战斗，百济圣王战死，全军覆没，实际已无能力东山再起。《大唐平百济国碑铭》载，唐军渡海灭百济后，"凡置五都督，卅七州二百五十县，户廿四万，口六百廿万"①，三十七个州二百五十个县的国土规模显然仍是相当广袤的。

概言之，今天韩国国土西半部大体即为百济核心的历史空间，百济人的足迹及其遗产的分布却不限于此（例如中国出土的入唐百济人墓志、日本的百济遗迹），在百济核心历史空间分布的百济王都遗迹和贵族墓葬是百济文化遗产的杰出代表（见表 1-8）。

表 1-8　韩国世界文化遗产"百济历史遗迹区"简表

时期	王宫	寺址	王陵	防卫城
熊津时代（公州）	公山城		宋山里古坟群	
泗沘时代（扶余）	官北里遗迹与扶苏山城	定林寺址	陵山里古坟群	扶余罗城
泗沘时代后期（益山）	王宫里遗迹			

百济文化遗产实际上应包括精神文化、物质文化、制度文化等多个层面，内容相当丰富。其中，物质文化目前多为考古文物（参本书第二编第八部分），制度文化主要是政治制度，学者们常常是在百济政治史领域内对其探讨。这里介绍关于百济的中央、都城、地方制度基本框架，以及百济官员等级规定。在金富轼的时代，已然有"百济职官，年代久远，文墨晦昧。是故不得详悉"的喟叹。② 幸好中国正史《百济传》与《三国史记·百济本纪》等史籍对此各有揭橥，为一目了然，整合其内容，胪列如表 1-9、表 1-10 所示。

---

① （唐）贺遂亮：《大唐平百济国碑铭》，《全唐文》卷二〇〇，中华书局，1983，第 2026 页。
② 《三国史记》卷四〇《杂志·职官》，吉林大学出版社，2014，第 596—599 页。

表 1-9　百济的内外官、六佐平与五部、五方

层级	类别	名称
中央	内官	前内部 谷部 肉部 内椋部 外椋部 马部 刀部 功德部 药部 木部 法部 后宫部
	外官	司军部 司徒部 司空部 司寇部 点口部 客部 外舍部 绸部 日官部 都市部
	六佐平	内臣佐平 内头佐平 内法佐平 卫士佐平 朝廷佐平 兵官佐平
都城	五部	上部 前部 中部 下部 后部
地方	五方（方城）	中方（古沙城）东方（得安城）南方（久知下城）西方（刀先城）北方（熊津城）

资料来源：《周书》卷四九《百济传》，中华书局，1971，第886页。

表 1-10　百济与新罗的官阶区分

品级	百济				新罗		
一品	佐平	率类	紫衣	六人	伊伐湌	湌类	紫衣
二品	达率			三十人	伊湌		
三品	恩率				迎湌		
四品	德率			六品已上冠饰银华	波珍湌		
五品	扞率				大阿湌		
六品	奈率				阿湌		
七品	将德	德类	绯衣	紫带	一吉湌		绯衣
八品	施德			皂带	沙湌		
九品	固德			赤带	级湌		
十品	季德			青带	大奈麻	奈麻类	青衣
十一品	对德			黄带	奈麻		
十二品	文督	督类[武职]	青衣	黄带	大舍	舍类	黄衣
十三品	武督				小舍		
十四品	佐军			白带	吉土（稽知）	知类	
十五品	振武				大乌（大乌知）		
十六品	克虞				小乌（小乌知）		
十七品					造位（先沮知）		

资料来源：〔韩〕申滢植：《韓國古代史의 新研究》，首爾：一潮閣，1984，제236쪽。

百济人的思想文化也是无形的文化遗产。[①] 这指的是他们的精神世界，例如一般思想、宗教信仰、祭祀礼仪等等。百济人的语言和文字是其文化

---

① 主要参考姜孟山主编《朝鲜通史》第一卷，延边大学出版社，1992，第228—239页。

的重要组成，也是某种意义上的非物质文化。

百济人与新罗人等半岛居民的语言趋同，但存在类似方言一般的差别，百济诸国普遍使用汉字作为书面语言。近肖古王时期，"得博士高兴，始有书记"，开始进入汉字文明时代。百济的阿直岐、王仁还前往日本传授汉字文化，反映出百济文化的兴盛。朝鲜半岛诸国也存在一种以汉字标记本国语言的吏读文。

百济人很早从中国传入阴阳、五行等思想观念，甚至精通这些思想的学者会被授予"易博士"。百济人与新罗、加耶等国人民一样，存在诸神信仰，除天神、日月神、地神之外，还有始祖神，百济供奉的东明王庙和仇台庙都属于国王先祖神。祭祀天地，同样已成为国家政治和文化生活的重要事件。山川、星辰在百济人的心目中也是神圣的。

百济的宗教信仰以佛教尤为盛行。《周书》记载百济"僧尼、寺塔甚多，而无道士"。史载，384年（百济枕流王元年），西域僧人摩罗难陀自东晋渡海来到百济，受到国王礼遇，居住于王宫之中。第二年，他在南汉山建立寺院。圣王时期，佛教继续发展，得到普及：526年，谦益自天竺携归五部律的梵文本，他与二十八位百济名僧将之译成律部七十二卷，谦益本人也因此被视为百济律宗鼻祖。541年，百济圣王遣使入南朝梁求取《涅槃经》。圣王时期的昙旭、惠仁还撰著律疏三十六卷。日本的佛教也来自百济，552年百济西部达率怒唎斯致契等东渡，"献释迦佛金铜像一躯、幡盖若干、经论若干卷"。此后，百济经师、律师和其他佛工、画工、冶工、瓦工等技术工匠也相继赴日，为日本佛教传播做出贡献。

除律宗佛学外，百济与高句丽一样，也流行三论宗和成实宗，武王时期的惠现，精通三论，本人虽未入唐，却被唐代道宣列入《续高僧传》。同一时期的观勒，也精通三论，到日本后成为该国佛教界支柱。武王十年（609）渡日的道藏，在日本著述成实论疏十六卷，蔚然有名。百济的佛教流派众多，既有小乘佛教，也有由小乘向大乘过渡的成实宗，以及大乘佛教的三论宗。

百济人还创造了优美的艺术，它们或者与思想文化融合为一体，或者表现在佛教造像、建筑、墓葬等物化的载体上，今天的研究者更多的是借助考古、文物研究的手段（物质遗存）揭示这些文化内涵。

百济历史文化地位

在朝鲜半岛纵向历史进程中，百济是一个特色鲜明而辨识度很高的时代。百济的历史空间内，它所承接的是酋邦贵族联盟体林立的时代，而百济与同时代先后崛起的新罗、加耶则创建起王权逐步扩充的新型国家，贵族—官僚政治体特性明显，在百济之后的统一新罗则跃入王权国家时代。百济的文明高度与艺术水准、宗教文化与信仰风俗、典章制度与统辖经验、对外关系与外交成就都有可圈可点之处，在朝鲜半岛古史中理应占据重要一席。虽然统一半岛的主体并非百济而是其对手新罗，但毕竟百济的历史构成统一新罗的最主要组成部分，并经由稳定的地域和人群承袭给其后的高丽王朝与朝鲜王朝，因此后世乃至当代朝鲜半岛文化中仍然留存着百济文化因子是毋庸置疑的。

从东亚历史横向比较来看，百济也是一个具有独特气质和历史内涵的国家。如前所述，百济的外交具有独自路线，虽然它充满悲情，但的确是以自身的视野做出的抉择。百济初期是以三韩世界内的新罗为敌手互竞称雄，中期随着高句丽南下与之爆发冲突，遂一转而将矛头主要指向高句丽，高句丽与大陆北方诸政权民族交往、百济与大陆南方政权交往的格局得以完成，在半岛南部百济则采取联合新罗的形式提防北方高句丽军事力量。但是551年百济与新罗联合从高句丽手中夺取汉江流域之后，两国关系又因新罗独占此区域而崩解，百济的主要敌手再次变成新罗，这又与高句丽战略目标趋于一致，百济—高句丽—倭联合战线呼之欲出。在这一过程中，百济始终遵循的是追求自身核心利益，主要是围绕汉江流域而展开，争夺对象即为主要敌对方。在东亚史上，百济的诸多在中原王朝看来属于不可理解的政策及其变化大致也是由此核心关切决定。隋唐巨型帝国形成以后，百济等在南北分裂时代玩弄两面外交的故技不能再施，但百济却从未屈服隋唐东进解除高句丽问题带来的压力。这一方面反映了百济外交的思维定式尚未配适东亚新局势的客观缺陷，另一方面反映了百济固守自身最大的核心利益的必然要求，及其与隋唐帝国辽东之役总体战略的根本性冲突。又因百济战略地位的特殊性，导致百济在隋唐海东政策的调整之后最先被确定为攻灭的首要对象，百济之地的掌控者将能够东联新罗、北攻高句丽、西通大陆、南渡日本——无论是百济自身、唐朝还是此后的新罗，无不如此。

在以政治史为主要视角的历史研究中，百济的重要地位和独特作用已然被充分揭示出来，而在经济文化交流上的重要性可能比目前研究所展现的更大，学界津津乐道于7—9世纪新罗、渤海在唐日文化交流中的中继站角色，实际上早在它们之前百济就已发挥着类似的作用，这就是南朝—百济—日本文化交流路线,它也丝毫不逊色于由马具、墓葬形式等揭橥的中原—鲜卑—高句丽—日本文化传播路线。而且文化的交流互动是错综复杂的,并非总是单向流动,这在东亚文化圈的实证研究中越来越多地被证实。

图 1-5　武宁王陵金冠饰

一言以蔽之,百济是汉唐时代的东亚史诸多重要事件和文明传播中无法绕开的重要参与者甚至主要角色,百济文化作为人类文明遗产的重要组成部分具有值得珍视的价值。

图 1-6　公山城

图 1-7　百济金铜大香炉

三　百济与外部世界的关系

百济与外部交往史

百济与周边世界的交往多元而丰富。汉魏时代，百济早期与乐浪、带方等边郡交往时，其实是以之为途径吸收中原文明。带方郡故地纳入百济，其实从政治文明传承的角度，极大地促进了百济的飞跃，这和汉唐时代进占中原边郡的东亚诸民族历史进程具有内在的一致性。

百济与新罗、加耶的早期战争与交流，及其随后与高句丽的争雄消长，逐渐使得朝鲜半岛人群之间构成一种秩序圈层，类似于中国战国时代或者魏蜀吴三国鼎立时代的合纵连横。因此，百济史学者将其归纳为高句丽、百济、新罗之间的力学关系，具有互相牵动的巧妙关系。[1] 包括战争、外交、交流在内的交错互动关系，促使马韩、辰韩、弁韩构成的部落联盟

---

[1] 盧重國：《高句麗・百濟・新羅사이의 力關係變化에 대한 一考察》，《동방학지》28，1981。

体"三韩世界"经由多极化进入二元化乃至最终的一元化。但是在这一进程完成前,百济等各国都在调动各种资源,提升国力不断与对手竞争。例如,百济对中国将军号的重视,旨在对内将国内贵族纳入王权之下,对外与高句丽、新罗竞雄并反抗倭国对南朝的军政要求。

百济在中国大陆构筑的外交堡垒,同样丰富多彩。最为研究者关注的是百济—南朝之间的文化频密交流,这一方面反映在文献史料的叙事中,另一方面被南京、公州等地的考古发现所证实。其中典型的是武宁王陵墓室的结构样式,与南朝如出一辙。政治交流的密切与文化传播的深入互为表里,这的确是值得书写的一笔。学者们也从百济在朝鲜半岛争霸出发,提出高句丽、百济大陆外交竞逐的观察视角,为理解百济外部世界联动提供了良好的基础。百济与东晋南朝的亲密关系及其后与隋唐关系日益趋于"实利外交"的变化评判,实际上应以其自身发展来思考,而非中原王朝的立场或百济最终成为第一个被灭亡者的"后见之明"来逆推。百济后期对外策略是自主的,这是一个首要前提。历史是纷繁复杂的,我并不赞成将其亡于唐朝同其外交政策直接联系对应,毕竟灭亡这一偶然事件中还有军事、政治、地理等变动因素。百济在同一时期与南朝之外的北方政权与民族的交往同样应该得到重视,因为北方民族并不总是在中原王朝的史籍记载范畴之内,特别是他们与非中原政体的联系就更不易得到记录,因此现代历史研究对此历史实貌缺乏认知是无可厚非的,而目前有一些钩沉辑佚之作已然撬开历史之门,成为先驱研究,这是我们应注意的一面。[1]

百济在东亚文化传播互动过程的中介角色也是饶有趣味的问题。这又涉及百济与日本独特的交流样态。无论是在佛教文化还是汉字文化本身,百济成为日本受容中国文化的多种渠道之一。因为百济与半岛内部力学关系中的排斥力,通过海路与日本之间的文化交流显得有趣而又自然,是积极外向发展的某种折射反映。虽然百济与6世纪之前的高句丽、6世纪之后的新罗相比似乎在对大陆外交上只在南朝交往方面堪称伯仲,但对日本的联系则无疑稍胜一筹。百济后期与高句丽"结盟",对抗唐朝与新罗,其中倭国也羼入百济一方,二者的政治内在联系强韧,成为影响日本内政以及东亚局势的重要一环:最典型的莫过于倭国将具有质子性质的百济王

---

[1] 冯立君:《高句丽与柔然的交通与联系》,《社会科学战线》2016年第8期;冯立君:《百济与北族关系问题》,《韩国研究论丛》2016年第2期。

子护送回百济故地从事反唐运动,并以军事力量协助百济复兴势力,白江口展开的具有决定性的水战,重创百济与倭国势力,导致百济参与力量的覆灭命运以及倭国内政的大崩盘、大转向。百济的最终灭亡,又进一步促使外部力量进入朝鲜半岛的进程加速,具体就是唐朝羁縻府州体系开始直接从半岛自南向北推进。

百济对外关系特点

第一,百济与朝鲜半岛列国关系特点。

在新罗统一大同江以南地区之前并无统一的朝鲜半岛国家:彼时马韩、辰韩、弁韩三韩(即辰国)部落联盟体地处朝鲜半岛南部,统治中心在汉江中下游,它与半岛北部的朝鲜国、濊、貊、沃沮以及《三国史记》中常常出现的靺鞨并立。汉朝在公元前108年所设四郡之一的乐浪郡是从外部摧毁朝鲜国而建立起来,百济、新罗两国则从内部蚕食瓦解三韩之后成长起来,高句丽则先崛起于鸭绿江中游玄菟郡境内,后逐步向周围的辽东郡(西)、东濊(东)、夫余(北)、乐浪郡和带方郡(南)等地区武力扩张,一般认为4世纪高句丽、百济、新罗、加耶并峙形势形成,开始取代此前朝鲜半岛汉郡与三韩共存局面,列国时代①从此开启。列国并非割据政权,而实乃重视疆界之国家,因此它们拥有进行对外关系活动的基本条件:国家意识、疆界、交涉国对象。而且列国之间虽有民族融合的趋势,但至少在新罗统一之前,它们虽有广义的濊貊族系的诸多共同文化特点②,但也存在很多不同传统和差异,且百济、新罗、高句丽与中原诸王朝和日本都长期建有国交。

检阅《三国史记》等史籍,百济在扩张—南迁过程中对高句丽、新罗的关系呈现何种变化?从长时段历史视角看,我们可以从它明显区分的三阶段来分析。

第一阶段,百济以对新罗的进攻为主,时间跨度为公元1世纪至4世纪后期,以标志性事件来定位为64—369年,其中105—165年、286—368年曾有两段较长期的无战事记录,着重向马韩、弁韩、辰韩(后为新罗)三韩故地扩张。公元64年百济第一次与新罗正面交战,乃是百济攻新罗蛙

---

① 曹中屏:《驾洛国史研究与其意义》,《韩国研究论丛》2013年第1期。
② 李宗勋:《百济族源与丽济交融过程之考察》,《清华大学学报》2018年第6期。

山城。70年、74年、75年、85年皆有百济遣兵侵新罗边境的记录。105—165年是第一个和平期。105年百济遣使请和新罗,113年百济遣使聘于新罗。125年靺鞨大举入侵新罗北方,百济应新罗之求救,发援军。一直无战事。直到165年百济藏匿新罗叛臣阿飡吉宣,致使新罗伐百济。167年、170年、188年、189年、190年、199年、214年、218年、222年、224年、240年、255年、266年、272年、278年、283年皆有百济攻新罗城的记录。其间261年百济请和,新罗不从。286—391年百济与新罗无战争记录。286年,百济遣使新罗请和。337年新罗遣使交聘百济。366年百济遣使聘于新罗。368年百济遣使新罗。其间百济与新罗一直未见有相攻战之记载。由以上历史记录的战事来看,这一阶段百济的对外特点是,随着百济在马韩范围内的成长并最终吞并马韩,百济持续致力于向大致在同一时期合并了辰韩诸部落的新罗、洛东江下游弁韩故地上形成的诸加耶势力扩张。

第二阶段,百济主要与高句丽角逐称雄,时间跨度为369—553年。369年高句丽南伐百济,败于雉壤。371年百济攻打高句丽平壤城,高句丽故国原王中流矢死。百济与高句丽互相攻伐时代开始。475年百济首都汉城被高句丽攻陷,盖卤王被杀。文周王迁都熊津。538年迁都泗沘(所夫里),国号南扶余。551年百济联合新罗进攻高句丽,百济占领汉水流域。553年新罗占领百济东北边境,置新州;新罗王娶百济王女为小妃。其间391年百济、加耶联合倭军进攻新罗。399年百济联合倭国进攻新罗,新罗求援于高句丽。这一阶段虽然是百济主要与北方强国高句丽竞相称雄的时代,百济的主要敌人是高句丽而非新罗,但伴随三国局势变化和势力消长,百济4世纪末期仍持续进攻新罗,到5世纪中叶才开始联手新罗从军事上共同抗击高句丽(并通交中国南朝,从外交上"包围"、抵制高句丽)。

第三阶段,553—660年,百济对外再度将新罗作为首要敌国直至覆灭。新罗6世纪中叶和百济联军对高句丽取得军事胜利,从高句丽手中夺回曾属于百济的汉江中下游地区这一被视为朝鲜半岛第一形胜之地,随即排除百济势力独占了该地,百济同新罗的所谓"同盟"完全破裂,双方反目。此后百济开始向新罗进攻。百济对外虽一度仍然拉拢隋唐帝国对付高句丽,但逐渐将精力转到进攻新罗、恢复三韩故土。

百济对新罗、高句丽的外交政策选择与变化呈现出明显的特点,是对重要地区土地和人口的核心关切，尤其表现在带方郡故地和汉江中下游地区成为它迁都熊津后确定首要敌对国的关键条件上，而对除马韩外的其他三韩故地持续不断的渴望也从未泯灭。

第二，百济与中国的关系特点。

百济与中国关系已被中韩等国学者反复研究，这里提出来，想探讨的是百济与中国关系中的主动外交选择和受中国大陆局势影响之间的关系问题。杨通方、韩国磐两位先生分别就百济与中国的关系主要事件进行过史料梳理和述论，百济与中国交往从与乐浪郡、带方郡发生联系开始到为唐朝大军攻破都城亡国的基本史实脉络清晰呈现[1]。对这一历程的认识需注意一点，即中国局势变动带来的影响会波及朝鲜半岛，而同时高句丽、百济诸国并不常居于被动，能在有限的条件下主动进行对外抉择，高句丽这方面的对外关系早有大量研究呈现，那么朝鲜半岛的百济国在对中关系上经历了怎样的变化？

百济与中国关系始于跟汉末乐浪郡、带方郡的交往，从一开始就与新罗、高句丽不同。一是百济始终遵循中原王朝权威，进而谋求半岛优势；二是文化上全力吸收先进中国文明，并有所反哺；三是后期百济外交政策转变，源于追求目标与新罗和高句丽迥异。按照时间的演进来看，百济与汉唐时期中国九个王朝先后存有外交关系，呈现出鲜明的阶段性特征。第一期，发轫期，汉末至两晋时期：远离中国势力直接范围，起先与汉郡县毗邻，对中关系以文化为主、政治为辅，不断成长壮大，后在西晋时期与朝廷中央取得联系，转为以经济文化为主。第二期，蓬勃期，南北朝时期：百济成长并攻占带方郡等地，后至高句丽强盛期，百济与之争雄，以对南朝交往对抗高句丽与北朝的密切关系，政治为主。第三期，调整与高潮期，隋唐时期：朝贡频繁，但在唐朝东方政策中日渐处于不利地位，军事为主，外交失策导致亡国。

表1-11　百济王从晋—唐受册封爵号、官号一览

公元纪年	受封者	爵号	官号	册封者
372	近肖古王		镇东将军、领乐浪太守	东晋

---

[1] 杨通方：《汉唐时期中国与百济的关系》，收入《中韩古代关系史论》，中国社会科学出版社，1996；韩国磐：《南北朝隋唐与新罗百济的往来》，《历史研究》1994年第2期。

续表

公元纪年	受封者	爵号	官号	册封者
416	腆支王	百济王	使持节、都督百济诸军事、镇东将军	东晋
420	腆支王	百济王	使持节、都督百济诸军事、镇东大将军	宋
430	毗有王	百济王	使持节、都督百济诸军事、镇东将军	宋
457	盖卤王		镇东大将军	宋
480	东城王	百济王	使持节、都督百济诸军事、镇东大将军	南齐
490	武宁王	百济王	（行）都督百济诸军事、镇东大将军	南齐
502	东城王	百济王	征东（大）将军	梁
521	武宁王	百济王	使持节、都督百济诸军事、宁东大将军	梁
524	圣王	百济王	［使］持节、都督百济诸军事、绥东将军	梁
562	威德王		抚军大将军	陈
570	威德王	带方郡公、百济王	使持节、侍中、车骑大将军	北齐
571	威德王		使持节、都督东青州诸军事、东青州刺史	北齐
581	威德王	带方郡公、百济王	上开府仪同三司	隋
624	武王	带方郡王、百济王		唐
641	义慈王	带方郡王、百济王	柱国	唐

资料来源：中国正史与《三国史记》；杨军：《中国与朝鲜半岛关系史论》，社会科学文献出版社，2006，第136—137页。

表1-12　唐代册封百济王室带方郡王一览

百济国王	爵号	时间	授予者
武王	带方郡王	武德七年（624）	唐高祖
义慈王	带方郡王	贞观十五年（641）	唐太宗
扶余隆	百济郡公*	显庆五年（660）	唐高宗
扶余隆	带方郡王	仪凤二年（677）	唐高宗
扶余敬**	带方郡王	则天朝	武则天
扶余氏	百济带方王	开元十二年（724）	唐玄宗

＊扶余隆墓志载其所受官爵为"熊津都督，封百济郡公，仍为熊津道总管兼马韩道安抚大使"，赵超主编《唐代墓志汇编》，上海古籍出版社，1992，第702页。
＊＊《通典》卷一八五，《边防·百济》记为"夫余崇"，中华书局，1988，第4992页。

表1-13　百济向隋唐遣使一览

公元纪年	遣使时间	目的·活动
581	威德王二十八年	贺隋文帝登基，朝贡

续表

公元纪年	遣使时间	目的·活动
582	威德王二十九年	朝贡
589	威德王三十六年	贺平陈，送归船
598	威德王四十五年	请为隋辽东之役军导
607	武王八年三月	扞率燕文进朝贡
607	武王八年	佐平王孝邻朝贡，请讨高句丽
608	武王九年三月	朝贡
611	武王十二年	国智牟朝贡，请征高句丽军期
614	武王十五年	朝贡
621	武王二十二年十月	献果下马
624	武王二十五年一月	奉表，朝贡
624	武王二十五年七月	朝贡
624	武王二十五年九月	献明光甲，[谢恩]
625	武王二十六年十一月	朝贡
626	武王二十七年	献明光铠，诉高句丽塞路
626	武王二十七年十二月	[贺太宗即位]
627	武王二十八年一—八月	王侄福信入唐
629	武王三十年九月	朝贡，[谢罪]
631	武王三十二年九月	朝贡
632	武王三十三年十二月	朝贡
635	武王三十六年十一月	朝贡
636	武王三十七年二月	朝贡
637	武王三十八年十二月	太子扶余隆入唐。献铁甲雕斧
638	武王三十九年十月	献铁甲雕斧
639	武王四十年十月	献金甲雕斧
640	武王四十一年	请求贵族子弟入国学
641	义慈王元年五月	告哀
641	义慈王元年秋	谢恩
642	义慈王二年一月	朝贡，[贺正]
643	义慈王三年一月	朝贡，[贺正]
644	义慈王四年一月	朝贡，[贺正]
645	义慈王五年一月	百济太子入唐
651	义慈王十一年	朝贡，[贺高宗即位]

续表

公元纪年	遣使时间	目的·活动
652	义慈王十二年一月	朝贡，[贺正]

资料来源：唐代部分，权悳永：《古代韓中外交史——遣唐使研究》，首爾：一潮閣，1997，제 18—19 等；隋代部分，参阅付百臣《中朝历代朝贡制度研究》，吉林人民出版社，2008，第 12—13 页。

表 1-14 百济对中原遣使/来使统计

中国 \ 百济王	近肖古王	近仇首王	枕流王	腆支王	久尔辛王	毗有王	盖卤王	文周王	东城王	武宁王	圣王	威德王	惠王	武王	义慈王	合计
东晋	2	1	1/1	2/1												6/2
南朝 宋					3/1	5/1	4									12/2
南朝 齐									4/1							4/1
南朝 梁										2	3					5
南朝 陈												4/1				4/1
北朝 北魏							1/1									1/1
北朝 北齐												2				2
北朝 北周												2				2
隋												3	1	4/1		8/1
唐																
合计	2	1	1/1	2/1	3/1	5/1	5/1		4/1	2	3	11/1	1	4/1		

资料来源：서영수：《三國과 南北朝交涉의 性格》，《東洋學》第 11 辑，1981，제 149—187 등。其中，义慈王对唐遣使/来使为笔者据史籍补入。

第三，百济与倭国关系特点。

论及百济与倭国关系，不得不注意到末松保和 1949 年问世的《任那兴亡史》一书，他据《日本书纪》神功皇后四十九年条等记载提出"任那日本府"问题，认为位于洛东江下游的任那是公元 369—562 年日本直接统治半岛南部的地区。这一论点得到石母田正、井上光贞等日本史学权威响应。日本学者东潮认为任那四县可能在发现有许多前方后圆古坟的荣山江流域。朝鲜、韩国学者对此一直存有巨大争议，究其大端，朝鲜和韩国学者大多否认《日本书纪》的可靠性，或指出半岛南部倭人分别是百济系或加耶系倭臣，与日本列岛的倭无关。有人引据高句丽好太王碑认为，至少半岛存在倭势力,但如井上秀雄等日本学者也否定任那说。中国学者朴真奭也曾著文否定任那说。与任那说相对应,国际上也有主张朝鲜半岛势力影响日本文化的学说,其中,韩国首尔大学洪元卓教授针对江上波夫"4世纪末大陆骑马民族经朝鲜半岛南下进攻并征服了日本原住民,建立大和国"的"骑马民族征服说"①,以及盖里·莱迪阿德(Gari Ledyard)"大和国是346年被鲜卑亡国后的残余夫余人南下征服日本"的观点②,提出是百济人而非夫余人或其他大陆民族"征服"并建立日本早期国家③。这两种见解针锋相对,其实分别走向了两个极端。

关于济倭关系,滨田耕策的结论值得注意,他说:"只有百济、加耶安定,倭才能通过它们到达中国,在这个(中国南朝、百济、加耶、倭)共同体中,少了百济和加耶任何一个都不行。一旦百济有危险,倭自然会出手,两国的这种连带关系,是在二三百年的交流中产生的。"森公章则认为倭与半岛既有和睦的时候,也有不和睦的时候,倭国通过百济吸收先进中国文化如汉字、官制、佛教、儒学等,即以百济为蓝图建国④。也就是说,各国学者存在共识,古代日本与朝鲜半岛南部的交流频繁甚至是密切。百济与日本的关系主要的特点是文化传播上以百济向日本流动为主,军事上则以日本出兵援助百济为主。

综上可见,百济的对外关系特点相当鲜明,其实这也体现出百济政体的某种"性格"。

新罗的对外关系在罗济丽三国中被公认为最为高超,高句丽的"倔强"对外关系多被诟病,甚至有学者指其根本无对外策略可言。那么百济的对外关系如何评价?百济、新罗、高句丽、加耶、耽罗组成朝鲜半岛列国外交圈,加上外部的中国大陆和日本列岛构成更大范围的东亚世界外交

---

① 〔日〕江上波夫:《骑马民族国家》,张承志译,光明日报出版社,1988。
② Gari Ledyard, "Galloping along with the Horseriders: Looking for the Founders of Japan," Columbia University reprint edition, 1973.
③ Wontack Hong, *Ancient Korea-Japan Relations: Paekche and the Origin of the Yamato Dynasty*, Seoul: Kudara International, 1994 (1st), 2010 (2nd); Wontack Hong, *Korea and Japan in East Asian History*, Seoul: Kudara International, 2006. Wontack Hong, "Ancient Korea-Japan Relations: Dating the Formative Years of the Yamato Kingdom (366-405 CE) by the Samguk-sagi Records and Reinterpreting the Related Historical Facts," *The Open Area Studies Journal*, 2009 (2), pp. 12-29.
④ 《日本と朝鮮半島2000年》,日本放送协会,2010;又见NHK同名纪录片访谈。

圈。时至 7 世纪中叶，百济与新罗、高句丽互竞称雄的目标越发明显，百济的合理目标至少是统一三韩旧地，那么百济对外关系理所当然是为这一目标争取最佳外部环境。而统一三韩旧地的核心和首要目标是争夺汉江下游及出海口。百济虽有贪安的君王，但从未偏安锦江以南即使两位国王战死也不断北进、北复，此即其开拓精神。为统一三韩，百济才积极西通中国、东联倭国。中国的册封和倭国的援助都有利于从形式上、法统上、国际上以及军事上压制各阶段首要敌对方。百济虽然历经多次大规模的迁都，由强渐弱，但百济最明显的对外特征就是不断进取、始终追求恢复北方汉江流域的领土。百济除了末期个别统治者外，从未有偏安一隅的国家战略，相反，它以马韩故地、带方郡故地的土地以及后来丢失的汉江中下游地区的土地和人口为中心，持续反抗阻碍这一目标的高句丽和新罗。在这一过程中，目标从未改变或打折扣，但同盟者和敌对方则在新罗和高句丽之间变换了不止一次，总之是以朝鲜半岛最强者为首要敌人，拉拢较弱者到自己的阵营，奋争到底。

表 1-15　百济战争记事统计（以世纪为单位）

世纪 政权	1	2	3	4	5	6	7	合计
新罗	7	8	11		1	4	24	55
高句丽			1	17	4	11	1	34
靺鞨	12	2	5	2	1	3		25
中国（乐浪）	3		2	1				6
马韩	2				1			1
魏					1			1
唐							1	1
合计	24	10	20	20	7	18	26	125

表 1-16　百济外交记事统计（以世纪为单位）

世纪 政权	1	2	3	4	5	6	7	合计
新罗		2	2	3	6	2		15
高句丽							1	1
马韩	2							2

续表

政权＼世纪	1	2	3	4	5	6	7	合计
乐浪	2							2
靺鞨				1				1
东晋				5	2			7
后魏					1			1
宋					4			4
梁						7		7
后周						2		2
北齐						3		3
陈						2		2
隋						7	5	12
唐							23	23
倭				1	5		1	7
合计	4	2	2	10	18	23	30	89

资料来源：〔韩〕申滢植：《〈三國史記〉研究》，首爾：一潮閣，1981，제148-149 等。

图 1-8 扶余郡陵山里寺址石造舍利龛铭文

图 1-9　武宁王陵内部

图 1-10　梁元帝《职贡图》百济使者形象

四　百济的灭亡及遗民动向

百济的灭亡

　　隋唐巨型帝国的创建，是欧亚历史上自汉帝国衰亡以来极为重要的历史变化。中国王朝四百多年的内部分裂对抗以及多中心格局，使得边疆及域外世界政治体释放能量，不断突进、碰撞、组合、联动。然而自隋代以来，中原帝国对于周边的控驭愿望和力度都在显著增强，朝鲜半岛的政治版图也不可避免地受到莫大影响。

　　对于唐朝而言，辽东问题是牵动东方全局的核心关切，由此对高句丽外围的新罗、百济、靺鞨、倭国等展开多元联动。新罗成为唐朝的军事、政治紧密合作者，而与高句丽"结盟"的百济、倭国则日益成为敌对方，靺鞨则被分化为两个阵营。百济在隋朝辽东之役期间即首鼠两端，对中原王朝阳奉阴违；在唐代以后则没能及时调整航向，因其直接面临中国一侧的广大海域之地理特点，率先成为高宗时期南北双向夹攻高句丽的桥头堡，因而被唐军攻灭。

　　唐显庆二年（657）平西突厥沙钵罗后，海东作战提上日程，在连续对高句丽用兵的掩护下，显庆五年（660）征讨西突厥的功臣名将苏定方统兵十三万征伐百济，会同五万新罗军，一举殄灭百济。在军事上，相对弱势的百济未能有效得到高句丽的南下支援，统治阶层内部的分裂极大削弱了抵抗能力，加之唐、新罗通力合作，使其无可避免地陷入灭顶之灾——都城泗沘被唐军攻破，全国应声瓦解。唐廷作出决断，直接在其地设立熊津、马韩、东明、金连、德安五都督府，纳入大唐版图。① 百济王室贵族及一般百姓大量被内徙中原。

　　百济灭亡前夕的历史记载，充满诡异的气氛，各种天灾地变和怪谲灵异事件涌现。特别是对所谓鬼吐人语预谶"百济亡"故事的细致描摹：

---

① 《资治通鉴》卷二〇〇，唐高宗显庆五年条载："百济故有五部，分统三十七郡、二百城、七十六万户，诏以其地置熊津等五都督府（熊津、马韩、东明、金连、德安五都督府），以其酋长为都督、刺史。"（中华书局，1956，第6321页）。

有一鬼入宫中，大呼："百济亡，百济亡！"即入地，王怪之，使人掘地，深三尺许，有一龟。其背有文曰："百济同月轮，新罗如月新。"王问之巫者，曰："同月轮者满也，满则亏。如月新者未满也，未满则渐盈。"王怒杀之。或曰："同月轮者盛也，如月新者微也。意者国家盛，而新罗浸微者乎。"王喜。

从"百济亡，百济亡"的鬼话，到"百济同月轮，新罗如日新"的龟文，显然都是编纂史书的新罗—高丽的史官凸显新罗天命所归意图的虚写。百济的灭亡因素众多，根本要素当是唐朝、新罗的外部军事压力，以及百济政治统治的衰朽和分裂，其他因素则包括高句丽、倭国在短期内援助的断绝，民众力量尚未参与等。从政权发展势头论，新罗如新月暴长，百济如满月将亏倒是相当贴切的表达。

表 1-17　百济天灾地变记事统计（以世纪为单位）

世纪 内容	1	2	3	4	5	6	7	合计
日食	4	3	3	4	7	5		26
地震	5	3		2	1	2	3	16
旱	6	2	5	3	4	5	6	31
彗星	1	2	2	4	4	2	1	16
雹	3		2					5
雷	1	1		2			3	7
雨		1	1		2	1	1	6
霜	2			1		1		4
雪					2			2
无冰		1	1		2	1	1	6
无云		1						1
龙	1		1	1	2			5
陨石	1			2	1	1		5
五星		1	3	2		1		7
大风	1	1		1	1		1	4
火				1	1			2
蝗				1	1	1	1	4

续表

世纪 内容	1	2	3	4	5	6	7	合计
疫			1	1	1	2		5
其他（怪）			3	4	1	3	18	39
合计	34	16	25	27	30	25	34	191

资料来源：〔韩〕申滢植：《〈三國史記〉研究》，首爾：一潮閣，1981，제 145 쪽。

百济复兴运动

百济残余势力在倭国力量的支持下，从显庆五年（660）至龙朔三年（663），不断掀起反唐复国运动，但陆续被唐与新罗联合镇压。无论是称为遗民反抗还是复国运动，义慈王异母弟贵族鬼室福信和从倭国返回的王子扶余丰都是其确凿无疑的领导者。

唐军攻陷泗沘，福信、僧道琛等召集组织百济残兵旧将，他们以周留城为根据地，不断进攻旧都泗沘城的唐军，福信的反唐作战具有一定的发动民众的特点，因此与唐高宗百济之役战争中面对的百济官军有所不同。龙朔二年（662），倭国齐明天皇欲渡海向西进军，但不幸病死，其子中大兄皇子送百济王子扶余丰归国，福信迎取拥立为王。倭国向百济提供了大量援助，两股反唐力量合流。然而局势波谲云诡，663年唐罗联军围攻周留城，同时刘仁轨向道琛、福信劝降，福信猜疑而诛杀道琛，扶余丰亦忌惮福信，先发制人，拘捕福信后宣称其谋反，最终斩杀之，复兴力量虽经内讧，但领导权更为集中了。

最终，反唐势力与唐朝力量展开决战。663年，震荡东亚的白江之战拉开序幕，一方为唐朝水军，另一方为倭国海上力量和百济复国势力，双方在白江入海口一带决战，唐军大胜，从而底定了东亚政治格局。倭国势力退出朝鲜半岛，引发国内政治连环波动，对外政策上转向积极向中原王朝学习先进文明。朝鲜半岛内则实现唐朝与新罗得以从高句丽的南北两侧陆海同时进军的目标。白江之战三年后（666），高句丽权臣渊（泉）盖苏文薨逝，引发政治局面失控，他的儿子们兄弟嫌隙，萧墙祸起。唐朝积极抓住这一难得机遇，因势利导，泉男生投诚唐廷，唐朝政治与军事双管齐下，顺利攻入平壤，灭亡宿敌高句丽。[1] 其后，新罗与唐朝矛盾逐渐暴露

---

[1] 冯立君：《高句丽泉氏与唐朝政治关系》，《社会科学战线》2018年第8期。

并导致直接军事冲突（史称唐罗战争，670—676 年），百济故地与高句丽南部版图最终为新罗独占。

新罗在百济、高句丽相继灭亡及其之后的历史过程中，不断侵占百济旧地、扶植高句丽残余势力反抗唐朝，甚至不惜直接动用武力与前"盟友"兵戎相向。高句丽王室代表安胜一度被新罗文武王册封为高句丽王、报德国王，册封者希望"永为邻国，事同昆弟"，受册者则宣称"愿作藩屏，永世尽忠"。唐朝册封的百济郡公、熊津都督扶余隆则罹难受迫，不敢赴任，终老于洛阳宅邸。

百济遗民动向

其一，入唐。

百济灭亡后，至少有四次遗民入唐。第一次为 660 年。百济都城被唐军攻陷，百济国王、王族、臣僚、百姓等作为俘虏并被带往唐朝。第二次为 664 年，唐朝平定百济复兴军，将俘虏的百济复兴军人士以及向唐军投降的将领黑齿常之、沙咤相如等带回唐朝。第三次为 668 年，高句丽平壤城陷落，当年十月唐军回师，在押回高句丽王高藏等同时，还带回 660 名泗沘城破时逃至高句丽的百济遗民，包括白江之战后逃往其地的扶余丰等。第四次为唐朝在百济故土设熊津都督府解散后，由于熊津都督扶余隆无法立足，百济遗民遂归入唐朝内地。除第一次移居时约 12000 人的记录外，其余三次因缺少具体记载，难以准确统计人数。百济遗民多以战俘或曰被征服者的身份入唐，唯独熊津都督府内迁辽东后的移居者是非战俘的自发移民。

入唐百济遗民中的上层（即王公贵胄）在得到唐廷赦免后多居于洛阳、长安等地。中下层遗民，据《资治通鉴》所载："徙熊津都督府于建安故城；其百济户口先徙于徐、兖等州者，皆置于建安。"① 可知，熊津内徙建安前曾安置在徐州、兖州等地，其后转徙辽东。一些韩国学者依据《唐六典》卷三《尚书户部》"凡岭南诸州税米者，上户一石二斗，次户八斗，下户六斗；若夷、獠之户，皆从半输。轻税诸州、高丽、百济应差征镇者，并令免课、役"② 认为依据岭南的百济、高句丽遗民数量不小，扶余丰有可能也在此间，是百济遗民集团首领。入唐百济人群全部编入唐朝户

---

① 《资治通鉴》卷二〇二，"唐高宗仪凤元年"条，中华书局，1956，第 6379 页。
② 《唐六典》卷三《尚书户部》，中华书局，1992，第 77 页。

籍，参加唐朝军队者也较多，在唐出生的百济人后裔与入唐其他蕃族非汉群体一样，逐渐融入唐朝政治文化生活之中。近年来，随着西安、洛阳等地百济人墓志的出土，他们在唐朝的个人生命史得到一定程度的复现。

其二，赴日。

根据《日本书纪》卷二七《天智纪》记载，白江战后周留城（州柔）陷落，日本列岛成为反唐的百济人一个去向："百济州柔城，始降于唐。是时，国人相谓之曰'州柔降矣，事无奈何。百济之名绝于今日，丘墓之所，岂能复往？但可往于弖礼城，会日本军将等，相谋事机所要。'遂教本在枕服岐城之妻子等，令知去国之心。辛酉发途于牟弖，癸亥至弖礼。甲戌，日本船师及佐平余自信，达率木素贵子，谷那晋首，忆礼福留，并国民等至于弖礼城。明日，发船始向日本。"百济亡后，连年都有规模不小的百济人群安置于日本境内的记载：百济亡后五年（665），"勘校百济国官位阶级。仍以佐平福信之功，授鬼室集斯小锦下。复以百济百姓男女四百余人，居于近江国神前郡。"亡后六年（666）冬，"以百济男女二千余人居于东国。凡不择缁素，起癸亥年至于三岁，并赐官食。"亡后九年（669）"以佐平余自信、佐平鬼室集斯等男女七百余人，迁居近江国蒲生郡。"无疑，在百济与日本密切关系的支撑下，迁居列岛的百济遗民数量众多（参见表1-18）。日本境内保存有相当多的百济遗迹遗物（例如表1-19所示），一方面固然是由百济覆亡之前的文化输入所致，另一方面则是百济移民群体大规模引入所致。

表1-18 百济系日本人的动向

身份　等	人名	典出	备注
沙门	咏	景云二年六月庚子	乐浪河内之父 高丘宿祢比良麻吕之祖父
德率 四	国骨富	宝云五年十月己巳	国中连公麻吕之祖父
释	义觉	日本灵异记上 一四	难波百济寺圆寂
禅师	弘济	日本灵异记上 一七	随三谷郡大领之先祖来日 建立三谷寺
达率 二	荆负常	姓氏录 左京诸蕃 下	香山连之祖
	名进	姓氏录 左京诸蕃 下	高槻连之祖
	支母未惠远	姓氏录 右京诸蕃 下	城筱连之祖
恩率 三	高难延子	姓氏录 左京诸蕃 下	大丘造之祖
	纳比且止	姓氏录 右京诸蕃 下	清道连之祖

续表

身　份　等	人名	典出	备注
德率 四	吴伎侧	姓氏录 未定杂姓 右京	吴氏之祖
	曾父佐	姓氏录 未定杂姓 河内国	风村造之祖
扞率 五	答他斯智	姓氏录 右京诸蕃 下	中野造之祖
	古都助	姓氏录 未定杂姓 右京	古氏之祖
百姓	男女二十三人	天武十三年五月甲子	化来之僧、俗安置于武藏国
	敬须德那利	持统二年五月乙丑	移至甲斐国
	男女二十一人	持统四年五月乙酉	归化
	?	延历十八年十二月甲戌	甲斐国止祢若虫等一百九十人之祖最初安置为摄津职，其后移至甲斐国
	?	养老元年十一月甲辰	归化百济、高句丽人"给复终身"

资料来源：森公章：《白村江以後》，講談社，1998，第160-161頁；정효운：《백제 멸망과 백제유민-정착 과정과 정체성 문제를 중심으로-》，《동북아문화연구》53，2017，제 390 쪽。

表 1-19　西日本地区朝鲜式山城一览

序号	名称	所在地	现状	文献与备注
1	金田城	对马岛市 下县郡 美津岛町 黑濑	国指定史迹	《日本书纪》百济式山城
2	鞠智城	熊本县 菊鹿町 米原		?
3	아쯔보산神笼石	佐贺县 武雄市 橘町 小野原	国指定史迹	?
4	带隈山神笼石	佐贺县 佐贺市 久保泉町	国指定史迹	?
5	基肄城	佐贺县 基山町 小仓	国指定史迹	《日本书纪》百济式山城
6	女山神笼石	福冈县 山门郡 濑高町 大草	国指定史迹	?
7	高良山神笼石	福冈县 久留米市 御井町	国指定史迹	?
8	雷山神笼石	福冈县 前原市 雷山	国指定史迹	?
9	鹿毛马神笼石	福冈县 嘉穗郡 颍田町 鹿毛马	国指定史迹	?
10	御所ヶ谷神笼石	福冈县 行桥市 津积	国指定史迹	?
11	杷木神笼石	福冈县 朝仓郡 杷木町 林田	国指定史迹	?
12	大野城	福冈县 太宰府市 太宰府		《日本书纪》百济式山城
13	唐原神笼石	福冈县 筑上郡 大平村 下唐原		?
14	宫地岳古代山城	福冈县 筑紫野市		?
15	石城山神笼石	山口县 熊毛郡 大和町 石城	国指定史迹	?

续表

序号	名称	所在地	现状	文献与备注
16	鬼ノ城	冈山县 总社市 奥坂	国指定史迹	?
17	大回小回山城	冈山市 草ヶ部		?
18	永纳山城	爱媛县 东予市 楠		?
19	讃岐城山城	香川县 坂出市 西庄町 高松市 屋岛		?
20	屋嶋城	高松市 屋岛		《日本书纪》百济式山城
21	播磨城山城	兵库县 新宫町马立		
22	高安城	奈良县 生驹郡平群町久安寺		《日本书纪》百济式山城

资料来源: 이근우: 《백촌강전투와 대마도》,《동북아문화연구》34, 2013, 제 53 쪽; 정효운: 《백제 멸망과 백제유민-정착 과정과 정체성 문제를 중심으로-》,《동북아문화연구》53, 2017, 제 386 쪽。

其三, 留韩。

所谓留韩, 指的是继续留在百济故地的民众。首先是有一些百济人在战争期间被俘或逃亡新罗, 其次是更多的百济人仍然留居故地, 先是在唐朝羁縻府州的统治之下, 随后复入新罗版图成为统一新罗的编户齐民。唐朝初灭百济, 其中一个目标是经略其地, 南北夹攻高句丽, 同时也有唐军将领表现出来的治理熊津诸都督府地, 光大唐朝声威的鹄的。正如《大唐平百济国碑铭》所记, "凡置五都督, 卅七州二百五十县, 户廿四万, 口六百廿万。各齐编户, 咸变夷风"。百济民众纳入唐朝, 旧有统治体系瓦解, 新的统治秩序初建, 中上层人士跻身羁縻府州官僚序列: "旧有五部, 分统三十七郡、二百城、七十六万户, 至是以其地分置熊津、马韩、东明等五都督府, 仍以其酋渠为都督府刺史。"①

统一新罗之后, 百济旧地被来自都城庆州的王廷更为长久持续地统治, 《三国史记·地理志》所记载的郡县沿革中, 百济故土的变革也有迹可循。百济遗民也在一定程度上融入新罗王朝, 例如新罗的九州五小京制度, "始与高句丽、百济地错犬牙, 或相和亲, 或相寇钞, 后与大唐侵灭二邦, 平其土地, 遂置九州。"其中, "于故百济国界置三州: 百济故城北熊津口曰熊州, 次西南曰全州, 次南曰武州"。五小京中的西原小京(清

---

① 《通典》卷一八五《边防典》之《东夷·新罗》, 中华书局, 1988, 第 4990—4992 页。

州）、南原小京（南原）分别在熊州、全州，中原小京（忠州）也在附近的汉州南部。再如，新罗的中央军事制度九誓幢和地方军事制度十停。九誓幢实际为九支混成部队集团军，其中三支新罗人部队、三支高句丽人部队、两支百济人部队和一支靺鞨人部队；十停则是分别驻守在小京、州、郡要冲地带的十支部队。百济故地及其遗民由此在严密的统治体系中成为统一新罗国家的重要组成部分。然而，这并不代表百济遗民及其后裔的复国理想彻底消失了，在新罗王朝末年，旧百济地区再度兴起一个史称"后百济"的政权，它的历史活动充满了对百济历史的追忆和再造。

表 1-20　新罗的九州、五小京、十停

九州名称 （文武王—神文王）	九州改名 （景德王）	五小京	十停	州治今地
沙伐州	尚州		音里火停	尚州
歃良州	良州	金官京	参良火停	梁州
菁州	康州		召参停	晋州
汉山州	汉州	中原京	南川停、骨乃今停	广州
首若州	朔州	北原京	伐力川停	春川
熊川州	熊州	西原京	古良夫里停	公州
河西州	溟州		伊火兮停	江陵
完山州	全州	南原京	居斯勿停	全州
武珍州	武州		未多夫里停	光州

图 1-11　锦江（公州附近）

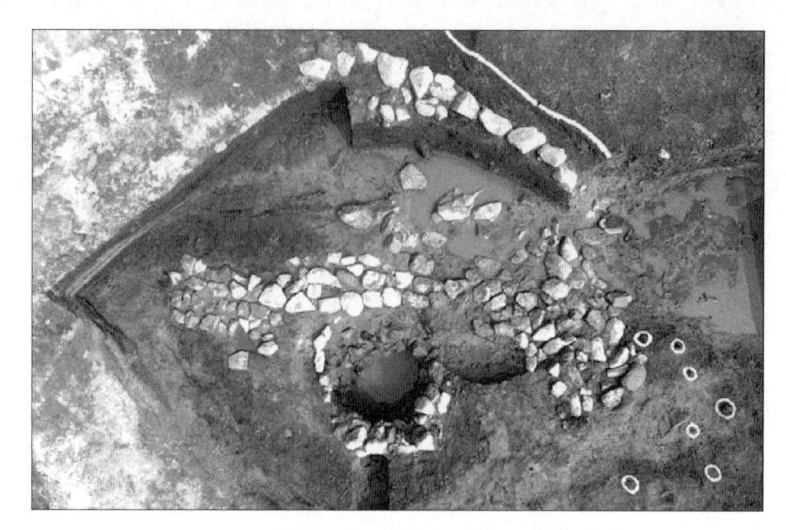

图 1-12　百济泗沘王京遗址西北方水井遗址

图 1-13　扶余郡定林寺址五层石塔

图 1-14　益山王宫里寺塔

图 1-15　益山弥勒寺址石塔

第二编　百济史料提要

五　中国正史中的《百济传》

中国官修史书专门为百济立传始于《宋书》，其后至《新唐书》为止的大多数史书沿袭了这一传统。总体上，前期主要记载百济与中原王朝交往方面的史事，以"朝贡"与册封为主，多附录表文与诏书原文；后期随着对百济内政了解加深，开始增添百济本国地理、典章、风俗、文化等情况的说明，本质上仍属于他者视域中的历史书写。中国正史的《百济传》，可粗以南朝—北朝—隋唐史书为序，略加解题提要，并附史料全文。

《宋书·百济传》

《宋书》是最早为百济立传的中原王朝官修史书。宋是继东晋以后在南方建立的古代王朝。《宋书》一百卷由南朝梁沈约撰成。《百济传》简要介绍百济的地理位置，叙事方式是将百济和高句丽并列，并提出高句丽、百济分别略有辽东、辽西。本传核心部分主要从东晋义熙年间与百济的政治册封关系为起点，追述晋宋两代与百济主要政治交往事迹，特别是百济来朝及宋朝册封记录，并保留了元嘉二年赐百济诏书、大明二年百济上表。

［文献］

百济国，本与高骊俱在辽东之东千余里，其后高骊略有辽东，百济略有辽西。百济所治，谓之晋平郡晋平县。

义熙十二年，以百济王余映为使持节、都督百济诸军事、镇东将军、百济王。高祖践祚，进号镇东大将军。少帝景平二年，映遣长史张威诣阙贡献。元嘉二年，太祖诏之曰："皇帝问使持节、都督百济诸军事、镇东大将军、百济王。累叶忠顺，越海效诚，远王纂戎，聿修先业，慕义既彰，厥怀赤款，浮桴骊水，献琛执贽，故嗣位方任，以藩东服，勉勖所莅，无坠前踪。今遣兼谒者闾丘恩子、兼副谒者丁敬子等宣旨慰劳称朕意。"其后每岁遣使奉表，献方物。七年，百济王余毗复修贡职，以映爵号授之。二十七年，毗上书献方物，私假台使冯野夫西河太守，表求易林、式占、腰弩，太祖并与之。毗死，子庆代立。世祖大明元年，遣使求除授，诏许。二年，庆遣使上表曰："臣国累叶，偏受殊恩，文武良辅，世蒙朝爵。行冠军将军右贤王余纪等十一人，忠勤宜在显进，伏愿垂愍，并听赐除。"仍以行冠军将军右贤王余纪为冠军将军。以行征虏将军左贤王余昆、行征虏将军余晕并为征虏将军。以行辅国将军余都、余乂并为辅国将军。以行龙骧将军沐衿、余爵并为龙骧将军。以行宁朔将军余流、麋贵并为宁朔将军。以行建武将军于西、余娄并为建武将军。太宗泰始七年，又遣使贡献。①

《南齐书·百济传》

《南齐书》记载南齐一朝历史，南齐是南北朝时期继宋以后在南方王朝。本书由南朝齐梁皇族萧子显作，《百济传》散佚前半部分，仅存后半部分。残卷所载从百济东城王上南齐皇帝第一篇表文后半部起，还较为完整保存了东城王另三篇上表文。在表文里胪列了不少百济受封将军号及对应的具体人名、官名，弥足珍贵。本传记录下来北魏十万大军征伐百济而百济反击"大破之"的史事。

[文献]

……报功劳勤，实存名烈。假行宁朔将军臣姐瑾等四人，振竭忠效，攘除国难，志勇果毅，等威名将，可谓扞城，固蕃社稷，论功料勤，宜在甄显。今依例辄假行职。伏愿恩愍，听除所假。宁朔将军、面中王姐瑾，历赞时务，武功并列，今假行冠军将军、都将军、都汉王。建威将军、八中侯余古，弱冠辅佐，忠效夙著，今假行宁朔将军、阿错王。建威将军余历，忠款有素，文武列显，今假行龙骧将军、迈卢王。广武将军余固，忠效时务，光宣国政，今假行建威将军、弗斯侯。

牟大又表曰："臣所遣行建威将军、广阳太守、兼长史臣高达，行建威将军、朝鲜太守、兼司马臣杨茂，行宣威将军、兼参军臣会迈等三人，

---

① 《宋书》卷九七《夷蛮·百济国传》，中华书局，1974，第 2393—2394 页。

志行清亮，忠款夙著。往泰始中，比使宋朝，今任臣使，冒涉波险，寻其至效，宜在进爵，谨依先例，各假行职。且玄泽灵休，万里所企，况亲趾天庭，乃不蒙赖。伏愿天监特愍除正。达边效夙著，勤劳公务，今假行龙骧将军、带方太守。茂志行清壹，公务不废，今假行建威将军、广陵太守。迈执志周密，屡致勤效，今假行广武将军、清河太守。"诏可，并赐军号，除太守。为使持节、都督百济诸军事、镇东大将军。使兼谒者仆射孙副策命大袭亡祖父牟都为百济王。曰："於戏！惟尔世袭忠勤，诚著遐表，沧路肃澄，要贡无替。式循彝典，用纂显命。往钦哉！其敬膺休业，可不慎欤！制诏行都督百济诸军事、镇东大将军百济王牟大今以大袭祖父牟都为百济王，即位章绶等玉铜虎竹符四。其拜受，不亦休乎！"

是岁，魏虏又发骑数十万攻百济，入其界，牟大遣将沙法名、赞首流、解礼昆、木干那率众袭击虏军，大破之。建武二年，牟大遣使上表曰："臣自昔受封，世被朝荣，忝荷节钺，克攘列辟。往姐瑾等并蒙光除，臣庶咸泰。去庚午年，猃狁弗悛，举兵深逼。臣遣沙法名等领军逆讨，宵袭霆击，匈梨张惶，崩若海荡。乘奔追斩，僵尸丹野。由是摧其锐气，鲸暴韬凶。今邦宇谧静，实名等之略，寻其功勋，宜在褒显。今假沙法名行征虏将军、迈罗王，赞首流为行安国将军、辟中王，解礼昆为行武威将军、弗中侯，木干那前有军功，又拔台舫，为行广威将军、面中侯。伏愿天恩特愍听除。"又表曰："臣所遣行龙骧将军、乐浪太守兼长史臣慕遗，行建武将军、城阳太守兼司马臣王茂，兼参军、行振武将军、朝鲜太守臣张塞，行扬武将军陈明，在官忘私，唯公是务，见危授命，蹈难弗顾。今任臣使，冒涉波险，尽其至诚。实宜进爵，各假行署。伏愿圣朝特赐除正。"诏可，并赐军号。[①]

《梁书·百济传》

《梁书》共五十六卷，由姚察、姚思廉父子相继编撰。梁继东晋宋齐在江南建立王朝，首尾五十六年（502—557 年）。《百济传》是现存最早记载百济国内地方制度"二十二檐鲁"以及百济城池、社会风俗、服饰特点、民众语言的传记。该传追述了百济与古三韩的渊源关系，百济与东晋

---

① 《南齐书》卷五八《东南夷传》，中华书局，1972，第 1010—1012 页。

南朝的交往，特别是记录了百济使臣在梁武帝时期侯景之乱中的表现，生动反映出百济与梁朝密切的友好关系。

[文献]

百济者，其先东夷有三韩国，一曰马韩，二曰辰韩，三曰弁韩。弁韩、辰韩各十二国，马韩有五十四国。大国万余家，小国数千家，总十余万户，百济即其一也。后渐强大，兼诸小国。其国本与句骊在辽东之东，晋世句骊既略有辽东，百济亦据有辽西、晋平二郡地矣，自置百济郡。晋太元中，王须，义熙中，王余映，宋元嘉中，王余毗，并遣献生口。余毗死，立子庆。庆死，子牟都立。都死，立子牟太。齐永明中，除太都督百济诸军事、镇东大将军、百济王。天监元年，进太号征东将军。寻为高句骊所破，衰弱者累年，迁居南韩地。普通二年，王余隆始复遣使奉表，称"累破句骊，今始与通好"。而百济更为强国。其年，高祖诏曰："行都督百济诸军事、镇东大将军百济王余隆，守藩海外，远修贡职，乃诚款到，朕有嘉焉。宜率旧章，授兹荣命。可使持节、都督百济诸军事、宁东大将军、百济王。"五年，隆死，诏复以其子明为持节、督百济诸军事、绥东将军、百济王。

号所治城曰固麻，谓邑曰檐鲁，如中国之言郡县也。其国有二十二檐鲁，皆以子弟宗族分据之。其人形长，衣服净洁。其国近倭，颇有文身者。今言语服章略与高骊同，行不张拱，拜不申足则异。呼帽曰冠，襦曰复衫，袴曰裈。其言参诸夏，亦秦、韩之遗俗云。中大通六年，大同七年，累遣使献方物；并请涅盘等经义、毛诗博士，并工匠、画师等，敕并给之。太清三年，不知京师寇贼，犹遣使贡献；既至，见城阙荒毁，并号恸涕泣。侯景怒，囚执之，及景平，方得还国。①

《南史·百济传》

《南史》是唐代李延寿所撰具有通史性质的纪传体史书，囊括宋、齐、梁、陈等时期历史。与北朝通史《北史》相比，对于百济历史的记述集中在百济与南朝的交往，这一部分基于南朝视角的双方互动记录是编集《宋书》《南齐书》《梁书》相关记事删改而成。同时这篇长时段的《百济传》开头对百济前身始源、与辽西郡所谓关联的记载，结尾对百济檐鲁制度、

---

① 《梁书》卷五四《东夷·百济传》，中华书局，1973，第804—805页。

社会风俗民情的记载则是基本照抄《梁书·百济传》文字。

[文献]

百济者，其先东夷有三韩国：一曰马韩，二曰辰韩，三曰弁韩。弁韩、辰韩各十二国，马韩有五十四国。大国万余家，小国数千家，总十余万户，百济即其一也。后渐强大，兼诸小国。其国本与句丽俱在辽东之东千余里，晋世句丽既略有辽东，百济亦据有辽西、晋平二郡地矣，自置百济郡。

晋义熙十二年，以百济王余映为使持节、都督百济诸军事、镇东将军、百济王。宋武帝践祚，进号镇东大将军。少帝景平二年，映遣长史张威诣阙贡献。元嘉二年，文帝诏兼谒者闾丘恩子、兼副谒者丁敬子等往宣旨慰劳，其后每岁遣使奉献方物。七年，百济王余毗复修贡职，以映爵号授之。二十七年，毗上书献方物，私假台使冯野夫西河太守，表求易林、式占、腰弩，文帝并与之。毗死，子庆代立。孝武大明元年，遣使求除授，诏许之。二年，庆遣上表，言行冠军将军、右贤王余纪十一人忠勤，并求显进。于是诏并加优进。明帝泰始七年，又遣使贡献。庆死，立子牟都。都死，立子牟大。齐永明中，除大都督百济诸军事、镇东大将军、百济王。梁天监元年，进大号征东将军。寻为高句丽所破，衰弱累年，迁居南韩地。普通二年，王余隆始复遣使奉表，称累破高丽，今始与通好，百济更为强国。其年，梁武帝诏隆为使持节、都督百济诸军事、宁东大将军、百济王。五年，隆死，诏复以其子明为持节、督百济诸军事、绥东将军、百济王。

号所都城曰固麻，谓邑曰檐鲁，如中国之言郡县也。其国土有二十二檐鲁，皆以子弟宗族分据之。其人形长，衣服洁净。其国近倭，颇有文身者。言语服章略与高丽同，呼帽曰冠，襦曰复衫，袴曰裈。其言参诸夏，亦秦、韩之遗俗云。

中大通六年、大同七年，累遣使献方物，并请涅盘等经义、毛诗博士并工匠画师等，并给之。太清三年，遣使贡献。及至，见城阙荒毁，并号恸涕泣。侯景怒，囚执之，景平乃得还国。①

《魏书·百济传》

《魏书》卷一〇〇将东北方的高句丽、百济、勿吉、失韦、豆莫娄、

---

① 《南史》卷七九《东夷·百济传》，中华书局，1975，第1971—1973页。

地豆于、库莫奚、契丹、乌洛侯合为一列传。其中的《百济传》是北朝系统史书第一次专门为百济立传。该卷末史臣曰："夷狄之于中国,羁縻而已。高丽岁修贡职,东藩之冠,荣哀之礼,致自天朝,亦为优矣。其他碌碌,咸知款贡,岂牛马内向,东风入律者也。"百济是作为仅次于高句丽的东方国家被记载的,涉及百济族源、地理位置、居住特点、饮食衣服等情况的简要介绍,重点仍放在百济与北魏之间的政治联系。主体是延兴二年百济王遣使北魏上表投诉高句丽梗阻朝贡海道,北魏随之回复诏书安抚调停,并交代了北魏送百济但未获高句丽积极配合一事,可以发现高句丽是《百济传》"不在场的主角"。

[文献]

百济国,其先出自夫余。其国北去高句丽千余里,处小海之南。其民土著,地多下湿,率皆山居。有五谷,其衣服饮食与高句丽同。

延兴二年,其王余庆始遣使上表曰："臣建国东极,豺狼隔路,虽世承灵化,莫由奉藩,瞻望云阙,驰情罔极。凉风微应,伏惟皇帝陛下协和天休,不胜系仰之情,谨遣私署冠军将军、驸马都尉弗斯侯,长史余礼,龙骧将军、带方太守、司马张茂等投舫波阻,搜径玄津,托命自然之运,遣进万一之诚。冀神祇垂感,皇灵洪覆,克达天庭,宣畅臣志,虽旦闻夕没,永无余恨。"又云:"臣与高句丽源出夫余,先世之时,笃崇旧款。其祖钊轻废邻好,亲率士众,陵践臣境。臣祖须整旅电迈,应机驰击,矢石暂交,枭斩钊首。自尔已来,莫敢南顾。自冯氏数终,余烬奔窜,丑类渐盛,遂见陵逼,构怨连祸,三十余载,财殚力竭,转自孱踧。若天慈曲矜,远及无外,速遣一将,来救臣国,当奉送鄙女,执扫后宫,并遣子弟,牧圉外厩。尺壤匹夫不敢自有。"又云:"今琏有罪,国自鱼肉,大臣强族,戮杀无已,罪盈恶积,民庶崩离。是灭亡之期,假手之秋也。且冯族士马,有鸟畜之恋;乐浪诸郡,怀首丘之心。天威一举,有征无战。臣虽不敏,志效毕力,当率所统,承风响应。且高丽不义,逆诈非一,外慕隗嚣藩卑之辞,内怀凶祸豕突之行。或南通刘氏,或北约蠕蠕,共相唇齿,谋陵王略。昔唐尧至圣,致罚丹水;孟常称仁,不舍涂詈。涓流之水,宜早壅塞,今若不取,将贻后悔。去庚辰年后,臣西界小石山北国海中见尸十余,并得衣器鞍勒,视之非高丽之物,后闻乃是王人来降臣国。长蛇隔路,以沉于海,虽未委当,深怀愤恚。昔宋戮申舟,楚庄徒跣;鹞撮放鸠,信陵不食。克敌建名,美隆无已。夫以区区偏鄙,犹慕万代之信,况陛下合气天地,势倾山海,岂令小竖,跨塞天逵。今上所得鞍一,以为实验。"

显祖以其僻远,冒险朝献,礼遇优厚,遣使者邵安与其使俱还。诏曰:"得表闻之,无恙甚善。卿在东隅,处五服之外,不远山海,归诚魏阙,欣嘉至意,用戢于怀。朕承万世之业,君临四海,统御群生。今宇内清一,八表归义,襁负而至者不可称数,风俗之和,士马之盛,皆余礼等亲所闻见。卿与高丽不穆,屡致陵犯,苟能顺义,守之以仁,亦何忧于寇雠也。前所遣使,浮海以抚荒外之国,从来积年,往而不返,存亡达否,未能审悉。卿所送鞍,比校旧乘,非中国之物。不可以疑似之事,以生必然之过。经略权要,已具别旨。"又诏曰:"知高丽阻强,侵轶卿土,修先君之旧怨,弃息民之大德,兵交累载,难结荒边。使兼申胥之诚,国有楚越之急,乃应展义扶微,乘机电举。但以高丽称藩先朝,供职日久,于彼虽有自昔之衅,于国未有犯令之愆。卿使命始通,便求致伐,寻讨事会,理亦未周。故往年遣礼等至平壤,欲验其由状。然高丽奏请频烦,辞理俱诣,行人不能抑其请,司法无以成其责,故听其所启,诏礼等还。若今复违旨,则过咎益露,后虽自陈,无所逃罪,然后兴师讨之,于义为得。九夷之国,世居海外,道畅则奉藩,惠戢则保境,故羁縻著于前典,楛贡旷于岁时。卿备陈强弱之形,具列往代之迹,欲殊事异,拟贶乖衷,洪规大略,其致犹在。今中夏平一,宇内无虞,每欲陵威东极,悬旌域表,拯荒黎于偏方,舒皇风于远服。良由高丽即叙,未及卜征。今若不从诏旨,则卿之来谋,载协朕意元戎启行,将不云远。便可豫率同兴,具以待事,时遣报使,速究彼情。师举之日,卿为乡导之首,大捷之后,又受元功之赏,不亦善乎。所献锦布海物虽不悉达,明卿至心。今赐杂物如别。"又诏琏护送安等。

安等至高句丽,琏称昔与余庆有仇,不令东过,安等于是皆还。乃下诏切责之。五年,使安等从东莱浮海,赐余庆玺书,褒其诚节。安等至海滨,遇风飘荡。竟不达而还。①

《周书·百济传》

《周书》卷四九《异域传》中包含百济传。将百济始源与马韩和夫余

---

① 《魏书》卷一〇〇《百济传》,中华书局,1974,第2217—2219页。

同时联系在一起，又将仇台在带方建国作为百济创建史实。在中国史书中，第一次详细介绍百济疆域范围、都城所在、官品体系、衣服制式、社会风俗、信仰情况，以及经济、法律、物产、祭祀等诸多方面的情况。同时也记载了百济与北周之间的迟晚而有限的联系。

[文献]

百济者，其先盖马韩之属国，夫余之别种。有仇台者，始国于带方。故其地界东极新罗，北接高句丽，西南俱限大海。东西四百五十里，南北九百余里。治固麻城。其外更有五方：中方曰古沙城，东方曰得安城，南方曰久知下城，西方曰刀先城，北方曰熊津城。

王姓夫余氏，号于罗瑕，民呼为鞬吉支，夏言并王也。妻号于陆，夏言妃也。官有十六品。左平五人，一品；达率三十人，二品；恩率三品；德率四品；扞率五品；奈率六品。六品已上，冠饰银华。将德七品，紫带；施德八品，皂带；固德九品，赤带；季德十品，青带；对德十一品，文督十二品，皆黄带；武督十三品，佐军十四品，振武十五品，克虞十六品，皆白带。自恩率以下，官无常员，各有部司，分掌众务。内官有前内部、谷部、肉部、内掠部、外掠部、马部、刀部、功德部、药部、木部、法部、后官部。外官有司军部、司徒部、司空部、司寇部、点口部、客部、外舍部、绸部、日官部、都市部。都下有万家，分为五部，曰上部、前部、中部、下部、后部，部统兵五百人。五方各有方领一人，以达率为之；方有十郡，郡将三人，以德率为之。方统兵一千二百人以下，七百人以上。城之内外民庶及余小城，咸分隶焉。

其衣服，男子略同于高丽。若朝拜祭祀，其冠两厢加翅，戎事则不。拜谒之礼，以两手据地为敬。妇人衣似袍，而袖微大。在室者，编发盘于首，后垂一道为饰；出嫁者，乃分为两道焉。兵有弓箭刀稍。俗重骑射，兼爱坟史。其秀异者，颇解属文。又解阴阳五行。用宋元嘉历，以建寅月为岁首。亦解医药卜筮占相之术。有投壶、樗蒲等杂戏，然尤尚弈棋。僧尼寺塔甚多，而无道士。赋税以布绢丝麻及米等，量岁丰俭，差等输之。其刑罚：反叛、退军及杀人者，斩；盗者，流，其赃两倍征之；妇人犯奸者，没入夫家为婢。婚娶之礼，略同华俗。父母及夫死者，三年治服；余亲，则葬讫除之。土田下湿，气候温暖。五谷杂果菜蔬及酒醴肴馔药品之属，多同于内地。唯无驼驴骡羊鹅鸭等。其王以四仲之月，祭天及五帝之神。又每岁四祠其始祖仇台之庙。

自晋、宋、齐、梁据江左，后魏宅中原，并遣使称藩，兼受封拜。齐氏擅东夏，其王隆亦通使焉。隆死，子昌立。建德六年，齐灭，昌始遣使献方物。宣政元年，又遣使来献。①

《隋书·百济传》

《隋书》由魏征主纂，参预者还有颜师古、孔颖达、许敬宗等，于贞观十年（636）初成。《隋书》关于百济族源与其他史书迥异，明确宣称高句丽是百济王室的出身地。第一次引入高句丽东明卵生神话及其从高句丽南奔到夫余人居地作为百济始祖仇台在带方立国的先祖记事；仇台娶汉辽东太守公孙度之女而使百济成为"东夷强国"。该传重点记述从隋代开皇年间大业年间百济与隋朝之间关系的完整记事。其中还插入一段关于百济国境方位、都城名称及官品、五方、民俗等记载，与《周书》大体相似，但增补、改易一些字句，其主要增补者为："其人杂有新罗、高丽、倭等，亦有中国人。""国中大姓有八族，沙氏、燕氏、劦氏、解氏、真氏、国氏、木氏、苩氏。""国西南，人岛居者十五所，皆有城邑。"集中在人群、宗族方面的新材料，此外还有"妇人不加粉黛"，"有鼓角、箜篌、筝竽、篪笛之乐"，"有巨栗"等民俗、文化、物产方面的细节新知。百济与隋关系史事除了隋初受册封外，是从隋平陈战争、开皇辽东之役、大业东征中百济的不同表现来凸显对隋朝的态度，较前代史书显然对百济的内情有了更深入的瞭解。传末附有躭牟罗国（今济州岛）记载，也是新增史料。

[文献]

百济之先，出自高丽国。其国王有一侍婢，忽怀孕，王欲杀之。婢云："有物状如鸡子，来感于我，故有娠也。"王舍之。后遂生一男，弃之厕溷，久而不死，以为神，命养之，名曰东明。及长，高丽王忌之，东明惧，逃至淹水，夫余人共奉之。东明之后，有仇台者，笃于仁信，始立其国于带方故地。汉辽东太守公孙度以女妻之，渐以昌盛，为东夷强国。初以百家济海，因号百济。历十余代，代臣中国，前史载之详矣。开皇初，其王余昌遣使贡方物，拜昌为上开府、带方郡公、百济王。其国东西四百五十里，南北九百余里，南接新罗，北拒高丽。其都曰居拔城。官有十六品：长曰左平，次达率，次恩率，次德率，次杆率，次奈率，次将德，服

---

① 《周书》卷四九《异域·百济传》，中华书局，1971，第886—887页。

紫带；次施德，皂带；次固德，赤带；次季德，青带；次对德以下，皆黄带；次文督，次武督，次佐军，次振武，次克虞，皆用白带。其冠制并同，唯奈率以上饰以银花。长史三年一交代。畿内为五部，部有五巷，士人居焉。五方各有方领一人，方佐贰之。方有十郡，郡有将。其人杂有新罗、高丽、倭等，亦有中国人。其衣服与高丽略同。妇人不加粉黛，女辫发垂后，已出嫁则分为两道，盘于头上。俗尚骑射，读书史，能吏事，亦知医药、蓍龟、占相之术。以两手据地为敬。有僧尼，多寺塔。有鼓角、箜篌、筝、竽、篪、笛之乐，投壶、围棋、樗蒲、握槊、弄珠之戏。行宋元嘉历，以建寅月为岁首。国中大姓有八族，沙氏、燕氏、刕氏、解氏、贞氏、国氏、木氏、苩氏。婚娶之礼，略同于华。丧制如高丽。有五谷、牛、猪、鸡，多不火食。厥田下湿，人皆山居。有巨栗。每以四仲之月，王祭天及五帝之神。立其始祖仇台庙于国城，岁四祠之。国西南人岛居者十五所，皆有城邑。

平陈之岁，有一战船漂至海东躭牟罗国，其船得还，经于百济，昌资送之甚厚，并遣使奉表贺平陈。高祖善之，下诏曰："百济王既闻平陈，远令奉表，往复至难，若逢风浪，便致伤损。百济王心迹淳至，朕已委知。相去虽远，事同言面，何必数遣使来相体悉。自今以后，不须年别入贡，朕亦不遣使往，王宜知之。"使者舞蹈而去。

开皇十八年，昌使其长史王辩那来献方物，属兴辽东之役，遣使奉表，请为军导。帝下诏曰："往岁为高丽不供职贡，无人臣礼，故命将讨之。高元君臣恐惧，畏服归罪，朕已赦之，不可致伐。"厚其使而遣之。高丽颇知其事，以兵侵掠其境。昌死，子余宣立，死，子余璋立。

大业三年，璋遣使者燕文进朝贡。其年，又遣使者王孝邻入献，请讨高丽。炀帝许之，令觇高丽动静。然璋内与高丽通和，挟诈以窥中国。七年，帝亲征高丽，璋使其臣国智牟来请军期。帝大悦，厚加赏锡，遣尚书起部郎席律诣百济，与相知。明年，六军渡辽，璋亦严兵于境，声言助军，实持两端。寻与新罗有隙，每相战争。十年，复遣使朝贡。后天下乱，使命遂绝。

其南海行三月，有躭牟罗国，南北千余里，东西数百里，土多獐鹿，附庸于百济。百济自西行三日，至貊国云。①

---

① 《隋书》卷八一《东夷·百济传》，中华书局，1973，第1817—1820页。

《北史·百济传》

《北史》是李大师与李延寿父子接力编撰的史学巨著,李大师身处隋末动乱时代,追求安定的政治局面,将统一确定为《北史》的主题思想。李延寿没有摒弃父亲的主题思想,他将淝水之战至隋末动乱之间出现的各政权视为有机联系的整体,框定为北朝历史系统,以便揭示中华社会从分裂走向统一的曲折轨迹,体现唐初结束战乱的政治目标。[①]《北史·百济传》并非完全抄掇《魏书》《周书》相关记载而成,而是另有其他史源材料编入:第一段落关于百济起源,与《隋书》明确记载为"高丽国"不同,是将东明神话及其从索离国南奔到夫余建国作为百济始祖仇台在带方立国的先祖记事。而这种新的建国书写又兼顾或曰继承了"其先出自夫余"(《魏书》)、"马韩之属国,夫余之别种"(《周书》),如果说马韩说主要集中在南朝系统史书书写,那么夫余说则始于北朝系统书写,《周书》开启的兼容模式在《北史》得到承袭。不止如此,在国号来源上,《北史》还提出"百家济=百济"一说。第二段落关于百济五方及都城、官品制度的叙述略同《周书》《隋书》。第三段落略同《隋书》,其后段落关于百济与北朝至隋关系史事则是汇合并删节《魏书》《北齐书》《周书》《隋书》百济传记事而编成。

[文献]

百济之国,盖马韩之属也,出自索离国。其王出行,其侍儿于后妊娠,王还,欲杀之。侍儿曰:"前见天上有气如大鸡子来降,感,故有娠。"王舍之。后生男,王置之豕牢,豕以口气嘘之,不死;后徙于马阑,亦如之。王以为神,命养之,名曰东明。及长,善射,王忌其猛,复欲杀之。东明乃奔走,南至淹滞水,以弓击水,鱼鳖皆为桥,东明乘之得度,至夫余而王焉。东明之后有仇台,笃于仁信,始立国于带方故地。汉辽东太守公孙度以女妻之,遂为东夷强国。初以百家济,因号百济。

其国东极新罗,北接高句丽,西南俱限大海,处小海南,东西四百五十里,南北九百余里。其都曰居拔城,亦曰固麻城。其外更有五方:中方曰古沙城,东方曰得安城,南方曰久知下城,西方曰刀先城,北方曰熊津

---

① 李凭:《〈北史〉中的宗族与北朝历史系统——兼论中华文明长存不衰的历史原因》,《中国社会科学》2016年第5期。

城。王姓余氏，号"于罗瑕"，百姓呼为"鞬吉支"，夏言并王也。王妻号"于陆"，夏言妃也。官有十六品：左平五人，一品；达率三十人，二品；恩率，三品；德率，四品；扞率，五品；奈率，六品。已上冠饰银华。将德，七品，紫带。施德，八品，皂带。固德，九品，赤带。季德，十品，青带。对德，十一品；文督，十二品，皆黄带。武督，十三品；佐军，十四品；振武，十五品；克虞，十六品，皆白带。自恩率以下，官无常员。各有部司，分掌众务。内官有前内部、谷内部、内掠部、外掠部、马部、刀部、功德部、药部、木部、法部、后宫部。外官有司军部、司徒部、司空部、司寇部、点口部、客部、外舍部、绸部、日官部、市部。长吏三年一交代。都下有万家，分为五部，曰上部、前部、中部、下部、后部，部有五巷，士庶居焉。部统兵五百人。五方各有方领一人，以达率为之，方佐贰之。方有十郡，郡有将三人，以德率为之。统兵一千二百人以下，七百人以上。城之内外人庶及余小城，咸分隶焉。

其人杂有新罗、高丽、倭等，亦有中国人。其饮食衣服，与高丽略同。若朝拜祭祀，其冠两厢加翅，戎事则不。拜谒之礼，以两手据地为礼。妇人不加粉黛，女辫发垂后，已出嫁，则分为两道，盘于头上。衣似袍而袖微大。兵有弓箭刀矟。俗重骑射，兼爱坟史，而秀异者颇解属文，能吏事。又知医药、蓍龟，与相术、阴阳五行法。有僧尼，多寺塔，而无道士。有鼓角、箜篌、筝竽、篪笛之乐，投壶、樗蒲、弄珠、握槊等杂戏。尤尚弈棋。行宋元嘉历，以建寅月为岁首。赋税以布、绢、丝、麻及米等，量岁丰俭，差等输之。其刑罚，反叛、退军及杀人者，斩；盗者，流，其赃两倍征之；妇犯奸，没入夫家为婢。婚娶之礼，略同华俗。父母及夫死者，三年居服，余亲则葬讫除之。土田湿，气候温暖，人皆山居。有巨栗，其五谷、杂果、菜蔬及酒醴肴馔之属，多同于内地。唯无驼、骡、驴、羊、鹅、鸭等。国中大姓有八族，沙氏、燕氏、刕氏、解氏、真氏、国氏、木氏、苩氏。其王每以四仲月祭天及五帝之神。立其始祖仇台之庙于国城，岁四祠之。国西南，人岛居者十五所，皆有城邑。

魏延兴二年，其王余庆始遣其冠军将军驸马都尉弗斯侯、长史余礼、龙骧将军带方太守司马张茂等上表自通，云："臣与高丽，源出夫余，先世之时，笃崇旧款。其祖钊，轻废邻好，陵践臣境。臣祖须，整旅电迈，枭斩钊首。自尔以来，莫敢南顾。自冯氏数终，余烬奔窜，丑类渐盛，遂见陵逼，构怨连祸，三十余载。若天慈曲矜，远及无外，速遣一将，来救臣国。当奉送鄙女，执扫后宫，并遣子弟，牧圉外厩，尺壤匹夫，不敢自有。去庚辰年后，臣西界海中，见尸十余，并得衣器鞍勒。看之，非高丽之物。后闻乃是王人来降臣国，长蛇隔路，以阻于海。今上所得鞍一，以为实矫。"

献文以其僻远，冒险入献，礼遇优厚，遣使者邵安与其使俱还。诏曰："得表闻之无恙。卿与高丽不睦，致被陵犯，苟能顺义，守之以仁，亦何忧于寇雠也。前所遣使，浮海以抚荒外之国，从来积年，往而不反，存亡达否，未能审悉。卿所送鞍，比校旧乘，非中国之物。不可以疑似之事，以生必然之过。经略权要，已具别旨。"又诏曰："高丽称藩先朝，供职日久，于彼虽有自昔之衅，于国未有犯令之愆。卿使命始通，便求致伐，寻讨事会，理亦未周。所献锦布海物，虽不悉达，明卿至心。今赐杂物如别。"又诏琏护送安等。至高丽，琏称昔与余庆有雠，不令东过。安等于是皆还，乃下诏切责之。五年，使安等从东莱浮海，赐余庆玺书，褒其诚节。安等至海滨，遇风飘荡，竟不达而还。

自晋、宋、齐、梁据江左，亦遣使称藩，兼受拜封。亦与魏不绝。

及齐受东魏禅，其王隆亦通使焉。淹死，子余昌亦通使命于齐。武平元年，齐后主以余昌为使持节、侍中、车骑大将军，带方郡公、百济王如故。二年，又以余昌为持节、都督东青州诸军事、东青州刺史。

周建德六年，齐灭，余昌始遣使通周。宣政元年，又遣使来献。

隋开皇初，余昌又遣使贡方物，拜上开府、带方郡公、百济王。平陈之岁，战船漂至海东躭牟罗国。其船得还，经于百济，昌资送之甚厚，并遣使奉表贺平陈。文帝善之，下诏曰："彼国悬隔，来往至难，自今以后，不须年别入贡。"使者舞蹈而去。十八年，余昌使其长史王辩那来献方物。属兴辽东之役，遣奉表，请为军导。帝下诏，厚其使而遣之。高丽颇知其事，兵侵其境。余昌死，子余璋立。大业三年，余璋遣使燕文进朝贡。其年，又遣使王孝邻入献，请讨高丽。炀帝许之，命觇高丽动静。然余璋内与高丽通和，挟诈以窥中国。七年，帝亲征高丽，余璋使其臣国智牟来请军期。帝大悦，厚加赏赐，遣尚书起部郎席律诣百济，与相知。明年，六军度辽，余璋亦严兵于境，声言助军，实持两端。寻与新罗有隙，每相战争。十年，复遣使朝贡。后天下乱，使命遂绝。

其南，海行三月有躭牟罗国，南北千余里，东西数百里，土多獐鹿，附庸于百济。西行三日，至貊国千余里云。①

《旧唐书·百济传》

五代后晋官修《唐书》，宰相赵莹、桑维翰、刘昫相继监修，出力最多的是张昭远、贾纬等。《旧唐书·百济传》是历代百济传中知识最为详尽可靠的一种。关于百济族源，兼采众说而有定谳："扶余之别种，尝为马韩故地"。关于百济地理的描述相当准确，是以京师为基准，以其四至邻国为坐标，将百济精确定位。王都内部分东西两城详情有交代，对百济官制、地方制度有新的说法。关于百济律法、衣服、时节、文化都有涉及，文字内容完全不同于前朝史籍，反映出唐代切实的百济知识内核。唐代百济关系史事记载详细，所附诏书、盟书珍贵，记言记事相对都可靠。唐朝海东战事频仍，最终取百济、高句丽地设置羁縻府州，迁徙其民众入内地，因此对于百济的记载充实度、全面性非前代可比，理应得到重视。

[文献]

百济国，本亦扶余之别种，尝为马韩故地，在京师东六千二百里，处大海之北，小海之南。东北至新罗，西渡海至越州，南渡海至倭国，北渡海至高丽。其王所居有东西两城。所置内官曰内臣佐平，掌宣纳事；内头佐平，掌库藏事；内法佐平，掌礼仪事；卫士佐平，掌宿卫兵事；朝廷佐平，掌刑狱事；兵官佐平，掌在外兵马事。又外置六带方，管十郡。其用法：叛逆者死，籍没其家；杀人者，以奴婢三赎罪；官人受财及盗者，三倍追赃，仍终身禁锢。凡诸赋税及风土所产，多与高丽同。其王服大袖紫袍，青锦袴，乌罗冠，金花为饰，素皮带，乌革履。官人尽绯为衣，银花饰冠。庶人不得衣绯紫。岁时伏腊，同于中国。其书籍有五经、子、史，又表疏并依中华之法。武德四年，其王扶余璋遣使来献果下马。七年，又遣大臣奉表朝贡。高祖嘉其诚款，遣使就册为带方郡王、百济王。自是岁遣朝贡，高祖抚劳甚厚。因讼高丽闭其道路，不许来通中国，诏遣朱子奢往和之。又相与新罗世为雠敌，数相侵伐。贞观元年，太宗赐其王玺书曰："王世为君长，抚有东蕃。海隅遐旷，风涛艰阻，忠款之至，职贡相寻，尚想徽猷，甚以嘉慰。朕自祗承宠命，君临区宇，思弘王道，爱育黎元。舟车所通，风雨所及，期之遂性，咸使乂安。新罗王金真平，朕之藩臣，王之

---

① 《北史》卷九四《百济传》，中华书局，1974，第3118—3122页。

邻国，每闻遣师，征讨不息，阻兵安忍，殊乖所望。朕已对王侄信福及高丽、新罗使人，具敕通和，咸许辑睦。王必须忘彼前怨，识朕本怀，共笃邻情，即停兵革。"璋因遣使奉表陈谢，虽外称顺命，内实相仇如故。十一年，遣使来朝，献铁甲雕斧。太宗优劳之，赐彩帛三千段并锦袍等。

十五年，璋卒，其子义慈遣使奉表告哀。太宗素服哭之，赠光禄大夫，赙物二百段，遣使册命义慈为柱国，封带方郡王、百济王。十六年，义慈兴兵伐新罗四十城，又发兵以守之，与高丽和亲通好，谋欲取党项城以绝新罗入朝之路。新罗遣使告急请救，太宗遣司农丞相里玄奖赍书告谕两蕃，示以祸福。及太宗亲征高丽，百济怀二，乘虚袭破新罗十城。二十二年，又破其十余城。数年之中，朝贡遂绝。

高宗嗣位，永徽二年，始又遣使朝贡。使还，降玺书与义慈曰：

至如海东三国，开基自久，并列疆界，地实犬牙。近代已来，遂构嫌隙，战争交起，略无宁岁。遂令三韩之氓，命悬刀俎，寻戈肆愤，朝夕相仍。朕代天理物，载深矜愍。去岁王及高丽、新罗等使并来入朝，朕命释兹雠怨，更敦款穆。新罗使金法敏奏书："高丽、百济，唇齿相依，竞举兵戈，侵逼交至。大城重镇，并为百济所并，疆宇日蹙，威力并谢。乞诏百济，令归所侵之城。若不奉诏，即自兴兵打取。但得故地，即请交和。"朕以其言既顺，不可不许。昔齐桓列土诸侯，尚存亡国；况朕万国之主，岂可不恤危藩。王所兼新罗之城，并宜还其本国；新罗所获百济俘虏，亦遣还王。然后解患释纷，韬戈偃革，百姓获息肩之愿，三蕃无战争之劳。比夫流血边亭，积尸疆场，耕织并废，士女无聊，岂可同年而语矣。王若不从进止，朕已依法敏所请，任其与王决战；亦令约束高丽，不许远相救恤。高丽若不承命，即令契丹诸蕃渡辽泽入抄掠。王可深思朕言，自求多福，审图良策，无贻后悔。

六年，新罗王金春秋又表称百济与高丽、靺鞨侵其北界，已没三十余城。显庆五年，命左卫大将军苏定方统兵讨之，大破其国。虏义慈及太子隆、小王孝演、伪将五十八人等送于京师，上责而宥之。其国旧分为五部，统郡三十七，城二百，户七十六万。至是乃以其地分置熊津、马韩、东明等五都督府，各统州县，立其酋渠为都督、刺史及县令。命右卫郎将王文度为熊津都督，总兵以镇之。义慈事亲以孝行闻，友于兄弟，时人号"海东曾、闵"。及至京，数日而卒。赠金紫光禄大夫、卫尉卿，特许其旧臣赴哭。送就孙皓、陈叔宝墓侧葬之，并为竖碑。

文度济海而卒。百济僧道琛、旧将福信率众据周留城以叛。遣使往倭国，迎故王子扶余丰立为王。其西部、北部并翻城应之。时郎将刘仁愿留镇于百济府城，道琛等引兵围之。带方州刺史刘仁轨代文度统众，便道发新罗兵合契以救仁愿，转斗而前，所向皆下。道琛等于熊津江口立两栅以拒官军，仁轨与新罗兵四面夹击之，贼众退走入栅，阻水桥狭，堕水及战死万余人。道琛等乃释仁愿之围，退保任存城。新罗兵士以粮尽引还，时龙朔元年三月也。于是道琛自称领军将军，福信自称霜岑将军，招诱叛亡，其势益张。使告仁轨曰："闻大唐与新罗约誓，百济无问老少，一切杀之，然后以国付新罗。与其受死，岂若战亡，所以聚结自固守耳！"仁轨作书，具陈祸福，遣使谕之。道琛等恃众骄倨，置仁轨之使于外馆，传语谓曰："使人官职小，我是一国大将，不合自参。"不答书遣之。寻而福信杀道琛，并其兵众，扶余丰但主祭而已。

二年七月，仁愿、仁轨等率留镇之兵，大破福信余众于熊津之东，拔其支罗城及尹城、大山、沙井等栅，杀获甚众，仍令分兵以镇守之。福信等以真岘城临江高险，又当冲要，加兵守之。仁轨引新罗之兵乘夜薄城，四面攀堞而上，比明而入据其城，斩首八百级，遂通新罗运粮之路。仁愿乃奏请益兵，诏发淄、青、莱、海之兵七千人，遣左威卫将军孙仁师统众浮海赴熊津，以益仁愿之众。时福信既专其兵权，与扶余丰渐相猜贰。福信称疾，卧于窟室，将候扶余丰问疾，谋袭杀之。扶余丰觉而率其亲信掩杀福信，又遣使往高丽及倭国请兵以拒官军。孙仁师中路迎击，破之，遂与仁愿之众相合，兵势大振。于是仁师、仁愿及新罗王金法敏帅陆军进，刘仁轨及别帅杜爽、扶余隆率水军及粮船，自熊津江往白江以会陆军，同趋周留城。仁轨遇扶余丰之众于白江之口，四战皆捷，焚其舟四百艘，贼众大溃，扶余丰脱身而走。伪王子扶余忠胜、忠志等率士女及倭众并降，百济诸城皆复归顺，孙仁师与刘仁愿等振旅而还。诏刘仁轨代仁愿率兵镇守。乃授扶余隆熊津都督，遣还本国，共新罗和亲，以招辑其余众。

麟德二年八月，隆到熊津城，与新罗王法敏刑白马而盟。先祀神祇及川谷之神，而后歃血。其盟文曰：

往者百济先王，迷于逆顺，不敦邻好，不睦亲姻。结托高丽，交通倭国，共为残暴，侵削新罗，破邑屠城，略无宁岁。天子悯一物之失所，怜百姓之无辜，频命行人，遣其和好。负险恃远，侮慢天经。皇赫斯怒，恭行吊伐，旌旗所指，一戎大定。固可潴宫污宅，作诫来裔；塞源拔本，垂训后昆。然怀柔伐叛，前王之令典；兴亡继绝，往哲之通规。事必师古，传诸曩册。故立前百济太子司稼正卿扶余隆为熊津都督，守其祭祀，保其桑梓。依倚新罗，长为与国，各除宿憾，结好和亲。恭承诏命，永为藩服。仍遣使人右威卫将军鲁城县公刘仁愿亲临劝谕，具宣成旨，约之以婚姻，申之以盟誓。刑牲歃血，共敦终始；分灾恤患，恩若弟兄。祗奉纶言，不敢失坠，既盟之后，共保岁寒。若有弃信不恒，二三其德，兴兵动众，侵犯边陲，明神鉴之，百殃是降，子孙不昌，社稷无守，禋祀磨灭，罔有遗余。故作金书铁契，藏之宗庙，子孙万代，无或敢犯。神之听之，是飨是福。

刘仁轨之辞也。歃讫，埋币帛于坛下之吉地，藏其盟书于新罗之庙。

仁愿、仁轨等既还，隆惧新罗，寻归京师。仪凤二年，拜光禄大夫、太常员外卿兼熊津都督、带方郡王，令归本蕃，安辑余众。时百济本地荒毁，渐为新罗所据，隆竟不敢还旧国而卒。其孙敬，则天朝袭封带方郡王、授卫尉卿。其地自此为新罗及渤海靺鞨所分，百济之种遂绝。①

《新唐书·百济传》

北宋庆历至嘉祐年间历时十七年修成《新唐书》，参加编撰的除欧阳修、宋祁，还有范镇、吕夏卿等。《新唐书》关于百济部分并无太多新增的关键材料，反而是由于旨在简省文字而造成不少信息丢失。与《旧唐书》相比，本传逻辑不变，个别字句可以作为校勘依据。例如，关于百济地方制度，现本《旧唐书》说"又外置六带方，管十郡"，《新唐书》则谓"有六方，方统十郡"，显然更为合理。

[文献]

百济，扶余别种也。直京师东六千里而赢，滨海之阳，西界越州，南倭，北高丽，皆逾海乃至，其东，新罗也。王居东、西二城，官有内臣佐平者宣纳号令，内头佐平主帑聚，内法佐平主礼，卫士佐平典卫兵，朝廷佐平主狱，兵官佐平掌外兵。有六方，方统十郡。大姓有八：沙氏，燕氏，刕氏，解氏，贞氏，国氏，木氏，苩氏。其法：反逆者诛，籍其家；

---

① 《旧唐书》卷一九九上《东夷·百济传》，中华书局，1975，第5328-5330页。

杀人者，输奴婢三赎罪；吏受赇及盗，三倍偿，锢终身。俗与高丽同。有三岛，生黄漆，六月刺取沸，色若金。王服大袖紫袍，青锦袴，素皮带，乌革履，乌罗冠饰以金花。群臣绛衣，饰冠以银花。禁民衣绛紫。有文籍，纪时月如华人。

武德四年，王扶余璋始遣使献果下马，自是数朝贡，高祖册为带方郡王、百济王。后五年，献明光铠，且讼高丽梗贡道。太宗贞观初，诏使者平其怨。又与新罗世仇，数相侵，帝赐玺书曰："新罗，朕蕃臣，王之邻国。闻数相侵暴，朕已诏高丽、新罗申和，王宜忘前怨，识朕本怀。"璋奉表谢，然兵亦不止。再遣使朝，上铁甲雕斧，帝优劳之，赐帛段三千。十五年，璋死，使者素服奉表曰："君外臣百济王扶余璋卒。"帝为举哀玄武门，赠光禄大夫，赙赐甚厚。命祠部郎中郑文表册其子义慈为柱国，绍王。

义慈事亲孝，与兄弟友，时号"海东曾子"。明年，与高丽连和伐新罗，取四十余城，发兵守之。又谋取棠项城，绝贡道。新罗告急，帝遣司农丞相里玄奖赍诏书谕解。闻帝新讨高丽，乃间取新罗七城；久之，又夺十余城，因不朝贡。高宗立，乃遣使者来，帝诏义慈曰："海东三国，开基旧矣，地固犬牙。比者隙争侵校无宁岁，新罗高城重镇皆为王并，归穷于朕，丐王归地。昔齐桓一诸侯，尚存亡国，况朕万方主，可不恤其危邪？王所兼城宜还之，新罗所俘亦畀还王。不如诏者，任王决战，朕将发契丹诸国，度辽深入，王可思之，无后悔！"

永徽六年，新罗诉百济、高丽、靺鞨取北境三十城。显庆五年，乃诏左卫大将军苏定方为神丘道行军大总管，率左卫将军刘伯英、右武卫将军冯士贵、左骁卫将军庞孝泰发新罗兵讨之，自城山济海。百济守熊津口，定方纵击，虏大败，王师乘潮帆以进，趋真都城一舍止。虏悉众拒，复破之，斩首万余级，拔其城。义慈挟太子隆走北鄙，定方围之。次子泰自立为王，率众固守，义慈孙文思曰："王、太子固在，叔乃自王，若唐兵解去，如我父子何？"与左右缒而出，民皆从之，泰不能止。定方令士超堞立帜，泰开门降，定方执义慈、隆及小王孝演、酋长五十八人送京师，平其国五部、三十七郡、二百城，户七十六万。乃析置熊津、马韩、东明、金涟、德安五都督府，擢酋渠长治之，命郎将刘仁愿守百济城，左卫郎将王文度为熊津都督。九月，定方以所俘见，诏释不诛。义慈病死，赠卫尉卿，许旧臣赴临，诏葬孙皓、陈叔宝墓左，授隆司稼卿。文度济海卒，以刘仁轨代之。

璋从子福信尝将兵,乃与浮屠道琛据周留城反,迎故王子扶余丰于倭,立为王,西部皆应,引兵围仁愿。龙朔元年,仁轨发新罗兵往救,道琛立二壁熊津江,仁轨与新罗兵夹击之,奔入壁,争梁堕溺者万人,新罗兵还。道琛保任孝城,自称领军将军,福信称霜岑将军,告仁轨曰:"闻唐与新罗约,破百济,无老孺皆杀之,畀以国。我与受死,不若战。"仁轨遣使赍书答说,道琛倨甚,馆使者于外,嫚报曰:"使人官小,我,国大将,礼不当见。"徒遣之。仁轨以众少,乃休军养威,请合新罗图之。福信俄杀道琛,并其兵,丰不能制。二年七月,仁愿等破之熊津,拔支罗城,夜薄真岘,比明入之,斩首八百级,新罗饷道乃开。仁愿请济师,诏右威卫将军孙仁师为熊津道行军总管,发齐兵七千往。福信颛国,谋杀丰,丰率亲信斩福信,与高丽、倭连和。仁愿已得齐兵,士气振,乃与新罗王金法敏率步骑,而遣刘仁轨率舟师,自熊津江偕进,趋周留城。丰众屯白江口,四遇皆克,火四百艘,丰走,不知所在。伪王子扶余忠胜、忠志率残众及倭人请命,诸城皆复。仁愿勒军还,留仁轨代守。

帝以扶余隆为熊津都督,俾归国,平新罗故憾,招还遗人。麟德二年,与新罗王会熊津城,刑白马以盟。仁轨为盟辞曰:"往百济先王,罔

图 2-1 《中国正史中的朝鲜史料》

顾逆顺，不敦邻，不睦亲，与高丽、倭共侵削新罗，破邑屠城。天子怜百姓无辜，命行人修好，先王负险恃遐，侮慢弗恭，皇赫斯怒，是伐是夷。但兴亡继绝，王者通制，故立前太子隆为熊津都督，守其祭祀，附杖新罗，长为与国，结好除怨，恭天子命，永为藩服。右威卫将军鲁城县公仁愿，亲临厥盟，有贰其德，兴兵动众，明神监之，百殃是降，子孙不育，社稷无守，世世毋敢犯。"乃作金书铁契，藏新罗庙中。

　　仁愿等还，隆畏众携散，亦归京师。仪凤时，进带方郡王，遣归藩。是时，新罗强，隆不敢入旧国，寄治高丽死。武后又以其孙敬袭王，而其地已为新罗、渤海靺鞨所分，百济遂绝。①

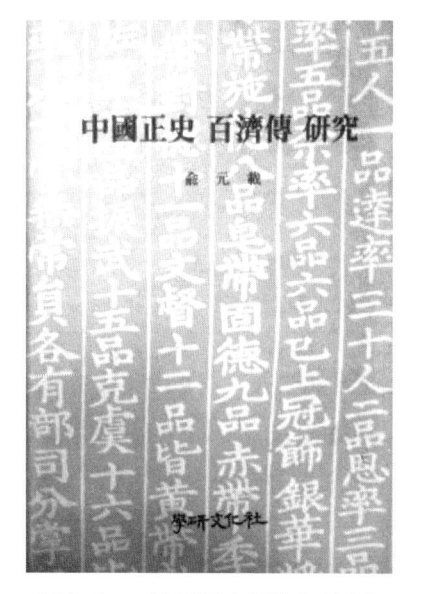

图 2-2　《中国正史百济传研究》　　图 2-3　《译注中国正史外国传》丛书

六　《三国史记·百济本纪》

　　《三国史记》是高丽王朝（918—1392）官方编修的一部记述新罗、百济、高句丽、加耶等国历史的纪传体史书，为朝鲜半岛现存最早的史书典

---

① 《新唐书》卷二二〇《东夷·百济传》，中华书局，1975，第 6200-6202 页。

籍。高丽仁宗二十三年（1145）由金富轼等以汉文纂成。共五十卷，《新罗本纪》十二卷，《高句丽本纪》十卷，《百济本纪》六卷，《年表》三卷，《志》九卷，《列传》十卷。《三国史记》主要以三国旧史和《花郎世记》等为依据，同时广泛参考《魏书》《三国志》《晋书》《旧唐书》《新唐书》《资治通鉴》等中国史籍，是东亚史研究的珍贵文献。《三国史记》以新罗—高丽为正统，建构出了鲜明的"一统三韩"的历史意识。《三国史记·百济本纪》是百济国史最重要、最直接史料之一。

关于《三国史记·百济本纪》书写内容的分析，前贤学者已经进行了细致剖析，下面是申滢植《〈三国史记〉研究》一书所作工作的摘要。[①] 在政治记事中，A指的是筑城、修栅、修营宫室等需要大规模人力动员的政治行为；B指的是巡狩、田猎、巡幸等国王出行以及随之进行的政治活动（事件）；C指的是任免、立储、纳妃等授受职位；D指的是谒始祖庙、祀天地、祈雨等旨在祭祀和祈愿的史事；E是除此之外的政治记事，主要是大赦、赈恤、阅兵、劝农、下令、政事、叛乱（投降）等全部的国王业绩或一般政治记事。

表2-1 《三国史记·百济本纪》内容分析（%）

王名	政治	天灾	战争	外交	内容分类	
温祚王	35(51)	18(26)	12(17)	4(6)	政治	A(14) B(7) C(3) D(4) E(7)
					天灾	怪(6) 旱(4) 地震(3) 雹(2) 日食(1) 雷(1) 霜(1)
					战争	靺鞨(7) 乐浪(3) 马韩(2)
					外交	乐浪(2) 马韩(2)
多娄王	12(40)	6(20)	11(36.7)	1(3.3)	政治	A(2) B(2) C(3) D(2) E(3)
					天灾	怪(3) 旱(1) 地震(1) 日食(1)
					战争	新罗(6) 靺鞨(5)
					外交	新罗(1)

---

① 〔韩〕申滢植：《〈三國史記〉研究》，首爾：一潮閣，1981，제121—143쪽。

续表

王名	记事内容 政治	记事内容 天灾	记事内容 战争	记事内容 外交	内容分类	
己娄王	2 (8.7)	16 (69.6)	3 (13)	2 (8.7)	政治	B（1）E（1）
					天灾	地震（3）旱（2）日食（2）［彗星、大风、龙、霜、雹、无冰、大雨］（1）
					战争	靺鞨（2）新罗（1）
					外交	新罗（2）
肖古王	4 (14.3)	14 (50)	10 (35.7)		政治	A（2）B（1）E（1）
					天灾	日食（3）彗星（3）［地震、无云、雷、旱、太白、大风、蝗、无冰］（1）
					战争	新罗（8）靺鞨（2）
仇首王	6 (27.3)	10 (45.4)	6 (27.3)		政治	A（1）B（1）D（1）E（3）
					天灾	日食（2）雹（2）［火、雨、五星、旱、疾、怪异］（1）
					战争	靺鞨（3）新罗（3）
古尔王	18 (48.6)	8 (21.6)	8 (21.6)	3 (8.1)	政治	B（2）C（5）D（3）E（8）
					天灾	旱（4）［五星、龙、彗星、怪异］（1）
					战争	新罗（7）乐浪（1）
					外交	新罗（2）靺鞨（1）
比流王	10 (41.7)	13 (54.2)		1 (4.2)	政治	A（1）B（1）C（3）D（2）E（3）
					天灾	日食（2）旱（2）陨石（2）雷（2）［龙、五星、蝗、怪异、彗星］（1）
					外交	新罗（1）
近肖古王	5 (33.3)	2 (13.3)	4 (26.7)	4 (26.7)	政治	A（1）C（1）D（1）E（2）
					天灾	日食（1）地震（1）
					战争	高句丽（4）
					外交	新罗（2）东晋（2）

续表

王名	记事内容 政治	记事内容 天灾	记事内容 战争	记事内容 外交	内容分类	
近仇首王	2 (16.7)	6 (50)	3 (25)	1 (8.3)	政治	C（1）E（1）
					天灾	［地震、旱、疾、雨土、日晕、怪异］（1）
					战争	高句丽（3）
					外交	东晋（1）
辰斯王	8 (44.4)	3 (16.7)	7 (38.9)		政治	A（2）B（4）C（2）
					天灾	彗星（1）日食（1）霜（1）
					战争	高句丽（5）靺鞨（2）
阿莘王	12 (40.7)	6 (22.2)	7 (25.9)	3 (11.1)	政治	A（1）C（4）D（3）E（4）
					天灾	彗星（2）日食（1）五星（1）旱（1）怪（1）
					战争	高句丽（6）新罗（1）
					外交	日本（3）
腆支王	7 (43.8)	5 (31.3)		4 (25)	政治	A（1）C（3）D（2）E（1）
					天灾	日食（2）彗星（2）旱（1）
					外交	东晋（2）日本（2）
毗有王	3 (14.3)	10 (47.6)		8 (38.1)	政治	B（2）C（1）
					天灾	旱（2）［地震、日食、龙、火、陨石、彗星、蝗、无冰］（1）
					外交	新罗（4）宋（3）日本（1）
文周王	10 (83.3)	1 (8.3)		1 (8.3)	政治	A（2）B（1）C（3）E（4）
					天灾	龙（1）
					外交	宋（1）
东城王	26 (54.2)	13 (27.1)	4 (8.3)	5 (10.4)	政治	A（6）B（8）C（4）D（1）E（7）
					天灾	旱（3）雪（2）大水（2）怪（2）［无冰、风、疾、霜］（1）
					战争	高句丽（2）靺鞨（1）魏（1）
					外交	南齐（3）新罗（2）

续表

王名	记事内容 政治	记事内容 天灾	记事内容 战争	记事内容 外交	内容分类	
武宁王	8 (32)	8 (32)	6 (24)	3 (12)	政治	A（3）B（2）E（3）
					天灾	疾（2）［无冰、旱、日食、大水、蝗、地震］（1）
					战争	高句丽（3）靺鞨（3）
					外交	梁（3）
圣王	3 (14.3)	4 (19.0)	8 (38.1)	6 (28.6)	政治	A（2）E（1）
					天灾	日食（1）五星（1）陨石（1）虹（1）
					战争	高句丽（6）新罗（2）
					外交	梁（4）新罗（2）
威德王		6 (25)	4 (16.7)	14 (58.3)	天灾	日食（3）彗星（2）地震（1）
					战争	高句丽（2）新罗（2）
					外交	隋（5）北齐（3）陈（4）后周（2）
武王	13 (22.8)	10 (17.5)	13 (22.8)	21 (36.8)	政治	A（4）B（2）C（1）E（6）
					天灾	地震（4）旱（3）彗星（1）水（1）雨土（1）
					战争	新罗（13）
					外交	隋（5）唐（16）
义慈王	10 (18.5)	23 (42.6)	12 (22.2)	9 (16.7)	政治	A（2）B（1）C（2）E（5）
					天灾	怪异（17）雷（2）旱（2）风（1）无冰（1）
					战争	新罗（11）唐（1）
					外交	唐（7）高句丽（1）日本（1）

原注：第二卷十代王记事中缺乏沙伴王，并且以下诸王仅有数条记录：责稽王（政治3、军事2），汾西王（政治2、军事1、天灾1），枕流王（政治1、外交2）。因此排除在统计之外。文周王之子三斤王记事仅有两年，故不做统计。

注：原书数据略有调整。

新罗、高句丽的本纪以及《三国史记》其他志、传也有百济史内容，有些与之互见，但囿于篇幅体例无法全录，这里将《三国史记》卷二三至卷二八《百济本纪》记事全文按照王代重录如下。

1. 温祚王（前18—28年）本纪

百济始祖温祚王，其父，邹牟，或云朱蒙。自北扶余逃难，至卒本扶余。扶余王无子，只有三女子，见朱蒙，知非常人，以第二女妻之。未几，扶余王薨，朱蒙嗣位。生二子，长曰沸流，次曰温祚。[或云："朱蒙，到卒本，娶越郡女，生二子。"] 及朱蒙在北扶余所生子，来为太子。沸流、温祚恐为太子所不容，遂与乌干、马黎等十臣南行，百姓从之者多。遂至汉山，登负儿岳，望可居之地，沸流欲居于海滨。十臣谏曰："惟此河南之地，北带汉水，东据高岳，南望沃泽，西阻大海。其天险地利，难得之势，作都于斯，不亦宜乎？"沸流不听，分其民，归弥邹忽以居之。温祚都河南慰礼城，以十臣为辅翼，国号十济，是前汉成帝鸿嘉三年也。沸流以弥邹土湿水咸，不得安居，归见慰礼，都邑鼎定，人民安泰，遂惭悔而死，其臣民皆归于慰礼。后以来时百姓乐从，改号百济。其世系与高句丽，同出扶余，故以扶余为氏。

[一云：始祖沸流王，其父优台，北扶余王解扶娄庶孙。母召西奴，卒本人延陁勃之女，始归于优台，生子二人，长曰沸流，次曰温祚。优台死，寡居于卒本。后朱蒙不容于扶余，以前汉建昭二年，春二月，南奔至卒本，立都号高句丽，娶召西奴为妃。其于开基创业，颇有内助，故朱蒙宠接之特厚，待沸流等如己子。及朱蒙在扶余所生礼氏子孺留来，立之为太子，以至嗣位焉。于是，沸流谓弟温祚曰："始，大王避扶余之难，逃归至此，我母氏倾家财，助成邦业，其勤劳多矣。及大王厌世，国家属于孺留，吾等徒在此，郁郁如疣赘，不如奉母氏，南游卜地，别立国都。"遂与弟率党类，渡浿、带二水，至弥邹忽以居之。《北史》及《隋书》皆云："东明之后有仇台，笃于仁信，初立国于带方故地，汉辽东太守公孙度以女妻之，遂为东夷强国。"未知孰是。]

元年，夏五月，立东明王庙。

二年，春正月，王谓群臣曰："靺鞨连我北境，其人勇而多诈，宜缮兵积谷，为拒守之计。"三月，王以族父乙音，有智识胆力，拜为右辅，委以兵马之事。

三年，秋九月，靺鞨侵北境，王帅劲兵，急击大败之，贼生还者十一二。冬十月，雷。桃李华。

四年，春夏，旱，饥，疫。秋八月，遣使乐浪修好。

五年，冬十月，巡抚北边，猎获神鹿。

六年，秋七月辛未晦，日有食之。

八年，春二月，靺鞨贼三千来围慰礼城，王闭城门不出。经旬，贼粮尽而归。王简锐卒，追及大斧岘，一战克之，杀虏五百余人。秋七月，筑马首城，竖瓶山栅。乐浪太守使告曰："顷者，聘问结好，意同一家，今逼我疆，造立城栅，或者其有蚕食之谋乎？若不渝旧好，隳城破栅，则无所猜疑。苟或不然，请一战以决胜负。"王报曰："设险守国，古今常道，岂敢以此，有渝于和好？宜若执事之所不疑也。若执事恃强出师，则小国亦有以待之耳。"由是，与乐浪失和。

十年，秋九月，王出猎，获神鹿，以送马韩。冬十月，靺鞨寇北境。王遣兵二百，拒战于昆弥川上。我军败绩，依青木山自保。王亲帅精骑一百，出烽岘，救之。贼见之，即退。

十一年，夏四月，乐浪使靺鞨袭破瓶山栅，杀掠一百余人。秋七月，设秃山、狗川两栅，以塞乐浪之路。

十三年，春二月，王都老妪化为男。五虎入城。王母薨，年六十一岁。

夏五月，王谓臣下曰："国家东有乐浪，北有靺鞨。侵轶疆境，少有宁日。况今妖祥屡见，国母弃养，势不自安，必将迁国。予昨出巡，观汉水之南，土壤膏腴。宜都于彼，以图久安之计。"秋七月，就汉山下，立栅，移慰礼城民户。八月，遣使马韩，告迁都。遂画定疆场，北至浿河，南限熊川，西穷大海，东极走壤。九月，立城阙。

十四年，春正月，迁都。二月，王巡抚部落，务劝农事。秋七月，筑城汉江西北，分汉城民。

十五年，春正月，作新宫室，俭而不陋，华而不侈。

十七年，春，乐浪来侵，焚慰礼城。夏四月，立庙以祀国母。

十八年，冬十月，靺鞨掩至，王帅兵，逆战于七重河，虏获酋长素牟，送马韩，其余贼尽坑之。十一月，王欲袭乐浪牛头山城，至臼谷，遇大雪，乃还。

二十年，春二月，王设大坛，亲祠天地，异鸟五来翔。

二十二年，秋八月，筑石头、高木二城。九月，王帅骑兵一千，猎斧岘东，遇靺鞨贼，一战破之，虏获生口，分赐将士。

二十四年，秋七月，王作熊川栅。马韩王遣使责让曰："王初渡河，无所容足，吾割东北一百里之地，安之，其待王不为不厚。宜思有以报之，今以国完民聚，谓莫与我敌，大设城池，侵犯我封疆，其如义何？"王惭，遂坏其栅。

二十五年，春二月，王宫井水暴溢。汉城人家马生牛，一首二身。日者曰："井水暴溢者，大王勃兴之兆也，牛一首二身者，大王并邻国之应也。"王闻之喜，遂有并吞辰、马之心。

二十六年，秋七月，王曰："马韩渐弱，上下离心，其势不能久。倘为他所并，则唇亡齿寒，悔不可及。不如先人而取之，以免后艰。"冬十月，王出师，阳言田猎，潜袭马韩，遂并其国邑，唯圆山、锦岘二城固守不下。

二十七年，夏四月，二城降，移其民于汉山之北，马韩遂灭。秋七月，筑大豆山城。

二十八年，春二月，立元子多娄为太子，委以内外兵事。夏四月，陨霜害麦。

三十一年，春正月，分国内民户，为南北部。夏四月，雹。五月，地震。六月，又震。

三十三年，春夏大旱。民饥相食，盗贼大起，王抚安之。秋八月，加置东、西二部。

三十四年，冬十月，马韩旧将周勤，据牛谷城叛。王躬帅兵五千，讨之，周勤自经。腰斩其尸，并诛其妻子。

三十六年，秋七月，筑汤井城，分大豆城民户居之。八月，修葺圆山、锦岘二城，筑古沙夫里城。

三十七年，春三月，雹大如鸡子，鸟雀遇者死。夏四月，旱，至六月乃雨。汉水东北部落饥荒，亡入高句丽者一千余户，浿、带之间，空无居人。

三十八年，春二月，王巡抚，东至走壤，北至浿河，五旬而返。三月，发使劝农桑，其以不急之事扰民者，皆除之。冬十月，王筑大坛，祠天地。

四十年，秋九月，靺鞨来攻述川城。冬十一月，又袭斧岘城，杀掠百余人，王命劲骑二百，拒击之。

四十一年，春正月，右辅乙音卒，拜北部解娄为右辅。解娄，本扶余人也。神识渊奥，年过七十，旅力不愆，故用之。二月，发汉水东北诸部落人年十五岁以上，修营慰礼城。

四十三年，秋八月，王田牙山之原五日。九月，鸿雁百余集王宫。日者曰:"鸿雁,民之象也,将有远人来投者乎!"冬十月,南沃沮仇颇解等二十余家,至斧壤纳款。王纳之,安置汉山之西。

四十五年,春夏大旱,草木焦枯。冬十月,地震,倾倒人屋。

四十六年,春二月,王薨。

2. 多娄王(28—77年)本纪

多娄王,温祚王之元子。器宇宽厚,有威望。温祚王在位第二十八年,立为太子,至四十六年,王薨,继位。

二年,春正月,谒始祖东明庙。二月,王祀天地于南坛。

三年,冬十月,东部屹于与靺鞨战于马首山西,克之,杀获甚众。王喜,赏屹于马十匹、租五百石。

四年,秋八月,高木城昆优,与靺鞨战,大克,斩首二百余级。九月,王田于横岳下,连中双鹿,众人叹美之。

六年,春正月,立元子己娄为太子。大赦。二月,下令国南州郡,始作稻田。

七年,春二月,右辅解娄卒,年九十岁。以东部屹于为右辅。夏四月,东方有赤气。秋九月,靺鞨攻陷马首城,放火,烧百姓庐屋。冬十月,又袭瓶山栅。

十年,冬十月,右辅屹于为左辅,北部真会为右辅。十一月,地震声如雷。

十一年,秋,谷不成,禁百姓私酿酒。冬十月,王巡抚东西两部,贫不能自存者,给谷人二石。

二十一年,春二月,宫中大槐树自枯。三月,左辅屹于卒,王哭之哀。

二十八年,春夏旱。虑囚,赦死罪。秋八月,靺鞨侵北鄙。

二十九年,春二月,王命东部,筑牛谷城,以备靺鞨。

三十六年,冬十月,王拓地至娘子谷城。仍遣使新罗请会,不从。

三十七年,王遣兵攻新罗蛙山城,不克,移兵攻狗壤城。新罗发骑兵二千,逆击走之。

三十九年,攻取蛙山城,留二百人,守之,寻为新罗所败。

四十三年,遣兵侵新罗。

四十六年,夏五月戊午晦,日有食之。

四十七年,秋八月,遣将侵新罗。

四十八年,冬十月,又攻蛙山城,拔之。

四十九年，秋九月，蛙山城为新罗所复。

五十年，秋九月，王薨。

3. 己娄王（77—128年）本纪

己娄王，多娄王之元子。志识宏远，不留心细事。多娄王在位第六年，立为太子，至五十年，王薨，继位。

九年，春正月，遣兵侵新罗边境。夏四月乙巳，客星入紫微。

十一年，秋八月乙未晦，日有食之。

十三年，夏六月，地震，裂陷民屋，死者多。

十四年，春三月，大旱，无麦。夏六月，大风拔木。

十六年，夏六月戊戌朔，日有食之。

十七年，秋八月，横岳大石五，一时陨落。

二十一年，夏四月，二龙见汉江。

二十三年，秋八月，陨霜杀菽。冬十月，雨雹。

二十七年，王猎汉山，获神鹿。

二十九年，遣使新罗请和。

三十一年，冬，无冰。

三十二年，春夏旱，年饥民相食。秋七月，靺鞨入牛谷，夺掠民口而归。

三十五年，春三月，地震。冬十月，又震。

三十七年，遣使聘新罗。

四十年，夏四月，鹳巢于都城门上。六月，大雨浃旬，汉江水涨，漂毁民屋。秋七月，命有司，补水损之田。

四十九年，新罗为靺鞨所侵掠，移书请兵，王遣五将军，救之。

五十二年，冬十一月，王薨。

4. 盖娄王（128—166年）本纪

盖娄王，己娄王之子，性恭顺，有操行。己娄在位五十二年薨，即位。

四年，夏四月，王猎汉山。

五年，春二月，筑北汉山城。

十年，秋八月庚子，荧惑犯南斗。

二十八年，春正月丙申晦，日有食之。冬十月，新罗阿飡吉宣谋叛，事露来奔。罗王移书请之，不送。罗王怒，出师来伐。诸城坚壁，自守不出，罗兵绝粮而归。

论曰：春秋时，莒仆来奔，鲁季文子曰："见有礼于其君者，事之如孝子之养父母也；见无礼于其君者，诛之如鹰鹯之逐鸟雀也。观莒仆不度于善而在于凶德，是以去之。"今吉宣亦奸贼之人，百济王纳而匿之，是谓掩贼为藏者也。由是，失邻国之和，使民困于兵革之役，其不明甚矣。

三十九年，王薨。

5. 肖古王（166—214年）本纪

肖古王［一云素古］，盖娄王之子。盖娄在位三十九年薨，嗣位。

二年，秋七月，潜师袭破新罗西鄙二城，虏获男女一千而还。

八月，罗王遣一吉飡兴宣，领兵二万，来侵国东诸城。罗王又亲帅精骑八千继之，掩至汉水。王度罗兵，众不可敌，乃还前所掠。

五年，春三月丙寅晦，日有食之。冬十月，出兵侵新罗边鄙。

二十一年，冬十月，无云而雷。星孛于西北，二十日而灭。

二十二年，夏五月，王都井及汉水皆竭。

二十三年，春二月，重修宫室。出师攻新罗母山城。

二十四年，夏四月丙午朔，日有食之。秋七月，我军与新罗战于狗壤，败北，死者五百余人。

二十五年，秋八月，出兵袭新罗西境圆山乡，进围缶谷城。新罗将军仇道，帅马兵五百，拒之。我兵佯退，仇道追至蛙山，我兵反击之，大克。

二十六年，秋九月，蚩尤旗见于角、亢。

三十四年，秋七月，地震。遣兵侵新罗边境。

三十九年，秋七月，出兵攻新罗腰车城，拔之，杀其城主薛夫。罗王奈解怒，命伊伐飡利音为将，帅六部精兵，来攻我沙岘城。

冬十月，星孛于东井。

四十年，秋七月，太白犯月。

四十三年，秋，蝗，旱，谷不顺成，盗贼多起，王抚安之。

四十四年，冬十月，大风拔木。

四十五年，春二月，筑赤岘、沙道二城，移东部民户。冬十月，靺鞨来攻沙道城，不克，焚烧城门而遁。

四十六年，秋八月，国南蝗害谷，民饥。冬十一月，无冰。

四十七年，夏六月庚寅晦，日有食之。

四十八年，秋七月，西部人茴会获白鹿，献之。王以为瑞，赐谷一百石。

四十九年，秋九月，命北部真果领兵一千，袭取靺鞨石门城。冬十月，靺鞨以劲骑来侵。至于述川。王薨。

6. 仇首王（214—234年）本纪

仇首王［或云贵须。］，肖古王之长子，身长七尺，威仪秀异。肖古在位四十九年薨，即位。

三年，秋八月，靺鞨来围赤岘城，城主固拒，贼退归。王帅劲骑八百，追之，战沙道城下，破之，杀获甚众。

四年，春二月，设二栅于沙道城侧，东西相去十里，分赤岘城卒，戍之。

五年，王遣兵围新罗獐山城，罗王亲帅兵，击之，我军败绩。

七年，冬十月，王城西门火。靺鞨寇北边，遣兵拒之。

八年，夏五月，国东大水，山崩四十余所。六月戊辰晦，日有食之。秋八月，大阅于汉水之西。

九年，春二月，命有司修堤防。三月，下令劝农事。

夏六月，王都雨鱼。冬十月，遣兵入新罗牛头镇，抄掠民户。罗将忠萱领兵五千，逆战于熊谷，大败，单骑而遁。十一月，庚申晦，日有食之。

十一年，秋七月，新罗一吉湌连珍来侵，我军逆战于烽山下，不克。冬十月，太白昼见。

十四年，春三月，雨雹。夏四月，大旱，王祈东明庙，乃雨。

十六年，冬十月，王田于寒泉。十一月，大疫。靺鞨入牛谷界，夺掠人物。王遣精兵三百，拒之。贼伏兵夹击，我军大败。

十八年，夏四月，雨雹，大如栗，鸟雀中者死。

二十一年，王薨。

7. 古尔王（234—286年）本纪（含沙伴王）

古尔王，盖娄王之第二子也。仇首王在位二十一年薨，长子沙伴嗣位，而幼少不能为政，肖古王母弟古尔即位。

三年，冬十月，王猎西海大岛，手射四十鹿。

五年，春正月，祭天地，用鼓吹。二月，田于釜山，五旬乃返。夏四月，震王宫门柱，黄龙自其门飞出。

六年，春正月，不雨，至夏五月，乃雨。

七年，遣兵侵新罗。夏四月，拜真忠为左将，委以内外兵马事。秋七月，大阅于石川。双雁起于川上，王射之，皆中。

九年，春二月，命国人开稻田于南泽。夏四月，以叔父质为右辅。质性忠毅，谋事无失。秋七月，出西门观射。

十年，春正月，设大坛，祀天地山川。

十三年，夏大旱，无麦。秋八月，魏幽州刺史毌丘俭与乐浪太守刘茂、带方太守弓遵，伐高句丽，王乘虚遣左将真忠袭取乐浪边民，茂闻之怒，王恐见侵讨，还其民口。

十四年，春正月，祭天地于南坛。二月，拜真忠为右辅，真勿为左将，委以兵马事。

十五年，春夏，旱。冬，民饥，发仓赈恤，又复一年租调。

十六年，春正月甲午，太白袭月。

二十二年，秋九月，出师侵新罗，与罗兵战于槐谷西，败之，杀其将翊宗。冬十月，遣兵攻新罗烽山城，不克。

二十四年，春正月，大旱，树木皆枯。

二十五年，春，靺鞨长罗渴献良马十匹，王优劳使者以还之。

二十六年，秋九月，青紫云起宫东，如楼阁。

二十七年，春正月，置内臣佐平，掌宣纳事；内头佐平，掌库藏事；内法佐平，掌礼仪事；卫士佐平，掌宿卫兵事；朝廷佐平，掌刑狱事；兵官佐平，掌外兵马事。又置达率、恩率、德率、扦率、奈率，及将德、施德、固德、季德、对德、文督、武督、佐军、振武、克虞。六佐平并一品，达率二品，恩率三品，德率四品，扦率五品，奈率六品，将德七品，施德八品，固德九品，季德十品，对德十一品，文督十二品，武督十三品，佐军十四品，振武十五品，克虞十六品。二月，下令六品已上服紫，以银花饰冠，十一品已上服绯，十六品已上服青。三月，以王弟优寿为内臣佐平。

二十八年，春正月初吉，王服紫大袖袍、青锦袴、金花饰乌罗冠、素皮带、乌革履，坐南堂听事。二月，拜真可为内头佐平；优豆为内法佐平；高寿为卫士佐平；昆奴为朝廷佐平；惟己为兵官佐平。三月，遣使新罗请和，不从。

二十九年，春正月，下令：凡官人受财及盗者，三倍征赃，禁锢终身。

三十三年，秋八月，遣兵攻新罗烽山城。城主直宣率壮士二百人，出击败之。

三十六年，秋九月，星孛于紫宫。

三十九年，冬十一月，遣兵侵新罗。

四十五年，冬十月，出兵攻新罗，围槐谷城。

五十年，秋九月，遣兵侵新罗边境。

五十三年，春正月，遣使新罗请和。冬十一月，王薨。

8. 责稽王（286—298年）本纪

责稽王［或云青稽。］，古尔王子，身长大，志气雄杰，古尔薨，即位。王征发丁夫，葺慰礼城。高句丽伐带方，带方请救于我。先是，王娶带方王女宝果为夫人。故曰："带方我舅甥之国，不可不副其请。"遂出师救之，高句丽怨。王虑其侵寇，修阿旦城、蛇城备之。

二年，春正月，谒东明庙。

十三年，秋九月，汉与貊人来侵，王出御，为敌兵所害，薨。

9. 汾西王（298—304年）本纪

汾西王，责稽王长子。幼而聪惠，仪表英挺，王爱之，不离左右，及王薨，继而即位。

冬十月，大赦。

二年，春正月，谒东明庙。

五年，夏四月，彗星昼见。

七年，春二月，潜师袭取乐浪西县。冬十月，王为乐浪太守所遣刺客贼害，薨。

10. 比流王（304—344年）本纪

比流王，仇首王第二子，性宽慈爱人，又强力善射。久在民间，令誉流闻。及汾西之终，虽有子，皆幼，不得立，是以为臣民推戴即位。

五年，春正月丙子朔，日有食之。

九年，春二月，发使巡问百姓疾苦，其鳏寡孤独不能自存者，赐谷人三石。夏四月，谒东明庙。拜解仇为兵官佐平。

十年，春正月，祀天地于南郊。王亲割牲。

十三年，春，旱，大星西流。夏四月，王都井水溢，黑龙见其中。

十七年，秋八月，筑射台于宫西，每以朔望习射。

十八年，春正月，以王庶弟优福为内臣佐平。秋七月，太白昼见。国南蝗害谷。

二十二年，冬十月，天有声，如风浪相激。十一月，王猎于狗原北，手射鹿。

二十四年，秋七月，有云如赤乌夹日。九月，内臣佐平优福，据北汉城叛，王发兵讨之。

二十八年，春夏大旱，草木枯，江水竭，至秋七月，乃雨。年饥，人相食。

三十年，夏五月，星陨。王宫火，连烧民户。秋七月，修宫室。拜真义为内臣佐平。冬十二月，雷。

三十二年，冬十月乙未朔，日有食之。

三十三年，春正月辛巳，彗星见于奎。

三十四年，春二月，新罗遣使来聘。

四十一年，冬十月，王薨。

11. 契王（344—346年）本纪

契王，汾西王之长子也。天资刚勇，善骑射。初，汾西之薨也，契王幼不得立，比流王在位四十一年薨，即位。

三年，秋九月，王薨。

12. 近肖古王（346—375年）本纪

近肖古王，比流王第二子也，体貌奇伟，有远识，契王薨，继位。

二年，春正月，祭天地神祇。拜真净为朝廷佐平。净王后亲戚，性狠戾不仁，临事苛细，恃势自用，国人疾之。

二十一年，春三月，遣使聘新罗。

二十三年，春三月丁巳朔，日有食之。遣使新罗，送良马二匹。

二十四年，秋九月，高句丽王斯由帅步骑二万，来屯雉壤，分兵侵夺民户。王遣太子，以兵径至雉壤，急击破之，获五千余级，其虏获分赐将士。冬十一月，大阅于汉水南，旗帜皆用黄。

二十六年，高句丽举兵来。王闻之，伏兵于浿河上，俟其至，急击之，高句丽兵败北。冬，王与太子帅精兵三万，侵高句丽，攻平壤城。丽王斯由力战拒之，中流矢死，王引军退。移都汉山。

二十七年，春正月，遣使入晋朝贡。秋七月，地震。

二十八年，春二月，遣使入晋朝贡。秋七月，筑城于青木岭。秃山城主率三百人，奔新罗。

三十年，秋七月，高句丽来攻北鄙水谷城，陷之。王遣将拒之，不克。王又将大举兵报之，以年荒不果。冬十一月，王薨。古记云："百济开国已来，未有以文字记事。至是，得博士高兴，始有《书记》。"然高兴未尝显于他书，不知其何许人也。

13. 近仇首王（375—384 年）本纪

近仇首王［一云讳须。］，近肖古王之子。先是，高句丽国冈王斯由亲来侵，近肖古王遣太子拒之。至半乞壤，将战。高句丽人斯纪，本百济人，误伤国马蹄，惧罪奔于彼。至是，还来，告太子曰："彼师虽多，皆备数疑兵而已。其骁勇唯赤旗，若先破之，其余不攻自溃。"太子从之，进击大败之，追奔逐北，至于水谷城之西北。将军莫古解谏曰："尝闻道家之言：'知足不辱，知止不殆。'今所得多矣，何必求多。"太子善之，止焉。乃积石为表，登其上，顾左右曰："今日之后，畴克再至于此乎。"其地有岩石，罅若马蹄者，他人至今呼为太子马迹。近肖古王在位三十年薨，即位。

二年，以王舅真高道为内臣佐平，委以政事。冬十一月，高句丽来侵北鄙。

三年，冬十月，王将兵三万，侵高句丽平壤城。十一月，高句丽来侵。

五年，春三月，遣使朝晋，其使海上遇恶风，不达而还。夏四月，雨土竟日。

六年，大疫。夏五月，地裂，深五丈，横广三丈，三日乃合。

八年，春不雨，至六月，民饥，至有鬻子者，王出官谷赎之。

十年，春二月，日有晕三重。宫中大树自拔。夏四月，王薨。

14. 枕流王（384—385 年）本纪

枕流王，近仇首王之元子，母曰阿尔夫人，继父即位。秋七月，遣使入晋朝贡。九月，胡僧摩罗难陀自晋至，王迎之，致宫内，礼敬焉。佛法始于此。

二年，春二月，创佛寺于汉山，度僧十人。冬十一月，王薨。

15. 辰斯王（385—392 年）本纪

辰斯王，近仇首王之仲子，枕流之弟。为人强勇，聪惠多智略。枕流之薨也，太子少，故叔父辰斯即位。

二年，春，发国内人年十五岁已上，设关防，自青木岭，北距八坤城，西至于海。秋七月，陨霜害。八月，高句丽来侵。

三年，春正月，拜真嘉谟为达率，豆知为恩率。秋九月，与靺鞨战关弥岭，不捷。

五年，秋九月，王遣兵侵掠高句丽南鄙。

六年，秋七月，星孛于北河。九月，王命达率真嘉谟，伐高句丽，拔都坤城，虏得二百人。王拜嘉谟为兵官佐平。冬十月，猎于狗原，七日乃返。

七年，春正月，重修宫室，穿池造山，以养奇禽异卉。

夏四月，靺鞨攻陷北鄙赤岘城。秋七月，猎国西大岛，王亲射鹿。八月，又猎横岳之西。

八年，夏五月丁卯朔，日有食之。秋七月，高句丽王谈德帅兵四万，来攻北鄙，陷石岘等十余城。王闻谈德能用兵，不得出拒，汉水北诸部落，多没焉。冬十月，高句丽攻拔关弥城。王田于狗原，经旬不返。十一月，薨于狗原行宫。

16. 阿莘王（392—405年）本纪

阿莘王[或云阿芳。]，枕流王之元子。初，生于汉城别宫，神光照夜。及壮，志气豪迈，好鹰马。王薨时，年少，故叔父辰斯即位。八年薨，即位。

二年，春正月，谒东明庙，又祭天地于南坛。拜真武为左将，委以兵马事。武，王之亲舅，沉毅有大略，时人服之。秋八月，王谓武曰："关弥城者，我北鄙之襟要也。今为高句丽所有。此寡人之所痛惜，而卿之所宜用心而雪耻也。"遂谋将兵一万，伐高句丽南鄙。武身先士卒，以冒矢石，意复石岘等五城，先围关弥城，丽人婴城固守。武以粮道不继，引而归。

三年，春二月，立元子腆支为太子。大赦。拜庶弟洪为内臣佐平。秋七月，与高句丽战于水谷城下，败绩。太白昼见。

四年，春二月，星孛于西北，二十日而灭。秋八月，王命左将真武等，伐高句丽，丽王谈德亲帅兵七千，阵于浿水之上，拒战。我军大败，死者八千人。冬十一月，王欲报浿水之役，亲帅兵七千人，过汉水，次于青木岭下。会，大雪，士卒多冻死。回军至汉山城，劳军士。

六年，夏五月，王与倭国结好，以太子腆支为质。秋七月，大阅于汉水之南。

七年，春二月，以真武为兵官佐平，沙豆为左将。三月，筑双岘城。秋八月，王将伐高句丽，出师至汉山北栅。其夜大星落，营中有声。王深恶之，乃止。九月，集都人，习射于西台。

八年，秋八月，王欲侵高句丽，大征兵马，民苦于役，多奔新罗，户口衰减。

九年，春二月，星孛于奎、娄。夏六月庚辰朔，日有食之。

十一年，夏，大旱，禾苗焦枯，王亲祭横岳，乃雨。五月，遣使倭国求大珠。

十二年，春二月，倭国使者至，王迎劳之，特厚。秋七月，遣兵侵新罗边境。

十四年，春三月，白气自王宫西起，如匹练。秋九月，王薨。

17. 腆支王（405—420 年）本纪

腆支王［或云直支。］，《梁书》名映，阿莘之元子。阿莘在位第三年，立为太子，六年出质于倭国。十四年，王薨，王仲弟训解摄政，以待太子还国，季弟碟礼杀训解，自立为王。腆支在倭闻讣，哭泣请归，倭王以兵士百人卫送。既至国界，汉城人解忠来告曰："大王弃世，王弟碟礼杀兄自立王，愿太子无轻入。"腆支留倭人自卫，依海岛以待之，国人杀碟礼，迎腆支即位。妃八须夫人，生子久尔辛。

二年，春正月，王谒东明庙。祭天地于南坛。大赦。二月，遣使入晋朝贡。秋九月，以解忠为达率，赐汉城租一千石。

三年，春二月，拜庶弟余信为内臣佐平，解须为内法佐平，解丘为兵官佐平，皆王戚也。

四年，春正月，拜余信为上佐平，委以军国政事。上佐平之职，始于此，若今之冢宰。

五年，倭国遣使，送夜明珠，王优礼待之。

十一年，夏五月甲申，彗星见。

十二年，东晋安帝遣使，册命王为使持节都督百济诸军事、镇东将军、百济王。

十三年，春正月甲戌朔，日有食之。夏四月，旱，民饥。秋七月，征东北二部人年十五已上，筑沙口城，使兵官佐平解丘监役。

十四年，夏，遣使倭国，送白绵十匹。

十五年，春正月戊戌，星孛于太微。冬十一月丁亥朔，日有食之。

十六年，春三月，王薨。

18. 久尔辛王（420—427 年）本纪

久尔辛王，腆支王长子。腆支王薨，即位。

八年，冬十二月，王薨。

19. 毗有王（427—454 年）本纪

毗有王，久尔辛王之长子［或云腆支王庶子。未知孰是。］。美姿貌，有口辩，人所推重，久尔辛王薨，即位。

二年，春二月，王巡抚四部，赐贫乏谷有差。倭国使至，从者五十人。

三年，秋，遣使入宋朝贡。冬十月，上佐平余信卒，以解须为上佐平。十一月，地震，大风飞瓦。十二月，无冰。

四年，夏四月，宋文皇帝以王复修职贡，降使册授先王映爵号。［腆支王十二年，东晋册命为使持节都督百济诸军事、镇东将军、百济王。］

七年，春夏不雨。秋七月，遣使入新罗，请和。

八年，春二月，遣使新罗，送良马二匹。秋九月，又送白鹰。冬十月，新罗报聘以良金、明珠。

十四年，夏四月戊午朔，日有食之。冬十月，遣使入宋朝贡。

二十一年，夏五月，宫南池中有火，焰如车轮，终夜而灭。秋七月，旱，谷不熟，民饥，流入新罗者多。

二十八年，星陨如雨，星孛于西北，长二丈许。秋八月，蝗害谷，年饥。

二十九年，春三月，王猎于汉山。秋九月，黑龙见汉江，须臾云雾晦冥飞去。王薨。

20. 盖卤王（455—475 年）本纪

盖卤王［或云近盖娄］，讳庆司，毗有王之长子。毗有在位二十九年，薨，嗣。

十四年，冬十月癸酉朔，日有食之。

十五年，秋八月，遣将侵高句丽南鄙。冬十月，葺双岘城，设大栅于青木岭，分北汉山城士卒，戍之。

十八年，遣使朝魏。上表曰："臣立国东极，豺狼隔路，虽世承灵化，莫由奉藩。瞻望云阙，驰情罔极，凉风微应。伏惟皇帝陛下，协和天休，不胜仰之情。谨遣私署冠军将军、驸马都尉、弗斯侯、长史余礼，龙骧将军、带方太守、司马张茂等,投舫波阻,搜径玄津,托命自然之运,遣进万一之诚。冀神祇垂感,皇灵洪覆,克达天庭,宣畅臣志,虽旦闻夕没,永无余恨。"

又云:"臣与高句丽,源出扶余,先世之时,笃崇旧款。其祖钊,轻废邻好,亲率士众,凌践臣境。臣祖须,整旅电迈,应机驰击,矢石暂交,枭斩钊首。自尔已来,莫敢南顾。自冯氏数终,余烬奔窜,丑类渐盛。遂见凌逼,构怨连祸,三十余载,财殚力竭,转自孱蹙。若天慈曲矜,远及无外,速遣一将,来救臣国,当奉送鄙女,执帚后宫,并遣子弟,牧圉外厩,尺壤匹夫,不敢自有。"

又云:"今琏有罪,国自鱼肉,大臣强族,戮杀无已,罪盈恶积,民庶崩离,是灭之期,假手之秋也。且冯族士马,有鸟畜之恋,乐浪诸郡,怀首丘之心,天威一举,有征无战,臣虽不敏,志效毕力,当率所统,承风响应。且高句丽不义,逆诈非一,外慕隗嚣藩卑之辞,内怀凶祸豕突之行。或南通刘氏,或北约蠕蠕,共相唇齿,谋凌王略。昔唐尧至圣,致罚丹水,孟尝称仁,不舍涂詈。涓流之水,宜早壅塞,今若不取,将贻后悔。去庚辰年后,臣西界小石山北国海中,见尸十余,并得衣器鞍勒,视之,非高句丽之物。后闻,乃是王人来降臣国,长蛇隔路,以沉于海。虽未委当,深怀愤恚。昔宋戮申舟,楚庄徒跣,鹞撮放鸠,信陵不食。克敌立名,美隆无已,夫以区区偏鄙,犹慕万代之信,况陛下合气天地,势倾山海,岂令小竖,跨塞天达?今上所得鞍一以实验。"

显祖以其僻远,冒险朝献,礼遇尤厚。遣使者邵安,与其使俱还。诏曰:"得表闻之,无恙,甚善。卿在东隅,处五服之外,不远山海,归诚魏阙,欣嘉至意,用戢于怀。朕承万世之业,君临四海,统御群生。今宇内清一,八表归义,襁负而至者,不可称数。风俗之和,士马之盛,皆余礼等亲所闻见。卿与高句丽不穆,屡致凌犯,苟能顺义,守之以仁,亦何忧于寇仇也?前所遣使,浮海以抚荒外之国,从来积年,往而不返,存亡达否,未能审悉。卿所送鞍,比校旧乘,非中国之物。不可以疑似之事,以生必然之过,经略权要,以具别旨。"

又诏曰:"知高句丽阻疆,侵轶卿土,修先君之旧怨,弃息民之大德。兵交累载,难结荒边,使兼申胥之诚,国有楚、越之急。乃应展义扶微,乘机电举。但以高句丽称藩先朝,供职日久。于彼,虽有自昔之衅,于国,未有犯令之愆。卿使命始通,便求致伐,寻讨事会,理亦未周。故往年遣礼等至平壤，欲验其由状，然高句丽奏请频烦，辞理俱诣，行人不能抑其请，司法无以成其责，故听其所启，诏礼等还。若今复违旨，则过咎益露，后虽自陈，无所逃罪，然后兴师讨之，于义为得。九夷之国，世居海外，道畅则奉藩，惠戢则保境。故羁縻著于前典，桔贡旷于岁时。卿备陈强弱之形，具列往代之迹，俗殊事异，拟况乖衷。洪规大略，其致犹在。今中夏平一，宇内无虞。每欲陵威东极，悬旌域表，拯荒黎于偏方，舒皇风于远服。良由高句丽即叙，未及卜征。今若不从诏旨，则卿之来谋，载协朕意，元戎启行，将不云远。便可豫率同兴，具以待事，时遣报使，速究彼情。师举之日，卿为乡导之首，大捷之后，又受元功之赏，不亦善乎？所献锦布海物，虽不悉达，明卿至心。今赐杂物如别。"

又诏琏护送安等。安等至高句丽，琏称昔与余庆有仇，不令东过，安等于是皆还，乃下诏切责之。后使安等从东莱浮海，赐余庆玺书，褒其诚节。安等至海滨，遇风飘荡，竟不达而还。王以丽人屡犯边鄙，上表乞师于魏，不从。王怨之，遂绝朝贡。

二十一年，秋九月，丽王巨琏帅兵三万，来围王都汉城。王闭城门不能出战。丽人分兵为四道，夹攻，又乘风纵火，焚烧城门。人心危惧，或有欲出降者。王窘不知所图，领数十骑，出门西走。丽人追而害之。先是，高句丽长寿王阴谋百济，求可以间谍于彼者。时，浮屠道琳应募曰："愚僧既不能知道，思有以报国恩。愿大王不以臣不肖，指使之，期不辱命。"王悦，密使谲百济。于是，道琳佯逃罪，奔入百济。

时，百济王近盖娄好博弈。道琳诣王门，告曰："臣少而学棋，颇入妙，愿有闻于左右。"王召入对棋，果国手也。遂尊之，为上客，甚亲昵之，恨相见之晚。

道琳一日侍坐，从容曰："臣异国人也，上不我疏外，恩私甚渥，而惟一技之是效，未尝有分毫之益。今愿献一言，不知上意如何耳。"王曰："第言之，若有利于国，此所望于师也。"道琳曰："大王之国，四方皆山丘河海，是天设之险，非人为之形也。是以，四邻之国，莫敢有觊心，但愿奉事之不暇。则王当以崇高之势，富有之业，竦人之视听，而城郭不葺，宫室不修。先王之骸骨，权攒于露地，百姓之屋庐，屡坏于河流，臣窃为大王不取也。"王曰："诺！吾将为之。"于是，尽发国人，烝土筑城，即于其内作宫，楼阁台榭，无不壮丽。又取大石于郁里河，作椁以葬父骨，缘河树堰，自蛇城之东，至崇山之北。是以仓庾虚竭，人民穷困，邦之阢机，甚于累卵。于是，道琳逃还以告之。长寿王喜，将伐之，乃授兵于帅臣。近盖娄闻之，谓子文周曰："予愚而不明，信用奸人之言，以至于此。民残而兵弱，虽有危事，谁肯为我力战？吾当死于社稷，汝在此俱死，无益也。盍避难以续国系焉？"文周乃与木劦满致、祖弥桀取［木劦、祖弥，皆复姓，《隋书》以木劦为二姓，未知孰是。］南行焉。至是，高句丽对卢齐于、再曾桀娄、古尔万年［再曾、古尔，皆复姓。］等帅兵，来攻北城，七日而拔之，移攻南城，城中危恐，王出逃。丽将桀娄等见王，下马拜已，向王面三唾之，乃数其罪，缚送于阿且城下戕之。桀娄、万年，本国人也，获罪逃窜高句丽。

论曰：楚昭王之亡也，勋公辛之弟怀将弑王，曰："平王杀吾父，我杀其子，不亦可乎？"辛曰："君讨臣，谁敢雠之？君命，天也，若死天命，将谁雠？"桀娄等自以罪不见容于国，而导敌兵，缚前君而害之，其不义也，甚矣。曰："然则伍子胥之入郢鞭尸，何也？"曰："杨子《法言》评此以为不由德。所谓德者，仁与义而已矣，则子胥之狠，不如勋公之仁。以此论之，桀娄等之为不义也，明矣。"

21. 文周王（475—478 年）本纪

文周王［或作汶洲。］，盖卤王之子也。初，毗有王薨，盖卤嗣位，文周辅之，位至上佐平。盖卤在位二十一年，高句丽来侵，围汉城。盖卤婴城自固，使文周求救于新罗，得兵一万回。丽兵虽退，城破王死，遂即位。性柔不断，而亦爱民，百姓爱之。冬十月，移都于熊津。

二年，春二月，修葺大豆山城，移汉北民户。三月，遣使朝宋，高句丽塞路，不达而还。夏四月，耽罗国献方物，王喜，拜使者为恩率。秋八月，拜解仇为兵官佐平。

三年，春二月，重修宫室。夏四月，拜王弟昆支为内臣佐平，封长子三斤为太子。五月，黑龙见熊津。秋七月，内臣佐平昆支卒。

四年，秋八月，兵官佐平解仇，擅权乱法，有无君之心，王不能制。九月，王出猎，宿于外，解仇使盗害之，遂薨。

22. 三斤王（478—479 年）本纪

三斤王［或云壬乞。］，文周王之长子。王薨，即位，年十三岁，军国政事，一切委于佐平解仇。

二年，春，佐平解仇与恩率燕信聚众，据大豆城叛。王命佐平真男以兵二千讨之，不克。更命德率真老帅精兵五百，击杀解仇。燕信奔高句丽，收其妻子，斩于熊津市。

论曰：《春秋》之法，君弑而贼不讨，则深责之，以为无臣子也。解仇贼害文周，其子三斤继立，非徒不能诛之，又委之以国政，至于据一城以叛，然后再兴大兵以克之。所谓履霜不戒，驯致坚冰，荧荧不灭，至于炎炎，其所由来，渐矣。唐宪宗之弑，三世而后，仅能杀其贼，况海隅之荒僻，三斤之童蒙，又乌足道哉！

三月己酉朔，日有食之。

三年，春夏大旱。秋九月，移大豆城于斗谷。冬十一月，王薨。

23. 东城王（479—501年）本纪

东城王，讳牟大〔或作摩牟。〕，文周王弟昆支之子。胆力过人，善射，百发百中。三斤王薨，即位。

四年，春正月，拜真老为兵官佐平，兼知内外兵马事。秋九月，靺鞨袭破汉山城，虏三百余户以归。冬十月，大雪丈余。

五年，春，王以猎出至汉山城，抚问军民，浃旬乃还。夏四月，猎于熊津北，获神鹿。

六年，春二月，王闻南齐祖道成，册高句丽巨琏，为骠骑大将军，遣使上表，请内属，许之。秋七月，遣内法佐平沙若思，如南齐朝贡，若思至西海中，遇高句丽兵，不进。

七年，夏五月，遣使聘新罗。

八年，春二月，拜苩加为卫士佐平。三月，遣使南齐朝贡。秋七月，重修宫室，筑牛头城。冬十月，大阅于宫南。

十年，魏遣兵来伐，为我所败。

十一年，秋，大有年。国南海村人献合颖禾。冬十月，王设坛祭天地。十一月，宴群臣于南堂。

十二年，秋七月，征北部人年十五岁已上，筑沙岘、耳山二城。

九月，王田于国西泗沘原。拜燕突为达率。冬十一月，无冰。

十三年，夏六月，熊川水涨，漂没王都二百余家。秋七月，民饥，亡入新罗者，六百余家。

十四年，春三月，雪。夏四月，大风拔木。冬十月，王猎牛鸣谷，亲射鹿。

十五年，春三月，王遣使新罗请婚，罗王以伊飡比智女，归之。

十六年，秋七月，高句丽与新罗战萨水之原，新罗不克，退保犬牙城。高句丽围之，王遣兵三千救，解围。

十七年，夏五月甲戌朔，日有食之。秋八月，高句丽来围雉壤城。王遣使新罗，请救，罗王命将军德智帅兵救之，丽兵退归。

十九年，夏五月，兵官佐平真老卒，拜达率燕突为兵官佐平。夏六月，大雨，漂毁民屋。

二十年，设熊津桥。秋七月，筑沙井城，以扞率毗陁镇之。八月，王以耽罗不修贡赋，亲征，至武珍州。耽罗［耽罗，即耽牟罗。］闻之，遣使乞罪，乃止。

二十一年，夏大旱，民饥相食，盗贼多起。臣寮请发仓赈救，王不听。汉山人亡入高句丽者二千。冬十月，大疫。

二十二年，春，起临流阁于宫东，高五丈，又穿池养奇禽。谏臣抗疏不报，恐有复谏者，闭宫门。

论曰：良药苦口利于病；忠言逆耳利于行。是以，古之明君，虚己问政，和颜受谏，犹恐人之不言，悬敢谏之鼓，立诽谤之木而不已。今牟大王谏书上而不省，复闭门以拒之。《庄子》曰："见过不更，闻谏愈甚，谓之狠。"其牟大王之谓乎。

夏四月，田于牛头城，遇雨雹，乃止。五月，旱。王与左右宴临流阁，终夜极欢。

二十三年，春正月，王都老妪化狐而去。二虎斗于南山，捕之不得。三月，降霜害麦。夏五月，不雨至秋。七月，设栅于炭岘，以备新罗。八月，筑加林城，以卫士佐平苩加镇之。冬十月，王猎于泗沘东原。十一月，猎于熊川北原，又田于泗沘西原，阻大雪，宿于马浦村。初，王以苩加镇加林城，加不欲往，辞以疾。王不许。是以怨王。至是，使人刺王，至十二月乃薨。谥曰东城王。

［《册府元龟》云：南齐建元二年，百济王牟都遣使贡献。诏曰："宝命惟新，泽被绝域，牟都世蕃东表，守职遐外，可即授使持节都督百济诸军事、镇东大将军。"又，永明八年，百济王牟大遣使上表。遣谒者仆射孙副，策命大袭亡祖父牟都为百济王，曰："於戏，惟尔世袭忠勤，诚著遐表，海路肃澄，要贡无替，式循彝典，用纂显命，往敬哉。其敬膺休业，可不慎欤。行都督百济诸军事、镇东大将军、百济王。"而《三韩古记》无牟都为王之事。又按牟大，盖卤王之孙，盖卤第二子昆支之子，不言其

祖牟都,则《齐书》所载,不可不疑。]

24. 武宁王（501—523 年）本纪

武宁王,讳斯摩[或云隆。],牟大王之第二子也。身长八尺,眉目如画,仁慈宽厚,民心归附,牟大在位二十三年薨,即位。春正月,佐平苩加据加林城叛,王帅兵马,至牛头城,命扞率解明讨之。苩加出降,王斩之,投于白江。

论曰:《春秋》曰:"人臣无将,将而必诛。"若苩加之元恶大,则天地所不容,不即罪之,至是自知难免,谋叛而后诛之,晚也。

冬十一月,遣达率优永帅兵五千,袭高句丽水谷城。

二年,春,民饥且疫。冬十一月,遣兵侵高句丽边境。

三年,秋九月,靺鞨烧马首栅,进攻高木城。王遣兵五千,击退之。冬无冰。

六年,春大疫。三月至五月,不雨,川泽竭。民饥,发仓赈救。

秋七月,靺鞨来侵,破高木城,杀虏六百余人。

七年,夏五月,立二栅于高木城南,又筑长岭城,以备靺鞨。冬十月,高句丽将高老与靺鞨谋,欲攻汉城,进屯于横岳下,王出师,战退之。

十年,春正月,下令:完固堤防,驱内外游食者归农。

十二年,夏四月,遣使入梁朝贡。秋九月,高句丽袭取加弗城,移兵破圆山城,杀掠甚众。王帅勇骑三千,战于苇川之北。丽人见王军少,易之,不设阵。王出奇急击,大破之。

十六年,春三月戊辰朔,日有食之。

二十一年,夏五月,大水。秋八月,蝗害谷。民饥,亡入新罗者,九百户。冬十一月,遣使入梁朝贡。先是,为高句丽所破,衰弱累年。至是上表,称:"累破高句丽,始与通好,而更为强国。"十二月,高祖诏册王,曰:"行都督百济诸军事、镇东大将军、百济王余隆,守藩海外,远修贡职,乃诚款到,朕有嘉焉。宜率旧章,授兹荣命,可使持节都督百济诸军事、宁东大将军。"

二十二年,秋九月,王猎于狐山之原。冬十月,地震。

二十三年,春二月,王幸汉城,命佐平因友、达率沙乌等,征汉北州郡民年十五岁以上,筑双岘城。三月,至自汉城。夏五月,王薨。谥曰武宁。

25. 圣王（523—554 年）本纪

圣王，讳明禯，武宁王之子也。智识英迈，能断事。武宁薨，即位，国人称为圣王。秋八月，高句丽兵至浿水，王命左将志忠，帅步骑一万，出战退之。

二年，梁高祖诏册王为持节都督百济诸军事、绥东将军、百济王。

三年，春二月，与新罗交聘。

四年，冬十月，修葺熊津城，立沙井栅。

七年，冬十月，高句丽王兴安，躬帅兵马来侵，拔北鄙穴城。命佐平燕谟领步骑三万，拒战于五谷之原，不克。死者二千余人。

十年，秋七月甲辰，星陨如雨。

十二年，春三月，遣使入梁朝贡。夏四月丁卯，荧惑犯南斗。

十六年，春，移都于泗沘［一名所夫里。］，国号南扶余。

十八年，秋九月，王命将军燕会，攻高句丽牛山城，不克。

十九年，王遣使入梁朝贡，兼表请《毛诗》博士、《涅盘》等经义，并工匠、画师等，从之。

二十五年，春正月己亥朔，日有食之。

二十六年，春正月，高句丽王平成与濊谋，攻汉北独山城。王遣使请救于新罗。罗王命将军朱珍，领甲卒三千，发之。朱珍日夜兼程，至独山城下，与丽兵一战，大破之。

二十七年，春正月庚申，白虹贯日。冬十月，王不知梁京师有寇贼，遣使朝贡。使人既至，见城阙荒毁，并号泣于端门外，行路见者，莫不洒泪。侯景闻之，大怒，执囚之。及景平，方得还国。

二十八年，春正月，王遣将军达己领兵一万，攻取高句丽道萨城。三月，高句丽兵围金岘城。

三十一年，秋七月，新罗取东北鄙，置新州。冬十月，王女归于新罗。

三十二年，秋七月，王欲袭新罗，亲帅步骑五十，夜至狗川，新罗伏兵发与战，为乱兵所害，薨。谥曰圣。

26. 威德王（554—598 年）本纪

威德王，讳昌，圣王之元子也。圣王在位三十二年薨，即位。

元年，冬十月，高句丽大举兵来攻熊川城，败衄而归。

六年，夏五月丙辰朔，日有食之。

八年，秋七月，遣兵侵掠新罗边境，罗兵出击败之，死者一千余人。

十四年，秋九月，遣使入陈朝贡。

十七年，高齐后主拜王为使持节、侍中、车骑大将军、带方郡公、百济王。

十八年，高齐后主，又以王为使持节都督东青州诸军事、东青州刺史。

十九年，遣使入齐朝贡。秋九月庚子朔，日有食之。

二十四年，秋七月，遣使入陈朝贡。冬十月，侵新罗西边州郡，新罗伊飡世宗帅兵，击破之。

十一月，遣使入宇文周朝贡。

二十五年，遣使入宇文周朝贡。

二十六年，冬十月，长星竟天，二十日而灭。地震。

二十八年，王遣使入隋朝贡，隋高祖诏拜王为上开府仪同三司、带方郡公。

二十九年，春正月，遣使入隋朝贡。

三十一年，冬十一月，遣使入陈朝贡。

三十三年，遣使入陈朝贡。

三十六年，隋平陈。有一战船，漂至耽牟罗国，其船得还，经于国界，王资送之甚厚，并遣使奉表，贺平陈。高祖善之，下诏曰："百济王既闻平陈，远令奉表。往复至难，若逢风浪，便致伤损。百济王心迹淳至，朕已委知。相去虽远，事同言面，何必数遣使，来相体悉。自今已后，不须年别入贡，朕亦不遣使往，王宜知之。"

三十九年，秋七月壬申晦，日有食之。

四十一年，冬十一月癸未，星孛于角、亢。

四十五年，秋九月，王使长史王辩那，入隋朝献。王闻隋兴辽东之役，遣使奉表，请为军道。帝下诏曰："往岁，高句丽不供职贡，无人臣礼，故命将讨之。高元君臣，恐惧畏服归罪，朕已赦之，不可致伐。"厚我使者而还之。高句丽颇知其事，以兵侵掠国境。冬十二月，王薨。群臣议谥曰威德。

27. 惠王（598—599 年）本纪

惠王，讳季，明王第二子。昌王薨，即位。

二年，王薨。谥曰惠。

28. 法王（599—600年）本纪

法王，讳宣［或云孝顺。］，惠王之长子。惠王薨，子宣，即位。［《隋书》以宣为昌王之子。］

冬十二月，下令：禁杀生，收民家所养鹰鹞，放之，渔猎之具焚之。

二年，春正月，创王兴寺，度僧三十人。大旱，王幸漆岳寺，祈雨。夏五月，薨。上谥曰法。

29. 武王（600—641年）本纪

武王，讳璋，法王之子。风仪英伟，志气豪杰。法王即位，翌年薨，子嗣位。

三年，秋八月，王出兵，围新罗阿莫山城［一名母山城］。罗王真平遣精骑数千，拒战之，我兵失利而还。新罗筑小陁、畏石、泉山、瓮岑四城，侵逼我疆境。王怒，令佐平解仇，帅步骑四万，进攻其四城。新罗将军干品、武殷，帅众拒战。解仇不利，引军退于泉山西大泽中，伏兵以待之。武殷乘胜，领甲卒一千追至大泽，伏兵发，急击之。武殷坠马，士卒惊骇，不知所为。武殷子贵山大言曰："吾尝受教于师，曰：'士当军，无退。'岂敢奔退，以坠师教乎？"以马授父，即与小将箒项，挥戈力斗以死。余兵见此益奋，我军败绩，解仇仅免，单马以归。

六年，春二月，筑角山城。秋八月，新罗侵东鄙。

七年，春三月，王都雨土，昼暗。夏四月，大旱，年饥。

八年，春三月，遣扞率燕文进入隋朝贡。又遣佐平王孝邻入贡，兼请讨高句丽。炀帝许之，令觇高句丽动静。夏五月，高句丽来攻松山城，不下，移袭石头城，虏男女三千而归。

九年，春三月，遣使入隋朝贡。隋文林郎裴清奉使倭国，经我国南路。

十二年，春二月，遣使入隋朝贡。隋炀帝将征高句丽，王使国智牟入请军期。帝悦，厚加赏锡，遣尚书起部郎席律来，与王相谋。秋八月，筑赤岩城。冬十月，围新罗椵岑城，杀城主赞德，灭其城。

十三年，隋六军度辽，王严兵于境，声言助隋，实持两端。

夏四月，震宫南门。五月，大水，漂没人家。

十七年，冬十月，命达率苟奇领兵八千，攻新罗母山城。十一月，王都地震。

十九年，新罗将军边品等，来攻椵岑城，复之，奚论战死。

二十二年，冬十月，遣使入唐，献果下马。

二十四年，秋，遣兵侵新罗勒弩县。

二十五年，春正月，遣大臣入唐朝贡。高祖嘉其诚款，遣使就册为带方郡王、百济王。秋七月，遣使入唐朝贡。冬十月，攻新罗速含、樱岑、歧岑、烽岑、旗悬、冗栅等六城，取之。

二十六年，冬十一月，遣使入唐朝贡。

二十七年，遣使入唐，献明光铠，因讼高句丽梗道路，不许来朝上国。高祖遣散骑常侍朱子奢来，诏谕我及高句丽，平其怨。秋八月，遣兵，攻新罗王在城，执城主东所，杀之。冬十二月，遣使入唐朝贡。

二十八年，秋七月，王命将军沙乞拔新罗西鄙二城，虏男女三百余口。王欲复新罗侵夺地分，大举兵，出屯于熊津。罗王真平闻之，遣使告急于唐。王闻之，乃止。

秋八月，遣王侄福信，入唐朝贡，太宗谓与新罗世仇，数相侵伐，赐王玺书曰："王世为君长，抚有东蕃，海隅遐旷，风涛艰阻，忠款之至，职贡相寻，尚想嘉猷，甚以欣慰。朕祇承宠命，君临区宇，思弘正道，爱育黎元，舟车所通，风雨所及，期之遂性，咸使乂安。新罗王金真平，朕之蕃臣，王之邻国，每闻遣师，征讨不息。阻兵安忍，殊乖所望。朕已对王侄福信及高句丽新罗使人，具敕通和，咸许辑睦。王必须忘彼前怨，识朕本怀，共笃邻情，即停兵革。"王因遣使，奉表陈谢。虽外称顺命，内实相仇如故。

二十九年，春二月，遣兵攻新罗椵峰城，不克而还。

三十年，秋九月，遣使入唐朝贡。

三十一年，春二月，重修泗沘之宫。王幸熊津城。夏旱，停泗沘之役。秋七月，王至自熊津。

三十二年，秋九月，遣使入唐朝贡。

三十三年，春正月，封元子义慈为太子。二月，改筑马川城。秋七月，发兵伐新罗，不利。王田于生草之原。冬十二月，遣使入唐朝贡。

三十四年，秋八月，遣将攻新罗西谷城，十三日拔之。

三十五年，春二月，王兴寺成。其寺临水，彩饰壮丽。王每乘舟，入寺行香。三月，穿池于宫南，引水二十余里，四岸植以杨柳，水中筑岛屿，拟方丈仙山。

三十七年，春二月，遣使入唐朝贡。三月，王率左右臣寮，游燕于泗沘河北浦。两岸奇岩怪石错立，间以奇花异草，如画图。王饮酒极欢，鼓琴自歌，从者屡舞。时人谓其地为大王浦。夏五月，王命将军于召帅甲士五百，往袭新罗独山城。于召至玉门谷，日暮，解鞍休士。新罗将军阏川将兵掩至，麾击之。于召登大石上，弯弓拒战，矢尽，为所擒。六月，旱。秋八月，燕群臣于望海楼。

三十八年，春二月，王都地震。三月，又震。冬十二月，遣使入唐，献铁甲雕斧。太宗优劳之，赐锦袍并彩帛三千段。

三十九年，春三月，王与嫔御泛舟大池。

四十年，冬十月，又遣使于唐，献金甲雕斧。

四十一年，春正月，星孛于西北。二月，遣子弟于唐，请入国学。

四十二年，春三月，王薨。谥曰武。使者入唐，素服奉表曰："君外臣扶余璋卒。"帝举哀玄武门，诏曰："怀远之道，莫先于宠命，饰终之义，无隔于遐方。故柱国带方郡王、百济王扶余璋，栈山航海，远禀正朔，献琛奉贽，克固始终，奄致薨殒，追深愍悼。宜加常数，式表哀荣，赠光禄大夫。"赐赠甚厚。

30. 义慈王（641—660 年）本纪

义慈王，武王之元子，雄勇有胆决。武王在位三十三年，立为太子。事亲以孝，与兄弟以友，时号海东曾子。武王薨，太子嗣位。太宗遣祠部郎中郑文表，册命为柱国带方郡王、百济王。秋八月，遣使入唐表谢，兼献方物。

二年，春正月，遣使入唐朝贡。二月，王巡抚州郡。虑囚，除死罪皆原之。秋七月，王亲帅兵，侵新罗，下猕猴等四十余城。八月，遣将军允忠，领兵一万，攻新罗大耶城。城主品释与妻子出降。允忠尽杀之，斩其首，传之王都，生获男女一千余人，分居国西州县，留兵守其城。王赏允忠功，马二十匹、谷一千石。

三年，春正月，遣使入唐朝贡。冬十一月，王与高句丽和亲，谋欲取新罗党项城，以塞入朝之路，遂发兵攻之。罗王德曼遣使，请救于唐，王闻之罢兵。

四年，春正月，遣使入唐朝贡。太宗遣司农丞相里玄奖，告谕两国，王奉表陈谢。立王子隆为太子。大赦。

秋九月，新罗将军庾信领兵来侵，取七城。

五年，夏五月，王闻太宗亲征高句丽，征兵新罗。乘其间，袭取新罗七城。新罗遣将军庾信，来侵。

七年，冬十月，将军义直帅步骑三千，进屯新罗茂山城下，分兵攻甘勿、桐岑二城，新罗将军庾信，亲励士卒，决死而战，大破之。义直匹马而还。

八年，春三月，义直袭取新罗西鄙腰车等一十余城。夏四月，进军于玉门谷，新罗将军庾信逆之，再战大败之。

九年，秋八月，王遣左将殷相，帅精兵七千，攻取新罗石吐等七城，新罗将庾信、陈春、天存、竹旨等，逆击之，不利，收散卒，屯于道萨城下，再战，我军败北。冬十一月，雷。无冰。

十一年，遣使入唐朝贡。使还，高宗降玺书，谕王曰："海东三国，开基日久，并列疆界，地实犬牙。近代已来，遂构嫌隙，战争交起，略无宁岁。遂令三韩之氓，命悬刀俎，筑戈肆愤，朝夕相仍。朕代天理物，载深矜悯。去岁，高句丽、新罗等使，并来入朝，朕命释兹仇怨，更敦款睦。新罗使金法敏奏言：'高句丽、百济，唇齿相依，竞举干戈，侵逼交至，大城重镇，并为百济所併，疆宇日蹙，威力并谢，乞诏百济，令归所侵之城。若不奉诏，即自兴兵打取，但得古地，即请交和。'朕以其言既顺，不可不许。昔，齐桓列土诸侯，尚存亡国，况朕万国之主，岂可不恤危藩！王所兼新罗之城，并宜还其本国，新罗所获百济俘虏，亦遣还王。然后，解患释纷，韬戈偃革，百姓获息肩之愿，三蕃无战争之劳。比夫流血边亭，积尸疆场，耕织并废，士女无聊，岂可同年而语哉？王若不从进止，朕已依法敏所请，任其与王决战，亦令约束高句丽，不许远相救恤。高句丽若不承命，即令契丹诸藩度辽，深入抄掠。王可深思朕言，自求多福，审图良策，无贻后悔。"

十二年，春正月，遣使入唐朝贡。

十三年，春，大旱。民饥。秋八月，王与倭国通好。

十五年，春二月，修太子宫，极侈丽。立望海亭于王宫南。夏五月，骓马入北岳乌含寺，鸣匝佛宇数日死。秋七月，重修马川城。八月，王与高句丽、靺鞨，攻破新罗三十余城。新罗王金春秋，遣使朝唐，表称："百济与高句丽、靺鞨，侵我北界，没三十余城。"

十六年，春三月，王与宫人，淫荒耽乐，饮酒不止。佐平成忠［或云净忠。］极谏，王怒，囚之狱中，由是，无敢言者。成忠瘐死。临终上书曰："忠臣死不忘君，愿一言而死。臣常观时察变，必有兵革之事。凡用兵，必审择其地，处上流以延敌，然后可以保全。若异国兵来，陆路不使过沉岘，水军不使入伎伐浦之岸，据其险隘以御之，然后可也。"王不省焉。

十七年，春正月，拜王庶子四十一人为佐平，各赐食邑。夏四月，大旱，赤地。

十九年，春二月，众狐入宫中，一白狐坐上佐平书案。夏四月，太子宫，雌鸡与小雀交。遣将侵攻新罗独山、桐岑二城。五月，王都西南泗沘河，大鱼出死，长三丈。秋八月，有女尸浮生草津，长十八尺。九月，宫中槐树鸣，如人哭声。夜，鬼哭于宫南路。

二十年，春二月，王都井水血色。西海滨，小鱼出死，百姓食之，不能尽。泗沘河水，赤如血色。夏四月，虾蟆数万，集于树上。王都市人，无故惊走，如有捕提者，僵仆而死百余人，亡失财物不可数。五月，风雨暴至，震天王、道让二寺塔，又震白石寺讲堂。玄云如龙，东西相斗于空中。

六月，王兴寺众僧皆见：若有船楫，随大水，入寺门。有一犬状如野鹿，自西至泗沘河岸，向王宫吠之，俄而不知所去。王都群犬集于路上，或吠或哭，移时即散。有一鬼入宫中，大呼："百济亡，百济亡！"即入地，王怪之，使人掘地，深三尺许，有一龟。其背有文曰："百济同月轮，新罗如月新。"王问之巫者，曰："同月轮者满也，满则亏。如月新者未满也，未满则渐盈。"王怒杀之。或曰："同月轮者盛也，如月新者微也。意者国家盛，而新罗寝微者乎。"王喜。

高宗诏左卫大将军苏定方为神丘道行军大总管，率左卫将军刘伯英、右武卫将军冯士贵、左骁卫将军庞孝公，统兵十三万以来征，兼以新罗王金春秋，为嵎夷道行军总管，将其国兵，与之合势。苏定方引军，自城山济海，至国西德物岛，新罗王遣将军金庾信，领精兵五万以赴之。

王闻之，会群臣，问战守之宜。佐平义直进曰："唐兵远涉溟海，不习水者，在船必困。当其初下陆，士气未平，急击之，可以得志。新罗人恃大国之援，故有轻我之心，若见唐人失利，则必疑惧，而不敢锐进。故知先与唐人决战，可也。"达率常永等曰："不然。唐兵远来，意欲速战，其锋不可当也。新罗人前屡见败于我军，今望我兵势，不得不恐。今日之计，宜塞唐人之路，以待其师老。先使偏师，击罗军，折其锐气，然后伺其便而合战，则可得以全军，而保国矣。"王犹豫，不知所从。

时，佐平兴首得罪，流窜古马弥知之县，遣人问之曰："事急矣，如之何而可乎？"兴首曰："唐兵既众，师律严明，况与新罗共谋掎角。若对阵于平原广野，胜败未可知也。白江［或云伎伐浦］、炭岘［或云沉岘］，我国之要路也。一夫单枪，万人莫当，宜简勇士，往守之。使唐兵不得入白江，罗人未得过炭岘。大王重闭固守，待其资粮尽，士卒疲，然后奋击之，破之必矣。"于时，大臣等不信曰："兴首久在缧绁之中，怨君而不爱国，其言不可用也。莫若使唐兵入白江，沿流而不得方舟，罗军升炭岘，由径而不得并马。当此之时，纵兵击之，譬如杀在笼之鸡、离网之鱼也。"王然之。

又闻唐、罗兵已过白江、炭岘，遣将军堦伯，帅死士五千出黄山，与罗兵战，四合皆胜之，兵寡力屈，竟败，堦伯死之。于是，合兵御熊津口，濒江屯兵。定方出左涯，乘山而阵。与之战，我军大败。王师乘潮，舳舻衔尾进，鼓而噪。定方将步、骑，直趋其都城，一舍止。我军悉众拒之，又败，死者万余人。唐兵乘胜薄城。王知不免，叹曰："悔不用成忠之言，以至于此。"遂与太子孝，走北鄙。定方围其城。王次子泰，自立为王，率众固守。太子子文思，谓王子隆曰："王与太子出，而叔擅为王，若唐兵解去，我等安得全？"遂率左右，缒而出，民皆从之，泰不能止。定方令士超堞，立唐旗帜，泰窘迫，开门请命。于是，王及太子孝与诸城皆降。定方以王及太子孝，王子泰、隆、演及大臣、将士八十八人，百姓一万二千八百七人，送京师。

国本有五部、三十七郡、二百城、七十六万户，至是析置熊津、马韩、东明、金涟、德安五都督府，各统州县。擢渠长为都督、刺史、县令以理之。命郎将刘仁愿守都城，又以左卫郎将王文度为熊津都督，抚其余众。定方以所俘见上，责而宥之。王病死，赠金紫光禄大夫、卫尉卿，许旧臣赴临。诏葬孙皓、陈叔宝墓侧，并为竖碑。授隆司稼卿。

文度济海卒，以刘仁轨代之。武王从子福信，尝将兵，乃与浮屠道琛，据周留城叛，迎古王子扶余丰，尝质于倭国者，立之为王。西北部皆应，引兵围仁愿于都城。诏起刘仁轨检校带方州刺史，将王文度之众，便道发新罗兵，以救仁愿。仁轨喜曰："天将富贵此翁矣。"请唐历及庙讳而行，曰："吾欲扫平东夷，颁大唐正朔于海表。"仁轨御军严整，转斗而前。福信等立两栅于熊津江口以拒之。仁轨与新罗兵合击之,我军退走入栅,阻水桥狭,堕溺及战死者万余人。福信等乃释都城之围,退保任存城,新罗人以粮尽引还。时,龙朔元年三月也。

于是,道琛自称领军将军,福信自称霜岑将军,招集徒众,其势益张。使告仁轨曰:"闻大唐与新罗约誓,百济无问老少,一切杀之,然后,以国付新罗,与其受死,岂若战亡!所以聚结,自固守耳。"仁轨作书,具陈祸福,遣使谕之。道琛等恃众骄倨,置仁轨之使于外馆,嫚报曰:"使人官小,我是一国大将,不合参。"不答书,徒遣之。仁轨以众少,与仁愿合军,休息士卒,上表请合新罗图之。罗王春秋奉诏,遣其将金钦,将兵救仁轨等,至古泗。福信邀击,败之。钦自葛岭道遁还,新罗不敢复出。寻而福信杀道琛,并其众。丰不能制,但主祭而已。福信等,以仁愿等孤城无援,遣使慰之曰:"大使等,何时西还?当遣相送。"

二年七月,仁愿、仁轨等,大破福信余众于熊津之东,拔支罗城及尹城、大山、沙井等栅,杀获甚众,仍令分兵以镇守之。福信等以真岘城临江高崄,当冲要,加兵守之。仁轨夜督新罗兵,薄城板堞,比明而入城,斩杀八百人,遂通新罗饷道。仁愿奏请益兵,诏发淄、青、莱、海之兵七千人,遣左威卫将军孙仁师,统众浮海,以益仁愿之众。时,福信既专权,与扶余丰寖相猜忌。福信称疾,卧于窟室,欲俟丰问疾,执杀之。丰知之,帅亲信,掩杀福信。遣使高句丽、倭国,乞师以拒唐兵。孙仁师中路迎击破之,遂与仁愿之众相合,士气大振。于是,诸将议所向,或曰:"加林城水陆之冲,合先击之。"仁轨曰:"兵法'避实击虚。'加林崄而固,攻则伤士,守则旷日。周留城,百济巢穴,群聚焉,若克之,诸城自下。"于是,仁师、仁愿及罗王金法敏,帅陆军进,刘仁轨及别帅杜爽、扶余隆,帅水军及粮船,自熊津江往白江,以会陆军,同趋周留城。遇倭人白江口,四战皆克,焚其舟四百艘,烟炎灼天,海水为丹。王扶余丰脱身而走,不知所在,或云奔高句丽,获其宝剑。王子扶余忠胜、忠志等,帅其众,与倭人并降。独迟受信据任存城,未下。

初,黑齿常之啸聚亡散,旬日间,归附者三万余人。定方遣兵攻之。常之拒战败之,复取二百余城,定方不能克。常之与别部将沙吒相如据崄以应福信,至是皆降。仁轨以赤心示之,俾取任存自效,即给铠、仗、粮糒。仁师曰:"野心难信。若受甲济粟,资寇便也。"仁轨曰:"吾观相如、常之,忠而谋,因机立功,尚何疑?"二人讫取其城,迟受信委妻子,奔高句丽，余党悉平，仁师等振旅还。诏留仁轨，统兵镇守。兵火之余，比屋凋残，僵尸如莽。仁轨始命瘗骸骨，籍户口，理村聚，署官长，通道涂，立桥梁，补堤堰，复坡塘，课农桑，赈贫乏，养孤老，立唐社稷，颁正朔及庙讳。民皆悦，各安其所。帝以扶余隆为熊津都督，俾归国，平新罗古憾，招还遗人。

麟德二年，与新罗王会熊津城，刑白马以盟。仁轨为盟辞，乃作金书铁契，藏新罗庙中，盟辞见《新罗纪》中。仁愿等还，隆畏众携散，亦归京师。仪凤中，以隆为熊津都督带方郡王，遣归国，安辑余众，仍移安东都护府于新城，以统之。时，新罗强，隆不敢入旧国，寄理高句丽死。武后又以其孙敬袭王，而其地已为新罗、渤海靺鞨所分，国系遂绝。

论曰：《新罗古事》云："天降金椟，故姓金氏。"其言可怪而不可信，臣修史，以其传之旧，不得删落其辞。然而又闻："新罗人，自以小昊金天氏之后，故姓金氏［见新罗国子博士薛因宣撰《金庾信碑》，及朴居勿撰、姚克一书《三郎寺碑》文。］，高句丽亦以高辛氏之后，姓高氏。"［见《晋书·载记》。］《古史》曰："百济与高句丽，同出扶余。"又云："秦、汉乱离之时，中国人多窜海东。"则三国祖先，岂其古圣人之苗裔耶？何其享国之长也？至于百济之季，所行多非道，又世仇新罗，与高句丽连和，以侵轶之，因利乘便，割取新罗重城、巨镇不已，非所谓亲仁善邻国之宝也。于是，唐天子再下诏，平其怨，阳从而阴违之，以获罪于大国，其亡也亦宜矣。

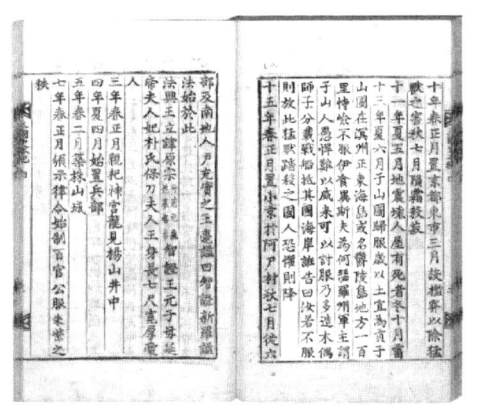

图 2-4　韩国首尔奎章阁藏《三国史》

图 2-5　日本东洋文库版《三国史记》译注

图 2-6　韩国学中央研究院新版《译注三国史记》

图 2-7　吉林大学版《三国史记》

七　其他汉文典籍相关记载

在东亚汉文典籍宝库中，关于百济的系统叙事首推中国正史《百济传》和《三国史记》两大宗，此外的唐宋文献特别是《资治通鉴》和《册府元龟》，以及《日本书纪》也都保存着各具特色的记录，共同构成百济文献史料的核心部分。这种共享共通的现象，应该说是东亚汉字文化圈的重要景观。

唐太宗赐百济王诏书

诏书出自《文馆词林》卷六六四，并经重新点校。诏书是为答复百济王上表而赐，主要内容是阐释唐朝太宗皇帝亲征辽东之役的目的与进军部署，称赞百济王请兵助攻，还透露了百济遣使送来女子、学问僧，请遣智照归国等细节，太宗还要求百济保护唐朝赴新罗使臣之安全，等等。此诏书不见于其他史典，弥足珍贵。

［文献］
贞观年中抚慰百济王诏一首（贞观十九年二月）
皇帝问柱国带方郡王百济王扶余义慈：朕祗膺灵睠，君临区宇，忧勤四海，怜养万姓。天地之所覆载，日月之所照临，咸被恺泽，致之仁寿。王嗣守藩绪，累效乃心，早慕礼乐之风，久习诗书之教。虔修贡职，泛彼沧波，行李相继于道路，睠贶不绝于王府。言念丹欵，朕甚嘉之。故高丽王高武早奉朝化，备展诚节，朝贡无亏，藩礼尤著。其臣莫离支盖苏文苞藏奸凶，奄行弑逆，冤酷结于遐裔，痛悼闻于中夏。朕受命上玄，为其父母，既闻此事，甚用憯伤。若不申兹九伐，无以惩肃八表。今先遣大总管特进太子詹事英国公李勣，董率士马，直指辽东。大总管刑部尚书郧国公张亮总统舟舻，径临平壤。朕仍亲巡辽碣，抚彼黎庶，诛其凶逆，布以维恩。当使三韩之域，五郡之境，因此荡定，永得晏然。前得新罗表称王与高丽每兴士众，不遵朝旨，同侵新罗，朕便疑王必与高丽协契，览王今表及问康信，王与高丽不为阿党。既能如此，良副所望。康信又述王意，固请发兵，即与官军同伐凶恶。朕今兴动甲兵，本诛煞君之贼，王志存忠正，情切鹰鹯，既称朕怀，钦叹无已。所发之兵，宜受张亮处分，若讨贼之日，能立功勋，王宜录奏，当加褒奖。然王尽心国家，无所爱惜，远献子女，深具丹诚。朕既有事辽左，方弘吊伐，若即不违来请，受王所献，便恐四海之议，谓朕有所贪求。其女今且令还，贼平之后，任王更奏，宜知此意，勿致怪也。所奏学问僧等，请听恣意出入，及三藩使人等级者知。又请蒋元昌往彼为王疗患者，元昌朕先使往益州道，今犹未还，所以未得令向王处所。请僧智照还国者，已依所奏。宜知。今令朝散大夫庄元表、副使右卫勋卫旅师段智君等，往新罗王所。宜速遣人船将送，必令安达，勿使在道被莫离支等抄截也。首春犹寒，想比无恙，国境之内当并平。履新之庆，与王及率土同之。康信今还，指申往意，并寄王物如别。①

《唐律疏议》"化外人相犯"条

唐初百济尚未成为域内一部分，化外人的法律规定中举高句丽、百济相犯之例作为适用法律范畴的解释。高句丽、百济成为"化内"之前，其人在唐境内相犯，同样要依唐朝律法判定。

[文献]

诸化外人，同类自相犯者，各依本俗法；异类相犯者，以法律论。

[疏]议曰："化外人"，谓蕃夷之国，别立君长者，各有风俗，制法不同。其有同类自相犯者，须问本国之制，依其俗法断之。异类相犯者，若高丽之与百济相犯之类，皆以国家法律，论定刑名。②

《唐六典》百济内徙民征税规定

《唐六典》缘起于唐玄宗命题撰录，历经十余年最终由李林甫等修毕进呈，是记录唐代典章的重要文献。《唐六典》保存了关于高句丽、百济成为化内之后，其民众在唐朝国家体系中缴纳赋税受到优待的规定。

[文献]

凡诸国蕃胡内附者，亦定为九等，四等已上为上户，七等已上为次户，八等已下为下户；上户丁税银钱十文，次户五文，下户免之。附贯经二年已上者，上户丁输羊二口，次户一口，下户三户共一口。凡岭南诸州税米者，上户一石二斗，次户八斗，下户六斗；若夷、獠之户，皆从半输。轻税诸州、高丽、百济应差征镇者，并令免课、役。③

---

① 陈尚君辑校《全唐文补编》卷二《唐太宗李世民》，中华书局，2005，第21—22页。
② 刘俊文撰《唐律疏议笺解》卷六《名例》"化外人相犯"条，中华书局，1996，第478页。
③ 《唐六典》卷三《尚书户部》"户部员外郎"条，中华书局，1992，第77页。

《通典·百济》

唐代杜佑《通典》之《边防典》中对于百济有专门介绍，略有新知识填入旧史料，例如关于百济始祖是以"汉末夫余王尉仇台"来叙述，族源归于夫余。对于百济据有辽西郡则以唐代地理对应，并接受了百济"自晋代受蕃爵，自置百济郡"作为史实。其余记事分为地理位置、气候物产、南朝关系、官品王号、社会习俗等，多为承袭前代记载，并未记载唐代百济关系史事，仅有唐平百济建置以及夫余氏结局的简要记录。

[文献]

百济，即后汉末夫余王尉仇台之后，[后魏时百济王上表云："臣与高丽先出夫余。"]初以百家济海，因号百济。晋时句丽既略有辽东，百济亦据有辽西、晋平二郡。[今柳城、北平之间。]自晋以后，吞并诸国，据有马韩故地。其国东西四百里，南北九百里，南接新罗，北拒高丽千余里，西限大海，处小海之南。国西南海中有三岛，出黄漆树，似小榎树而大。六月取汁，漆器物若黄金，其光夺目。自晋代受蕃爵，自置百济郡。义熙中，以百济王夫余腆为使持节、都督百济诸军事。宋、齐并遣使朝贡，授官，封其人。

土著地多下湿，率皆山居。其都理建居拔城。王号"于罗瑕"，百姓呼为"鞬吉支"。夏言并王也。王妻号"于陆"，夏言妃也。官有十六品：左平一品，达率二品，恩率三品，德率四品，扞率五品，奈率六品，以上冠饰银花；将德七品，紫带；施德八品，皂带；固德九品，赤带；季德十品，青带；对德十一品，文督十二品，皆黄带；武督十三品，佐军十四品，振武十五品，克虞十六品，皆白带。统兵以达率、德率、扞率为之，人庶及余小城咸分隶焉。其衣服，男子略同于高丽，拜谒之礼以两手据地为敬。妇人衣似袍而袖微大，在室者编发盘于首，后垂一道为饰，出嫁者乃分为两道焉。兵有弓、箭、刀、稍。俗重骑射，兼爱坟史。其秀异者颇解属文，又解阴阳五行。用宋元嘉历，以建寅月为岁首。亦解医药、卜筮、占相之术。有投壶、樗蒲等杂戏，然尤尚弈棋。僧尼寺塔甚多，而无道士。赋税以布、绢、麻、米等。婚娶之礼略同华俗。父母及夫死者三年持服，余亲则葬讫除之。气候温暖，五谷、杂果、菜蔬及酒醴、肴馔、乐器之属多同于内地，唯无驼、骡、驴、羊、鹅、鸭等云。其王以四仲之月祭天，又每岁四祠其始祖仇台之庙。大姓有八族：沙氏、燕氏、劦氏、解氏、真氏、国氏、木氏、苔氏。国西南人岛居者十五所,皆有城邑。

后魏孝文遣众征破之。后其王牟大为高句丽所破,衰弱累年,迁居南韩地。隋文开皇初,其王夫余昌遣使贡方物,拜为带方郡公、百济王。大唐武德、贞观中,频遣使朝贡。显庆五年,遣苏定方讨平之。旧有五部,分统三十七郡、二百城、七十六万户,至是以其地分置熊津、马韩、东明等五都督府,仍以其酋渠为都督府刺史。其旧地没于新罗,城傍余众后渐寡弱,散投突厥及靺鞨。其主夫余崇竟不敢还旧国,土地尽没于新罗、靺鞨,夫余氏君长遂绝。①

薛仁贵与新罗王金法敏书

高丽金富轼撰《三国史记》卷七收录,清人编《唐文拾遗》卷一六亦收此文,仅 574 字,较此少 508 字。陈尚君《全唐文补编》重录,标点据杨军校勘《三国史记》改。薛仁贵致书新罗文武王金法敏,金法敏亦有回书,唐罗两国既灭百济、高句丽后的诸多繁杂关系皆有所揭橥,值得细读。

[文献]

行军总管薛仁贵致书新罗王:清风万里,大海三千,天命有期,行遵此境。奉承机心稍动,穷武边城,去由也之片言,失侯生之一诺。兄为逆首,弟作忠臣,远分花萼之阴,空照相思之月。兴言彼此,良增叹咏。

先王开府,谋猷一国,展转百城,西畏百济之侵,北警高丽之寇。地方千里,数处争锋,蚕女不及桑时,耘人失其畴序。年将耳顺,榆景日侵,不惧船海之危,远涉阳侯之险。沥心华境,顿颡天门,具陈孤弱,明论侵扰,情之所露,听不胜悲。

太宗文皇帝气雄天下,神王宇宙,若盘古之九变,同巨灵之一掌,扶倾救弱,日不暇给。哀纳先君,矜收所请,轻车骏马,美衣上药,一日之内,频遇殊私。亦既承恩,对扬军事,契同鱼水,明于金石。凤镳千重,鹤关万户,留连酒德,燕笑金除,参论兵马,分期声援,一朝大举,水陆交锋。于时,塞草分花,榆星上荚,驻跸之战,文帝亲行,吊人恤隐,义之深也。既而山海异形,日月回薄,圣人下武,王亦承家。岩葛因依,声尘共举,洗兵刷马,咸遵先志。数十年外,中国疲劳,帑藏时开,飞蒭日

---

① 《通典》卷一八五《边防典》之《东夷·百济》,中华书局,1988,第 4990—4992 页。

给。以苍岛之地，起黄图之兵，贵于有益，贪于无用，岂不知止，恐失先君之信也。

今强寇已清，雠人丧国，士马玉帛，王亦有之。当应心膂不移，中外相辅，销镝而化，虚室为情，自然贻厥孙谋，以燕翼子，良史之赞，岂不休哉！今王去安然之基，厌守常之策，远乖天命，近弃父言，侮暴天时，侵欺邻好。一隅之地，僻左之陬，率户征兵，连年举斧，孀姬挽粟，稚子屯田，守无所支，进不能拒。以得补丧，以存补亡，大小不侔，逆顺乖叙，亦由持弹而往，暗于枯井之危；捕蝉而前，不知黄雀之难，此王之不知量也。

先王在日，早蒙天睠，审怀险诐之心，假以披诚之礼，从己私欲，贪天至功，苟希前惠，图为后逆，此先君之不长者也。必其誓河若带，义分如霜，违君之命，不忠，背父之心，非孝，一身二名，何以自宁？王之父子，一朝振立，此并天情远及，威力相持，方州连郡，遂为盘错。从此递蒙册命，拜以称臣。坐治经书，备详诗礼，闻义不从，见善而轻，听纵横之说，烦耳目之神，忽高门之基，延鬼瞰之责。先君盛业，奉而异图，内溃疑臣，外招强阵，岂为智也？又，高丽安胜，年尚幼冲，遗孽残郛，生人减半。自怀去就之疑，匪堪襟带之重。仁贵楼船，竞翼风帆，连旗巡于北岸，矜其旧日伤弓之羽，未忍加兵，恃为外援，斯何谬也！

皇帝德泽无涯，仁风远洎，爱同日景，照若春华。远闻消息，悄然不信，爰命下臣，来观由委。而王不能行人相问，牛酒犒师，遂便隐甲雀陂，藏兵江口，蚑行林薄，喘息莱丘。潜生自噬之锋，而无相持之气。大军未出，游兵具行，望海浮江，鱼惊鸟窜。以此形况，人事可求，沈迷狷惑，幸而知止。

夫举大事者，不贪小利，杖高节者，寄以英奇。必其鸾凤不驯，豺狼有顾，高将军之汉骑，李谨行之蕃兵，吴楚棹歌，幽并恶少，四面云合，方舟而下，依险筑戍，辟地耕田，此王之膏肓也。王若劳者歌事，屈而顿申，具论所由，明陈彼此。仁贵凤陪大驾，亲承委寄，录状闻奏，事必昭苏，何苦忽忽，自相紫扰？

呜呼，昔为忠义，今乃逆臣，恨始吉而终凶，怨本同而末异。风高气切，叶落年悲，凭山远望，有伤怀抱。王以机晤清明，风神爽秀，归以流谦之义，存于顺迪之心，血食依时，茅苴不易，占休纳佑，王之策也。严锋之间，行人来往，今遣王所部僧琳润赍书。仁布一二。[1]

新罗王金法敏答薛仁贵书

[文献]

大王报书云：

先王贞观二十二年入朝，面奉太宗文皇帝恩敕："朕今伐高丽，非有他故，怜你新罗摄乎两国，每被侵陵，靡有宁岁。山川土地非我所贪，玉帛子女是我所有。我平定两国，平壤已南百济土地，并乞你新罗，永为安逸。"垂以计会，赐以军期。新罗百姓具闻恩敕，人人畜力，家家待用。大事未终，文帝先崩，今帝践祚，复继前恩，频蒙慈造，有逾往日。兄弟及儿，怀金拖紫，荣宠之极，复古未有。粉身碎骨，望尽驱驰之用，肝脑涂原，仰报万分之一。

至显庆五年，圣上感先志之未终，成曩日之遗绪，泛舟命将，大发船兵，先王年衰力弱，不堪行军，追感前恩，勉强至于界首，遣某领兵，应接大军。东西唱和，水陆俱进。船兵才入江口，陆军已破大贼，两军俱到王都，共平一国。平定已后，先王遂共苏大总管平章，留汉兵一万，新罗亦遣弟仁泰，领兵七千，同镇熊津。大军回后，贼臣福信起于江西，取集余烬，围逼府城，先破外栅，总夺军资，复攻府城，几将陷没。又于府城侧近四处，作城围守，于此府城不得出入。某领兵往赴解围，四面贼城，并皆打破，先救其危。复运粮食，遂使一万汉兵，免虎吻之危难，留镇饿军，无易子而相食。

至六年，福信徒党渐多，侵取江东之地，熊津汉兵一千，往打贼徒，被贼摧破，一人不归。自败已来，熊津请兵，日夕相继，新罗多有疫病，不可征发兵马，苦请难违，遂发兵众，往围周留城。贼知兵小，遂即来打，大损兵马，失利而归，南方诸城，一时总叛，并属福信。福信乘胜，复围府城，因即熊津道断，绝于盐豉。即募健儿，偷道送盐，救其乏困。至六月，先王薨。送葬才讫，丧服未除，不能应赴，敕旨发兵北归。含资道总管刘德敏等至，奉敕遣新罗供运平壤军粮。此时，熊津使人来，具陈府城孤危。刘总管与某平章自云："若先送平壤军粮，即恐熊津道断。熊

---

[1] 陈尚君辑校《全唐文补编》卷一六《薛仁贵·致新罗王金法敏书》，中华书局，2005，第194—195页。标点据（高丽）金富轼著，杨军点校《三国史记》卷七《文武王本纪下》，吉林大学出版社，2014，第91—94页。

津若其道断，留镇汉兵即入贼手。"刘总管遂共某相随，先打瓮山城，既拔瓮山，仍于熊津造城，开通熊津道路。至十二月，熊津粮尽。先运熊津，恐违敕旨，若送平壤，即恐熊津绝粮。所以差遣老弱，运送熊津，强健精兵，拟向平壤。熊津送粮，路上逢雪，人马死尽，百不一归。

至龙朔二年正月，刘总管共新罗两河道总管金庾信等，同送平壤军粮。当时阴雨连月，风雪极寒，人马冻死，所将兵粮，不能胜致。平壤大军又欲归还，新罗兵马，粮尽亦回。兵士饥寒，手足冻瘃，路上死者，不可胜数。行至瓠泸河，高丽兵马寻后来趁，岸上列阵。新罗兵士疲乏日久，恐贼远趁，贼未渡河，先渡交刃，前锋暂交，贼徒瓦解，遂收兵归来。此兵到家，未经一月，熊津府城频索种子，前后所送数万余斛。南运熊津，北供平壤，蕞小新罗，分供两所，人力疲极，牛马死尽，田作失时，年谷不熟。所贮仓粮，漕运并尽，新罗百姓，草根犹自不足，熊津汉兵，粮食有余。又留镇汉兵，离家日久，衣裳破坏，身无全褐，新罗劝课百姓，送给时服。都护刘仁愿，远镇孤城，四面皆贼，恒被百济侵围，常蒙新罗解救。一万汉兵，四年衣食新罗，仁愿已下兵士已上，皮骨虽生汉地，血肉俱是新罗。国家恩泽，虽复无涯，新罗效忠，亦足矜悯。

至龙朔三年，总管孙仁师，领兵来救府城，新罗兵马，亦发同征，行至周留城下。此时，倭国船兵，来助百济，倭船千艘，停在白沙，百济精骑岸上守船。新罗骁骑，为汉前锋，先破岸阵，周留失胆，遂即降下。南方已定，回军北伐，任存一城，执迷下降。两军并力，共打一城，固守拒捍，不能打得。新罗即欲回还，杜大夫云："准敕，既平已后，共相盟会，任存一城，虽未降下，即可共相盟誓。"新罗以为准敕，既平已后，共相盟会，任存未降，不可以为既平，又且百济奸诈百端，反复不恒，今虽共相盟会，于后恐有噬脐之患，奏请停盟。至麟德元年，复降严敕，责不盟誓，即遣人于熊岭，筑坛共相盟会，仍于盟处，遂为两界。盟会之事，虽非所愿，不敢违敕。又于就利山筑坛，对敕使刘仁愿，歃血相盟，山河为誓，画界立封，永为疆界，百姓居住，各营产业。

至乾封二年，闻大总管英国公征辽，某往汉城州，遣兵集于界首。新罗兵马不可独入，先遣细作三度，船相次发遣，觇候大军。细作回来并云："大军未到平壤。"且打高丽七重城，开通道路，伫待大军来至。其城垂垂欲破，英公使人江深来云："奉大总管处分，新罗兵马不须打城，早赴平壤，即给兵粮遣，令赴会。"行至水谷城，闻大军已回，新罗兵马，遂即抽来。

至乾封三年，遣大监金宝嘉入海，取英公进止，奉处分，新罗兵马，赴集平壤。至五月，刘右相来，发新罗兵马，同赴平壤，某亦往汉城州，检校兵马。此时，蕃汉诸军，总集虵水，男建出兵，欲决一战。新罗兵马，独为前锋，先破大阵，平壤城中，挫锋缩气。于后，英公更取新罗骁骑五百人，先入城门，遂破平壤，克成大功。

于此，新罗兵士并云："自征伐已经九年，人力殚尽，终始平两国，累代长望，今日乃成。必当国蒙尽忠之恩，人受效力之赏。"英公漏云："新罗前失军期，亦须计定。"新罗兵士得闻此语，更增怕惧。又立功军将，并录入朝，已到京下，即云："今新罗并无功。"夫军将归来，百姓更加怕惧。又卑列之城，本是新罗，高丽打得三十余年，新罗还得此城，移配百姓，置官守捉。又取此城，还与高丽。且新罗自平百济，迄定高丽，尽忠效力，不负国家，未知何罪，一朝遗弃。虽有如此冤枉，终无反叛之心。

至总章元年，百济于盟会处，移封易标，侵取田地，诶我奴婢，诱我百姓，隐藏内地，频从索取，至竟不还。又通消息云："国家修理船艘，外托征伐倭国，其实欲打新罗。"百姓闻之，惊惧不安。又将百济妇女，嫁与新罗汉城都督朴都儒，同谋合计，偷取新罗兵器，袭打一州之地，赖得事觉，即斩都儒，所谋不成。

至咸亨元年六月，高丽谋叛，总杀汉官。新罗即欲发兵，先报熊津云："高丽既叛，不可不伐。彼此俱是帝臣，理须同讨凶贼。发兵之事，须有平章，请遣官人来此，共相计会。"百济司马祢军来此，遂共平章云："发兵已后，即恐彼此相疑，宜令两处官人，互相交质。"即遣金儒敦及府城百济主簿首弥、长贵等，向府平论交质之事。百济虽许交质，城中仍集兵马，到彼城下，夜即来打。至七月，入朝使金钦纯等至，将画界地，案图披检，百济旧地，总令割还。黄河未带，大山未砺，三四年间，一与一夺，新罗百姓，皆失本望。并云："新罗、百济累代深雠，今见百济形况，别当自立一国，百年已后，子孙必见吞灭。新罗既是国家之州，不可分为两国。愿为一家，长无后患。"去年九月，具录事状，发使奏闻，被漂却来，更发遣使，亦不能达。于后，风寒浪急，未及闻奏，百济构架奏云："新罗反叛。"新罗前失贵臣之志，后被百济之谮，进退见咎，未申忠款。似是之谗，日经圣听，不贰之忠，曾无一达。

使人琳润至，辱书仰承总管犯冒风波，远来海外。理须发使郊迎，致其牛酒，远居异城，未获致礼，时阙迎接，请不为怪。披读总管来书，专以新罗已为叛逆，既非本心，惕然惊惧。数自功夫，恐被斯辱之讥，缄口受责，亦入不吊之数，今略陈冤枉，具录无叛。国家不降一介之使，垂问元由，即遣数万之众，倾覆巢穴，楼船满于沧海，舻舳连于江口，数彼熊津，伐此新罗。呜呼，两国未定平，蒙指踪之驱驰，野兽今尽，反见烹宰之侵逼，贼残百济，反蒙雍齿之赏，殉汉新罗，已见丁公之诛。大阳之曜，虽不回光，葵藿本心，犹怀向日。

总管禀英雄之秀气，抱将相之高材，七德兼备，九流涉猎，恭行天罚，滥加非罪。天兵未出，先问元由，缘此来书，敢陈不叛。请总管审自商量，具状申奏。鸡林州都督、左卫大将军、开府仪同三司、上柱国、新罗王金法敏白。[①]

《唐会要·百济》

《唐会要》由五代王溥于建隆二年（961）最终完成，是中国历史上第一部《会要》专著，专门记载唐代典章沿革。《唐会要》对于百济的专门记载亦是抄掇前史而成，大体不出《旧唐书·百济传》范畴。

[文献]

百济者，本扶余之别种，当马韩之故地。其后有仇台者。为高丽所破。以百家济海，因号百济焉。大海之北，小海之南，东北至新罗，西至越州，南渡海至倭国，北渡至高丽。其王所居，有东西两城。新置内官佐平，掌宣纳事。内头佐平，掌库藏事。内法佐平，掌礼仪事。卫士佐平，掌宿卫兵事。朝廷佐平，掌刑狱事。兵官佐平，掌在外兵马事。又外置六带方，管十郡。其用法：叛逆者死；杀人者以奴婢二人赎罪；官人受财及盗者，三倍追赃；余与高丽同。武德四年，其王扶余璋遣使献果下马。与新罗世为仇雠。

贞观十六年，与高丽通和，以绝新罗入朝之道。太宗亲征高丽，百济怀二，数年之间，朝贡遂绝。至显庆五年八月十三日，左卫大将军苏定方讨平之，虏其王义慈，及太子崇、将校五十八人送于京师。其国分为五部，统郡三十七、城二百、户七十六万。至是以其地置熊津、马韩、东

---

① 《三国史记》卷七《新罗文武王本纪下》，吉林大学出版社，2014，第94—100页。

明、金涟、德安等五都督，各统州县。立其酋长为都督、刺史、县令。命左卫郎将王文度为都统。总兵以镇之。义慈事亲以孝行闻，友于兄弟，时人号为"海东曾闵"，及至京，数日病卒。葬于孙皓陈叔宝墓侧。至麟德三年以后，其地为新罗、靺鞨所分，百济之种遂绝。①

《资治通鉴》百济记事

《资治通鉴》是由北宋史学家司马光及其助手刘恕、刘攽、范祖禹等采撷大量史料，耗费十九年时间，将从战国到五代近一千四百年历史纂成的"年经事纬"之巨著。元代胡三省对其作注。《资治通鉴》百济记事最早发轫于北魏出兵攻击百济，终于唐高宗时期扶余隆与金法敏盟誓、高宗封禅大典百济与新罗等国使臣来朝。

[文献]（史料前序号、年号与纪年为笔者所加）

1. 南齐永明八年（488），魏遣兵击百济，为百济所败。……以百济王牟大为镇东大将军、百济王。②

2. 梁太清三年（549），百济遣使入贡，见城阙荒圮，异于向来，哭于端门。侯景怒，录送庄严寺，不听出。③

3. 隋开皇十八年（598），百济王昌遣使奉表，请为军导，帝下诏谕以"高丽服罪，朕已赦之，不可致伐"厚其使而遣之。高丽颇知其事，以兵侵掠其境。④

4. 隋大业八年（612），初，百济王璋遣使请讨高丽，帝使之觇高丽动静，璋内与高丽潜通。隋军将出，璋使其臣国智牟来请师期，帝大悦，厚加赏赐，遣尚书起部郎席律诣百济，告以期会。及隋军渡辽，百济亦严兵境上，声言助隋，实持两端。⑤

5. 唐武德七年（624），高丽王建武遣使来请班历。遣使册建武为辽东郡王、高丽王；以百济王扶余璋为带方郡王，新罗王金真平为乐浪郡王。⑥

6. 唐武德九年（626）新罗、百济、高丽三国有宿仇，迭相攻击；上

---

① 《唐会要》卷九五《百济》，上海古籍出版社，2006，第2025—2026页。笔者重新点校。
② 《资治通鉴》卷一三七，中华书局，1956，第4305页。
③ 《资治通鉴》卷一六二，第5030页。
④ 《资治通鉴》卷一七八，第5562页。
⑤ 《资治通鉴》卷一八一，第5666页。
⑥ 《资治通鉴》卷一九〇，第5976页。

遣国子助教朱子奢往谕指，三国皆上表谢罪。①

7. 唐贞观十四年（640），于是四方学者云集京师，乃至高丽、百济、新罗、高昌、吐蕃诸酋长亦遣子弟请入国学，升讲筵者至八千余人。[考异曰：旧传云："八十余人，"今从新书。]上以师说多门，章句繁杂，命孔颖达与诸儒撰定五经疏，谓之正义，令学者习之。②

8. 贞观十五年（641），百济来告其王扶余璋之丧，遣使册命其嗣子义慈。③

9. 贞观十七年（643），新罗遣使言百济攻取其国四十余城，复与高丽连兵，谋绝新罗入朝之路，乞兵救援。上命司农丞相里玄奖赍玺书赐高丽相里，曰："新罗委质国家，朝贡不乏，尔与百济各宜戢兵；若更攻之，明年发兵击尔国矣！"④

10. 贞观二十二年（648），新罗奏为百济所攻，破其十三城。⑤

11. 永徽二年（651），是岁，百济遣使入贡，上戒之，使"勿与新罗、高丽相攻，不然，吾将发兵讨汝矣"。三年（652）春，正月，己未朔，吐谷浑、新罗、高丽、百济并遣使入贡。⑥

12. 永徽六年（655），高丽与百济、靺鞨连兵，侵新罗北境，取三十三城；新罗王春秋遣使求援。二月，乙丑，遣营州都督程名振、左卫中郎将苏定方发兵击高丽。⑦

13. 显庆五年（660），百济恃高丽之援，数侵新罗；新罗王春秋上表求救。辛亥，以左武卫大将军苏定方为神丘道行军大总管，[新书作"神兵道"。]帅左骁卫将军刘伯英等帅，水陆十万以伐百济。[考异曰：旧书定方传、新罗传皆云定方为熊津道大总管。实录定方传亦同。今从此年实录、新唐书本纪。又旧本纪、唐历皆云，"四年十二月癸亥，以定方为神丘道大总管，刘伯英为嵎夷道行军总管。"按定方时讨都曼，未为神丘道总管，旧书、唐历皆误。今从实录。]以春秋为嵎夷道行军总管，[因尧典

---

① 《资治通鉴》卷一九二，第 6030 页。
② 《资治通鉴》卷一九五，第 6153 页。
③ 《资治通鉴》卷一九六，第 6168 页。
④ 《资治通鉴》卷一九七，第 6204 页。
⑤ 《资治通鉴》卷一九九，第 6261 页。
⑥ 《资治通鉴》卷一九九，第 6277 页。
⑦ 《资治通鉴》卷一九九，第 6287 页。

"宅嵎夷曰旸谷"而命之。]将新罗之众,与之合势。①

14. 显庆五年(660),苏定方引兵自成山济海,百济据熊津江口以拒之。定方进击破之,百济死者数千人,余皆溃走。定方水陆齐进,直趣其都城。未至二十余里,百济倾国来战,大破之,杀万余人,追奔,入其郭。百济王义慈及太子隆逃于北境,定方进围其城;义慈次子泰自立为王,帅众固守。隆子文思曰:"王与太子皆在,而叔遽拥兵自王,借使能却唐兵,我父子必不全矣。"遂帅左右逾城来降,百姓皆从之,泰不能止。定方命军士登城立帜,泰窘迫,开门请命。于是义慈、隆及诸城主皆降。百济故有五部,分统三十七郡、二百城、七十六万户,诏以其地置熊津等五都督府,熊津、马韩、东明、金连、德安五都督府。以其酋长为都督、刺史。

十一月,戊戌朔,上御则天门楼,受百济俘,自其王义慈以下皆释之。苏定方前后灭三国,皆生擒其主。[谓贺鲁、都曼、义慈也。]赦天下。

15. 显庆五年(660),以左骁卫大将军契苾何力为浿江道行军大总管,左武卫大将军苏定方为辽东道行军大总管,左骁卫将军刘伯英为平壤道行军大总管,蒲州刺史程名振为镂方道总管,将兵分道击高丽。青州刺史刘仁轨坐督海运覆船,以白衣从军自效。[考异曰:旧传云:"监统水军征辽,以后期坐免官。"按仁轨从军乃在百济,非征辽也。今从张鷟朝野佥载。]②

16. 龙朔元年(661),初,苏定方既平百济,留郎将刘仁愿镇守百济府城,又以左卫中郎将王文度为熊津都督,抚其余众。文度济海而卒,百济僧道琛、故将福信聚众据周留城,迎故王子丰于倭国而立之,引兵围仁愿于府城。诏起刘仁轨检校带方州刺史,[带方州置于百济界,因古地名以名州。考异曰:金载云:"刘仁愿以仁轨检校带方州刺史。"今从本传。]将王文度之众,便道发新罗兵以救仁愿。仁轨喜曰:"天将富贵此翁矣!"于州司请唐历及庙讳以行,[按刘仁轨自青州刺史白衣从军,此盖于青州州司请之也。]曰:"吾欲扫平东夷,颁大唐正朔于海表!"仁轨御军严整,转斗而前,所向皆下。百济立两栅于熊津江口,仁轨与新罗兵合击,破之,杀溺死者万余人。道琛乃释府城之围,退保任存城;[任存城在百济

---

① 《资治通鉴》卷二〇〇,第6320页。
② 《资治通鉴》卷二〇〇,第6322页。

西部任存山。考异曰：实录或作"任孝城"，未知孰是。今从其多者。]新罗粮尽，引还。道琛自称领军将军，福信自称霜岑将军，招集徒众，其势益张。仁轨众少，与仁愿合军，休息士卒。上诏新罗出兵，新罗王春秋奉诏，遣其将金钦将兵救仁轨等，至古泗，福信邀击，败之。钦自葛岭道遁还新罗，不敢复出。福信寻杀道琛，专总国兵。①

17. 龙朔二年（662），丁巳，熊津都督刘仁愿、带方州刺史刘仁轨大破百济于熊津之东，拔真岘城。

初，仁愿、仁轨等屯熊津城，[考异曰：去岁道琛、福信围仁愿于百济府城，今云尚在熊津城，或者共是一城。不则围解之后，徙屯熊津城耳。]上与之敕书，以"平壤军回，一城不可独固，宜拔就新罗。若金法敏藉卿留镇，宜且停彼；若其不须，即宜泛海还也。"将士咸欲西归。仁轨曰："人臣徇公家之利，有死无贰，岂得先念其私！主上欲灭高丽，故先诛百济，留兵守之，制其心腹；虽余寇充斥而守备甚严，宜厉兵秣马，击其不意，理无不克。既捷之后，士卒心安，然后分兵据险，开张形势，飞表以闻，更求益兵。朝廷知其有成，必命将出师，声援才接，凶丑自歼。非直不弃成功，实亦永清海表。今平壤之军既还，熊津又拔，[拔，谓拔军就新罗，或拔军西还也。]则百济余烬，不日更兴，高丽逋寇，何时可灭！且今以一城之地居敌中央，苟或动足，即为擒虏，纵入新罗，亦为羁客，脱不如意，悔不可追。况福信凶悖残虐，君臣猜离，行相屠戮；正宜坚守观变，乘便取之，不可动也。"众从之。时百济王丰与福信等以仁愿等孤城无援，遣使谓之曰："大使等何时西还，当遣相送。"仁愿、仁轨知其无备，忽出击之，拔其支罗城及尹城、大山、沙井等栅，杀获甚众，分兵守之。福信等以真岘城险要，加兵守之。仁轨伺其稍懈，引新罗兵夜傅城下，攀草而上，比明，入据其城，遂通新罗运粮之路。仁愿乃奏请益兵。诏发淄、青、莱、海之兵七千人以赴熊津。[史言刘仁轨能坚忍伺间，待援兵以尽平百济。]

福信专权，与百济王丰浸相猜忌。福信称疾，卧于窟室，欲俟丰问疾而杀之。丰知之，帅亲信袭杀福信；[果如刘仁轨所料。]遣使诣高丽、倭国乞师以拒唐兵。②

---

① 《资治通鉴》卷二〇〇，第6323—6324页。
② 《资治通鉴》卷二〇〇，第6329—6330页。

18. 龙朔二年（662）十二月，戊申，诏以方讨高丽、百济，河北之民，劳于征役，其封泰山、幸东都并停。①

19. 龙朔三年（663）九月，戊午，熊津道行军总管、右威卫将军孙仁师等破百济余众及倭兵于白江，拔其周留城。

初，刘仁愿、刘仁轨既克真岘城，诏孙仁师将兵，浮海助之。百济王丰南引倭人以拒唐兵，仁师与仁愿、仁轨合兵，势大振。诸将以加林城水陆之冲，欲先攻之，仁轨曰："加林险固，急攻则伤士卒，缓之则旷日持久。周留城，虏之巢穴，群凶所聚，除恶务本，宜先攻之，若克周留，诸城自下。"于是仁师、仁愿与新罗王法敏将陆军以进，仁轨与别将杜爽、扶余隆将水军及粮船自熊津入白江，以会陆军，同趣周留城。遇倭兵于白江口，四战皆捷，焚其舟四百艘，烟炎灼天，海水皆赤。百济王丰脱身奔高丽，王子忠胜、忠志等帅众降，百济尽平，唯别帅迟受信据任存城，不下。

初，百济西部人黑齿常之，长七尺余，骁勇有谋略，仕百济为达率兼郡将，犹中国刺史也。[新罗官有十六品，左平一品，达率二品。五方各有方领一人，以达率为之；方有十郡，郡有将三人，以德率为之；德率四品。百济置官，盖与新罗略同也。]苏定方克百济，常之帅所部随众降。定方絷其王及太子，纵兵劫掠，壮者多死。常之惧，与左右十余人遁归本部，收集亡散，保任存山，结栅以自固，旬月间归附者三万余人。定方遣兵攻之，常之拒战，唐兵不利；常之复取二百余城，定方不能克而还。常之与别部将沙吒相如，各据险以应福信，百济既败，皆帅其众降。刘仁轨使常之、相如自将其众，取任存城，仍以粮仗助之。孙仁师曰："此属兽心，何可信也！"仁轨曰："吾观二人皆忠勇有谋，敦信重义；但向者所托，未得其人，今正是其感激立效之时，不用疑也。"遂给其粮仗，分兵随之，攻拔任存城，迟受信弃妻子，奔高丽。

诏刘仁轨将兵镇百济，召孙仁师、刘仁愿还。百济兵火之余，比屋雕残，僵尸满野，仁轨始命瘗骸骨，籍户口，理村聚，署官长，通道涂，立桥梁，补堤堰，复陂塘，课耕桑，赈贫乏，养孤老，立唐社稷，颁正朔及庙讳，百济大悦，阖境各安其业。然后修屯田，储糇粮，训士卒，以图高丽。

---

① 《资治通鉴》卷二〇一，第6332页。

刘仁愿至京师，上问之曰："卿在海东，前后奏事，皆合机宜，复有文理。卿本武人，何能如是？"仁愿曰："此皆刘仁轨所为，非臣所及也。"上悦，加仁轨六阶，勋有级，官有阶。正除带方州刺史，为筑第长安，厚赐其妻子，遣使赍玺书劳勉之。上官仪曰："仁轨遭黜削而能尽忠。仁愿秉节制而能推贤，皆可谓君子矣！"①

20. 麟德元年（664）冬，十月，庚辰，检校熊津都督刘仁轨上言："臣伏睹所存戍兵，疲羸者多，勇健者少，衣服贫敝，唯思西归，无心展效。臣问以'往在海西，见百姓人人应募，争欲从军，或请自办衣粮，谓之"义征"，何为今日士卒如此？'咸言：'今日官府与曩时不同，人心亦殊。曩时东西征役，身没王事，并蒙敕使吊祭，追赠官爵，或以死者官爵回授子弟，凡渡辽海者，皆赐勋一转。自显庆五年以来，征人屡经渡海，官不记录，其死者亦无人谁何。[谁何，问也；问其为谁，缘何而死也。]州县每发百姓为兵，其壮而富者，行钱参逐，皆亡匿得免；[谓州县官发人为兵，其吏卒之参陪随逐者，富民行钱与之，相为掩蔽，得以亡匿。按元和四年，御史台奏：比来常参官入光范门及中书省，所将参从人数颇多。]贫者身虽老弱，被发即行。顷者破百济及平壤苦战，当时将帅号令，许以勋赏，无所不至；及达西岸，惟闻枷锁推禁，夺赐破勋，州县追呼，无以自存，公私困弊，不可悉言。以是昨发海西之日已有逃亡自残者，非独至海外而然也。又，本因征役勋级以为荣宠；而比年出征，皆使勋官挽引，劳苦与白丁无殊，百姓不愿从军，率皆由此。'臣又问：'曩日士卒留镇五年，尚得支济，今尔等始经一年，何为如此单露？'咸言：'初发家日，惟令备一年资装；今已二年，未有还期。'臣检校军士所留衣，今冬仅可充事，来秋以往，全无准拟。陛下留兵海外，欲殄灭高丽。百济、高丽，旧相党援，倭人虽远，亦共为影响，若无镇兵，还成一国。今既资戍守，又置屯田，所藉士卒同心同德，而众有此议，何望成功！自非有所更张，厚加慰劳，明赏重罚以吉士心，若止如今日以前处置，恐师众疲老，立效无日。逆耳之事，或无人为陛下尽言，故臣披露肝胆，昧死奏陈。"

上深纳其言，遣右威卫将军刘仁愿将兵渡海以代旧镇之兵，仍敕仁轨俱还。仁轨谓仁愿曰："国家悬军海外，欲以经略高丽，其事非今收获未

---

① 《资治通鉴》卷二〇一，第 6336—6338 页。

毕，而军吏与士卒一时代去，军将又归。夷人新服，众心未安，必将生变。不如且留旧兵，渐令收获，办具资粮，节级遣还；节级，犹今人言节次也。军将且留镇抚，未可还也。"仁愿曰："吾前还海西，大遭谤讟，云吾多留兵众，谋据海东，几不免祸。今日唯知准敕，岂敢擅有所为！"仁轨曰："人臣苟利于国，知无不为，岂恤其私！"乃上表陈便宜，自请留镇海东，上从之。仍以扶余隆为熊津都尉，［考异曰：实录作"熊津都督"。按时刘仁轨检校熊津都督，岂可复以隆为之！明年，实录称熊津都尉扶余隆与金法敏盟。今从之。］使招辑其余众。①

21. 麟德二年（665）上命熊津都尉扶余隆与新罗王法敏释去旧怨；八月，壬子，同盟于熊津城。刘仁轨以新罗、百济、耽罗、倭国使者浮海西还，［耽罗国，一曰儋罗，居新罗武州南岛上，初附百济，后附新罗。］会祠泰山，高丽亦遣太子福男来侍祠。②

《册府元龟》百济相关记事

《册府元龟》这部卷帙浩繁的政事类书是北宋四大部书之一，缘起于宋真宗景德二年（1005）命王钦若等编修历代君臣事迹。"册府"指帝王藏书地，"元龟"即大龟，意即帝王资政借鉴。对于唐史工作者而言，它的优点在于保存了诸多唐代原始档案，但是因为一直没有得到全面精审的点校和文献深度整理，而利用较少。全书共一千卷，分帝王、将帅、奉使、外臣等三十一部，部下再分门，共一千一百多门。关于百济的记事散见于各部门之下，以下为其要者。《册府元龟》宋本早佚，近代有张元济合中日存本五百五十卷本，中华书局1960年影印崇祯本。本书文字据2006年凤凰出版社周勋初点校本。以原书卷号为序，其中朝贡、册封类记事合并标记序号。

［文献］

1. 龙朔元年（661）。［二月乙未晦，以百济初平，又益、绵等五州皆言龙见，于是改元。尽三年。］③

2. 麟德二年（665）十月丁卯，帝发东都，赴东岳。从驾文武兵士及仪仗法物，相继数百里，列营置幕，弥亘郊原。突厥、于阗、波斯、天竺

---

① 《资治通鉴》卷二〇一，第6339—6342页。
② 《资治通鉴》卷二〇一，第6343页。
③ 《册府元龟》卷一五《帝王部·年号》，周勋初等校订，凤凰出版社，2006，第164页。

国、罽宾、乌苌、昆仑、倭国及新罗、百济、高丽等诸蕃酋长，各率其属扈从，穹卢毡帐及牛羊驼马，填候道路。是时频岁丰稔，斗米至五钱，豆麦不列于市。议者以为古来帝王封禅，未有若斯之盛者也。①

3. 显庆五年（660）八月癸未，以讨平百济，赐天下大酺三日。②

4. 显庆五年（660）八月癸未，以苏定方等讨平百济，曲赦神丘道行军大总管以下兵士及其父母妻子大辟罪已下。赐天下大酺三日。③

5. 贞观十八年（644）十二月甲寅，诏曰："观乎天道，鼓雷霆以肃万物；求诸人事，陈金革以威四方。虽步骤殊时，质文异制，其放残杀，禁暴虐，戮干纪，讨未宾，莫不扶义而申九伐，文德昭于率土；因时而董三令，武功成于止戈。朕祗膺宝历，君临寓县，凭宗社之灵，藉卿士之力，神祇储祉，夷夏宅心。故上柱国、辽东郡王、高丽王高建武，夙披丹款，早奉朝化，忠义之节，克著于嵎夷；职贡之典，不愆于王会。而其臣莫离支盖苏文，包藏凶慝，招集不逞，潜怀异计，奄行弑逆。冤酷缠于濊貊，痛悼彻于诸华。篡彼藩绪，擅其国政。法令无章，赏罚失所。下陵上替，远怨迩嗟。加以好乱滋甚，穷兵不息，率其群凶之徒，屡侵新罗之地。新罗丧土，忧危日深，远请救援，行李相属。朕愍其倒悬之急，爰命轻轩之使，备陈至理，喻以休兵。曾不知改，莫遵朝命。窥窬亭障，首窜窟穴，完聚更切，赋敛尤繁。丁壮尽于锋刃，羸老毙于板筑。久废耕桑，咸罹饥馑，生肉表异，显其亡征。雨血为妖，彰其数尽，比室愁苦，阖境哀惶。华发青襟，不胜苛政，延颈企踵，思沾王泽。昔有苗弗率，劳大禹之驾；葛伯□饷，动成汤之师。况乱常巨寇，紊三纲而肆逆；滔天元恶，穷五刑而莫大者哉！朕以宵衣兴虑，日旰忘食，讨罪之意既深于投袂，救人之义弥轸于纳隍。类上帝而戒途，诏夏官而鞠旅，可先遣使持节、辽东道行军大总管、英国公勣，副总管、江夏郡王道宗，士马如云，长驱辽左。奋夷岳之威，屠豕蛇于险溃；乘建瓴之势，斩鲸鲵于镂方。行军总管执失思力，行军总管契苾何力率其种落，随机进讨。契丹蕃长于句、折奚蕃长苏支、燕州刺史李玄正等，各率众，绝其走伏。使持节平壤道行军大总管张亮、副总管常何、总管左难当等，舟楫相继，直指平壤。新罗王金善德倾其城邑，竭其府藏，荷不赀之泽，复累叶之雠，出乐浪而冲腹心，临沃

---

① 《册府元龟》卷三六《帝王部·封禅》，第 374 页。
② 《册府元龟》卷八〇《帝王部·庆赐》，第 871 页。
③ 《册府元龟》卷八四《帝王部·赦宥》，第 928 页。

沮而荡巢穴。百济王扶余义慈早著丹款，深识时机，弃历稔之私交，赞顺动之公战。赢粮蓄锐，唯命是从。凡此诸军，万里齐举，顿天罗于海浦，横地网于辽阳。朕然后经涂白狼之右，亲巡玄菟之城，执蘪鼓而戒六军，载太常而麾八阵。使流汤者鱼烂，握炭者冰消，诛渠魁于恶稔，吊黎庶于陨角。其或拥众力攻，或间行自拔，宜弘宽大，各复农士。有劳者当加其赏，怀能者不滞其才。如其长恶莫悟，迷途遂往。斧钺既下，必婴丧元之悲；玉石一焚，徒轸噬脐之叹。具宣朕旨，咸使知闻。"①

6. （贞观十九年，645）初，太宗遣使于百济国中采取金漆，用涂铁甲，皆黄紫引曜色迈兼金。又以五彩染玄金制为山文甲，并从将军。甲申，太宗亲率甲骑万余，金光曜日，与李勣会于城下。金鼓齐震，旌旗围其城者数百里。士众之声骇天铄地。太宗见南风甚急，遣锐卒登冲竿之末，热其西南楼，腾烟扇烈，焚其城中屋宇楼阁，须臾而尽。太宗之发定州也，遣自州东每数十里而置一烽，以至辽东城下。烽端多积末苇，须克辽东城讫，蓺以报太子。至是，太宗知城必下，麾无忌师首战，驰至烽所蓺之。②

7. （显庆）四年（659）十一月，以邢国公苏定方为神丘道总管，刘伯英为昆夷道总管，以伐百济。③

8. 龙朔元年（661），辽东道行军总管苏定方拔百济之贞都城，其王义慈来降。遣左卫郎将王文庶赍玺书慰劳定方已下将士及百济百姓，各令安堵如旧，有才者节级录用，若能便经略高丽者，委定方拣择将士可否闻奏。④

9. 太宗贞观元年（627），以百济为高丽闭其道路，又与新罗世为仇敌，数相侵伐，赐其玉玺书曰："王世为君长，抚有东蕃，海隅遐旷，风涛艰阻，忠款之至，职贡相寻，尚想徽猷，甚以嘉慰。朕自祗承宠命，君临区宇，思弘正道，爱育黎元。舟车所通，风雨所及，期之遂性，咸使人安。新罗王金真平，朕之蕃臣，王之邻国，每闻遣师征讨，不息阻兵，安忍殊乖所望。朕已对王侄信福及高丽、新罗使令具敕通和，咸许辑睦。王

---

① 《册府元龟》卷一一七《帝王部·亲征》，第1279页。
② 《册府元龟》卷一一七《帝王部·亲征》，第1279—1280页。
③ 《册府元龟》卷一一九《帝王部·选将》，第1303页。
④ 《册府元龟》卷一三六《帝王部·慰劳》，第1512页。

必须忘彼前怨，识朕本怀，共笃邻情，即停兵革。"因遣使奉表陈谢。①

10. 仪凤二年（677）二月，工部员外尚书高臧加授辽州都督，封朝鲜郡王，遣归辽东，以安辑高丽余众。先有编附诸州高丽，悉放还本蕃。司农卿扶余隆为光禄大夫、太常员外卿，加授熊津州都督、带方郡王，亦令安辑百济余众，仍移安东都护府于新城以统之。时百济本地荒毁，特令寄于高丽之境。②

11. 苏定方，为正道府折冲。贞观初，随李靖袭突厥颉利于碛口。靖使定方率二百骑为前锋，乘雾而行。去贼一里许，忽然雾散，望见其牙帐，驰掩杀数十百人。颉利及隋公主狼狈散走，余众俯伏。靖军既至，遂悉降之。军还，授左武卫中郎将。永徽中，以左卫中郎将从左卫大将军程知节征贺鲁，有功，擢为行军大总管。率兵尽平西域，生擒贺鲁而还。显庆五年，授熊津道大总管，率兵讨平百济。定方前后灭三国，皆生擒其主。赏赐珍宝，不可胜纪。③

12. 刘仁轨，龙朔三年（663）为带方州刺史，与熊津道行军总管、右威卫将军孙仁师、熊津都督刘仁愿大破百济余众及贼于白江，拔其周留城，百济伪王扶余丰走投高丽。初，仁愿与仁轨既拔百济之真岘城，诏仁师率兵渡海以为之援。扶余丰南引倭贼以拒官军，仁师迎击破之，遂与仁愿之众相合，兵士大振。于是诸将会议，或曰："加林城水陆之冲，请先击之。"仁轨曰："加林险固，急攻则伤损将士，固守则日用持久，不如先攻周留城。周留，贼之巢穴，群凶所聚，除恶务本，须拔其源。若克周留城，则诸城自下。"于是帅仁愿及新罗金法敏帅陆军以进。仁轨乃别率杜爽、扶余隆率水军及粮船，自熊津江往白江，以会陆军，同趋周留城。仁轨遇倭兵于白江之口，四战皆捷，焚其舟四百艘，烟焰涨天，海水皆赤。丰脱身而走，获其宝剑，伪王子扶余忠志等率士女及倭众并降。百济诸城，皆复归顺。至麟德元年，仁轨上表曰："臣蒙陛下曲垂天奖，弃瑕录用，授之刺举，又加连帅。材轻职重，忧责更深，常思报效，冀仇万一，智力浅短，淹滞无成。久在海外，每从征役，军旅之事，实有所闻。辄具状奏，伏乞详察。臣今睹见在兵士，手脚沉重者多，勇健奋发者少，兼有老弱，衣服单寒，唯望西归，无心展效。臣因问：'往在海西，见百姓人

---

① 《册府元龟》卷一七〇《帝王部·来远》，第1891页。
② 《册府元龟》卷一七〇《帝王部·来远》，第1891—1892页。
③ 《册府元龟》卷三五七《将帅部·立功》，第4031页。

人投募，争欲征行，乃有不用官物，请自办衣粮，投名义征。何因今日兵士，如此孱弱？'皆报臣云：'今日官府，与往日不同，人心亦别。贞观、永徽年中，东西征役，身死王事，并蒙敕使吊祭，追赠官职，亦有回亡者官爵与其子弟。从显庆五年以后，征役身死，更不惜问。往前度辽海者，即得一转勋官；从显庆五年以后，频经渡海，不被纪录。州县发遣百姓充兵者，其身少壮，家有钱财赂与官府，任自东西藏避，即并得脱，无钱用者，虽是老弱，推皆令来。显庆五年，破百济勋，及向平壤苦战勋，当时将士号令，并与高官重赏，百方购募，无种不道。亦到西岸，唯开枷锁推禁，夺赐破勋，州县追呼，求住不得，公私困弊，不可尽言。发海西之日，已有自害逃走，非独海外始逃。又本为征役，蒙授勋级，将为荣宠，频年征役，唯取勋官，牵挽辛苦，与白丁无别。百姓不愿征行，特由于此。'陛下再兴兵马，平定百济，留兵海外，经略高丽。百姓有此议论，难为成就功业。臣闻琴瑟不调，改而更张，布政施化，随时取适。自非重赏明罚，何以成功？臣又问：'见在兵士，旧留镇五年，尚得支济，尔等始经一年，何因如此单露？"并报臣道："发家来日，唯遣作一年装束，自从离家已经二年，在朝阳瓮津，又遣来去运粮，涉海遭风，多有漂失。"臣勘责见在兵士，衣裳单露，不堪度冬者，大军还日所留衣裳，且得一冬充事。来年秋后，并无准拟。陛下若欲殄灭高丽，不可弃百济土地，余丰在北，余勇在南，百济、高丽①旧相党援，倭人虽远，亦相影响，若无兵马，还成一国。既须镇压，又置屯田，事藉兵士，同心同德。兵士既有此议，不可得成功效。除此之外，更须褒赏，明敕慰劳，以起兵士之心。若依今日已前处置，臣恐师老且疲，无所成就。臣又见晋代平吴，史籍具载。内有武帝、张华，外有羊祜、杜预，筹谋策画，经纬咨询，王浚之徒，折冲万里，楼船战舰已到石头，贾充、王浑之辈，犹欲斩张华以谢天下。武帝云：'平吴之计，出自朕意，张华同朕见耳，非其本心。'是非不同，乖背如此。平吴之后，犹欲苦绳王浚，赖武帝拥护，始得保全。不逢武帝圣明，王浚不存首领。臣每读其书，未尝不抚心长叹。伏惟陛下自百济已亡，欲取高丽，须内外同心，上下齐奋，举无遗策，始可成功。百姓既有此议，更宜改调。臣恐是逆耳之事，无人为陛下尽言。自顾老病日侵，残生能几？奄忽长逝，衔恨九泉，所以披露肝胆，昧死奏陈。"帝深

---

① 加着重号的几句原本缺，文意不完，系 2006 年版点校者据《旧唐书·刘仁轨传》补入。

纳其言，遣右威卫将军刘仁愿率兵渡海，与旧镇兵交代，仍授扶余隆熊津都督，遣归本国，共新罗和亲，以招集其众。［扶余勇者，扶余隆，丰之弟也，时走在倭国，以为扶余丰之应，故仁轨表言之。］①

13. 刘仁愿，龙朔中为熊津都督，与带方州刺史刘仁轨大破百济余贼于熊津之东。初，苏定方之军还也，仁愿、仁轨等尚在百济之熊津城，帝与敕书曰："平壤军回，一城不可独固，宜拔就新罗，共其屯守。若金法敏藉卿等留镇，宜且停彼；若其不须，即宜泛海还也。"将士咸欲西归，刘仁轨曰："《春秋》之义，大夫出疆，有可以安社稷便国家，专之可也。况在沧海之外，密迩豺狼者哉？且人臣当进思尽忠，有死无二，公家之利，知无不为。主上欲吞灭高丽，先诛百济，留兵镇守，制其腹心，虽寇孽充斥，而备预甚严，宜励戈秣马，击其不意。彼既无备，何攻不克？战而有胜，士卒自安，然后分兵据险，开张形势，飞表奏上，更请兵船。朝廷知其有成，必当出师命将，声援才接，凶逆自歼。非唯不弃成功，实有永清海外。今平壤之军既回，熊津又拔，则百济余烬，不日更兴，高丽逋薮，何时可灭？且今以一城之地，居贼中心，如其失脚，即为亡虏，拔入新罗，又是坐客，脱不如意，悔不可追。况福信凶暴［福信，扶余旧将无始］，残虐过甚，余丰猜惑，外合内离。鸱枭共处，势必相害。唯宜坚守观变，乘便取之，不可动也。"众从之。时扶余丰及福信等以仁愿等孤城无援，遣使谓曰："大使等何时西还，当遣相送也。"仁愿遂与仁轨掩其不备，出击之，拔其支离城及尹城、大山、沙井等栅，杀获甚众。仍分兵以镇守之。福信等以真岘城临江高险，又当冲要加兵守之。仁轨伺其稍息，引新罗之兵乘夜薄城，四面攀草而上，比明而入，据其城，遂通新罗军粮之路。仁愿乃奏请益其兵，诏发淄、青、莱、海之兵七千人，赴熊津以益仁愿之众。②

14. 苏定方为平壤道大总管。高宗显庆五年，拔百济之真都城。初，定方率众自城西济海趋真都，去城二十余里。贼倾国来拒，大战，破之，杀虏万余人。追奔入郭，其王义慈及太子隆奔于北境，定方进围其城。义慈次子泰自立为王，率众还固守。义慈嫡孙文思曰："王与太子虽并出城，而身见在，叔总兵马，专擅为王。假令汉退，我父子当不全矣。"遂率其

---

① 《册府元龟》卷三六六《将帅部·机略》，第4143—4144页。
② 《册府元龟》卷三六六《将帅部·机略》，第4144—4145页。

左右投城而下。百姓从之,泰不能止。定方令兵士登城立帜,于是泰开门顿颡请命。①

15. 刘仁轨,好学专习,每行坐所在辄书空画地,繇是博涉文史。显庆中,为检校带方州刺史,统众便道,发新罗兵救刘仁愿于百济府城。仁愿既至京,高祖谓曰:"卿在海东前后奏请皆合事宜,而雅有文理。卿武将,何得然也?"对曰:"刘仁轨之词,非臣所及也。"帝深叹赏之,因超加仁轨六阶,正授带方州刺史。②

16. 刘仁轨,为[带]方州刺史。与熊津道行军总管孙仁师、都督刘仁愿大破百济,唯贼帅迟受信据任存城不降。先是百济首领沙咤相如、黑齿常之,自苏定方军回后,鸠集亡散,各据险以应福信。至是率其众降,仁轨谕以恩信,令自领子弟以取任存城,又欲分兵助之。仁师曰:"相如、常之,皆忠勇有谋,感激之士,从我则成,背我则灭。因机立效,在于此日,不须疑也。"于是给其粮仗,分兵随之,遂拔任存城。迟受信弃其子走投高丽。于是百济之余烬悉平。仁轨与仁愿振旅而还,诏仁轨代仁愿率兵镇守。③

17. 刘仁轨,为带方州刺史,镇守百济。经福信之乱,合境凋残,僵尸相属。仁轨始令收敛骸骨,瘗埋吊祭之,赈贷贫乏,存问孤老,条录户口。④

18. 刘仁愿,为熊津都督。既破百济余众,仁愿至京师,高宗谓曰:"卿在海东,前后奏请皆合事宜,而雅有文理。卿本武将,何得然也?"对曰:"皆是刘仁轨之词,非臣所及也。"帝深叹赏之,因超加仁轨六阶,正授带方州刺史,并赐京城宅一区,厚赉其妻子,遣使玺书勉之。初,仁轨坐事除名,配军效力,至是复用。上官仪谓人曰:"刘仁轨虽遭削黜,而能尽其忠。刘仁愿秉节制,而能推其贤。可谓皆君子也。"⑤

19. 苏定方为行军大总管,擒突厥贺鲁以献,列其地为州县,极于西海。又为大总管,讨百济,平之,分其地为六州,俘其王义慈及子隆泰来献。⑥

---

① 《册府元龟》卷三六九《将帅部·攻取》,第4176页。
② 《册府元龟》卷三八八《将帅部·儒学》,第4379页。
③ 《册府元龟》卷四〇五《将帅部·识略》,第4594页。
④ 《册府元龟》卷四一二《将帅部·仁爱》,第4662页。
⑤ 《册府元龟》卷四一三《将帅部·荐贤》,第4681页。
⑥ 《册府元龟》卷四二九《将帅部·拓土》,第4868页。

20. 苏定方为行军大总管，征贺鲁。高宗显庆三年十一月，定方俘贺鲁到京师，帝谓侍臣曰："贺鲁背恩，今欲先献俘于昭陵，可乎？"许敬宗对曰："古者出而凯还，则饮至策勋于庙。若诸侯以王命讨不庭，亦献俘于天子。近代征伐克捷，亦用斯礼，未闻献俘于陵所也。伏以圆寝严敬，义同清庙，陛下思孝所发，在礼无违，亦可行也。"十五日，还，献于昭陵。十七日，告于大社。皇帝临轩，大会文武、百僚、夷狄君长。定方戎服，操贺鲁献于乐悬之北。帝责之，不能对。摄刑部尚书长孙冲跪于阶下，奏曰："伊丽道献俘贺鲁，请付所司。"大理官属受之以出讨，免其死。五年，定方为左骁骑大将军，讨思结阙侯斥都曼，献俘于东都。帝御乾阳殿，定方操都曼等以献。法司请斩之，定方请曰："都曼反叛，罪合诛夷。臣欲生致阙庭，与之有约，述陛下好生之德，必当待以不死。今既面缚待罪，臣望与其余命。"帝曰："朕屈法申恩，全卿信誓。"乃令宥之。定方从幸太原，制授熊津道行军大总管，讨百济。贼师败绩。定方等将士引百济王扶余义慈、太子隆、小王孝演、孙文思及伪将五十八人，皆操右袂，抑首以献，并释放之。①

21. 高宗显庆中，刘仁轨为带方州刺史，镇守百济。于是，渐营屯田，积粮抚士，以经略高丽。②

22. 初，高祖定令，置七部乐：一曰《国伎》，二曰《清乐伎》，三曰《高丽伎》，四曰《天竺伎》，五曰《安国伎》，六曰《龟兹伎》，七曰《文康伎》。又杂有疏勒、扶南、康国、百济、突厥、新罗、倭国等伎。至是（隋炀帝大业二年，606）乃定《清乐》《西凉》《龟兹》《天竺》《康国》《疏勒》《安国》《高丽》《礼毕》，以为九部。③

23. 隋高祖开皇初，定令置七部乐：一曰《国伎》，二曰《清乐伎》，三曰《高丽伎》，四曰《天竺伎》，五曰《安国伎》，六曰《龟兹伎》，七曰《文康伎》。又杂有疏勒、扶南、康国、百济、突厥、新罗、倭国等伎。六年（586），高昌国献《圣明乐》曲，帝令知音者于馆所听之，归而肄习。及客献，先于前奏之，胡夷大惊。

唐太宗贞观中，平高昌国，收其乐，付太常。初，高祖武德中，因隋旧制，奏九部乐。至是增为十部。又灭百济、高丽二国，尽得其乐。〔则

---

① 《册府元龟》卷四三四《将帅部·献捷》，第4907页。
② 《册府元龟》卷五〇三《邦计部·屯田》，第5720页。
③ 《册府元龟》卷五六九《掌礼部·作乐第五》，第6535页。

天时，《高丽乐》犹二十五曲，贞元末，惟能习一曲，衣服亦渐失其本风矣。中宗时，《百济》曲工人死散，开元中，岐王范为太常卿，复奏置焉。]①

24. 裴清为文林郎，炀帝遣清使于倭国。渡百济，行至竹岛，南望躯罗国，经都斯麻国回在大海中。又东至一支国。又至竹斯国。又至东秦王国，其人同于华夏，以为夷洲，疑不能明也。又经十余国，达于海岸。自竹斯国以东，皆附庸于倭王。②

25. 陆诩，少习崔灵恩三《礼》义。梁世，百济国表求讲礼博士，诏令诩行。位至尚书祠部郎。③

26. 杜正臧，字为善，好学，善属文，弱冠举秀才，授纯州行参军历下邑。正臧著碑、诔、铭、颂、诗、赋百余篇。又著《文章体式》，大为后进所宝，时人号为"文轨"，乃至海外高丽、百济，亦共传习，称为"杜家新书"。④

27. 百济国使人至建业求书，逢子云（萧子云。——引者注）出为东阳太守，维舟将发，使人于渚次候之，望船三十许步，拜行前。子云遣问之，答曰："侍中尺牍之美，远流海外。今日所求，惟在名迹。"子云乃为停船三日，书三十纸与之。⑤

28. 百济，本夫余王之后。有仇台者，复为高丽所破，以百家济海，因号百济。

新罗，本辰韩种也。其国在高丽东南，居汉时乐浪之地，或称斯罗，其王本百济人，自海逃入新罗，遂王其国［一说本弁韩之苗裔也］。⑥

29. 高句丽，在辽东之东千里。南与朝鲜、濊貊，东与沃沮，北与夫余接。地方二千里，户三万。多大山深谷，无原泽，人随山谷以为居。其国，汉之玄菟郡也。其地东至新罗，西度辽水二千里，南接百济，北邻靺鞨千余里地。

30. 弁辰，在辰韩之南，亦十有二国，其南亦与倭接。三韩凡七十八国，百济是其一国焉。大者万余户，小者数千家，各在山海间，地各方四千余里，东西以海为限。

---

① 《册府元龟》卷五七〇《掌礼部·夷乐》，第6565—6566页。
② 《册府元龟》卷六六二《奉使部·绝域》，第7636页。
③ 《册府元龟》卷七六八《总录部·儒学第二》，第8878页。
④ 《册府元龟》卷八四〇《总录部·文章第四》，第9761页。
⑤ 《册府元龟》卷八六一《总录部·笔札》，第10039页。
⑥ 《册府元龟》卷九五六《外臣部·种族》，第11067页。

31. 倭国，在带方东南，其王居邪马台国。乐浪郡徼，去其国万二千里，去其西北界拘邪韩国七千余里。其地大较在会稽东治之东，与朱崖、儋耳相近。旧有百余小国相接。至魏时，有三十国通好，户有七万，去带方万二千余里。从带方至倭，循海水行，历韩国，乍东乍南，七千余里，始度一海。又南千余里，度一海，阔千余里，名瀚海，至一支国。又度一海，千余里，名末卢国。又东陆行五百里，至伊都国。又东南行百里，至奴国。又东行百里，至不弥国。又南水行二十日，至投马国。又南水行十日，陆行一月日，至邪马台国。夷人不知里数，但计以日。其国境，东西五月行，南北三月行，各至于海。其地势东高西下，都于邪摩堆。东海屿中野人，有邪古、婆邪、多尼三国，皆附庸于倭。北限大海，西北接百济王，北抵新罗，西南与越州相值。

32. 百济国，在辽东之东千余里。始国于带方，故其地界东极新罗，北接高句丽，西、南俱限大海。东西四百五十里，南北九百余里。治固麻城，其外更有五方：中方曰古沙城，东方曰得安城，南方曰久知下城，西方曰刀先城，北方曰熊津城，以子弟宗族分据之。又云：其都曰居拔城，国南海行三月，有眈牟罗国，南北千余里，东西数百里，土多獐鹿，附庸于百济。百济自西，行二日，至貊国。西南岛居者十五所，皆有城邑。

33. 新罗国，在百济东南五十余里，汉时乐浪之地。东及南方阻大海，西接百济，北邻高丽，地东西千里，南北二千里，有城邑村落，王之所居曰金城，周七八里。①

34. 百济国［在带方故地，南与倭接］，其衣服与高丽略同。妇人不加粉黛，女辫发垂后，已出嫁则分为两道，盘于头上。俗尚骑射，读书史，能吏事，亦知医药、蓍龟、占相之术。以两手据地为敬。有僧尼，多寺塔，而无道士。有鼓角、箜篌、筝、竽、篪、笛之乐，投壶、围棋、樗蒲、握槊、弄珠之戏。行宋《元嘉历》，以建寅月为岁首。赋税以布绢麻丝及米等，量岁丰俭差等输之。其刑法：反叛、退军及杀人者，斩；盗者，流，其赃两倍征之；妇人犯奸者，没入夫家为婢。婚娶之礼，略同于华。父母及夫死者，三年治服，余亲则葬讫除之。有五谷、牛、猪、鸡。多不火食。厥田下湿，人皆山居。有巨栗。每以四仲之月，王祭天及五帝

---

① 以上数条摘自《册府元龟》卷九五七《外臣部·国邑》，第11084—11085页。

之神。立其始祖仇台庙于国城，岁四祠之［仇台，为辽东太守公孙度之婿］。①

35. 百济国，其王妻号"于陆"［夏言妃也］。官有十六品：长曰左平，五人，一品；次大率，三十人，二品［一作达率］；次恩率，三品；次德率，四品；次杆率，五品；次奈率，六品，以上冠饰银华；次将德，七品，服紫带；次施德，八品，皂带；次固德，九品，赤带；次季德，十品，青带；次对德，十一品；文督，十二品，皆黄带；次武督，十三品；次佐军，十四品；次振武，十五品；次克虞，十六品［一作丧虞］，皆白带。其冠制并同。唯奈率已上，饰以银花。自恩率以下，官无常员。各有部，刀部、功部、德部、药部、木部、法部、后宫部。外有司军部、司徒部、司空部、外舍部、绸部、日官部。长吏三年一交代。畿内有五部，部有五巷，人居焉。部统兵五百人。五方各有方领一人，以达率为之；方佐二之。方有十郡，郡有将三人，以德率为之。统兵一千二百人以下，七百人以上。又内官曰内臣佐平，掌宣纳事；内头佐平，掌库藏事；内法佐平，掌礼仪事；卫士佐平，掌宿卫兵事；朝廷佐平，掌刑狱事；兵官佐平，掌在外兵马事。②

36. 简文帝咸安二年（372）正月，百济王遣使贡方物。六月，遣使拜百济王余句为镇东将军、领乐浪太守。

孝武帝太元十一年（386），以百济王世子余晖为持节都督、镇平将军、百济王。

义熙十二年（416），以百济王映为使持节都督百济诸军事、镇东将军、百济王。

宋高祖永初元年（420），百济王映镇东大将军。

（元嘉七年，430）是年，百济王余毗复修职贡，以余映爵号授之。

大明元年（457）十月，以百济王余庆为镇东大将军。

南齐太祖建元二年（480）三月，百济王牟都遣使贡献。诏曰："宝命惟新，泽波绝域。牟都世藩东表，守职遐外，可即授使持节都督百济诸军事、镇东大将军。"又以氐杨后起为秦州刺史。

武帝永明八年（490）正月，百济王牟太遣使上表，遣谒者仆射孙副

---

① 《册府元龟》卷九五九《外臣部·土风》，第11111页。
② 《册府元龟》卷九六二《外臣部·官号》，第11144页。

策命太袭亡祖父牟都为百济王。曰："於戏！惟尔世袭忠勤，诚著遐表，海路肃澄，要贡无替。式循彝典，用纂显命。往钦哉！其敬膺休业，可不慎欤？制诏行都督百济诸军事、镇东大将军百济王，今以世袭祖父牟都为百济王，即位章绶等王铜虎竹符四，王其拜受，不亦休乎？"

普通二年（521）十二月，诏曰："行都督百济诸军事、镇东大将军、百济王余隆，守藩海外，远修贡职，乃诚款到，朕有嘉焉。宜率旧章，服兹荣命。可持节都督百济诸军事、宁东大将军、百济王。"

五年（524），诏以百济王余隆子明为持节百济诸军事、绥东将军、百济王。

陈文帝天嘉三年（562）闰二月，以百济王余明为抚东大将军，高句丽王高汤为宁东将军。

北齐后主武平元年（570）二月，以百济王余昌为使持节侍中、骠骑大将军，带方郡公，王如故。

二年（571）正月，以百济王余昌为使持节都督、东青州刺史。

隋高祖开皇元年（581）十月，百济王扶余昌遣使来贺，授昌上开府仪同三司、带方郡公。

武德七年（624）正月，封高丽王高建武为辽东郡王，百济王扶余璋为带方郡王，新罗王金真平为乐浪郡王。

贞观十五年（641）五月，诏曰："怀远之道，莫先于宠命；饰中之义，无隔于遐方。故柱国带方郡王百济王扶余璋，栈山航海，远禀正朔，献琛奉赆，克固始终，奄致薨殒，追远慜悼。宜加常数，式表哀荣。可赠光禄大夫。令其嫡子义慈嗣位，授柱国，封带方郡王、百济王。使祠部郎中郑文表持节备礼册命。"[1]

37. 百济，晋义熙十二年（416）封其王余映为百济王。宋元嘉七年（430），其王余毗复修职贡，以映爵号授之。毗死，子庆代立。庆死，子牟都立。牟都死，子牟大立。梁普通二年（521），其王余隆遣使朝贡。五年，隆死，子明袭其王号。北齐武平元年（570），以其王余昌为百济王。隋开皇中，昌死，子璋立，唐高祖武德七年（624）册为带方郡王、百济王。贞观十五年（641），璋卒，子义慈遣使告哀，太宗册义慈袭其王号。显庆五年（660），左卫大将军苏定方大破其国，虏义慈及太子隆送于京

---

① 以上摘自《册府元龟》卷九六三至九六四《外臣部·封册》，第11159—11169页。

师。龙朔元年（661），百济僧道琛、旧将福信遣使往倭国，迎故王子扶余丰，立为王。高宗命带方州刺史刘仁轨讨之，诏以扶余隆为熊津都督，遣还本国，仪凤二年（677），封带方郡王。其百济本地，渐为新罗所据，隆不敢还，遂卒。则天以其孙敬袭封带方郡王。①

38. 元嘉六年（429）七月，百济王、西河王、河南国遣使献方物。

元嘉十七年（440），武都王、河南王、百济国遣使献方物。

二十年（443），河西国、高丽国、百济国、倭国并遣使献方物。

二十七年（450），百济国遣使献方物。

大明七年（463），芮芮国、百济国并遣使献方物。

建元二年（480）三月，百济王牟都遣使贡献。九月，蠕蠕遣使朝贡。

天监十一年（518）三月，高句丽，四月，百济、扶南、林邑国，六月，宕昌国，并遣使献方物。

普通二年（521）十一月，百济国遣使朝贡。

中大通六年（534）三月，百济国，七月，林邑国，并遣使献方物。

七年（535）三月，高丽国、百济、滑国，九月，芮芮国，遣使献方物。

简文太清三年（549）十月，百济国遣使朝贡。

光大元年（567）十月，百济国遣使献方物。

太建九年（577）七月，百济国遣使献方物。

至德二年（584）十一月，盘盘国、百济国并遣使献方物。

至德四年（586）九月，百济国遣使献方物

天统三年（567）十月，突厥、大莫娄、室韦、百济、靺鞨等国，各遣使朝贡。

武平三年（572），新罗、百济、勿吉、突厥，并遣使朝贡。

建德六年（577）九月，吐谷浑，十一月，百济，并遣使献方物。

宣政元年（578）三月，突厥，十月，百济，并遣使献方物。

开皇二年（582）正月，高丽、百济并遣使献方物。

大业四年（608）三月，百济、倭、赤土、伽罗舍国，并遣使贡方物。

大业七年（611）二月，百济遣使朝贡。

大业十年（614）七月，曹国、百济国并遣使贡方物。

---

① 《册府元龟》卷九六六《外臣部·继袭》，第 11187—11188 页。

武德四年（621）十月，百济遣使献果下马。

武德七年（624）二月，契丹，三月，昆明，五月，百济，六月，康国、吐谷浑及西突厥莫贺咄可汗，七月，百济、康国、曹国并遣使朝贡，靺鞨渠帅阿固郎来朝。

七年九月，百济遣使献光明甲。

八年（625）正月，突厥颉利可汗，三月，吐谷浑，四月，林邑，九月，真腊国、参朱国，十一月，新罗、百济并遣使朝贡。

九年（626）十一月，颉利可汗，十二月，高丽、百济、党项，并遣使朝贡。

贞观三年（629）九月，高丽、百济、新罗，并遣使朝贡。

五年（631）九月，百济，十月，薛延陀，十一月，室韦、倭、黑水靺鞨并遣使朝贡。

六年（632）十二月，雪山党项、百济、新罗并遣使朝贡。

九年（635）正月，西突厥同娥设，二月，于阗王、焉耆，四月，薛延陀、真腊、唱盘陀国，闰月，疏勒国，五月，吐火罗，八月，西突厥，九月，于阗、室韦、薛延陀、盘盘国，十月，处月鸱，十一月，百济，十二月，吐蕃、西突厥，并遣使来朝贡方物。是年，康国献狮子。

十年（636）二月，百济、焉耆、于阗、疏勒，三月，薛延陀，八月甲子，西突厥，十二月，疏勒、朱俱波、甘棠，并遣使来朝。

十一年（637）十二月，百济王扶余璋遣太子隆来朝，并献铁甲雕斧，帝优劳之。

十三年（639）十月，百济遣使贡金甲雕斧。

十六年（642）春正月，吐蕃、于阗、百济、高丽、新罗、康国、龟兹、吐谷浑、曹国、贺国、史国、婆罗国、昙陵、参半，四月，俱密国，五月，林邑国，十一月，末陀国、乌苌国遣使献方物。

十七年（643）正月朔，薛延陀、百济、高丽、新罗、吐谷浑、康国、女国，闰六月，堕和罗国，十一月，吐蕃、薛延陀、新罗、婆罗门、同娥、西蕃处般啜等国，各遣使献方物。

十八年（644）正月朔，吐谷浑、薛延陀、吐蕃、高丽、百济、新罗、康国、于阗，三月，火辞弥国，十二月，摩罗游国遣使献方物。

十九年（645）正月庚午朔，百济太子扶余康信、延陀、新罗、吐谷浑、吐蕃、契丹、奚、吐火罗叶护沙钵罗叶护、于阗、同娥、康国、靺鞨、雷等遣使来贺，各贡方物。

永徽三年（652）春正月朔，吐谷浑、新罗、百济、高丽并遣使朝贡。①

39. 显庆五年（660）九月，苏定方降百济王义慈以献。数日病卒，赠金紫光禄大夫、卫尉卿，特许其旧臣赴丧，仍葬于孙皓、陈叔宝墓之侧，官为立碑。②

40. 开皇十八年（598），百济王昌使其长史辩那来献方物，属兴辽东之役，遣使奉请为军导。帝不许，诏曰："往岁为高丽不供职贡，无人臣礼，故命将讨之。高元君臣恐惧，畏服归罪，朕已赦之。不可致伐。"厚其使而遣之。③

41. 高宗麟德二年（665）八月，开府仪同三司新罗王金法敏、熊津都尉扶余隆盟于百济之熊津城。初，百济自扶余璋与高丽连和，屡侵新罗之地，新罗遣使入朝求救，相望于路。及苏定方既平百济，军回，余众又叛。镇守使刘仁愿、刘仁轨等，经略数年，渐平之。诏扶余隆归扶余众，及令与新罗和好。至是，刑白马而盟。先祀神祇及川谷之神，而后歃血。其盟文曰："往者百济先王迷于顺逆，不敦邻好，不睦亲姻，结托高丽，交通倭国，共为残暴，侵削新罗，剽邑屠城，略无宁岁。天子悯一物之失所，怜百姓之无辜，频命行人遣其和好。负险恃远，侮慢天经，皇赫斯怒，恭行吊伐，旌旗所指，一戎大定。固可潴宫污宅，作诫来裔，塞源拔本，垂训后昆。然怀柔伐叛，前王之令典，兴亡继绝，往哲之通规。事必师古，传诸曩册。故立前百济太子司稼正卿扶余隆为熊津都督，守其祭祀，保其桑梓，依倚新罗，长为与国。各除宿憾，结好和亲，恭承诏命，永为藩服。仍遣使人右威卫将军鲁城县公刘仁愿亲临劝谕，具宣成旨，约之以婚姻，申之以盟誓，刑牲歃血，共敦终始，分灾恤患，恩若兄弟，祗奉纶言，不敢失坠。既盟之后，共保岁寒。若有背盟，二三其德，兴兵动众，侵犯边陲，明神监之，百殃是降，子孙不育，社稷无守，禋祀磨灭，罔有遗余。故作金书铁券，藏之宗庙，子孙万代，无敢违犯。神之听之，是享是福。"刘仁轨之辞也。歃讫，埋书牲币于坛之壬地，藏其书于新罗之庙。于是仁轨领新罗、百济、耽罗、倭人四国使浮海西还，以赴太山

---

① 以上摘自《册府元龟》卷九六八至卷九七〇《外臣部·朝贡》，第11209—11231页。
② 《册府元龟》卷九七四《外臣部·褒异》，第11275页。
③ 《册府元龟》卷九八〇《外臣部·通好》，第11343页。

之下。①

42. 贞观十八年（644）七月，太宗以高丽莫离支自杀其主，发兵击新罗，新罗尽礼以事国家，数遣使稽颡请援，乃遣高丽解兵，不从，欲击之。于是敕将作大匠阎立德、括州刺史赵元楷、宋州刺史王波利往洪、饶、江等州造船舰四百艘可以载军粮泛海攻战者，且遣轻骑数千至辽东城以观其势。甲午遂下诏曰："百济高丽，恃其僻远，每动甲兵侵逼。新罗日蹙，百姓涂炭，遣使请援，道路相望。朕情深愍念，爰命使者，诏彼两蕃戢兵敦好，而高丽奸武，攻击未已。若不拯救，岂济倒悬？宜令营州都督张俭、守左宗卫率高履行等率幽、营二都督府兵马及契丹、奚、靺鞨，往辽东问罪。"属辽东水泛溢，俭等兵不能济。

永徽六年（655）二月，遣营州都督程名振、左卫中郎将苏定方等，发兵一万讨高丽，以侵掠新罗故也。时新罗王金春秋表言：高丽与百济、靺鞨相连，侵其北境，已夺三十三城，乞兵救援。故遣名振等经略之。

显庆五年（660）三月，以左武卫大将军苏定方为神丘道行军大总管，率左骁卫将军刘伯英、右武卫将军冯士翙、左骁卫将军庞孝泰等，并发新罗之众，以讨百济。百济恃高丽之援，屡侵新罗故也。

八月，苏定方拔百济之真都城。初，定方率众自成山济海，贼徒据熊津江口以拒官军，定方既济，乘山而阵，与之大战，扬帆盖海，相续而至。贼师败绩，死者数千人，自余大溃。遇潮且上，官军连舳入江，水陆齐进，飞楫鼓噪，直趣真都。去城二十余里，贼倾国来拒。大战，破之，杀虏万余人，追奔入郭。其王义慈及太子隆奔于北境。定方进围其城。义慈次子泰自立为王，率众还固守。义慈嫡孙文思曰："王与太子虽并出城，而身见在，叔总兵马专擅为王，假令汉退，我父子当不全矣。"遂率其左右投城而下，百姓从之，泰不能止。定方令兵士登城立帜，于是泰开门顿颡请命，其大将祢植又将义慈来降，太子隆并与诸城主皆同送款，百济悉平。

龙朔元年（661）正月，以鸿胪卿萧嗣业为扶余道行军总管，率回纥等蕃兵赴平壤，以讨高丽。三月，带方州刺史刘仁轨大破百济余众于熊津之北。二年七月，熊津都督刘仁愿、带方州刺史刘仁轨等，率留镇之兵及新罗之兵大破百济余贼于熊津之东，拔其真岘，斩首八百级。

---

① 《册府元龟》卷九八一《外臣部·盟誓》，第 11358—11359 页。

咸亨五年（674）二月，遣太子左庶子同中书门下三品刘仁轨为鸡林道大总管，卫尉卿李弼、右领军大将军李谨行为副，发兵以讨新罗。时新罗王金法敏既纳高丽叛亡之众，又封百济故地，渐使人守之。帝大怒，下诏削夺法敏官爵，仍以其弟右骁卫员外大将军临海郡公金仁问为新罗王。时仁问在京师，诏令归国，以代其兄，仁问行至中路，闻新罗降，仁问乃还。①

43. 贞观十七年（643）九月庚辰，新罗遣使言："高丽、百济侵凌，臣国累遭攻袭数十城。两国连兵，期之必取，将以今兹九月大举，臣社稷必不获全。谨遣陪臣归命大国，愿乞偏师，以存救援。"帝谓使人曰："我实哀尔为三国所侵，所以频遣使人和尔三国。高丽、百济旋踵翻悔，意在吞灭而分尔土宇，尔国设何奇谋以免颠越？"使人曰："臣王事穷计尽，唯告急大国，冀以全之。"帝曰："我少发边兵，总契丹、靺鞨，直入辽东，尔国自解，可缓尔一年之围，此后知无继兵，还肆侵侮，然四国俱扰，于尔未安，此为一策。我又能给尔数千朱袍、丹帜，二国兵至，建而陈之，彼见者以为我兵，必皆奔走，此为二策，百济国负海之险，不修兵械，男女分杂，相好宴聚，我以数十百船载以甲卒衔枚泛海，直袭其地。尔国以妇人为主，为邻国轻侮，失主延寇，靡岁休宁，我遣一宗支以为尔国主，而自不可独往，当遣兵营护，待尔国安，任尔自守，此为四策。尔宜思之，将从何事。"使人但唯而无对。帝叹其庸鄙，非乞师告急之才也。于是遣司农丞相里玄奖，赍玺书，赐高丽曰："新罗委命国家，朝贡不阙，尔与百济，宜即戢兵。若更攻之，明年当出师击尔国矣。"

贞观十八年（644）六月，诏曰："百济、高丽恃其僻远，每动兵甲，侵逼新罗。新罗日蹙，百姓涂炭，遣使请援，道路相望。朕情深愍念，爰命使者，诏彼两蕃戢兵敦好，而高丽奸忒，攻击未已。若不拯救，岂济倒悬？宜令营州都督张俭、守左宗卫率高履行等，率幽、营二都督府兵马及契丹、奚、靺鞨往辽东问罪。"属辽水泛溢，俭等兵不得济。

上元三年（676）二月，帝以高丽余众反叛，移安东都护府于辽东故城，先有华人任官者悉罢之，其百济百姓先从在涂河及徐兖等州者，权移熊津都督府于建安故城以处之。②

---

① 《册府元龟》卷九八五至九八六《外臣部·征讨》，第11404—11413页。
② 《册府元龟》卷九九一《外臣部·备御》，第11476—11479页。

44. 贞观十七年（643），新罗王遣使上言："高丽、百济累相攻袭，亡失数十城，乞偏师救助。"诏遣司农丞相里玄奖赍玺书往谕赐高丽曰："新罗委命国家，不阙朝献，尔与百济宜即戢兵。"新罗盖苏文谓玄奖曰："高丽、新罗怨隙已久，往者隋室相侵，新罗乘衅夺高丽五百里之地城邑，新罗皆据有之，自非反地还城，此兵恐未能已。"玄奖曰："既往之事，焉可追论。"苏文竟不从。

贞观二十年（646）九月己丑，新罗为百济所攻，破其一十三城。

高宗永徽元年（650）六月，新罗王金真德大破百济之众，遣使以闻。

永徽六年（655）二月乙丑，遣营州都督程元振、左卫中郎将苏定方等发兵以讨高丽，以侵掠新罗故也。时新罗王金春秋表言："高丽与百济、靺鞨相连，侵其北境，已夺三十三城，乞兵救援。"故遣元振等经略之。

显庆元年（656）三月，先是，百济发兵伐新罗，新罗拒战，破之，杀三千余人。至是，新罗王金春秋遣使来告捷。①

45. 梁高祖普通二年（521），新罗王募秦始遣使随百济奉献，其俗呼城曰"健矣罗"，其邑在内曰"啄评"，在外曰"邑勒"，亦中国之言郡县也。语言待百济覆通。②

46. 龙朔三年（663），百济西部人黑齿常之来降。常之长七尺余，骁勇有谋略。③

47. 百济国王昌死，子余璋立。大业三年（607），璋遣使者燕文进朝贡。其年，又遣使者王孝邻入献，请讨高丽。炀帝许之，令觇高丽动静。然璋内与高丽通和，挟诈以窥中国。七年（611），帝亲征，高丽使其臣国智牟来请军期。帝大悦，厚加赏赐，遣尚书起部郎席律诣百济与相知。明年，六军度辽，亦严兵于境，声言助军，实持两端。④

48. 梁武帝大同七年（541），百济王遣使请《涅盘》等经义、《毛诗》博士并工匠、画师等，敕并给之。

孝文延兴二年（472）八月丙辰，百济国遣使奉表，请师伐高丽。⑤

49. 唐，新罗、百济，武德九年（626）遣使讼高丽王建武阻其道路，

---

① 《册府元龟》卷九九五《外臣部·交侵》，第11521页。
② 《册府元龟》卷九九六《外臣部·鞮译》，第11526页。
③ 《册府元龟》卷九九七《外臣部·状貌》，第11536页。
④ 《册府元龟》卷九九八《外臣部·奸诈》，第11548页。
⑤ 《册府元龟》卷九九九《外臣部·请求》，第11557页。

不得入朝，又相与有隙，屡相侵掠。诏员外散骑侍郎朱子奢往和解之。建武奉表谢罪，请与新罗对使会盟。①

日本史籍百济记事

日本史籍是中原、高丽官修史书之外另一系统官修史书的渊薮，有关百济历史的部分集中在《日本书纪》《续日本纪》《新撰姓氏录》等典籍中。《日本书纪》系由天武天皇时期为昭示皇统下令编纂，舍人亲王等人于养老四年（720）完成，记述神话时代至持统天皇时代的历史，采编年体，共三十卷，是日本现存最早的官方史书。《续日本纪》则记载文武天皇元年（697）至桓武天皇延历十年（791）间历史大事，菅野真道编纂（797），共四十卷。《新撰姓氏录》系嵯峨天皇下令仿照唐朝《氏族志》编写的古代氏族名鉴，将一千多姓氏分为皇别、神别、诸蕃加以记述，弘仁六年（815）成书。日本史籍百济记事特色鲜明，主要是围绕与日本联系密切的百济诸国交往展开，其记录同样弥足珍贵。②

［文献］

1. 百济近肖古王二十一年（366）

《日本书纪》卷九《神功纪》：四十六年春三月，乙亥朔，遣斯摩宿祢于卓淳国。［斯麻宿祢者，不知何姓人也。］告斯摩宿祢曰："甲子年七月中，百济人久氐、弥州流、莫古三人到于我土曰：'百济王闻东方有日本贵国，而遣臣等令朝其贵国。故求道路以至于斯土。若能教臣等令通道路，则我王必深德君王。'时谓久氐等曰：'本闻东有贵国，然未曾有通，不知其道。唯海远浪崄，则乘大船仅可得通。若虽有路津，何以得答耶？'于是久氐等曰：'然即当今不得通也。不若，更还之备船舶，而后通矣。'仍曰：'若有贵国使人来，必应告吾国。'如此乃还。"爰斯摩宿祢即以傔人尔波移与卓淳人过古二人，遣于百济国，慰劳其王。时百济肖古王深之欢喜而厚遇焉，仍以五色彩绢各一匹及角弓箭，并铁铤四十枚，币尔波移。便复开宝藏，以示诸珍异曰："吾国多有是珍宝。御贡贵国，不知道路，有志无从。然犹今付使者，寻贡献耳。"于是波尔移奉事而还，告志摩宿祢。便自卓淳还之也。

---

① 《册府元龟》卷一〇〇〇《外臣部·雠怨》，第 11571 页。
② 本部分在《百济历史编年》日本史籍部分的基础上编制而成。参阅赵智滨编著《百济历史编年》，科学出版社，2016。

2. 百济近肖古王二十二年（367）

《日本书纪》卷九《神功纪》：四十七年夏四月，百济王使久氏、弥州流、莫古令朝贡。时新罗国调使与久氏共诣，于是皇太后、太子誉田别尊大欢喜之曰："先王所望国人今来朝之！痛哉，不逮于天皇矣！"群臣皆莫不流涕。仍检校二国之贡物。于是，新罗贡物者珍异甚多，百济贡物者少贱不良。便问久氏等曰："百济贡物不及新罗，奈之何？"对曰："臣等失道至沙比新罗。则新罗人捕臣等禁囹圄，经三月而欲杀。时久氏等向天而诅咒之，新罗人怖其咒而不杀。则夺我贡物，因以为己国之贡物，以新罗贱物相易，为臣国之贡物。谓臣等曰：'若误此辞者，即于还日，当杀汝等！'故久氏等恐怖而从耳，是以仅得达于天朝。"时皇太后、誉田别尊责新罗使者，因以祈天神曰："当遣谁人于百济，将检事之虚实；当遣谁人于新罗，将推问其罪？"便天神诲之曰："令武内宿祢行议；因以千熊长彦为使者，当如所愿。"于是遣千熊长彦于新罗责，以滥百济之献物。

《续日本纪》卷四〇《桓武纪五》：降及近肖古王，遥慕圣化，始聘贵国。是则，神功皇后摄政之年也。

3. 百济近肖古王二十四年（369）

《日本书纪》卷九《神功纪》：四十九年春三月，以荒田别、鹿我别为将军。则与久氏等共勒兵而度之，至卓淳国，将袭新罗。时或曰："兵众少之，不可破新罗。"更复奏上沙白、盖卢，请增军士。即命木罗斤资、沙沙奴跪，[是二人，不知其姓人也，但木罗斤资者，百济将也。]领精兵与沙白、盖卢共遣之。俱集于卓淳，击新罗而破之。因以平定比自炑、南加罗、喙国、罗、卓淳、加罗七国。乃移兵，西回至古奚津，屠南蛮忱弥多礼，以赐百济。于是其王肖古及王子贵须亦领军来会。时比利、辟中、布弥、支半、自然降服。是以百济王父子及荒田别、木罗斤资等共会意流村，[今云州流须祇。]相见欣感，厚礼送遣之。唯千熊长彦与百济王，至于百济国，登辟支山盟之。复登古沙山，共居盘石上。时百济王盟之曰："若敷草为坐，恐见火烧。且取木为坐，恐为水流。故居盘石而盟者，示长远之不朽者也！是以自今以后，千秋万岁，无绝无穷，常称西蕃，春秋朝贡！"则将千熊长彦至都下，厚加礼遇。亦副久氏等而送之。

《续日本纪》卷三六《桓武纪一》：（天应元年秋七月）癸酉，右京人正六位上栗原胜子公言："子公等之先祖伊贺都臣，是中臣远祖天御中主命廿世之孙意美佐夜麻之子也。伊贺郡臣，神功皇后御世，使于百济，便娶彼土女，生二男。名曰本大臣、小大臣。遥寻本系，归于圣朝。时赐美浓国不破郡栗原地以居焉。厥后，因居命氏。遂负栗原胜姓，伏乞，蒙赐中臣栗原连。"

《新撰姓氏录》卷九《河内国皇别》：止美连，寻来津公同祖。丰城入彦命之后也。四世孙荒田别命男田道公被遣百济国，娶止美邑吴女，生男持君。三世孙熊，次新罗等。钦明天皇御世，参来。新罗男吉雄，依居赐姓止美连也。

4. 百济近肖古王二十五年（370）

《日本书纪》卷九《神功纪》：五十年春二月，荒田别等还之。夏五月，千熊长彦、久氐等至自百济。于是皇太后欢之问久氐曰："海西诸韩既赐汝国，今何事以频复来也？"久氐等奏曰："天朝鸿泽远及弊邑，吾王欢喜踊跃，不任于心，故因还使以致至诚。虽逮万世，何年非朝！"皇太后敕云："善哉汝言，是朕怀也！"增赐多沙城，为往还路驿。

5. 百济近肖古王二十六年（371）

《日本书纪》卷九《神功纪》：五十一年春三月，百济王亦遣久氐朝贡。于是皇太后语太子及武内宿祢曰："朕所交亲百济国者，是天所致，非由人故。玩好珍物，先所未有。不阙岁时，常来贡献。朕省此款，每用喜焉。如朕存时，敦加恩惠！"即年，以千熊长彦，副久氐等遣百济国。因以垂大恩曰："朕从神所验，始开道路，平定海西以赐百济。今复厚结好，永宠赏之！"是时百济王父子并颡致地启曰："贵国鸿恩，重于天地。何日何时，敢有忘哉？圣王在上，明如日月；今臣在下，固如山岳。永为西蕃，终无贰心！"

6. 百济近肖古王二十七年（372）

《日本书纪》卷九《神功纪》：五十二年秋九月，丁卯朔丙子，久氐等从千熊长彦诣之。则献七枝刀一口、七子镜一面及种种重宝。仍启曰："臣国以西有水，源出自谷那铁山，其邈七日行之不及。当饮是水，便取是山铁以永奉圣朝。"乃谓孙枕流王曰："今我所通东海贵国，是天所启。是以垂天恩，割海西而赐我，由是国基永固。汝当善修和好，聚敛土物，奉贡不绝，虽死何恨！"自是后，每年相续朝贡焉。

《七枝刀铭文》：（表）泰和四年□月十六日丙午正阳造百炼□七支刀出辟百兵宜供供侯王永年大吉祥（里）先世以来未有此刀百济王世子奇生

圣音（晋）故为倭王旨造传示后世。

7. 百济近肖古王三十年（375）

《日本书纪》卷九《神功纪》：五十五年，百济肖古王薨。

《新撰姓氏录》卷二四《右京诸藩下》：菅野朝臣，百济国都慕王十世孙贵首王之后也。葛井宿祢，菅野朝臣同祖，盐君男味散君之后也。宫原宿祢，菅野朝臣同祖，盐君男智仁君之后也。［一本云，同祖都慕王十世孙贵王之后也。］津宿祢，菅野朝臣同祖，盐君男麻吕君之后也。中科宿祢，菅野朝臣同祖，盐君孙宇志之后也。船连，菅野朝臣同祖，大阿郎王三世孙智仁君之后也……雁高宿祢，百济国贵首王之后也……广津连，百济国近贵首王之后也。

《续日本纪》卷四〇《桓武纪五》：（延历九年）秋七月，乙丑朔辛巳，左中辨正五位上兼木工头百济王仁贞，治部少辅从五位下百济王元信，中卫少将从五位下百济王忠信，图书头从五位上兼东宫学士左兵卫佐伊豫守津连真道等，上表言："真道等，本系出自百济国贵须王。贵须王者，百济始兴第十六世王也。夫百济太祖都慕大王者，日神降灵，奄扶余而开国，天帝授箓，总诸韩而称王。降及近肖古王，遥慕圣化，始聘贵国。是则，神功皇后摄政之年也。其后，轻岛丰明朝御宇应神天皇，命上毛野氏远祖荒田别，使于百济，搜聘有识者。国主贵须王，恭奉使旨，择采宗族……于是，敕，因居赐姓菅野朝臣。"

《新撰姓氏录》卷二七《摄津国诸蕃》：船连，菅野朝臣同祖，大阿良王之后也。

8. 百济近仇首王二年（376）

《日本书纪》卷九《神功纪》：五十六年，百济王子贵须立为王。

9. 百济近仇首王八年（382）

《日本书纪》卷九《神功纪》：六十二年，新罗不朝。即年，遣袭津彦击新罗。［《百济记》云：壬午年，新罗不奉贵国。贵国遣沙至比跪令讨之。新罗人庄饰美女二人迎诱于津。沙至比跪受其美女，反伐加罗国。加罗国王己本旱岐及儿百久氏、阿首至、国沙利、伊罗麻酒、尔汶至等将其人民，来奔百济。百济厚遇之。］

10. 百济近仇首王十年（百济枕流王元年）（384）

《日本书纪》卷九《神功纪》：六十四年，百济国贵须王薨。王子枕流王立为王。

11. 百济枕流王二年（百济辰斯王元年）（385）

《日本书纪》卷九《神功纪》：六十五年，百济枕流王薨。王子阿花年少，叔父辰斯夺立为王。

《新撰姓氏录》卷二八《河内国诸蕃》：冈原连，百济国辰斯王子知宗之后也。

12. 百济辰斯王八年（百济阿莘王元年）（392）

《日本书纪》卷一〇《应神纪》：是岁（应神三年），百济辰斯王立之，失礼于贵国天皇。故遣纪角宿祢、羽田矢代宿祢、石川宿祢、木菟宿祢，啧让其无礼状。由是，百济国杀辰斯王以谢之。纪角宿祢等便立阿花为王而归。

13. 百济阿莘王五年（396）

《日本书纪》卷一〇《应神纪》：七年秋九月，高丽人、百济人、任那人、新罗人，并来朝。时命武内宿祢，领诸韩人等作池。因以名池号韩人池。

14. 百济阿莘王六年（397）

《日本书纪》卷一〇《应神纪》：八年春三月，百济人来朝。［《百济记》云：阿花王立，无礼于贵国。故夺我枕弥多礼及岘南、支侵、谷那、东韩之地。是以遣王子直支于天朝，以修先王之好也。］

15. 百济阿莘王十二年（403）

《日本书纪》卷一〇《应神纪》：十四年春二月，百济王贡缝衣工女，曰真毛津，是今来目衣缝之始祖也。是岁，弓月君自百济来归。因以奏之曰："臣领己国之人夫百二十县而归化。然因新罗人之拒，皆留加罗国。"爰遣葛城袭津彦，而召弓月之人于加罗。然经三年，而袭津彦不来焉。

《新撰姓氏录》卷二一《左京诸蕃上》：太秦公宿祢，秦始皇帝三世孙孝武王之后也。男功满王，足仲彦天皇［谥仲哀。］八年来朝。男融通王，［一云弓月王。］誉田天皇［谥应神。］十四年来朝，率廿七县百姓归化，献金银玉帛等物。大鹪鹩天皇［谥仁德。］御世，以百廿七县秦氏，分置诸郡，即使养蚕织绢贡之。天皇诏曰："秦王所献丝绵绢帛，朕服用柔软，温煖如肌肤。"仍赐姓波多。次登吕志公、秦酒公，大泊濑幼武天皇［谥雄略。］御世，丝绵绢帛委积如岳，天皇嘉之，赐号曰禹都万佐。

《新撰姓氏录》卷二五《山城国诸蕃》：秦忌寸，太秦公宿祢同祖。秦始皇帝之后也。功智王、弓月王，誉田天皇［谥应神。］十四年来朝，上表更归国，率百廿七县伯姓归化，并献金银玉帛种种宝物等。天皇嘉之，赐大和朝津间腋上地居之焉。男真德王，次普洞王，[古记云：浦东君。]大鹪鹩天皇[谥仁德。]御世，赐姓曰波陀，今秦字之训也。次云师王，次武良王，普洞王男秦酒公，大泊濑稚武天皇[谥雄略。]御世，奏称："普洞王时，秦民总被劫略，今见在者，十不存一。请遣敕使捡括招集。"天皇遣使小子部雷，率大隅阿多隼人等，搜括鸠集，得秦氏九十二部一万八千六百七十人。遂赐为酒，爰率秦民，养蚕织绢，盛筐诣阙贡进，如岳如山，积蓄朝庭。天皇嘉之，特降宠命，赐号曰禹都万佐，是盈积有利益之义。役诸秦氏构八丈大藏于宫侧，纳其贡物，故名其地曰长谷朝仓宫。是时始置大藏官员，以酒为长官。秦氏等一祖子孙，或就居住，或依行事，别为数腹。天平廿年在京畿者，咸改赐伊美吉姓也……秦忌寸，秦始皇帝五世孙弓月王之后也。

16. 百济阿莘王十三年（404）

《日本书纪》卷一〇《应神纪》：十五年秋八月，壬戌朔丁卯，百济王遣阿直岐，贡良马二匹。即养于轻阪上厩。因以阿直岐令掌饲，故号其养马之处曰厩阪也。阿直岐亦能读经典，及太子菟道稚郎子师焉。于是天皇问阿直岐曰："如胜汝博士亦有耶？"对曰："有王仁者，是秀也。"时遣上毛野君祖荒田别、巫别于百济，仍征王仁也。其阿直岐者，阿直岐史之始祖也。

《续日本纪》卷四〇《桓武纪五》：其后，轻岛丰明朝御宇应神天皇，命上毛野氏远祖荒田别，使于百济，搜聘有识者。

17. 百济阿莘王十四年（百济腆支王元年）（405）

《古事记》中卷《应神天皇》：此人（和迩吉师）携《论语》十卷，《千字文》一卷，并十一卷而一同贡进。而此和迩吉师者，文首等祖。又贡善锻韩人卓素，亦奉中国东吴织女西素二人也。又秦造之祖，汉直之祖，及知酿酒人，名仁番亦名须须许理等参渡来也。

《日本书纪》卷一〇《应神纪》：十六年春二月，王仁来之。则太子菟道稚郎子师之，习诸典籍于王仁。莫不通达。所谓王仁者，是书首等始祖也。是岁，百济阿花王薨。天皇召直支王谓之曰："汝返于国以嗣位！"仍且赐东韩之地而遣之。[东韩者，甘罗城、高难城、尔林城是也。]

《续日本纪》卷四〇《桓武纪五》：国主贵须王，恭奉使旨，择采宗族。遣其孙辰孙王[一名智宗王。]随使入朝。天皇嘉焉，特加宠命，以为皇太子之师矣。[皇太子者，菟道稚郎子。]于是，始传书籍，大阐儒风。文教之兴，诚在于此。

《续日本纪》卷四〇《桓武纪五》：（延历十年四月）戊戌，左大史正六位上文忌寸最弟，播磨少目正八位上武生连真象等言："文忌寸等，元有二家。东文称直，西文号首。相比行事，其来远焉。今，东文举家，既登宿祢。西文漏恩，犹沈忌寸。最弟等，幸逢明时，不蒙曲察，历代之后，申理无由。伏望，同赐荣号，永贻孙谋。"有敕，责其本系。最弟等言："汉高帝之后曰鸾。鸾之后王狗，转至百济。百济久素王时，圣朝遣使，征召文人。久素王，即以狗孙王仁贡焉。是文、武生等之祖也。"于是，最弟及真象等八人，赐姓宿祢。

《新撰姓氏录》卷二二《左京诸蕃下》：调连，水海连同祖，百济国努理使主之后也。誉田天皇（谥应神）御世归化……

《新撰姓氏录》卷二八《河内国诸蕃》：林连，百济国腆支王原注：古记云周王，一本云直支王。之后也。

18. 百济腆支王五年（409）

《日本书纪》卷一〇《应神纪》：二十年秋九月，倭汉直祖阿知使主，其子都加使主，并率己之党类十七县而来归焉。

《续日本纪》卷三八《桓武纪三》：（延历四年六月癸酉）右卫士督从三位兼下总守坂上大忌寸苅田麻吕等上表言："臣等，本是后汉灵帝之曾孙阿智王之后也。汉祚迁魏，阿智王，因神牛教，出行带方，忽得宝带瑞。其像似宫城。爰建国邑，育其人庶。后召父兄告曰：'吾闻：东国有圣主。何不归从乎？若久居此处，恐取覆灭。'即携母弟迁兴德，及七姓民，归化来朝。是则，誉田天皇治天下之御世也。[应神朝。]于是，阿智王奏请曰：'臣旧居在于带方。人民男女，皆有才艺。近者，寓于百济、高丽之间，心怀犹豫，未知去就。伏愿，天恩，遣使追召之。'乃敕，遣臣八腹氏，分头发遣。其人民男女，举落随使尽来，永为公民。积年累代，以至于今。今在诸国汉人，亦是其后也。臣苅田麻吕等，失先祖之王族，蒙下人之卑姓。望请，改忌寸，蒙赐宿祢姓。伏愿，天恩矜察，俛垂圣听，所谓寒灰更煖，枯树复荣也。臣苅田麻吕等，不胜至望之诚，辄奉表以闻。"

《新撰姓氏录》卷二九《和泉国诸蕃》：火抚直，后汉灵帝四世孙阿智王之后也。

19. 百济腆支王十一年（415）

《日本书纪》卷一〇《应神纪》：三十九年春二月，百济直支王遣其妹新齐都媛以令仕。爰新齐都媛率七妇女而来归焉。

20. 百济腆支王十六年（百济久尔辛王元年）（420）

《日本书纪》卷一〇《应神纪》：二十五年，百济直支王薨。即子久尔辛立为王。王年幼。[《百济记》云：木满致者，是木罗斤资讨新罗时，娶其国妇而所生也。以其父功，专于任那。来入我国，往还贵国。承制天朝，执我国政，权重当世。然天朝闻其暴，召之。]

21. 百济毗有王二年（428）

《日本书纪》卷一一《仁德纪》：四十一年春三月，遣纪角宿祢于百济，始分国郡疆场，具录乡土所出。是时百济王之族酒君无礼。由是纪角宿祢诃责百济王。百济王惧之以铁锁缚酒君，附袭津彦而进上。爰酒君来，则逃匿于石川锦织首许吕斯之家，则欺之曰："天皇既赦臣罪，故寄汝而活焉。"久之天皇遂赦其罪。

22. 百济毗有王四年（430）

《日本书纪》卷一一《仁德纪》：四十三年秋九月，庚子朔，依网屯仓阿弭古捕异鸟献于天皇曰："臣每张网捕鸟，未曾得是鸟之类。故奇而献之。"天皇诏酒君示鸟曰："是何鸟矣？"酒君对言："此鸟类多在百济。得驯而能从人，亦捷飞之掠诸鸟。百济俗号此鸟曰俱知。是今时鹰也。"乃授酒君令养驯。未几时而得驯。酒君则以韦绁着其足，以小铃着其尾，居腕上，献于天皇。

23. 百济毗有王二十九年（百济盖卤王元年）（455）

《日本书纪》卷一四《雄略纪》：《百济新撰》云：己巳年，盖卤王立。天皇遣阿礼奴跪，来索女郎。百济庄饰慕尼夫人女，曰适稽女郎，贡进于天皇。

《新撰姓氏录》卷二四《右京诸藩下》：安敕连，百济国鲁王出自也。

24. 百济盖卤王四年（458）

《日本书纪》卷一四《雄略纪》：二年秋七月，百济池津媛违天皇将幸，淫于石河楯。[旧本云，石河股合首祖楯。]天皇大怒，诏大伴室屋大连，使来目部，张夫妇四支于木置假廐上，以火烧死。

25. 百济盖卤王七年（461）

《日本书纪》卷一四《雄略纪》：夏四月，百济加须利君［盖卤王也。］飞闻池津媛之所幡杀。［适稽女郎也。］而筹议曰："昔贡女人为采女。而既无礼，失我国名。自今以后，不合贡女。"乃告其弟军君［崑支君也。]曰:"汝宜往日本以事天皇。"军君对曰:"上君命不可奉违。愿赐君妇而后奉遣。"加须利君则以孕妇,既嫁与军君曰:"我之孕妇既当产月。若于路产,冀载一船,随至何处速令送国。"遂与词诀,奉遣于朝。六月丙戌朔,孕妇果如加须利君言,于筑紫各罗岛产儿。仍名此儿曰岛君。于是,军君即以一船送岛君于国。是为武宁王。百济人呼此岛曰主岛也。秋七月,军君入京。既而有五子。[《百济新撰》云:辛丑年,盖卤王遣王弟琨支君,向大倭侍天皇,以修先王之好也。]

26. 百济盖卤王九年(463)

《日本书纪》卷一四《雄略纪》:(八月)于是,西汉才伎欢因知利在侧,乃进而奏曰:"巧于奴者,多在韩国,可召而使。"天皇诏群臣曰:"然则宜以欢因知利,副弟君等,取道于百济,并下敕书,令献巧者。"于是,弟君衔命,率众行到百济而入其国。国神化为老女,忽然逢路。弟君就访国之远近。老女报言:"复行一日,而后可到。"弟君自思路远,不伐而还。集聚百济所贡今来才伎于大岛中,托称候风,滞留数月。任那国司田狭臣乃嘉弟君不伐而还,密使人于百济,戒弟君曰:"汝之领项有何牢锢而伐人乎? 传闻,天皇幸吾妇,遂有儿息。[儿息已见上文。]今恐,祸及于身,可跷足待。吾儿汝者,跨据百济,勿使通于日本。吾者据有任那,亦勿通日本。"弟君之妇樟媛,国家情深,君臣义切。忠逾白日,节冠青松。恶斯谋叛,盗杀其夫,隐埋室内。乃与海部值赤尾,将百济所献手末才伎在大岛。天皇闻弟君不在,遣日鹰吉士坚磐、固安钱[坚磐,此云柯陀之波。]使共复命。遂即安置于倭国吾砺广津邑,而病死者众。[广津,此云比庐岐头。]由是,天皇诏大伴大连室屋,命东汉直掬,以新汉陶部高贵、鞍部坚贵、画部因斯罗我、锦部定安那锦、译部卯安那等,迁居于上桃原、下桃原、真神原三所。[或本云,吉备臣弟君还自百济,献汉手人部、衣缝部、害人部。]

《续日本纪》卷二〇《孝谦纪四》:(天平宝字二年四月)己巳,内药司佑兼出云国员外掾正六位上难波药师奈良等一十一人言:"奈良等远祖德来,本高丽人,归百济国。昔泊濑朝仓朝廷[雄略朝]诏百济国,访求才人。爰以,德来贡进圣朝……

27. 百济盖卤王十一年(465)

《日本书纪》卷一四《雄略纪》:三月,天皇欲亲伐新罗。神戒天皇曰:"无往也。"天皇由是不果行。敕纪小弓宿祢、苏我韩子宿祢、大伴谈连、[谈，此云箇陀利。]小鹿火宿祢等曰："新罗自居西土，累叶称臣，朝聘无违，贡职允济。逮乎朕之王天下，投身对马之外，窜迹匝罗之表，阻高丽之贡，吞百济之城。况复朝聘既阙，贡职莫修。狼子野心，饱飞饥附。以汝四卿，拜为大将。宜以王师薄伐，天罚龚行！"于是，纪小弓宿祢使大伴室屋大连，忧陈于天皇曰："臣虽拙弱，敬奉敕矣。但今臣妇命过之际，莫能视养臣者。公，冀将此事具臣天皇。"于是大伴室屋大连具为陈之。天皇闻悲颓叹，以吉备上道采女大海，赐于纪小弓宿祢，为随身视养，遂推彀以遣焉。纪小弓宿祢等人即入新罗，行屠傍郡。[行屠，并行并击。]新罗王夜闻官军四面鼓声，知尽得喙地，与数百骑马车乱走。是以大败。小弓宿祢追斩敌将阵中。喙地悉定，遗众不下。纪小弓宿祢亦收兵，与大伴谈连等会。兵复大振，与遗众战。是夕，大伴谈连及纪冈前来目连，皆力斗而死。谈连从人同姓津麻吕，后入军中，寻觅其主。从军不见出，问曰："吾主大伴公，何处在也？"人告之曰："汝主等果为敌手所杀。"指示尸处。麻吕闻之踏叱曰："主既已陷，何用独全？"因复赴敌，同时殒命。有顷，遗众自退，官军亦随而却。大将军纪小弓宿祢值病而薨。夏五月，纪大磐宿祢闻父既薨，乃向新罗，执小鹿火宿祢所掌兵马、船官及诸小官，专用威命。于是，小鹿火宿祢深怨乎大磐宿祢，乃诈告于韩子宿祢曰："大磐宿祢谓仆曰：'我当复执韩子宿祢所掌之官，不久也！'愿，固守之！"由是韩子宿祢与大磐宿祢有隙。于是，百济王闻日本诸将缘小事有隙，乃使人于韩子宿祢等曰："欲观国界。请，垂降临。"是以韩子宿祢等并辔而往。及至于河，大磐宿祢饮马于河。是时，韩子宿祢从后而射大磐宿祢鞍瓦后桥。大磐宿祢愕然反视，射堕韩子宿祢。于中流而死。是三臣由前相竞，行乱于道，不及百济王宫而却还矣。

28. 百济盖卤王十三年（467）

《日本书纪》卷一四《雄略纪》：秋七月，有从百济国逃化来者。自称名曰贵信，又称贵信吴国人。磐余吴琴弹壃手屋形麻吕等，是其后也。

29. 百济盖卤王二十一年（百济文周王元年）（475）

《日本书纪》卷一四《雄略纪》：二十年冬，高丽王大发军兵，伐尽百济。爰有少许遗众，聚居仓下。兵粮既尽，忧泣兹深。于是高丽诸将言于王曰："百济心许非常，臣每见之，不觉自失。恐更蔓生，请遂除之！"王曰："不可矣。寡人闻，百济国者，日本国之官家，所由来远久矣。又王入仕天皇，四邻之所共识也。"遂止之。[《百济记》云，盖卤王乙卯年冬，狛大军来攻大城。七日七夜，王城降陷，遂失尉礼。国王及大后、王子等，皆没敌手。]

30. 百济文周王三年（百济三斤王元年）（477）

《日本书纪》卷一四《雄略纪》：二十一年春三月，天皇闻百济为高丽所破，以久麻那利赐汶洲王，救兴其国。时人皆云："百济国，虽属既亡聚仓下，实赖天皇，更造其国！"[汶洲王，盖卤王母弟也。日本旧记云，以久麻那利，赐末多王。盖是误也。久麻那利者，任那国下哆呼利县之别邑也。]

31. 百济三斤王三年（百济东城王元年）（479）

《日本书纪》卷一四《雄略纪》：二十三年夏四月，百济文斤王薨。天皇以昆支王五子中，第二末多王幼年聪明，敕唤内里，亲抚头面，诫敕殷勤，使王其国。仍赐兵器，并遣筑紫国军士五百人，卫送于国。是为东城王。是岁，百济调赋，益于常例。筑紫安致臣、马饲臣等，率船师以及高丽。

32. 百济东城王九年（487）

《日本书纪》卷一四《雄略纪》：是岁，纪生磐宿祢跨据任那，交通高丽。将西王三韩，整修官府，自称神圣。用任那左鲁、那奇他甲背等计，杀百济适莫尔于尔林。[尔林，高丽地也。]拒守东道，断运粮津，令军饥困。百济王大怒，遣领军古尔解、内头莫古解等，率众趣于带山攻。于是，生磐宿祢进军逆击，胆气益状，所向皆破，以一当百。俄而兵尽力竭，知事不济，自任那归。由是百济国杀佐鲁、那奇他甲背等三百余人。

33. 百济东城王二十三年（百济武宁王元年）（501）

《日本书纪》卷一六《武烈纪》：是月（十一月），百济意多郎卒，葬于高田丘上。

《新撰姓氏录》卷二二《左京诸蕃下》：和朝臣，百济国都慕王十八世孙武宁王之后也。

34. 百济武宁王二年（502）

《日本书纪》卷一六《武烈纪》：是岁，百济末多王无道暴虐百姓。国人遂除而立岛王，是为武宁王。[《百济新撰》云，末多王无道暴虐百姓。国人共除，武宁王立。讳斯麻王，是琨支王子之子。则末多王异母兄也。琨支向倭时，至筑紫岛，生斯麻王。自岛还送，不至于京，产于岛。故因名焉。今各罗海中有主岛，王所产岛。故百济人号为主岛。今案岛王是盖卤王之子也。末多王，是琨支王之子也。此曰异母兄，未详也。]

35. 百济武宁王四年（504）

《日本书纪》卷一六《武烈纪》：冬十月，百济国遣麻那君进调。天皇以为百济历年不修贡职，留而不放。

36. 百济武宁王五年（505）

《日本书纪》卷一六《武烈纪》：夏四月，百济王遣斯我君进调。别表曰："前进调使麻那者，非百济国主之骨族也，故谨遣斯我，奉事于朝。"遂有子，曰法师君。是倭君之祖也。

37. 百济武宁王八年（508）

《日本书纪》卷一七《继体纪》：十二月，南海中耽罗人初通百济国。

38. 百济武宁王九年（509）

《日本书纪》卷一七《继体纪》：三年春二月，遣使于百济。[《百济本记》云，久罗麻致支弥从日本来。未详。]括出在任那日本县邑百济百姓，浮逃绝贯三四世者，并迁百济附贯也。

39. 百济武宁王十二年（512）

《日本书纪》卷一七《继体纪》：六年夏四月，辛酉朔丙寅，遣穗积臣押山，使于百济。仍赐筑紫国马四十匹。冬十二月，百济遣使贡调。别表请任那国上哆唎、下哆唎、娑陀、牟娄四县。哆唎国守穗积臣押山奏曰："此四县近连百济，远隔日本。旦暮易通，鸡犬难别。今赐百济，合为同国，固存之策，无以过此。然纵赐合国，后世犹危。况为异场，几年能守？"大伴大连金村具得是言，同谟而奏。乃以物部大连粗鹿火，宛宣敕使。物部大连方欲发向难波馆，宣敕于百济客。其妻固要曰："夫住吉大神初以海表金银之国，高丽、百济、新罗、任那等，授记胎中誉田天皇。故大后息长足姬尊与大臣武内宿祢，每国初置官家，为海表之蕃屏，其来尚矣。抑有由焉？纵削赐他，违本区域。绵世之刺，讵离于口。"大连报曰："教示合理，恐背天敕。"其妻切谏云："称疾莫宣。"大连依谏，由是改使而宣敕。付赐物并制旨，依表赐任那四县。大兄皇子前有缘事，不闻赐国，晚知宣敕，惊悔欲改令曰："自胎中之帝，置官家之国，轻随蕃乞，辄尔赐乎。"乃遣日鹰吉士，改百济宣客。使者答启："父天皇图计便宜，敕赐既毕。子皇子岂违帝敕，妄改而令，必是虚也！纵是实者，持杖大头打，孰与持杖小头打痛乎！"遂罢。于是，或有流言曰："大伴大连与哆唎国守穗积臣押山，受百济之赂矣。"

40. 百济武宁王十三年（513）

《日本书纪》卷一七《继体纪》：七年夏六月，百济遣姐弥文贵将军、州利即尔将军，副穗积臣押山。[《百济本记》云，委意斯移麻岐弥。]贡五经博士段杨尔。别奏云："伴跛国略夺臣国己汶之地。伏请天恩判，还本属！"秋八月，癸未朔戊申，百济太子淳陀薨……冬十一月，辛亥朔乙卯，于朝庭，引列百济姐弥文贵将军，斯罗汶得至，安罗辛巳奚及贲巴委佐，伴破既殿奚及竹汶至等，奉宣恩敕，以己汶、带沙，赐百济国。是月，伴跛国遣戢支，献珍宝乞己汶之地。而终不赐国。

《续日本纪》卷四〇《桓武纪五》：（延历九年正月壬午）皇太后，姓和氏，讳新笠。[和氏，百济武宁王之子纯陀太子之裔也。居大和国城下郡大和乡，因地制姓也。]赠正一位乙继之女也。母赠正一位大枝朝臣真妹。后，先出自百济武宁王之子纯陀太子……

41. 百济武宁王十五年（515）

《日本书纪》卷一七《继体纪》：九年春二月，甲戌朔丁丑，百济使者文贵将军等请罢。仍敕，副物部连［阙名］遣罢归之。[《百济本记》云，物部至至连。]是月，到于沙都岛，传闻伴跛人怀恨衔毒，恃强纵虐。故物部连率舟师五百，直诣带沙江。文贵将军自新罗去。夏四月，物部连于带沙江停住六日，伴跛兴师往伐。逼脱衣裳，劫掠所赍，尽烧帷幕。物部连等怖畏逃遁，仅存身命，泊汶慕罗。[汶慕罗，岛名也。]

42. 百济武宁王十六年（516）

《日本书纪》卷一七《继体纪》：十年夏五月，百济遣前部木罗不麻甲背，迎劳物部连等于己汶，而引导入国。群臣各出衣裳、斧铁、帛布，助加国物，积置朝庭，慰问殷勤，赏禄优节。秋九月，百济遣远州利即次将军，副物部连来，谢赐己汶之地。别贡五经博士汉高安茂，请代博士段杨尔。依请代。戊寅，百济遣灼莫古将军、日本斯那奴阿比多，副高丽使安定等来朝结好。

43. 百济武宁王二十三年（百济圣王元年）（523）

《日本书纪》卷一七《继体纪》：十七年夏五月，百济王武宁薨。

《新撰姓氏录》卷二二《左京诸蕃下》：市徃公，百济国明王之后也……冈连，市徃公同祖，目图王男安贵之后也。

44. 百济圣王二年（524）

《日本书纪》卷一七《继体纪》：十八年春正月，百济太子明即位。

45. 百济圣王五年（527）

《日本书纪》卷一七《继体纪》：（夏六月）于是，磐井掩据火、丰二国，勿使修职。外邀海路，诱致高丽、百济、新罗、任那等国年贡职船，内遮遣任那毛野臣军。

46. 百济圣王七年（529）

《日本书纪》卷一七《继体纪》：二十三年春三月，百济王谓下哆唎国守穗积押山臣曰："夫朝贡使者，恒避岛曲，［谓海中岛曲碕岸也，俗云美佐祈。］每苦风波。因兹，湿所赍全坏无色。请以加罗多沙津，为臣朝贡津路。"是以押山臣为请闻奏。是月，遣物部伊势连父根、吉士老等，以津赐百济王。于是，加罗王谓敕使云："此津从置官家以来，为臣朝贡津涉。安得辄改赐邻国，违元所封限地？"敕使父根等因斯难以面赐，却还大岛，别遣录史，果赐扶余。由是加罗结傥新罗，生怨日本。加罗王娶新罗王女，遂有儿息。新罗初送女时，并遣百人，为女从。受而散置诸县，令着新罗衣冠。阿利斯等嗔其变服，遣使征还。新罗大羞，翻欲还女曰："前承汝聘，吾便许婚。今既若斯，还王女！"加罗己富利知伽［未详。］报云："配合夫妇，安得更离！亦有息儿，弃之何往？"遂于所经，拔刀伽、古跛、布那牟罗三城，亦拔北境五城。是月，遣近江毛野臣，使于安罗，敕劝新罗，更建南加罗、喙己吞。百济遣将军君尹贵、麻那甲背、麻卤等，往赴安罗，式听诏敕。新罗恐破蕃国官家，不遣大人，而遣夫智奈麻礼、奚奈麻礼等，往赴安罗，式听诏敕。于是，安罗新起高堂，引升敕使。国主随后升阶。国内大人预升堂者一二，百济使将军君等，在于堂下。凡数月，再三谟谋乎堂上。将军君等恨在庭焉。夏四月，壬午朔戊子，任那已能末多干岐来朝。［言已能末多者，盖阿利斯等也。］启大伴大连金村曰："夫海表诸蕃自胎中天皇，置内官家，不弃本土封其地，良有以也。今新罗违元所赐封限，数越境以来侵。请奏天皇，救助臣国！"大伴大连依乞奏闻。是月，遣使送己能末多干岐，并诏在任那近江毛野臣："推问所奏，和解相疑。"于是毛野臣次于熊川。［一本云，次于任那久斯牟罗。］召集新罗、百济二国之王。新罗王佐利迟遣久迟布礼，［一本云，久礼尔师知于奈师磨里。］百济遣恩率弥腾利，赴集毛野臣所，而二王不自来参。毛野臣大怒，责问二国使云："以小事大，天之道也！［一本云，大木端者以大木续之；小木端者以小木续之。］何故，二国之王不躬来集受天皇敕，轻遣使乎？今纵汝王自来闻敕，吾不肯敕，必追逐退！"久迟布礼、恩率弥腾利，心怀怖畏，各归召王。由是，新罗改遣其上臣伊叱夫礼智干岐，[新罗以大臣为上臣。一本云，伊叱夫礼知奈末。]率众三千来，请听敕。毛野臣遥见兵仗围绕，众数千人，自熊川入任那己叱己利城。伊叱夫礼智干岐次于多多罗原，不敬归。待三月，频请闻敕，终不肯宣。伊叱夫礼智所将士卒等，于聚落乞食，相过毛野臣傔人河内马饲首御狩。御狩入隐他门，待乞者过，卷手遥击。乞者见云："谨待三月，伫闻敕旨，尚不肯宣，恼听敕使。乃知，欺诳诛戮上臣矣。"乃以所见，具述上臣。上臣抄掠四村，[金官、背伐、安多、委陀，是为四村；一本云，多多罗、须那罗、和多、费智，为四村也。]尽将人物入其本国。或曰："多多罗等四村之所掠者，毛野臣之过也。"

47. 百济圣王八年（530）

《日本书纪》卷一七《继体纪》：秋九月，任那使奏云："毛野臣遂于久斯牟罗起造舍宅，淹留二岁，[一本云，三岁者，连去来岁数也。]懒听政焉。爰以日本人与任那人，频以儿息，诤讼难决。元无能判。毛野臣乐置誓汤曰：'实者不烂；虚者必烂！'是以投汤烂死者众。又杀吉备韩子那多利、斯布利，[大日本人娶蕃女所生为韩子也。]恒恼人民，终无和解。"于是天皇闻其行状，遣人征入。而不肯来。顾以河内母树马饲首御狩，奉诣于京而奏曰："臣未成敕旨还入京乡，劳往虚归。惭恧安措。伏愿陛下待成国命，入朝谢罪。"奉使之后，更自谟曰："其调吉士亦是皇华之使。若先吾取归，依实奏闻，吾之罪过必应重矣。"乃遣调吉士，率众守伊斯枳牟罗城。于是，阿利斯等知其细碎为事，不务所期，频劝归朝，尚不听还。由是悉知行迹，心生翻背。乃遣久礼斯己母，使于新罗请兵，奴须久利使于百济请兵。毛野臣闻百济兵来，迎讨背评，[背评，地名。]亦熊备己富里。伤死者半。百济则捉奴须久利，杻械枷锁，而共新罗围城，责骂阿利斯等曰："可出毛野臣！"毛野臣婴城自固，势不可擒。于是，二国图度便地，淹留弦晦。筑城而还，号曰久礼牟罗城。还时触路，拔腾利枳牟罗、布那牟罗、牟雌枳牟罗、阿夫罗、久知波多枳五城。冬十月，调吉士至自任那，奏言："毛野臣为人傲狠，不闲治体。竟无和解，扰乱加罗，又倜傥任意而思不防患。"故遣目颊子，征召。[目颊子，未详也。]是岁，毛野臣被召到于对马，逢疾而死。

48. 百济圣王九年（531）

《日本书纪》卷一七《继体纪》：二十五年春二月，天皇病甚。丁未，天皇崩于磐余玉穗宫。时年八十二，冬十二月丙申朔庚子，葬于蓝野陵。［或本云，天皇廿八年，岁次甲寅崩者。而此云廿五年岁次辛亥崩者，取《百济本记》为文。其文云，太岁辛亥三月，师进至于安罗，营乞乇城。是月，高丽弑其王安。又闻，日本天皇及太子、皇子，俱崩薨。由此而言，辛亥之岁当廿五年矣。后勘校者，知之也。］

49. 百济圣王十年（532）

《日本书纪》卷一八《安闲纪》：五月，百济遣下部修德嫡德孙、上部都德己州己娄等来贡常调，别上表。

50. 百济圣王十五年（537）

《日本书纪》卷一八《宣化纪》：冬十月，壬辰朔，天皇以新罗寇于任那，诏大伴金村大连，遣其子盘与狭手彦，以助任那。是时，盘留筑紫，执其国政，以备三韩。狭手彦往镇任那，加救百济。

51. 百济圣王十八年（540）

《日本书纪》卷一九《钦明纪》：二月，百济人己知部投化。置倭国添上郡山村，今山村己知部之先也……八月，高丽、百济、新罗、任那，并遣使献，并修贡职……九月，乙亥朔己卯，幸难波祝津宫。大伴大连金村、许势臣稻持、物部大连尾舆等从焉。天皇问诸臣曰："几许军卒，伐得新罗？"物部大连尾舆等奏曰："少许军卒，不可易征。曩者男大迹天皇六年，百济遣使，表请任那上哆唎、下哆唎、娑陀、牟娄四县。大伴大连金村轻依表请，许赐所求。由是新罗怨旷积年，不可轻尔而伐。"于是，大伴金村居住吉宅，称疾不朝。天皇遣青海夫人勾子，慰问殷勤。大连怖谢曰："臣所疾者非余事也。今诸臣等，谓臣灭任那。故恐怖不朝耳。"乃以鞍马赠使，厚相资敬。青海夫人依实显奏。诏曰："久竭忠诚，莫恤众口。"遂不为罪，优宠弥深。是年也，太岁庚申。

52. 百济圣王十九年（541）

《日本书纪》卷一九《钦明纪》：夏四月，安罗次旱岐夷吞奚、大不孙、久取柔利，加罗上首位古殿奚，卒麻旱岐儿，多罗下旱岐夷他，斯二岐旱岐儿，子他旱岐等，与任那日本府吉备臣［阙名字。］往赴百济，俱听诏书。百济圣明王谓任那旱岐等言："日本天皇所诏者，全以复建任那。今用何策，起建任那？盍各尽忠奉展圣怀！"任那旱岐等对曰："前再三回，与新罗议。而无答报。所图之旨，更告新罗，尚无报。今宜俱遣使，往奏天皇。夫建任那者，爰在大王之意。祇承教旨，谁敢间言。然任那境

接新罗，恐致卓淳等祸。"［等谓㖨己吞。加罗言卓淳等国，有败亡之祸。］
圣明王曰："昔我先祖速古王、贵首王之世，安罗、加罗、卓淳旱岐等，初遣使，相通厚结亲好，以为子弟，冀可恒隆。而今被诳新罗，使天皇忿怒，而任那愤恨，寡人之过也。我深惩悔，而遣下部中佐平麻卤、城方甲背昧奴等，赴加罗，会于任那日本府相盟。以后系念相续，图建任那，旦夕无忘。今天皇诏称：'速建任那！'由是欲共尔曹谟计，树立任那等国。宜善图之。又于任那境，征召新罗，问听与不。乃俱遣使，奏闻天皇，恭承示教。傥如使人未还之际，新罗候隙，侵逼任那，我当往救，不足为忧。然善守备，谨警无忘。别汝所道，恐致卓淳等祸，非新罗自强故所能为也。其㖨己吞居加罗与新罗境际，被连年攻败。任那无能救援，由是见亡。其南加罗蕞尔狭小，不能卒备，不知所托，由是见亡。其卓淳上下携贰，主欲自附，内应新罗，由是见亡。因斯而观，三国之败，良有以也。昔新罗请援于高丽，而攻击任那与百济，尚不克之。新罗安独灭任那乎？今寡人与汝勠力并心，翳赖天皇，任那必起。"因赠物各有差。忻忻而还。
秋七月，百济闻安罗日本府与新罗通计，遣前部奈率鼻利莫古、奈率宣文、中部奈率木刕昧淳、纪臣奈率弥麻沙等，使于安罗，召到新罗任那执事，谟建任那。别以安罗日本府河内直通计新罗，深责骂之。乃谓任那曰："昔我先祖速古王、贵首王与故旱岐等，始约和亲，式为兄弟。于是我以汝为子弟，汝以我为父兄。共事天皇，俱距强敌，安国全家，至于今日。言念先祖与旧旱岐和亲之词，有如皎日。自兹以降，勤修邻好，遂敦与国，恩逾骨肉。善始有终，寡人之所恒愿。未审，何缘轻用浮辞，数岁之间，慨然失志！古人云："追悔无及！"此之谓也。上达云际，下及泉中，誓神乎今，改咎乎昔，一无隐匿，发露所为，精诚通灵，深自克责，亦所宜取。盖闻，为人后者，贵能负荷先轨，克昌堂构，以成勋业也。故今追崇先世和亲之好，敬顺天皇诏敕之词，拔取新罗所折之国南加罗、㖨己吞等，还属本贯，迁实任那，永作父兄，恒朝日本。此寡人之所食不甘味，寝不安息，悔往戒，今之所劳想也。夫新罗甘言希诳，天下之所知也。汝等妄信，既堕人权。方今任那境接新罗，宜常设备，岂能弛柝？爰恐陷罹诬欺网阱，丧国亡家，为人系虏。寡人念兹，劳想而不能自安矣。窃闻，任那与新罗运策席际，现蜂、蛇怪，亦众所知。且夫妖祥所以戒行，灾异所以悟人。当是，明天告诫，先灵之征表者也！祸至追悔，灭后思兴，孰云及矣。今汝尊余，听天皇敕，可立任那。何患不成？若欲长存本土，永御旧民，其谟在兹。可不慎也！"圣明王更谓任那日本府曰："天皇诏称：'任那若灭，汝则无资；任那若兴，汝则有援。今宜兴建任那，使如旧日，以为汝助抚养黎民！'谨承诏敕，悚惧填胸。誓效丹诚，冀隆任那，永事天皇，犹如往日。先虑未然，然后康乐。今日本府复能依诏，救助任那，是为天皇所必褒赞，汝身所当赏禄。又日本卿等久住任那之国，近接新罗之境。新罗情状，亦是所知。毒害任那，谟防日本，其来尚矣，匪唯今年。而不敢动者，近羞百济，远恐天皇。诱事朝廷，伪和任那。如斯感激任那日本府者，以未禽任那之间，伪示伏从之状。愿今候其间隙，诇其不备，一举兵而取之。天皇诏敕，劝立南加罗、喙己吞，非但数十年。而新罗一不听命，亦卿所知。且夫信敬天皇，为立任那，岂若是乎！恐卿等轻信甘言，轻被谩语，灭任那国，奉辱天皇。卿其戒之，勿为他欺！"秋七月，百济遣纪臣奈率弥麻沙、中部奈率己连，来奏下韩任那之政，并上表之。

53. 百济圣王二十一年（543）

《日本书纪》卷一九《钦明纪》：四年夏四月，百济纪臣奈率弥麻沙等罢之。秋九月，百济圣明王遣前部奈率真牟贵文、护德己州己娄与物部、施德麻嘉牟等，来献扶南财物与奴二口。冬十一月，丁亥朔甲午，遣津守连，诏百济曰："在任那之下韩百济郡令、城主，宜附日本府。"并持诏书，宣曰："尔屡抗表，称当建任那，十余年矣。表奏如此，尚未成之。且夫任那者为尔国之栋梁，如折栋梁，谁成屋宇？朕念在兹，尔须早早建！汝若早建任那，河内直等［河内直已见上文。］自当止退。岂足云乎？"是日，圣明王闻宣敕已，历问三佐平内头及诸臣曰："诏敕如是，当复何如？"三佐平等答曰："在下韩之我郡令、城主，不可出之。建国之事，宜早听圣敕！"十二月，百济圣明王复以前诏，普示群臣曰："天皇诏敕如是，当复何如？"上佐平沙宅己娄、中佐平木荔麻那、下佐平木尹贵、德率鼻利莫古、德率东城道天、德率木荔眛淳、德率国虽多、奈率燕比善那等同议曰："臣等禀性愚暗，都无智略。诏建任那，早须奉敕。今宜召任那执事、国国旱岐等，俱谋同计，抗表述志！又河内直、移那斯、麻都等，犹住安罗，任那恐难建之。故亦并表，乞移本处也。"圣明王曰："群臣所议，甚称寡人之心！"是月，乃遣施德高分，召任那执事与日本府执事。俱答言："过正旦而往听焉。"

54. 百济圣王二十二年（544）

《日本书纪》卷一九《钦明纪》：五年春正月，百济国遣使，召任那执事与日本府执事。俱答言："祭神时到，祭了而往。"是月，百济复遣使，召任那执事与日本府执事。日本府、任那，俱不遣执事，而遣微者。由是，百济不得俱谋建任那国。二月，百济遣施德马武、施德高分屋、施德斯那奴次酒等，使于任那，谓日本府与任那旱岐等曰："我遣纪臣奈率弥麻沙，奈率己连、物部连，奈率用歌多朝谒天皇。弥麻沙等还自日本，以诏书宣曰：'汝等宜共在彼日本府，早建良图，副朕所望！尔其戒之，勿被他诳！'又津守连从日本来，[《百济本记》云，津守连己麻奴跪。而语讹不正，未详。]宣诏敕，而问任那之政。故将欲共日本府、任那执事，议定任那之政，奉奏天皇，遣召三回，尚不来到。由是不得共论图计任那之政，奉奏天皇矣。今欲请留津守连，别以疾使，具申情状，遣奏天皇。当以三月十日，发遣使于日本。此使便到，天皇必须问汝。汝日本府卿、任那旱岐等，各宜发使，共我使人，往听天皇所宣之诏！"别谓河内直[《百济本记》云，河内直、移那斯、麻都。而语讹未详其正也。]："自昔迄今，唯闻汝恶。汝先祖等，[《百济本记》云，汝先那干陀甲背、加腊直岐甲背。亦云那歌陀甲背、鹰歌岐弥。语讹未详。]俱怀奸伪诱说。为歌可君，[《百济本记》云，为歌岐弥，名有非岐。]专信其言，不忧国难，乖背吾心，纵肆暴虐，由是见逐。汝等来注任那，恒行不善。任那日损，职汝之由！汝是虽微，譬犹小火烧焚山野，连近村邑。由汝行恶，当败任那，遂使海西诸国官家，不得长奉天皇之阙！今遣奏天皇，乞移汝等还其本处。汝亦往闻！"又谓日本府卿、任那旱岐等曰："夫建任那之国，不假天皇之威，谁能建也？故我思欲就天皇，请将士而助任那之国。将士之粮，我当须运。将士之数，未限若干。运粮之处，亦难自决。愿居一处，俱论可不，择从其善，将奏天皇。故频遣召，汝犹不来，不得议也！"日本府答曰："任那执事，不赴召者，是由吾不遣，不得往之。吾遣奏天皇，还使宣曰：'朕当以印歌臣，[语讹未详。]遣于新罗，以津守连遣于百济。汝待闻敕际，莫自劳往新罗、百济也。'宣敕如是。会闻印歌臣使于新罗，乃追遣问天皇所宣。诏曰：'日本臣与任那执事，应就新罗，听天皇敕！'而不宣就百济听命也。后津守连遂来过此，谓之曰：'今余被遣于百济者，将出在下韩之百济郡令、城主。'唯闻此说，不闻任那与日本府会于百济听天皇敕。故不往焉，非任那意。"于是，任那旱岐等曰："由使来召，便欲往参。日本府卿不肯发遣，故不往焉。大王为建任那，触情晓示。赌兹忻喜，难可具申！"三月，百济遣奈率阿乇、得文许势、奈率歌麻物部、奈率歌非等，上表曰："奈率弥麻沙、奈率已连等，至臣蕃，奉诏书曰：'尔等宜共在彼日本府，同谋善计，早建任那。尔其戒之，勿被他诳！'又津守连等至臣蕃，奉敕书，问建任那。恭诚来敕，不敢停时，为欲共谋。乃遣使召日本府。[《百济本记》云，遣召为胡跛臣。盖是的臣也。] 与任那俱对言：'新年既至，愿过而往。'久而不就。复遣使召。俱对言：'祭时既至，愿过而往。'久而不就。复遣使召。而由遣微者，不得同计。夫任那之不赴召者，非其意焉。是阿贤移那斯、佐鲁麻都，[二人名也，已见上文。] 奸佞之所作也。夫任那者以安罗为兄，唯从其意。安罗人者以日本府为天，唯从其意。[《百济本记》云，以安罗为父，以日本府为本也。] 今的臣、吉备臣、河内直等，咸从移那斯、麻都指挥而已。移那斯、麻都，虽是小家微者，专擅日本府之政。又制任那，障而勿遣。由是不得同计奏答天皇。故留已麻奴跪，[盖是津守连也。] 别遣使迅如飞鸟，奉奏天皇。假使二人，[二人者，移那斯与麻都也。] 在于安罗，多行奸佞，任那难建，西海诸国，必不获事。伏请移此二人，还其本处。敕喻日本府与任那，而图建任那。故臣遣奈率弥麻沙、奈率已连等，副已麻奴跪，上表以闻。于是诏曰：'的臣等，[等者谓吉备弟君臣、河内直等也。] 往来新罗，非朕心也。曩者印支弥，[未详。] 与阿卤旱岐在时，为新罗所逼，而不得耕种。百济路回，不能救急。由的臣等往来新罗，方得耕种。朕所曾闻。若已建任那，移那斯、麻都，自然却退，岂足云乎？'伏承此诏，喜惧兼怀。而新罗诳朝，知匪天敕。新罗春取㖨、淳，仍摈出我久礼山戍，而遂有之。近安罗处，安罗耕种。近久礼山处，新罗耕种。各自耕之，不相侵夺。而移那斯、麻都，过耕他界，六月逃去。于印支弥后，来许势臣时，[《百济本记》云，我留印支弥之后至既洒臣时。皆未详。] 新罗无复侵逼他境。安罗不言为新罗逼不得耕种。臣尝闻，新罗每春秋，多聚兵甲，欲袭安罗与荷山。或闻，当袭加罗。顷得书信，便遣将士，拥守任那，无懈息也。频发锐兵，应时往救。是以任那随序耕种，新罗不敢侵逼。而奏百济路回，不能救急，由的臣等往来新罗，方得耕种，是上欺天朝，转成奸佞也！晓然若是，尚欺天朝，自余虚妄，必多有之。的臣等犹住安罗，任那之国恐难建立。宜早退却。臣深惧之，佐鲁麻都虽是韩腹，位居大连，厕日本执事之间，入荣班贵盛之列。而今反着新罗奈麻礼冠，即身心归附，于他易照。熟观所作，都无怖畏。故前奏恶行，具录闻讫。今犹着他服，日赴新罗域，公私往还，都无所惮。夫㖨国之灭，匪由他也。喙国之函跛旱岐贰心加罗国，而内应新罗，加罗自外合战，由是灭焉。若使函跛旱岐不为内应，喙国虽小，未必亡也。至于卓淳，亦复然之。假使卓淳国主不为内应新罗招寇，岂至灭乎？历观诸国败亡之祸，皆由内应贰心人者。今麻都等腹心新罗，遂着其服，往还旦夕，阴构奸心。乃恐任那由兹永灭。任那若灭，臣国孤危。思欲朝之，岂复得耶？伏愿天皇玄鉴远察，速移本处，以安任那！"冬十月，百济使人奈率得文、奈率歌麻等罢归。[《百济本记》云，冬十月，奈率得文、奈率歌麻等还自日本。曰："所奏河内直、移那斯、麻都等事，无报敕也。"] 十一月，百济遣使，召日本府臣、任那执事曰："遣朝天皇奈率得文许势、奈率哥麻物部、奈率哥非等，还自日本。今日本府臣及任那国执事，宜来听敕，同议任那！"日本吉备臣、安罗下旱岐大不孙、久取柔利、加罗上首位古殿奚、卒麻君、斯二岐君、散半奚君儿，多罗二首位讫干智，子他旱岐，久嵯旱岐，仍赴百济。于是，百济圣明王明略以诏书示曰："吾遣奈率弥麻佐、奈率己连、奈率用哥多等，朝于日本。诏曰：'早建任那！'又津守连奉敕，问成任那。故遣召之。当复何如，能建任那？请各陈谋！"吉备臣、任那旱岐等曰："夫建任那国，唯在大王！欲冀遵王，俱奏听敕！"圣明王谓之曰："任那之国与吾百济，自古以来，约为子弟。今日本府印岐弥，[谓，在任那日本臣名也。] 既计新罗，更将伐我。又乐听新罗虚诞漫语也。夫遣印岐弥于任那者，本非侵害其国。[未详。] 往古来今，新罗无道。食言违信，而灭卓淳。股肱之国，欲快返悔。故遣召到，俱承恩诏，欲冀兴继任那之国，犹如旧日，永为兄弟。窃闻，新罗、安罗两国之境，有大江水，要害之地也。吾欲据此，修缮六城。谨请天皇三千兵士，每城充以五百，并我兵士，勿使作田而逼恼者，久礼山之五城，庶自投兵降首。卓淳之国亦复当兴。所请兵士，吾给衣粮。欲奏天皇，其策一也！犹于南韩置郡令、城主者，岂欲违背天皇，遮断贡调之路？唯庶克济多难，歼扑强敌。凡厥凶党，谁不谋附？北敌强大，我国微弱。若不置南韩郡领、城主，修理防护，不可以御此强敌，亦不可以制新罗。故犹置之攻逼新罗，抚存任那。若不尔者，恐见灭亡，不得朝聘。欲奏天皇，其策二也！又吉备臣、河内直、移那斯、麻都，犹在任那者，天皇虽召建成任那，不可得也。请移此四人，各遣还其本邑。奏于天皇，其策三也！宜与日本臣、任那旱岐等俱奉遣使，同奏天皇，乞听恩诏。"于是，吉备臣、旱岐等曰："大王所述三策，亦协愚情而已。今愿归以敬谘日本大臣、

[谓，在任那日本府之大臣也。]安罗王、加罗王，俱遣使同奏天皇。此诚千载一会之期，可不深思而熟计欤。"

55. 百济圣王二十三年（545）

《日本书纪》卷一九《钦明纪》：六年春三月，遣膳臣巴提便，使于百济。夏五月，百济遣奈率其怜、奈率用歌多施德次酒等上表。秋九月，百济遣中部护德菩提等，使于任那。赠吴财于日本府臣及诸旱岐，各有差。是月，百济造丈六佛像。制愿文曰："盖闻，造丈六佛，功德盛大。今敬造。以此功德，愿天皇获胜善之德，天皇所用弥移居国，俱蒙福祐！又愿普天之下一切众生，皆蒙解脱！故造之矣。"冬十一月，膳臣巴提便还自百济言："臣被遣使，妻子相逐去。行至百济滨，[滨，海滨也。]日晚停宿。小儿忽亡，不知所之。其夜大雪，天晓始求，有虎连迹。臣乃带刀擐甲，寻至岩岫。拔刀曰：'敬受丝纶，劬劳陆海，栉风沐雨，藉草班荆者，为爱其子，令绍父业也！惟汝威神，爱子一也。今夜儿亡，追踪觅至。不畏亡命，欲报故来！'既而其虎进前，开口欲噬。巴提便忽申左手，执其虎舌，右手刺杀，剥取皮还。"是岁，高丽大乱，被诛杀者众。[《百济本记》云，十二月甲午，高丽国细群与粗群，战于宫门，伐鼓战斗，细群败。不解兵三日，尽捕诛细群子孙。戊戌，狛鹄香冈上王薨也。]

56. 百济圣王二十四年（546）

《日本书纪》卷一九《钦明纪》：七年春正月，甲辰朔丙午，百济使人中部奈率己连等罢归。仍赐以良马七十匹、船一十只。夏六月，壬申朔癸未，百济遣中部奈率掠叶礼等，献调……是岁，高丽大乱。凡斗死者二千余。[《百济本记》云，高丽以正月丙午，立中夫人子为王，年八岁。狛王有三夫人，正夫人无子。中夫人生世子，其舅氏粗群也。小夫人生子，其舅氏细群也。及狛王疾笃，细群、粗群，各欲立其夫人之子。故细群死者，二千余人也。]

57. 百济圣王二十五年（547）

《日本书纪》卷一九《钦明纪》：八年夏四月，百济遣前部德率真慕宣文、奈率歌麻等，乞救军，仍贡。下部东城子言，代德率汶休麻那。

58. 百济圣王二十六年（548）

《日本书纪》卷一九《钦明纪》：九年春正月，癸巳朔乙未，百济使人前部德率真慕宣文等请罢。因诏曰："所乞救军，必当遣救。宜速报王！"夏四月，壬戌朔甲子，百济遣中部扞率掠叶礼等奏曰："德率宣文等奉敕至臣蕃曰：'所乞救兵，应时遣送。'祇承恩诏，嘉庆无限。然马津城之役［正月辛丑，高丽率众，围马津城。］虏谓之曰：'由安罗与日本府，招来劝罚。'以事准况，寔当相似。然三回欲审其言，遣召而并不来。故深劳念。伏愿可畏天皇［西蕃皆称日本天皇为可畏天皇。］先为勘当。暂停所乞救兵，待臣遣报。"诏曰："式闻呈奏，爰觇所忧，日本府与安罗，不救邻难，亦朕所疾也。又复密使于高丽者，不可信也。朕命即自遣之，不命何容可得？愿王开襟缓带，恬然自安，勿深疑惧。宜共任那，依前敕，勠力俱防北敌，各守所封。朕当遣送若干人，充实安罗逃亡空地。"六月，辛酉朔壬戌，遣使诏于百济曰："德率宣文取归以后，当复何如？消息何如？朕闻，汝国为狛贼所害。宜共任那，策励同谋，如前防距。"闰七月，庚申朔辛未，百济使人掠叶礼等罢归。冬十月，遣三百七十人于百济，助筑城于得尔辛。

59. 百济圣王二十七年（549）

《日本书纪》卷一九《钦明纪》：十年夏六月，乙酉朔辛卯，将德久贵、固德马次文等请罢归。因诏曰："延那斯、麻都阴私遣使高丽者，朕当遣问虚实。所乞军者，依愿停之。"

60. 百济圣王二十八年（550）

《日本书纪》卷一九《钦明纪》：十一年春二月，辛巳朔庚寅，遣使诏于百济，［《百济本记》云，三月十二日辛酉，日本使人阿比多率三舟，来至都下。］曰："朕依施德久贵、固德马进文等所上表意，一一教示，如视掌中。思欲具情，冀将尽抱。大市头归后，如常无异。今但欲审报辞，固遣使之。又复闻，奈率马武是王之股肱臣也。纳上传下，甚协王心，而为王佐。若欲国家无事，常作官家，永奉天皇，宜以马武为大使。遣朝而已。"重诏曰："朕闻，北敌强暴。故赐矢三十具，庶防一处。"夏四月，庚辰朔，在百济日本王人，方欲还之。［《百济本记》云，四月一日庚辰朔，日本阿比多还也。］百济王圣明谓王人曰："任那之事，奉敕坚守。延那斯、麻都之事，问与不问，唯从敕之。"因献高丽奴六口，别赠王人奴一口。［皆攻尔林所禽奴也。］乙未，百济遣中部奈率皮久斤、下部施德灼干那等，献狛虏十口。

61. 百济圣王二十九年（551）

《日本书纪》卷一九《钦明纪》：十二年春三月，以麦种一千斛，赐百济王。是岁，百济圣明王亲率众及二国兵［二国谓新罗、任那也。］往伐高丽，获汉城之地。又进军讨平壤，凡六郡之地，复故地。

62. 百济圣王三十年（552）

《日本书纪》卷一九《钦明纪》：五月，戊辰朔乙亥，百济、加罗、安罗遣中部德率木刕今敦、河内部阿斯比多等奏曰："高丽与新罗，通和并势，谋灭臣国与任那。故谨求请救兵，先攻不意。军之多少，随天皇敕。"诏曰："今百济王、安罗王、加罗王与日本府臣等，具遣使奏状闻讫。亦宜共任那，并心一力。犹尚若兹，并蒙上天拥护之福，亦赖可畏天皇之灵也！"冬十月，百济圣明王［更名圣王。］遣西部姬氏达率怒唎斯致契等，献释迦佛金铜像一躯、幡盖若干、经论若干卷。别表，赞流通、礼拜功德云："是法于诸法中，最为殊胜。难解难入。周公、孔子，尚不能知。此法能生无量无边福德果报，乃至成辨无上菩提。譬如人怀随意宝，逐所须用，尽依情，此妙法宝亦复然。祈愿依情，无所乏……百济王臣明谨遣陪臣怒唎斯致契，奉传帝国，流通畿内……

63. 百济圣王三十一年（553）

《日本书纪》卷一九《钦明纪》：十四年春正月，甲子朔乙亥，百济遣上部德率科野次酒、扞率礼塞敦等，乞军兵。戊寅，百济使人中部扞率木州今敦、河内部阿斯比多等罢归……六月，遣内臣［阙名。］使于百济。赐良马二匹、同船二支、弓五十张、箭五十具。敕云："所请军者随王所须！"别敕："医博士、易博士、历博士等，宜依番上下。今上件色人正当相代年月，宜付还使相代。又，卜书、历本、种种药物，可付送……八月，辛卯朔丁酉，百济遣上部奈率科野新罗、下部固德汶休带山等，上表曰："去年臣等同议，遣内臣德率次酒、任那大夫等，奏海表诸弥移居之事。伏待恩诏，如春草之仰甘雨也。今年忽闻，新罗与狛国通谋云：'百济与任那，频诣日本。意谓是起军兵，伐我国于欤。事若实者，国之败亡，可企踵而待。庶先日本兵未发之间，伐取安罗，绝日本路！'其谋若是。臣等闻兹，深怀危惧。即遣疾使轻舟，驰表以闻。伏愿天慈速遣前军后军，相续来救。逮于秋节，以固海表弥移居也。若迟晚者，噬脐无及矣！所遣军众，来到臣国，衣粮之费，臣当充给。来到任那，亦复如是。若不堪给，臣必助充，令无乏少。别的臣敬受天敕，来抚臣蕃，夙夜乾乾，勤修庶务。由是，海表诸蕃，皆称其善。谓当万岁肃清海表。不幸云亡，深用追痛。今任那之事，谁可修治？伏愿天慈速遣其代，以镇任那。又复海表诸国甚乏弓马，自古迄今，受之天皇以御强敌。伏愿天慈，多赐弓马！"冬十月，庚寅朔己酉，百济王子余昌［明王子威德王也。］悉发国中兵，向高丽国，筑百合野塞，眠食军士。是夕观览，巨野坟腴，平原弥迤，人迹罕见，犬声蔑闻。俄而倏忽之际，闻鼓吹之声。余昌乃大惊，打鼓相应，通夜固守。凌晨起见，旷野之中，覆如青山，旌旗充满。会明，有着颈铠者一骑，插铙者［铙字未详。］二骑，珥豹尾者二骑，并五骑，连辔到来问曰："小儿等言：'于吾野中，客人有在。'何得不迎礼也。今欲早知与吾可以礼问答者姓名年位。"余昌对曰："姓是同姓，位是扞率，年二十九矣。"百济反问。亦如前法而对答焉。遂乃立标而合战。于是，百济以矛，刺堕高丽勇士于马，斩首。仍刺举头于锋末，还入示众。高丽军将，愤怒益甚。是时百济欢叫之声，可裂天地。复其偏将，打鼓疾斗，追却高丽王于东圣山。

《日本书纪》卷一九《钦明纪》：是岁（钦明十三年），百济弃汉城与平壤。新罗因此入居汉城，今新罗之牛头方、尼弥方。

《日本书纪》卷一九《钦明纪》：（钦明二十三年）八月，天皇遣大将军大伴连狭手彦，领兵数万，伐于高丽。狭手彦乃用百济计，打破高丽。其王逾墙而逃，狭手彦遂乘胜以入宫，尽得珍宝货赂、七织帐、铁屋还来。［旧本云，铁屋在高丽西高楼上。织帐张于高丽王内寝。］以七织帐，奉献于天皇。以甲二领、金饰刀二口、铜缕钟三口、五色幡二竿、美女媛［媛，名也。］并其从女吾田子，送于苏我稻目宿祢大臣。于是大臣遂纳二女以为妻，居轻曲殿。［铁屋在长安寺，是寺不知在何国。一本云，十一年，大伴狭手彦连共百济国，驱却高丽王阳香于比津留都。］

64. 百济圣王三十二年（554）

《日本书纪》卷一九《钦明纪》：（春正月）丙申，百济遣中部木劦施德文次、前部施德曰佐分屋等于筑紫，谘内臣佐伯连等曰："德率次酒、扞率塞敦等，以去年闰月四日到来云：'臣等［臣等者谓内臣也。］以今年正月到。'如此道而未审。来不也，又军数几何？愿闻若干，预治营壁。"别谘："方闻：'奉可畏天皇之诏，来诣筑紫，看送赐军。'闻之欢喜无能比者。此年之役，甚危于前。愿遣赐军，使逮正月。"于是，内臣奉敕答报曰："即令遣助军数一千、马一百匹、船四十只。"二月，百济遣下部扞率将军三贵、上部奈率物部乌等，乞救兵。仍贡，德率东城子莫古，代前番奈率东城子言；五经博士王柳贵，代固德马丁安；僧昙慧等九人，代僧道深等七人。别奉敕，贡易博士施德王道良、历博士固德王保孙、医博士奈率王有怜陀、采药师施德潘量丰、固德丁有陀、乐人施德三斤、季德己麻次、季德进奴、对德进陀。皆依请代之。三月，丁亥朔，百济使人中部木劦施德文次等罢归。夏五月，丙戌朔戊子，内臣率舟师，诣于百济。冬十二月，百济遣下部扞率汶斯干奴，上表曰："百济王臣明及在安罗诸倭臣等，任那诸国旱岐等奏，以斯罗无道，不畏天皇。与狛同心欲残灭海北弥移居。臣等共议，遣有至臣等，仰乞军士，征伐斯罗。而天皇遣有至臣，帅军以六月至来。臣等深用欢喜。以十二月九日，遣攻斯罗。臣先遣东方领物部莫哥武连，领其方军士，攻函山城。有至臣所将来民筑紫物部莫奇委沙奇，能射火箭。蒙天皇威灵，以月九日酉时，焚城拔之。故遣单使驰船奏闻。"别奏："若但斯罗者，有至臣所将军士亦可足矣。今狛与斯罗，同心戮力，难可成功。伏愿速遣竹斯岛上诸军士，来助臣国。又助任那，则事可成。"又奏："臣别遣军士万人，助任那。并以奏闻。今事方急，单船遣奏。但奉好锦二匹、氀毯一领、斧三百口，及所获城民，男二女五。轻薄追用悚惧。"余昌谋伐新罗。耆老谏曰："天未与，惧祸及！"余昌曰："老矣，何怯也？我事大国，有何惧也？"遂入新罗国，筑久陀牟罗塞。其父明王忧虑，余昌长苦行陈，久废眠食。父慈多阙，子孝希成。乃自往慰劳。新罗闻明王亲来，悉发国中兵，断道击破。是时新罗谓佐知村饲马奴苦都［更名谷智。］曰："苦都贱奴也，明王名主也。今使贱奴杀名主，冀传后世，莫忘于口。"己卯，苦都乃获明王，再拜曰："请斩王首。"明王对曰："王头不合受奴手。"苦都曰："我国法，违背所盟，虽曰国王，当受奴手。"［一本云，明王乘距胡床，解授佩刀于谷知，令斩。］明王仰天大息涕泣，许诺曰："寡人每念，常痛入骨髓。顾计不可苟活。"乃延首受斩。苦都斩首而杀，掘坎而埋。［一本云，新罗葬理明王头骨，而以礼送余骨于百济。今新罗王埋明王骨于北厅阶下，名此厅曰都堂。］余昌遂见围绕，欲出不得。士卒遑骇，不知所图。有能射人，筑紫国造。进而弯弓，占拟射落新罗骑卒最勇壮者。发箭之利，通所乘鞍前后桥，及其被甲领会也。复续发箭如雨，弥厉不懈，射却围军。由是余昌及诸将等，得从间道逃归。余昌赞国造射却围军，尊而名曰鞍桥君……于是，新罗将等具知百济疲尽，遂欲谋灭无余。有一将云："不可！日本天皇以任那事，屡责吾国。况复谋灭百济官家，必遭后患！"故止之。

65. 百济威德王（昌王）元年（555）

《日本书纪》卷一九《钦明纪》：十六年春二月，百济王子余昌遣王子惠〔王子惠者，威德王之弟也。〕奏曰："圣明王为贼见杀！"〔十五年，为新罗所杀。故今奏之。〕天皇闻而伤恨，乃遣使者，迎津慰问。于是，许势臣问王子惠曰："为当欲留此间？为当欲向本乡？"惠答曰："依凭天皇之德，冀报考王之仇。若垂哀怜，多赐兵革，雪垢复仇，臣之愿也。臣之去留，敢不唯命是从？"俄而苏我臣讯问："圣王妙达天道地理，名流四表八方。意谓，永保安宁，统领海西蕃国，千年万岁，奉事天皇。岂图，一旦眇然升遐，与水无归，即安玄室。何痛之酷，何悲之哀。凡在含情，谁不伤悼。当复何咎，致兹祸也？今复何术，用镇国家？"惠答报之曰："臣禀性愚蒙，不知大计。何况祸福所倚，国家存亡者乎。"苏我卿曰："昔在天皇大泊濑〔雄略。〕之世，汝国为高丽所逼，危甚累卵。于是天皇命神祇伯，敬受策于神祇。祝者乃托神语报曰：'屈请建邦之神，往救将亡之主，必当国家谧靖，人物又安。'由是请神往救，所以社稷安宁。原夫建邦神者，天地割判之代，草木言语之时，自天降来，造立国家之神也。顷闻，汝国辍而不祀。方今悛悔前过，修理神宫，奉祭神灵，国可昌盛。汝当莫忘……八月，百济余昌谓诸臣等曰："少子今愿，奉为考王出家修道。"诸臣、百姓报言："今君王欲得出家修道者，且奉教也。嗟夫前虑不定，后有大患，谁之过欤？夫百济国者，高丽、新罗之所争欲灭。自始开国，迄于是岁，今此国宗，将授何国？要须道理分明应教，纵使能用耆老之言，岂至于此？请悛前过，无劳出俗。如欲果愿，须度国民。"余昌对曰："诺！"即就图于臣下。臣下遂用相议，为度百人，多造幡盖，种种功德。云云。

66. 百济威德王（昌王）二年（556）

《日本书纪》卷一九《钦明纪》：十七年春正月，百济王子惠请罢。仍赐兵仗、良马甚多。亦频赏禄，众所钦叹。于是遣阿倍臣、佐伯连、播磨直率筑紫国舟师，卫送达国。别遣筑紫大君〔《百济本记》云，筑紫君儿，火中君弟。〕率勇士一千，卫送弥氏。〔弥氏，津名。〕因令守津路要害之地焉……冬十月，遣苏我大臣稻目宿祢等于倭国高市郡，置韩人大身狭屯仓；〔言韩人者，百济也。〕高丽人小身狭屯仓、纪国置海部屯仓。〔一本云，以处处韩人，为大身狭屯仓田部。高丽人为小身狭屯仓田部。是即以韩人、高丽人为田部。故因为屯仓之号也。〕

67. 百济威德王（昌王）三年（557）

《日本书纪》卷一九《钦明纪》：十八年春三月，庚子朔，百济王子余昌嗣立。是为威德王。

68. 百济威德王（昌王）七年（561）

《日本书纪》卷一九《钦明纪》：是岁，（新罗）复遣奴氐大舍，献前调赋。于难波大郡，次序诸蕃，掌客额田部连、葛城直等，使列于百济之下而引导。大舍怒还。不入馆舍，乘船归至穴门，于是休治穴门馆。大舍问曰："为谁客造？"工匠河内马饲首押胜欺绐曰："遣问西方无礼使者之所停宿处也。"大舍还国，告其所言。故新罗筑城于阿罗波斯山，以备日本。

69. 百济威德王（昌王）八年（562）

《日本书纪》卷一九《钦明纪》：二十三年春正月，新罗打灭任那官家。[一本云，二十一年，任那灭焉。总言任那，别言加罗国、安罗国、斯二岐国、多罗国、卒麻国、古嵯国、子他国、散半下国、乞飡国、稔礼国，合十国。]夏六月，诏曰："新罗西羌小丑，逆天无状。违我恩义，破我官家，毒害我黎民，诸残我郡县。我气长足姬尊灵圣聪明，周行天下，劬劳群庶，飡育万民。哀新罗所穷见归，全新罗王将戮之首，授新罗要害之地，崇新罗非次之荣。我气长足姬尊，于新罗何薄？我百姓于新罗何怨？而新罗长戟、强弩，凌蹙任那，巨牙、钩爪，残虐含灵。剖肝斫指，不厌其快，曝骨焚尸，不谓其酷。任那族姓、百姓以还，穷刀极俎，既屠且脍。岂有率土之宾，谓为王臣，乍食人之禾，饮人之水，孰忍闻此，而不悼心！况乎太子、大臣，处跌萼之亲，泣血衔冤寄。当蕃屏之任，摩顶至踵之恩，世受前朝之德，身当后代之位。而不能沥胆抽肠，共诛奸佞，雪天地之痛酷，报君父之仇雠，则死有恨臣子之道不成。"秋七月，己巳朔，新罗遣使献调赋。其使人知新罗灭任那，耻背国恩，不敢请罢。遂留不归本土，例同国家百姓。今河内国更荒郡鸬鹚野邑新罗人之先也。是月（秋七月），遣大将军纪男麻吕宿祢，将兵出哆唎。副将河边臣琼缶出居曾山。而欲问新罗攻任那之状。遂到任那，以荐集部首登弭，遣于百济约束军计。登弭仍宿妻家，落印书、弓箭于路。新罗具知军计，卒起大兵，寻属败亡，乞降归附。纪男麻吕宿祢取胜旋师，入百济营。令军中曰："夫胜不忘败，安必虑危，古之善教也。今处疆畔，豺狼交接，而可轻忽，不思变难哉？况复平安之世，刀剑不离于身。盖君子之武备，不可以已。宜深警戒，务崇斯令！"士卒皆委心而服事焉。河边臣琼缶独进转斗，所向皆拔。新罗更举白旗，投兵降首。河边臣琼缶元不晓兵，对举白旗，空示独进。新罗斗将曰:"将军河边臣今欲降矣。"乃进军逆战。尽锐遒攻,破之,前锋所伤甚众。倭国造手彦自知难救,弃军遁逃。新罗斗将手持钩戟,追至城洫,运戟击之。手彦因骑骏马,超渡城洫,仅以身免。斗降临城洫而叹曰:"久须尼自利!"[此新罗语。未详也。]于是,河边臣遂引军退,急营于野。于是,士卒尽相欺蔑,莫有遵承。斗将自就营中,悉生虏河边臣琼缶等及其随妇。于时父子夫妇不能相恤。斗将问河边臣曰:"汝命与妇,孰与尤爱?"答曰:"何爱一女,以取祸乎?如何不过命也。"遂许为妾。斗将遂于露地,奸其妇女。妇女后还,河边臣欲就谈之。妇人甚以惭恨,而不随。曰:"昔君轻卖妾身,今何面目以相遇?"遂不肯言。是妇人者,阪本臣女,曰甘美媛。同时所虏调吉士伊企傩,为人勇烈,终不降服。新罗斗将拔刀欲斩,逼而脱裈,追令以尻臀向日本,大号叫,[叫,咷也。]曰:"日本将,啗我髋脽!"即号叫曰:"新罗王,啗我髋脽!"虽被苦逼,尚如前叫。由是见杀,其子、舅子亦抱其父而死。伊企傩辞旨难夺皆如此,由此特为诸将帅所痛惜。

70. 百济威德王(昌王)二十一年(575)

《日本书纪》卷二〇《敏达纪》:(二月)乙丑,百济遣使进调,多溢恒岁。天皇以新罗未建任那,诏皇子与大臣曰:"莫懒懈于任那之事!"夏四月,乙酉朔庚寅,遣吉士金子使于新罗,吉士木莲子使于任那,吉士译语彦使于百济。

71. 百济威德王(昌王)二十三年(577)

《日本书纪》卷二〇《敏达纪》:夏五月,癸酉朔丁丑,遣大别王与小黑吉士,宰于百济国。[王人奉命,为使三韩,自称为宰。言宰于韩,盖古之典乎,如今言使也。余皆仿此。大别王未详所出也。]冬十一月,庚午朔,百济国王付还使大别王等,献经论若干卷,并律师、禅师、比丘尼、咒禁师、造佛工、造寺工六人。遂安置难波大别王寺。

72. 百济威德王(昌王)二十九年(583)

《日本书纪》卷二〇《敏达纪》:十二年秋七月,丁酉朔,诏曰:"属我先考天皇之世,新罗灭内官家之国。[天国排开广庭天皇二十三年,任那为新罗所灭。故云,新罗灭我内官家也。]先考天皇谋复任那,不果而崩,不成其志。是以朕当奉助神谋,复兴任那。今在百济火苇北国造阿利斯登子达率日罗,贤而有勇。故朕欲与其人相计!"乃遣纪国造押胜与吉备海部直羽岛,唤于百济。冬十月,纪国造押胜等,还自百济。复命于朝曰："百济国主奉惜日罗，不肯听！"是岁，复遣吉备海部直羽岛，召日罗于百济。羽岛既之百济，预先私见日罗，独自向家门底。俄而有家里来韩妇，用韩语言："以汝之根，入我根内。"即入家去。羽岛便觉其意，随后而入。于是，日罗迎来，把手使坐于座，密告之曰："仆窃闻之，百济国主奉疑天朝，奉遣臣后，留而弗还。所以奉惜不肯奉近。宜宣敕时，现严猛色，催急召焉。"羽鸟乃依其计，而召日罗。于是，百济国主布畏天朝，不敢违敕。奉遣以日罗、恩率、德尔、余怒、哥奴知、参官、柂师德率次干德、水手等若干人。日罗等行到吉备儿岛屯仓，朝庭遣大伴糠手子连而慰劳焉。复遣大夫等于难波馆，使访日罗。是时日罗披甲乘马，到门底下，乃进厅前，进退跪拜，叹恨而曰："于桧隈宫御寓天皇之世，我君大伴金村大连奉为国家，使于海表火苇北国造刑部靫部阿利斯登之子，臣达率日罗，闻天皇召，恐畏来朝。"乃解其甲，奉于天皇。乃营馆于阿斗桑市，使往日罗，供给随欲。复遣阿倍目臣、物部赞子连、大伴糠手子连而问国政于日罗。日罗对言："天皇所以治天下政，要须护养黎民。何遽兴兵，翻将失灭？故今合议者仕奉朝列臣、连、二造，〔二造者，国造、伴造也。〕下及百姓，悉皆饶富，令无所乏。如此三年，足食足兵，以悦使民。不惮水火，同恤国难。然后多造船舶，每津列置，使观客人令生恐惧。尔乃，以能使使于百济，召其国王。若不来者，召其太佐平、王子等来。即自然心生钦服。后应问罪。"又奏言："百济人谋言：'有船三百，欲请筑紫。'若其实请，宜阳赐予。然则百济欲新造国，必先以女人、小子，载船而至。国家望于此时，壹岐、对马多置伏兵，候至而杀。莫翻被诈。每于要害之所，坚筑斯塞矣！"于是恩率、参官，临罢国时，〔旧本，以恩率为一人，以参官为一人也。〕窃语德尔等言："计吾过筑紫许，汝等偷杀日罗者，吾俱白王，当赐高爵。身及妻子，垂荣于后。"德尔、余奴皆听而许焉。参官等遂发途于血鹿。于是，日罗自桑市村迁难波馆。德尔等昼夜相计，将欲杀。时，日罗身光，有如火焰。由是德尔等恐而不杀。遂于十二月晦，候失光，杀。日罗更苏生曰："此是我驱使奴等所为，非新罗也。"言毕而死。〔属是时，有新罗使。故云尔也。〕天皇诏赞子大连、糠手子连，令收葬于小郡西畔丘前。以其妻子、水手等，居于石川。于是，大伴糠手子连议曰："聚居一处，恐生其变。"乃以妻子，居于石川百济村，水手等居于石川大伴村。收缚德尔等，置于下百济河田村。遣数大夫，推问其事。德尔等伏罪言："信！是恩率、参官教使为也。仆等为人之下，不敢违矣。"由是下狱，复命朝庭。乃遣使于苇北，悉召日罗眷属，赐德尔等任情决罪。是时苇北君等，受而皆杀，投弥卖岛。［弥卖岛，盖姬岛也。］日罗移葬于苇北。于后，海畔者言："恩率之船，被风没海；参官之船，漂泊津岛，乃始得归。"

73. 百济威德王（昌王）三十年（584）

《日本书纪》卷二〇《敏达纪》：秋九月，从百济来鹿深臣［阙名字。］有弥勒石像一躯，佐伯连［阙名字。］有佛像一躯。是岁，苏我马子宿祢请其佛像二躯，乃遣鞍部村主司马达等、池边直冰田，使于四方，访觅修行者。

74. 百济威德王（昌王）三十三年（587）

《日本书纪》卷二一《崇峻纪》：（六月）甲子，善信阿尼等谓大臣曰："出家之途以戒为本。愿向百济，学受戒法。"是月，百济调使来朝。大臣谓使人曰："率此尼等，将渡汝国，令学戒法，了时发遣。"使人答曰："臣等归蕃先道国王。而后发遣，亦不迟也。"

75. 百济威德王（昌王）三十四年（588）

《日本书纪》卷二一《崇峻纪》：是岁，百济国遣使并僧惠总、令斤、惠寔等献佛舍利。百济国遣恩率首信、德率盖文、那率福富味身等进调，并献佛舍利；僧聆照律师、令威、惠众、惠宿、道严、令开等；寺工太良未太、文贾古子；炉盘博士将德白昧淳；瓦博士麻奈父奴、阳贵文、陵贵文、昔麻帝弥；画工白加。苏我马子宿祢请百济僧等，问受戒之法。以善信尼等，付百济国使恩率首信等发遣学问。

76. 百济威德王（昌王）三十六年（590）

《日本书纪》卷二一《崇峻纪》：三年春三月，学问尼善信等，自百济还，住樱井寺。

77. 百济威德王（昌王）四十一年（595）

《日本书纪》卷二二《推古纪》：是岁，百济僧慧聪来之。此两僧弘演佛教，并为三宝之栋梁。

78. 百济威德王（昌王）四十三年（597）

《日本书纪》卷二二《推古纪》：五年夏四月，丁丑朔，百济王遣王子阿佐朝贡。

79. 百济惠王二年（百济法王元年）（599）

《日本书纪》卷二二《推古纪》：秋九月，癸亥朔，百济贡骆驼一匹、驴一匹、羊二头、白雉一只。

80. 百济法王二年（百济武王元年）（600）

《日本书纪》卷二二《推古纪》：八年春二月，新罗与任那相攻。天皇欲救任那。是岁，命境部臣为大将军，以穗积臣为副将军。〔并缺名。〕则将万余众，为任那击新罗。于是，直指新罗，以泛海往之。乃到于新罗，攻五城而拔。于是，新罗王惶之，举白旗，到于将军之麾下而立。割多多罗、素奈罗、弗知鬼、委陀、南迦罗、阿罗罗六城，以请服。时将军共议曰："新罗知罪服之，强击不可。"则奏上。爰天皇更遣难波吉师神于新罗，复遣难波吉士木莲子于任那。并检校事状。爰新罗王、任那王，二国遣使贡调。仍奏表之曰："天上有神，地有天皇。除是二神，何亦有畏乎？自今以后，不有相攻。且不干船柂，每岁必朝！"则遣使以召还将军。将军等至自新罗，即新罗亦侵任那。

81. 百济武王二年（601）

《日本书纪》卷二二《推古纪》：三月，甲申朔戊子，遣大伴连啮于高丽，遣坂本臣糠手于百济，以诏之曰："急救任那……"秋九月辛巳朔戊子，新罗之间谍者迦摩到对马。则捕以贡之。流于上野。冬十一月庚辰朔甲申，议攻新罗。

82. 百济武王三年（602）

《日本书纪》卷二二《推古纪》：十年春二月己酉朔，来目皇子为击新罗将军，授诸神部及国造、伴造等，并军众二万五千人。夏四月戊申朔，将军来目皇子到于筑紫。乃进屯岛郡，而聚船舶运军粮。六月丁未朔己酉，大伴连啮、坂本臣糠手，共至自百济。是时，来目皇子卧病以不果征讨。冬十月，百济僧观勒来之。仍贡历本及天文地理书并遁甲方术之书也。是时选书生三四人，以俾学习于观勒矣。阳胡史祖玉陈习历法，大友村主高聪学天文遁甲，山背臣日并立学方术。皆学以成业。闰十月乙亥朔己丑，高丽僧僧隆、云聪，共来归。

83. 百济武王四年（603）

《日本书纪》卷二二《推古纪》：十一年春二月癸酉朔丙子，来目皇子薨于筑紫。仍驿使以奏上。爰天皇闻之大惊，则召皇太子、苏我大臣，谓之曰："击新罗大将军来目皇子薨之。其临大事而不遂矣，甚悲乎！"仍殡于周芳娑婆。乃遣土师连猪手，令掌殡事。故猪手连之孙曰娑婆连，其是之缘也。后葬于河内埴生山冈上。夏四月壬申朔，更以来目皇子之兄当麻皇子，为征新罗将军。秋七月辛丑朔癸卯，当麻皇子自难波发船。丙午，当麻皇子到播磨。时,从妻舍人姬王薨于赤石,仍葬于赤石桧笠冈上。乃当麻皇子返之,遂不征讨。

84. 百济武王九年（608）

《日本书纪》卷二二《推古纪》：十六年夏四月,小野臣妹子至自大唐。唐国号妹子臣曰苏因高。即大唐使人裴世清、下客十二人,从妹子臣至于筑紫。遣难波吉士雄成,召大唐客裴世清等。为唐客更造新馆于难波,高丽馆之上。六月,壬寅朔丙辰,客等泊于难波津。是日,以饰船三十艘,迎客等于江口,安置新馆。于是,以中臣宫地连磨吕、大河内直糠手、船史王平为掌客。爰妹子臣奏之曰："臣参还之时,唐帝以书授臣。然经过百济国之日,百济人探以掠取。是以不得上。"于是群臣议之曰："夫使人虽死之,不失旨。是使矣,何怠之失大国之书哉？"则坐流刑。时天皇敕之曰："妹子虽有失书之罪,辄不可罪。其大国客等闻之,亦不良。"乃赦之不坐也。

85. 百济武王十年（609）

《日本书纪》卷二二《推古纪》：十七年夏四月,丁酉朔庚子,筑紫大宰奏上言："百济僧道欣、惠弥为首,一十人,俗七十五人,泊于肥后国苇北津。"时遣难波吉士德摩吕、船史龙,以问之曰："何来也？"对曰："百济王命以遣于吴国。其国有乱不得入,更返于本乡。忽逢暴风,漂荡海中。然有大幸,而泊于圣帝之边境。以欢喜！"五月,丁卯朔壬午,德摩吕等复奏之。则返德摩吕、龙二人,而副百济人等,送本国。至于对马,以道人等十一,皆请之欲留。乃上表而留之。因令住元兴寺。

86. 百济武王十三年（612）

《日本书纪》卷二二《推古纪》：是岁,自百济国,有化来者。其面身皆斑白。若有白癞者乎。恶其异于人,欲弃海中岛。然其人曰："若恶臣之斑皮者,白斑牛马不可畜于国中。亦臣有小才,能构山岳之形。其留臣而用,则为国有利。何空之弃海岛耶？"于是听其辞以不弃,仍令构须弥形山及吴桥于南庭。时人号其人曰路子工。亦名芝耆摩吕。又百济人味摩之,归化曰："学于吴,得伎乐舞。"则安置樱井,而集少年,令习伎乐舞。于是,真野首弟子、新汉齐文二人,习之传其舞。

87. 百济武王十六年（615）

《日本书纪》卷二二《推古纪》：二十三年秋七月,犬上君御田锹、矢田部造,至自大唐。百济使则从犬上君而来朝。十一月,己丑朔庚寅,飨百济客矣。

88. 百济武王二十四年（623）

《日本书纪》卷二二《推古纪》：是岁，新罗伐任那。任那附新罗。于是天皇将讨新罗，谋及大臣，询于群卿。田中臣对曰："不可急讨。先察状，以知逆，后击之不晚也。请试遣使，睹其消息。"中臣连国曰："任那元是我内官家，今新罗人伐而有之。请戒戎旅，征伐新罗，以取任那附百济。宁非益有于新罗乎！"田中臣曰："不然。百济是多反覆之国，道路之间尚诈之，凡彼所请皆非之。故不可附百济。"则不果征焉。

89. 百济武王二十五年（624）

《日本书纪》卷二二《推古纪》：（夏四月）于是，百济观勒僧表上以言："夫佛法自西国至于汉，经三百岁，乃传之至于百济国，而仅一百年矣。然我王闻日本天皇之贤哲，而贡上佛像及内典，未满百岁。故当今时，以僧尼未习法律，辄犯恶逆。是以诸僧尼惶惧以不知所如。仰愿其除恶逆者以外僧尼，悉赦而勿罪。是大功德也！"天皇乃听之。戊午，诏曰："夫道人尚犯法，何以诲俗人？故自今已后，任僧正、僧都，仍应检校僧尼。"壬戌，以观勒僧为僧正，以鞍部德积为僧都。

90. 百济武王三十一年（630）

《日本书纪》卷二三《舒明纪》：三月丙寅朔，高丽大使宴子拔、小使若德，百济大使恩率素子、小使德率武德，共朝贡。秋八月癸巳朔丁酉，以大仁犬上君三田耜、大仁药师惠日，遣于大唐。庚子，飨高丽、百济客于朝。九月癸亥朔丙寅，高丽、百济客归于国。

91. 百济武王三十六年（635）

《日本书纪》卷二三《舒明纪》：夏六月，乙丑朔甲戌，百济遣达率柔等，朝贡。秋七月，乙未朔辛丑，飨百济客于朝。

92. 百济武王三十九年（638）

《日本书纪》卷二三《舒明纪》：是岁，百济、新罗、任那，并朝贡。

93. 百济武王四十一年（640）

《日本书纪》卷二三《舒明纪》：冬十月，乙丑朔乙亥，大唐学问僧清安、学生高向汉人玄理，传新罗而至之。仍百济、新罗朝贡之使共从来之，则各赐爵一级。

94. 百济武王四十四年（643）

《日本书纪》卷二三《舒明纪》：（舒明三年，631）三月，庚申朔，百济王义慈，入王子丰章为质。

《日本书纪》卷二四《皇极纪》：（皇极元年二月）壬辰，高丽使人泊难波津。丁未，遣诸大夫于难波郡，检高丽国所贡金银等并其献物。使人贡献既讫而谘云："去年六月，弟王子薨。秋九月，大臣伊梨柯须弥杀大王，并杀伊梨渠世斯等百八十余人。仍以弟王子儿为王，以己同姓都须流金流为大臣。"戊申，飨高丽、百济客于难波郡。诏大臣曰："以津守连大海，可使于高丽。以国胜吉士水鸡，可使于百济。〔水鸡，此云俱比那。〕以草壁吉士真迹，可使于新罗。以坂本吉士长兄，可使于任那。"庚戌，召翘岐，安置于阿昙山背连家。辛亥，飨高丽、百济客。癸丑，高丽使人、百济使人并罢归……夏四月，丙戌朔癸巳。太使翘岐将其从者拜朝。乙未，苏我大臣敏傍家唤百济翘岐等，亲对语话。仍赐良马一疋、铁二十铤。唯不唤塞上……五月，乙卯朔己未，于河内国依网屯仓前召翘岐等，令观射猎。庚午，百济国调使船与吉士船，俱泊于难波津。〔盖吉士前奉使于百济乎。〕壬申，百济使人进调。吉士服命。乙亥，翘岐从者一人死去。丙子，翘岐儿死去。是时翘岐与妻畏忌儿死，果不临丧。凡百济、新罗风俗，有死亡者，虽父母、兄弟、夫妇、姐妹，永不自看。以此而观，无慈之甚，岂别禽兽。丁丑，熟稻见。戊寅，翘岐将妻子移于百济大井家，乃遣人葬儿于石川……（秋七月）乙亥，飨百济使人大佐平智积等于朝。〔或本云，百济使人大佐平智积及儿达率（阙名）、恩率军善。〕乃命健儿相扑于翘岐前。智积等宴毕而退，拜翘岐门……（八月）己丑，百济使、参官等罢归。仍赐大舶与同船三艇。〔同舩母庐纪舟。〕是日，夜半雷鸣西南角而风雨。参官等所乘船舶，触岸而破。丙申，以小德授百济质达率长福，中客以下，授位一级。赐物各有差。戊戌，以船赐百济参官等发遣。己亥，高丽使人罢归。己酉，百济、新罗使人罢归。

《日本书纪》卷二四《皇极纪》：（皇极二年）三月，辛亥朔癸亥，灾难波百济客馆堂与民家室……（四月）庚子，筑紫大宰驰驿奏曰："百济国主儿翘岐弟王子，共调使来……"六月，己卯朔辛卯，筑紫大宰驰驿奏曰："高丽遣使来朝。"群卿闻而谓之曰："高丽自己亥年不朝，而今朝也。"辛丑，百济进调船，泊于难波津。秋七月，己酉朔辛亥，遣数大夫于难波郡，检百济国调与献物。于是，大夫问调使曰："所进国调，欠少前例。送大臣物，不改去年所还之色。送群卿物，亦不全将来。背违前例，其状何也？"大使达率自斯、副使恩率军善，俱答谘曰："即今可备。"

自斯，质达率武子之子……是岁，百济太子余丰，以蜜蜂房四枚，放养于三轮山，而终不蕃息。

95. 百济义慈王五年（645）

《日本书纪》卷二五《孝德纪》：（秋七月）丙子，高丽、百济、新罗并遣使进调。百济调进兼领任那，使任那调。唯百济大使佐平缘福，遇病留津馆而不入于京。巨势德大臣诏于高丽使曰："明神御宇日本天皇诏旨：'天皇所遣之使与高丽神子奉遣之使，既往短而将来长。是故，可以温和之心，相继往来而已。'"又诏于百济使曰："明神御宇日本天皇诏旨：'始我远皇祖之世，以百济国为内官家，譬如三绞之纲。中间以任那国属赐百济。后遣三轮栗隈君东人，观察任那国界。是故百济王随敕悉示其界，而调有阙。由是却还其调。任那所出物者，天皇之所明览。夫自今以后，可具题国与所出调。汝佐平等不易面来，早须明报。今重遣三轮君东人、马饲造［阙名。］'"又敕："可送遣鬼部达率意斯妻子等……"（八月）癸卯，遣使于大寺，唤聚僧尼而诏曰："于矶城岛宫御宇天皇十三年中，百济明王奉传佛法于我大倭。是时群臣俱不欲传，而苏我稻目宿祢独信其法。天皇乃诏稻目宿祢，使奉其法。于译语田宫御宇天皇之世，苏我马子宿祢追遵考父之风，犹重能仁世之教。而余臣不信，此典几亡。天皇诏马子宿祢，而使奉其法。于小垦田宫御宇天皇之世，马子宿祢奉为天皇，造丈六绣像、丈六铜像，显扬佛教，恭敬僧尼。朕更复思崇正教，光启大猷。故以沙门狛大法师福亮、惠云、常安、灵云、惠至［寺主。］、僧旻、道登、惠邻、惠隐、惠妙而为十师。别以惠妙法师为百济寺寺主。此十师等宜能教导众僧，修行释教，要使如法。凡自天皇至于伴造所造之寺，不能营者，朕皆助作。今拜寺司等与寺主。巡行诸寺，验僧尼、奴婢、田亩之实，而尽显奏！"

96. 百济义慈王六年（646）

《日本书纪》卷二五《孝德纪》：（二月）高丽、百济、任那、新罗，并遣使，贡献调赋。

97. 百济义慈王九年（649）

大化四年春正二月壬子朔，遣于三韩［三韩，谓高丽、百济、新罗。］学问僧。

98. 百济义慈王十年（650）

《日本书纪》卷二五《孝德纪》：二月，庚午朔戊寅，穴户国司草壁连丑经，献白雉曰："国造首之同族贽，正月九日，于麻山获焉。"于是问诸百济君，曰："后汉明帝永平十一年，白雉在所见焉。"云云……甲申，朝庭队仗，如元会仪。左右大臣、百官人等，为四列于紫门外。以粟田臣饭虫等四人，使执雉舆，而在前去。左右大臣乃率百官及百济君丰璋，其弟塞城、忠胜、高丽侍医毛治，新罗侍学士等，而至中庭……夏四月，新罗遣使贡调。[或本云，是天皇世，高丽、百济、新罗三国，每年遣使贡献也。]……是岁，汉山口直大口，奉诏刻千佛像。遣倭汉直县、白发部连镫、难波吉士胡床于安艺国，使造百济舶二只。

99. 百济义慈王十一年（651）

《日本书纪》卷二五《孝德纪》：夏六月，百济、新罗遣使贡调献物。

100. 百济义慈王十二年（652）

《日本书纪》卷二五《孝德纪》：（四月）新罗、百济遣使贡调，献物。

101. 百济义慈王十三年（653）

《日本书纪》卷二五《孝德纪》：六月，百济、新罗遣使贡调，献物。

102. 百济义慈王十四年（654）

《日本书纪》卷二五《孝德纪》：是岁，高丽、百济、新罗，并遣使奉吊。

103. 百济义慈王十五年（655）

《日本书纪》卷二四《皇极纪》：（皇极元年正月，642）乙酉，百济使人大仁阿昙连比罗夫，从筑紫国乘驿马来言："百济国闻天皇崩，奉遣吊使。臣随吊使，共到筑紫。而臣望仕于葬，故先独来也。然其国者今大乱矣。"二月，丁亥朔戊子，遣阿昙山背连比良夫、草壁吉士磐金、倭汉书直县，遣百济吊使所，问彼消息。吊使报言："百济国主谓臣言：'塞上恒作恶之，请付还使，天皇不许。'"百济吊使傔人等言："去年十一月，大佐平智积卒。又百济使人掷崐崘使于海里。今年正月，国主母薨。又弟王子儿翘岐及其母妹女子四人，内佐平岐味，有高名之人四十余，被放于岛。"

《日本书纪》卷二六《齐明纪》：是岁，高丽、百济、新罗，并遣使进调。[百济大使西部达率余宜受，副使东部恩率调信仁，凡一百余人。]

104. 百济义慈王十六年（656）

《日本书纪》卷二六《齐明纪》：时，高丽、百济、新罗并遣使进调。为张绀幕于此宫地而飨焉……西海使佐伯连栲绳、[阙位阶级。]小山下难波吉士国胜等，自百济还，献鹦鹉一只。

105. 百济义慈王十七年（657）

《日本书纪》卷二六《齐明纪》：西海使小花下阿昙连颊垂、小山下津臣伛偻［伛偻，此云俱豆磨。］自百济还，献骆驼一个、驴二个。

106. 百济义慈王十八年（658）

《日本书纪》卷二六《齐明纪》：（是岁）出云国言："于北海滨鱼死而积。厚三尺许，其大如鲐，雀啄针鳞，鳞长数寸。俗曰：'雀入于海，化而为鱼。名曰雀鱼。'"［或本云，至庚申年七月，百济遣使奏言，大唐、新罗并力伐我。既以义慈王、王后、太子为虏而去。由是，国家以兵士甲卒阵西北畔，缮修城栅，断塞山川之兆。］又西海使小花下阿昙连颊垂自百济还言："百济伐新罗还时，马自行道于寺金堂，昼夜勿息。唯食草时止。"［或本云，至庚申年为敌所灭之应也。］

107. 百济义慈王十九年（659）

《日本书纪》卷二六《齐明纪》：伊吉连博德书曰：同天皇之世，小锦下坂合部石布连、大山下津守吉祥连等二船，奉使吴唐之路。以己未年七月三日，发自难波三津之浦。九月十三日，行到百济南畔之岛。岛名毋分明。以十四日，寅时，二船相从放出大海……闰十月一日，行到越州之底。十月十五日，乘驿入京。二十九日，驰到东京。天子在东京……十一月一日，朝有冬至之会。会日亦觐。所朝诸蕃之中，倭客最胜。后由出火之乱，弃而不亦检。十二月三日，韩智兴傔人西汉大麻吕，枉谗我客。客等获罪唐朝，已决流罪。前流智兴于三千里之外。客中有伊吉连博德奏，因即免罪。事了之后，敕旨："国家来年必有海东之政。汝等倭客，不得东归！"遂逗西京，幽置别处。闭户防禁，不许东西，困苦经年。

108. 百济义慈王二十年（660）

《日本书纪》卷二六《齐明纪》：（六年五月）又，举国百姓无故持兵，往还于道。［国老言："百济国失所之相乎！"］……［高丽沙门道显日本世记曰："七月云云。春秋智借大将军苏定方之手，使击百济，亡之。或曰，百济自亡。由君大夫人妖女之无道，擅夺国柄，诛杀贤良故，召斯祸矣。可不慎欤，可不慎欤！其注云，新罗春秋智，不得愿于内臣盖金。故亦使于唐，舍俗衣冠，请媚于天子，投祸于邻国，而构斯意行者也。"伊吉连博德书云："庚申年八月，百济已平之后，九月十二日，放客本国。十九日，发自西京。十月十六日，还到东京，始得相见阿利麻等五人。十一月一日，为将军苏定方等所捉百济王以下太子隆等诸王十三人，大佐平沙宅千福、国弁成以下三十七人,并五十许人。奉进朝堂。急引趋向天子。天子恩敕著前放著。十九日,赐劳。二十四日,发自东京。"〕九月,己亥朔癸卯,百济遣达率、〔阙名。〕沙弥觉从等来奏曰:"〔或本云,逃来告难。〕今年七月,新罗恃力作势,不亲于邻。引构唐人,倾覆百济!君臣总俘,略无噍类!〔或本云,今年七月十日,大唐苏定方,率船师军尾资之津,新罗王春秋智率兵马军于怒受利之山。夹击百济,相战三日,陷我王城。同月十三日,始破王城。怒受利山,百济之东界也。〕于是,西部恩率鬼室福信赫然发愤,据任射岐山。〔或本云,北任剑利山。〕达率余自进据中部久麻怒利城。〔或本云,都都岐留山。〕各营一所,诱聚散卒。兵尽前役,故以棓战。新罗军破,百济夺其兵。既而济兵翻锐,唐不敢入。福信等遂鸠集同国,共保王城。国人尊曰:'佐平福信!佐平自进!'唯福信起神武之权,兴既亡之国。"冬十月,百济佐平鬼室福信,遣佐平贵智等来献唐俘一百余人。今美浓国不破、片县二郡唐人等也。又乞师请救。并乞王子余丰璋曰〔或本云,佐平贵智、达率正珍也。〕:"唐人率我蝥贼,来荡摇我疆场,覆我社稷,俘我君臣。〔百济王义慈,其妻恩古,其子隆等,其臣佐平千福、国弁成、孙登等凡五十余。秋于七月十三日,为苏将军所捉,而送去于唐国。盖是无故持兵之征乎?〕而百济国遥赖天皇护念,更鸠集以成邦。方今谨愿,迎百济国遣侍天朝王子丰璋,将为国主。云云。"诏曰:"乞师请救,闻之古昔。扶危继绝,著自恒典。百济国穷来归我。以本邦丧乱,靡依靡告。枕戈尝胆,必存拯救!远来表启,志有难夺。可分命将军,百道俱前。云会雷动,聚集沙喙,翳其鲸鲵,纾彼倒悬。宜有司具为与之,以礼发遣!"云云。〔送王子丰璋及妻子与其叔父忠胜等。其正发遣之时,见于七年。或本云,天皇立丰璋为王,立塞上为辅,而以礼发遣焉。〕十二月,丁卯朔庚寅,天皇幸于难波宫。天皇方随福信所乞之意,思幸筑紫,将遣救军,而初幸斯,备诸军品。是岁,欲为百济将伐新罗,乃敕骏河国造船。已讫,挽至续麻郊之时,其船夜中无故舻舳相反。众知终败。科野国言:"蝇群向西,飞逾巨坡。大十围许,高至苍天。"或知救军败绩之怪。

109. 百济亡后一年(661)

《日本书纪》卷二六《齐明纪》:七年春正月,丁酉朔壬寅,御船西征,始就于海路。甲辰,御船到于大伯海……庚戌,御船泊于伊豫熟田津石汤行宫……三月,丙申朔庚申,御船还至于娜大津。居于磐濑行宫。天皇改此名曰长津。夏四月，百济福信遣使上表，乞迎其王子纠解。[释道显日本世记曰："百济福信献书，祈其君纠解于东朝。"或本云，四月，天皇迁居于朝仓宫。]五月，乙未朔癸卯，天皇迁居于朝仓橘广庭宫。是时，斫除朝仓社木而作此宫之故，神忿坏殿。亦见宫中鬼火。由是大舍人及诸近侍病死者众。丁巳，耽罗始遣王子阿波伎等贡献。[伊吉连博得书云："辛酉年正月二十五日，还到越州。四月一日，从越州上路，东归。七日，行到柽岸山，明。以八日鸡鸣之时，顺西南风，放船大海。海中迷途，漂荡辛苦。九日八夜，仅到耽罗之岛。便即招慰岛人王子阿波伎等九人，同载客船，拟献帝朝。五月二十三日，奉进朝仓之朝。耽罗入朝始于此时]……六月，伊势王薨。秋七月，甲午朔丁巳，天皇崩于朝仓宫。八月，甲子朔，皇太子奉徙天皇丧，还至磐濑宫。是夕，于朝仓山上有鬼，著大笠，临视丧仪。众皆嗟怪。冬十月，癸亥朔己巳，天皇之丧归就于海……（冬十月）乙酉，天皇之丧，还泊于难波。十一月，壬辰朔戊戌，以天皇丧殡于飞鸟川原。自此发哀，至于九日。[日本世纪云："十一月，福信所获唐人续守言等，至于筑紫。"或本云，辛酉年，百济佐平福信所献唐俘一百六口，居于近江国垦田。庚申年，既云福信献唐俘。故今存注，其决焉。]

《日本书纪》卷二七《天智纪》：八月，遣前将军大花下阿昙比逻夫连、小花下河边百枝臣等，后将军大花下阿倍引田比逻夫臣、大山上物部连熊、大山上守君大石等救于百济。仍送兵杖、五谷。[或本，续此末云，别使大山下狭井连槟榔、小山下秦造田来津，守护百济。]九月，皇太子御长津宫，以织冠授于百济王子丰璋。复以多臣蒋敷之妹，妻之焉。乃遣大山下狭井连槟榔、小山下秦造田来津率军五千余，卫送于本乡。于是，丰璋入国之时，福信迎来，稽首奉国朝政，皆悉委焉。十二月，高丽言："惟十二月，于高丽国寒极浿冻。故唐军云车、冲辒鼓钲吼然。高丽士卒胆勇雄壮。故更取唐二垒，唯有二塞。亦备夜取之计，唐兵爆膝而哭。锐钝力竭，而不能拔。"噬脐之耻，非此而何？[释道显云："言春秋之志，正起于高丽，而先声百济。百济近侵甚苦急，故尔也。"]……又，日本救高丽将军等，泊于百济加巴利滨而然火焉。灰变为孔，有细响，如鸣镝。或曰："高丽，百济终亡之征乎！"

110. 百济亡后二年（662）

《日本书纪》卷二七《天智纪》：元年春正月，辛卯朔丁巳，赐百济佐平鬼室福信矢十万支、丝五百斤、绵一千斤、布一千端、韦一千张、稻种三千斛。三月，庚寅朔癸巳，赐百济王布三百端。是月，唐人、新罗人伐高丽。高丽乞救国家。仍遣军将，据疏留城。由是，唐人不得略其南界，新罗不获输其西垒。……五月，大将军大锦中阿昙比逻夫连等，率船师一百七十艘，送丰璋等于百济国，宣敕，以丰璋等使继其位。又予金策于福信，而抚其背，褒赐爵禄。于时，丰璋等与福信稽首受敕，众为流涕。六月，己未朔丙戌，百济遣达率万智等，进调献物。冬十二月，丙戌朔，百济王丰璋，其臣佐平福信等，与狭井连、[阙名。]朴市田来津议曰："此州柔者远隔田亩，土地硗确，非农桑之地，是拒战之场。此焉久处，民可饥馑。今可迁于避城。避城者，西北带以古连旦泾之水，东南据深泥巨堰之防。缭以周田，决渠降雨。华实之毛则三韩之上腴焉。衣食之源则二仪之隩区矣。虽曰地卑，岂不迁欤？"于是，朴市田来津独进而谏曰："避城与敌所在之间，一夜可行，相近兹甚！若有不虞，其悔难及者矣。夫饥者后也，亡者先也。今敌所以不妄来者，州柔设置山险，尽为防御，山峻高而谿隘守易，而攻难之故也。若处卑地，何以固居而不摇动及今日乎！"遂不听谏，而都避城。是岁，为救百济，修缮兵甲，备具船舶，储设军粮。是年，太岁壬戌也。

111. 百济亡后三年（663）

《日本书纪》卷二七《天智纪》：二年春二月，乙酉朔丙戌，百济遣达率金受等进调。新罗人烧燔百济南畔四州，并取安德等要地。于是，避城去贼近，故势不能居。乃还居于州柔。如田来津之所计。是月，佐平福信上送唐俘续守言等。三月，遣前将军上毛野君稚子、间人连大概，中将军巨势神前臣译语、三轮君根麻吕，后将军阿倍引田臣比逻夫、大宅臣镰柄，率二万七千人，打新罗。夏五月，癸丑朔，犬上君[阙名。]驰告兵事于高丽而还。见纠解于石城。纠解仍语福信之罪。六月，前将军上毛野君稚子等取新罗沙鼻、岐奴江二城。百济王丰璋，嫌福信有谋反心，以革穿掌而缚。时难自决，不知所为。乃问诸臣："福信之罪，既如此焉。可所斩不？"于是达率德执得曰："此恶逆人，不合放舍！"福信即唾于执得，曰："腐狗痴奴！"王勒健儿，斩而醢首。秋八月，壬午朔甲午，新罗以百济王斩己良将，谋直入国先取州柔。于是百济知贼所计，谓诸将曰："今闻，大日本国之救将庐原君臣，率健儿万余，正当越海而至。愿将军等应预图之！我欲自往待飨白村。"戊戌，贼将至于州柔，绕其王城。大唐军将率战船一百七十艘，阵烈于白村江。戊申，日本船师初至者与大唐船师合战。日本不利而退，大唐坚阵而守。己酉，日本诸将与百济王不观气象，而相谓之曰："我等争先，彼应自退。"更率日本乱伍中军之卒，进打大唐坚阵之军。大唐便自左右夹船绕战。须臾之际，官军败绩。赴水逆死者众。舻舳不得回旋。朴市田来津仰天而誓，切齿而嗔，杀数十人，于焉战死。是时，百济王丰璋与数人乘船逃去高丽。九月，辛亥朔丁巳，百济州柔城，始降于唐。是时，国人相谓之曰："州柔降矣，事无奈何。百济之名，绝于今日。丘墓之所，岂能复往。但可往于弖礼城，会日本军将等，相谋事机所要。"遂，教本在枕服岐城之妻子等，令知去国之心。辛酉，发途于牟弖。癸亥，至弖礼。甲戌，日本船师及佐平余自信、达率木素贵子、谷那晋首、忆礼福留并国民等至于弖礼城。明日，发船始向日本。

《日本书纪》卷二九《天武纪下》：（天武天皇十年八月）丙子，诏三韩诸人曰：先日复十年调税既讫。且加以归化初年俱来之子孙，并课役悉免焉……（天武天皇十三年十二月）癸未，大唐学生土师宿祢甥、白猪史宝然，及百济役时没大唐者猪使连子首、筑紫三宅连得许，传新罗至。则新罗遣大奈末金物儒，送甥等于筑紫。

《日本书纪》卷三〇《持统纪》：（持统天皇十年四月）戊戌，以追大贰，授伊豫国风速郡物部药与肥后国皮石郡壬生诸石，并赐人絁四匹、丝十绚、布二十端、锹二十口、稻一千束、水田四町，复户调役。以慰久苦唐地。

《续日本纪》卷七《元正纪一》：（养老元年十一月甲辰）高丽、百济二国士卒，遭本国乱，投于圣化，朝廷怜其绝域，给复终身。

《续日本纪》卷三《文武纪三》：（庆云四年五月）癸亥，赞岐国那贺郡锦部刀良、陆奥国信太郡生王五百足、筑后国山门郡许势部形见等，各赐衣一袭及盐、谷。初救百济也，官军不利。刀良等被唐兵虏，没作官户，历卅余年乃免。刀良至是遇我使粟田朝臣真人等，随而归朝。怜其勤苦，有此赐也。

《续日本纪》卷二八《称德纪四》：（神护景云二年六月）庚子，内藏头兼大外记远江守从四位下高丘宿祢比良麿，卒。其祖沙门咏，近江朝岁次癸亥，自百济归化。

《续日本纪》卷三二《光仁纪三》：（宝龟五年）冬十月，丁卯朔己巳，散位从四位下国中连公麻吕，卒。本是百济国人也。其祖父德率国骨富，近江朝庭岁次癸亥属本蕃丧乱归化。

112. 百济亡后四年（664）

《日本书纪》卷二七《天智纪》：三月，以百济王善光王等居于难波。有星殒于京北……夏五月，戊申朔甲子，百济镇将刘仁愿，遣朝散大夫郭务悰等，进表函与献物……冬十月，乙亥朔，宣发遣郭务悰等敕。是日，中臣内臣遣沙门智祥，赐物于郭务悰。戊寅，飨赐郭务悰等。是月，高丽大臣盖金，终于其国。遗言于儿等曰："汝等兄弟，和如鱼水，勿争爵位。若不如是，必为邻笑。"……十二月，甲戌朔乙酉，郭务悰等罢归……是岁，于对马岛、壹岐岛、筑紫国等，置防与烽。又于筑紫，筑大堤储水，名曰水城。

《续日本纪》卷二七《称德纪二》：（天平神护二年六月）壬子，刑部卿从三位百济王敬福薨。其先者出自百济国义慈王。高市冈本宫驭宇天皇御世，[舒明。]义慈王遣其子丰璋王及禅广王入侍。泊于后冈本朝廷，[齐明。]义慈王兵败降唐，其臣佐平福信克复社稷，远迎丰璋，绍兴绝统。丰璋纂基之后，以谮横杀福信。唐兵闻之复攻州柔，丰璋与我救兵拒之，救军不利，丰璋驾船遁于高丽。禅广因不归国。藤原朝廷[持统。]赐号曰百济王，卒赠正广参。子百济王昌成，幼年随父归朝，先父而卒，飞鸟净御原御世[天武。]赠小紫。子郎虞，奈良朝廷[圣武。]从四位下摄津亮。敬福者即其第三子也……薨时年六十九。

113. 百济亡后五年（665）

《日本书纪》卷二七《天智纪》：是月（二月），勘校百济国官位阶级。仍以佐平福信之功，授鬼室集斯小锦下。[其本位达率。]复以百济百姓男女四百余人，居于近江国神前郡。秋八月，遣达率答㶱春初，筑城于长门国。遣达率忆礼福留、达率四比福夫于筑紫国，筑大野及椽二城。耽罗遣使来朝。九月，庚午朔壬辰，唐国遣朝散大夫沂州司马上柱国刘德高等。[等谓，右戎卫郎将上柱国百济将（祢）军、朝散大夫（上）柱国郭务悰，凡二百五十四人。七月二十八日，至于对马。九月二十日，至于筑紫。二十二日，进表函焉。]冬十月，己亥朔己酉，大阅于菟道。十一月，己巳朔辛巳，飨赐刘德高等。十二月，戊戌朔辛亥，赐物于刘德高等。是月，刘德高等罢归。是岁，遣小锦守君大石等于大唐，云云。[等谓，小山坂合部连石积、大乙吉士岐弥、吉士针间。盖送唐使人乎。]

114. 百济亡后六年（666）

《日本书纪》卷二七《天智纪》：是日（正月戊辰朔戊寅），耽罗遣王子姑如等贡献……（是冬）以百济男女二千余人居于东国。凡不择缁素，起癸亥年至于三岁，并赐官食。

115. 百济亡后七年（667）

《日本书纪》卷二七《天智纪》：六年春二月，壬辰朔戊午，合葬天丰财日重足姬天皇与间人皇女，于小市冈上陵。是日，以皇孙大田皇女葬于陵前之墓。高丽、百济、新罗，皆奉哀于御路……十一月，丁巳朔乙丑，百济镇将刘仁愿，遣熊津都督府熊山县令上柱国司马法聪等，送大山下境部连石积等于筑紫都督府。己巳，司马法聪等罢归。以小山下伊吉连博德、大乙下笠臣诸石，为送使。是月，筑倭国高安城，赞吉国山田郡屋岛城，对马国金田城。

116. 百济亡后八年（668）

《日本书纪》卷二七《天智纪》：夏四月，乙卯朔庚申，百济遣末都师父等进调。庚午，末都师父等罢归……秋九月，壬午朔癸巳，新罗遣沙喙级飡金东严等进调。丁未，中臣内臣使沙门法弁、秦笔，赐新罗上臣大角干庾信船一只，付东严等。庚戌，使布势臣耳麻吕，赐新罗王输御条船一只，付东严等。十一月，辛巳朔，赐新罗王绢五十匹、绵五百斤、韦一百枚，付金东严等。赐东严等物，各有差。乙酉，遣小山下道守臣麻吕、吉士小鲔于新罗。是日，金东严等罢归。

117. 百济亡后九年（669）

《日本书纪》卷二七《天智纪》：三月，己卯朔己丑，耽罗遣王子久麻伎等贡献。丙申，赐耽罗王五谷种。是日，王子久麻伎等罢归……九月，丁丑朔丁亥，新罗遣沙餐都儒等进调……是岁，遣小锦中河内直鲸等，使于大唐。又，以佐平余自信、佐平鬼室集斯等男女七百余人，迁居近江国蒲生郡。又，大唐遣郭务悰等二千余人。

118. 百济亡后十一年（671）

《日本书纪》卷二七《天智纪》：（春正月）辛亥，百济镇将刘仁愿遣李守真等上表。是月，以大锦下授佐平余自信、沙宅绍明。［法官大辅。］以小锦下授鬼室集斯。［学职头。］以大山下授达率谷那晋首、［闲兵法。］木素贵子、［闲兵法。］忆礼福留、［闲兵法。］答㶱春初、［闲兵法。］㶱日比子赞波罗金罗金须、［解药。］鬼室集信。［解药。］以小山上授达率德顶上、[解药。]吉大尚、[解药。]许率母、[明五经。]角福牟。[闲于阴阳。]以小山下授余达率等五十余人也……二月，戊辰朔庚寅，百济遣台久用善等进调……六月，丙寅朔己巳，宣百济三部使人所请军事。庚辰，百济遣羿真子等进调……新罗遣使进调。别献水牛一头、山鸡一只。秋七月，丙申朔丙午，唐人李守真等，百济使人等，并罢归……冬十月，甲子朔庚午，新罗遣沙餐金万物等进调……十一月，甲午朔癸卯，对马国司遣使于筑紫大宰府，言：月生二日，沙门道久、筑紫君萨野马、韩岛胜娑婆、布师首磐四人从唐来曰："唐国使人郭务悰等六百人，送使沙宅孙登等一千四百人，总合二千人，乘船四十七只，俱泊于比智岛。相谓之曰：今吾辈人船数众。忽然到彼，恐彼防人惊骇射战。"乃遣道久等，豫稍披陈来朝之意……是日（十一月壬戌），赐新罗王绢五十匹、絁五十匹、绵一千斤、韦一百枚……（十二月）乙卯，新罗进调使沙餐金万物等罢归。

《日本书纪》卷二五《孝德纪》：（白雉五年）秋七月甲戌朔丁酉，西海使吉士长丹等，共百济、新罗送使，泊于筑紫。……是岁，高丽、百济、新罗并遣使奉吊。

《日本书纪》卷三〇《持统纪》：（持统四年九月，690）丁酉，大唐学问僧智宗、义德、净愿、军丁筑紫国上阳咩郡大伴部博麻，从新罗送使大奈末金高训等，还至筑紫……（十月）乙丑，诏军丁筑紫国上阳咩郡人大伴部博麻曰："于天丰财重日足姬天皇[齐明。]七年，救百济之役，汝为唐军见虏。洎天命开别天皇[天智。]三年，土师连富杼、冰连老、筑紫君萨夜麻、弓削连元宝儿四人，思欲奏闻唐人所计，缘无衣粮，忧不能达。于是博麻谓土师富杼等曰：'我欲共汝还向本朝，缘无衣粮，俱不能去。愿卖我身，以充衣食。'富杼等，依博麻计，得通天朝。汝独淹滞他界，于今三十年矣。朕嘉厥尊朝爱国，卖己显忠。故赐务大肆，并絁五匹、绵一十屯、布三十端、稻一千束、水田四町。其水田及至曾孙也。免三族课役，以其显功。"

119. 百济亡后十二年（672）

《日本书纪》卷二八《天武纪上》：元年春三月，壬辰朔己酉，遣内小七位阿昙连稻敷于筑紫，告天皇丧于郭务悰等。于是郭务悰等咸著丧服，三遍举哀，向东稽首。壬子，郭务悰等再拜，进书函与信物。夏五月，辛卯朔壬寅，以甲、胄、弓矢赐郭务悰等。是日，赐郭务悰等物，总合絁一千六百七十三匹、布二千八百五十二端、绵六百六十六斤。戊午，高丽遣前部富加抌等进调。庚申，郭务悰等罢归。

120. 百济亡后十三年（673）

《日本书纪》卷二九《天武纪下》：（天武二年）闰六月，乙酉朔庚寅，大锦下百济沙宅昭明卒。为人聪明睿智，时称秀才。[《藤原家传》卷上《藤原镰足》：百济人小紫沙宅昭明，才思颖拔，文章冠世。伤令名不传，贤德空没。仍制碑文，今在别卷。]于是天皇惊之，降恩以赠外小紫位，重赐本国大佐平位。壬辰，耽罗遣王子久麻艺、都罗宇麻等朝贡。己亥，新罗遣韩阿餐金承元、阿餐金祇山、大舍霜雪等，贺滕极。并遣一吉餐金萨儒、韩奈末金池山等，吊先皇丧。[一云，调使。]其送使贵干宝真毛，送承元、萨儒于筑紫。戊申，飨贵干宝等于筑紫，赐禄各有差。即从筑紫返于国……癸卯，高丽遣上部位头大兄邯子、前部大兄硕干等朝贡。仍新罗遣韩奈末金利益，送高丽使人于筑紫。戊申，唤贺誊极使金承元等中客以上二十七人于京。因命大宰，诏耽罗使人曰："天皇新平天下，初之即位。由是唯除贺使以外不召，则汝等亲所见。亦时寒波崄，久淹留之，还为汝愁。故宜疾归。"仍在国王及使者久麻艺等，肇赐爵位。其爵者大乙上，更以锦绣润饰之。当其国之佐平位。则自筑紫返之。九月，癸丑朔庚辰，飨金承元等于难波，奏种种乐。赐物各有差。冬十一月壬子朔，金承元罢归之。壬申，飨高丽邯子，新罗萨儒等于筑紫大郡，赐禄各有差。

121. 百济亡后十四年（674）

《日本书纪》卷二九《天武纪下》：三年春正月，辛亥朔庚申，百济王昌成薨。赠，小紫位。

122. 百济亡后十五年（675）

《日本书纪》卷二九《天武纪下》：（天武）四年春正月丙午朔，大学寮诸学生，阴阳寮、外药寮及舍卫女、堕罗女、百济王善光，新罗仕丁等，捧药及珍异等物进。

123. 百济亡后十七年（677）

《日本书纪》卷二九《天武纪下》：（六年五月）甲子，敕大博士百济人率母，授大山下位。因以封三十户。

图 2-8　韩国出版的《资治通鉴》版本

图 2-9　国史大系版《日本书纪》

图 2-10　津田左右吉关于《日本书纪》等的研究

图 2-11　《南北汉文典》古代卷

八　金石文与考古文物资料

百济相关金石文

日韩学界习用的"金石文"指的是铭文、碑刻、墓志等，中国中古史学界因为该时期这几种史料的数量更为庞大，因此一般区分使用，举凡青铜器铭文、竹简木简、墓志与碑刻都各有深厚研究。近年来出土文献已成传统文献之外的一个规模巨大且系统迥然的存在。百济疆域有限，虽历史悠久，金石文献存量固然无可比拟，但对于百济史的探究意义同样非凡。

1.《大唐平百济国碑铭》

《大唐平百济国碑铭》镌刻于韩国忠清南道扶余郡定林寺五层石塔底层四面立石上，又被称为"苏定方碑"等，是唐与新罗灭亡百济最直接、最珍贵的史料。[①] 作为一通记功碑性质的碑刻，《大唐平百济国碑铭》的主要内容集中于交代战争的起因、战后百济旧地的设置，以及彰显唐朝平定

---

① 拜根兴：《〈大唐平百济国碑铭〉关联问题考释》，《唐史论丛》8，2006。

百济的军事功业等。

[文献]

大唐平百济国碑铭

显庆五年,岁在庚申,八月己巳朔十五日,癸未建洛州,河南权怀素书。原夫皇王所以朝万国,制百灵,清海外而举天维,宅寰中而恢地络,莫不扬七德以驭遐荒,耀五兵而肃边徼。虽质文异轨,步骤殊途,揖让之与干戈,受终之与革命,皆载劳神武,未戢佳兵。是知汹水挺袄,九婴遂戮;洞庭构逆,三苗已诛。若乃式鉴千龄,缅惟万古,当涂代汉,典午承曹。至于任重凿门,礼崇推毂,马伏波则铸铜交址,窦车骑则勒石燕然,竟不能覆鲲海之奔鲸,绝狼山之封豕。况丘树磨灭,声尘寂寥?圆鼎不传,方书莫纪?蠢兹卉服,窃命岛洲;襟带九夷,悬隔万里。恃斯险厄,敢乱天常?东伐亲邻,近违明诏,北连逆竖,远应枭声。况外弃直臣,内信妖妇?刑罚所及,唯在忠良;宠任所加,必先谄幸。标梅结怨,杼轴衔悲。我皇体二居尊,通三表极,珠衡毓庆,日角腾辉。辑五瑞而朝百神,妙万物而乘六辩。正在柱于西北,回地纽于东南。若夫席龙图,衰凤纪,悬金镜,齐玉烛。拔穷鳞于涸辙,拯危卵于倾巢。哀此遗甿,愤斯凶丑,未亲吊伐,先命元戎。使持节神丘嵎夷马韩熊津等一十四道大总管左武卫大将军上柱国邢国公苏定方,迭远构于曾城,派长澜于委水,叶英图于武帐。标秀气于文昌,架李霍而不追,俯彭韩而高视,赵云一身之胆,勇冠三军;关羽万人之敌,声雄百代。捐躯殉国之志,冒流镝而逾坚;轻生重义之心蹈前锋而难夺心悬冰镜,鬼神无以蔽其形;质过松筠,风霜不能改其色。至于养士卒,抚边夷,慎四知,去三惑,顾冰泉以表洁,含霜柏以凝贞。不言而合诗书,不行而中规矩,将白云而共爽,与青松而竞高远,怀前人咸有惭德,副大总管冠军大将军□□□卫将军上柱国下博公刘伯英,上□□□□风云负廊庙之材,怀将相之器,言为物范,行成士则,词温布帛,气馥芝兰,绩着旗常,调谐律吕。重平生于晚节,轻尺璧于寸阴。破隗之勋,常似不足平□之策□未涉言。副大总管使持节陇州诸军事陇州刺史上柱国安夷公董宝德□志飘举雄图,杰六艺,通三略,策运后□□□真,梅能令魏军止渴;无劳实,纩终使楚卒忘寒。副大总管左领军将军金仁问气度温雅器识沉毅,无小人之细行,有君子之高风。武既止戈,文亦柔远。行军长史中书舍人梁行仪,云翘吐秀,日镜扬辉,风偃搢绅,道光雅俗,鉴清许郭,望重荀裴。辩箭腾波控九流于学海,词条发颖掩七泽于文亮□太傅之深谋,未堪捧箸;杜镇南之远略,犹可扶轮。暂游凤池或清鲸壑。邢国公运秘鉴,纵骁雄,阴羽开偃月之图,阳文含晓星之气。龙韬豹钤,必表于情源;玄女黄公,咸会于神用。况乎稽天蚁聚,迎地蜂飞,类短狐之含沙,似长蛇之吐雾,连营则豺狼满道,结阵则枭獍弥山。以此凶徒,守斯穷险,不知悬缕将绝,坠之以千钧;累棋先危,压之以九鼎。于时秋草衰而寒山净,凉飙举而杀气严。逸足与流电争飞,迭鼓共奔雷竞震。命丰隆而后殿,控列缺以前驱。沴气妖氛,扫之以戈戟;崇墉峻堞,碎之以冲棚。左将军总管右屯卫郎将上柱国祝阿师、右一军总管使持节淄州刺史上柱国于元嗣,地处关河,材包文武,挟山西之壮气,乘冀北之浮云;呼吸则江海停波,啸咤则风雷绝响。嵎夷道副总管右武卫中郎将上柱国曹继叔,久预经纶,备尝艰险,异廉颇之强饭,同充国之老臣。行军长史岐州司马杜爽,质耀璇峰,芳流桂畹。追风翩电,骋逸辔于西海;排云击水,搏劲翻于南溟。骥足既申,凤池可夺。右一军总管宣威将军行左骁卫郎将上柱国刘仁愿,资孝为忠,自家刑国,早闻周孔之教,晚习孙吴之书,既负英勇之材,仍兼文吏之道。邢国公奉缘圣旨,委以班条,欲令金如粟而不窥,马如羊而莫顾。右武卫中郎将金良图,左一军总管使持节沂州刺史上柱国马延卿,俱怀铁石之心,各励鹰鹯之志,拥三河之劲卒,总六郡之良家,邢国公上奉神谋,下专节度或发扬蹈厉,或后劲前锋,出天入地之奇。千变万化致远钩深之妙,电发风行,星纪未移,英声载路。邢国公仁同转扇,恩甚投醪,逆命者则肃之以秋霜,归顺者则润之以春露。一举而平九种,再捷而扫三韩,降刘弘之尺书,则千城仰德,发鲁连之飞箭,则万里衔恩。其王扶余义慈及太子隆自外王余孝一十三人,并大首领大佐平沙咤千福、国辩成以下七百余人,既入重闱,并就擒获。舍之马革,载以牛车,仁荐司勋,式献清庙,仍变斯犷俗,令沐玄猷,露冕寒帷,先择忠款,烹鲜制锦,必选贤良,庶使剖符绩迈于龚黄,鸣弦名高于卓鲁,凡置五都督,卅七州二百五十县,户廿四万,口六百廿万。各齐编户,咸变夷风。夫书东观纪,南宫所以旌其善;勒辞鼎铭,景钟所以表其功。陵州长史判兵曹贺遂亮,滥以庸材,谬司文翰,学轻俎豆,气重风云,职号将军,愿与廉颇并列;官称博士,羞共贾谊争衡。不以衰容,犹怀壮节提戈,冀效涓尘,六载贼庭,九摧逋寇,穷归之隙,意欲居中,乃弁余词,敬搦直笔,但书成事,无取浮华。俾夫海变桑田,同天地之永久;洲移郁岛,与日月长悬。其铭曰:

悠悠遂古，茫茫厥初，人伦草昧，造化权舆，冬巢夏穴，壳饮鹑居，以结以刻，或畋或渔，淳源既往，大道沦胥，爰及三五，代非一主，揖让唐虞，革命汤武，上齐七政，下均九土，屡扰干戈，式清区宇，末渐西被，岂覃东户？奥我圣皇，德叶穹苍，莹镜千古，牢笼百王，逖矣远徽。遐哉大荒，咸禀正朔，并预封疆，蠢兹九种，独隔三光，叛族泽国，凭凌水乡，天降飞将，豹蔚龙骧，弓弯月影，剑动星芒，貔貅百万，电举风扬，前诛蟠木，却剪扶桑，冰销夏日，叶碎秋霜，赳赳武夫，明明号令，仰申庙略，府齐军政，风严草衰，日寒江净，霜戈夜动，云旗晓暎，□戟前驱，吴钩后劲，巨猾授首，逋诛请命，威惠□□，边隅已定，嘉树不剪，甘棠在咏，花台望月，贝殿浮空，疎钟夜铿，清梵晨通，刊兹宝刹，用纪殊功，拒天关以永固，横地轴以无穷。①

2. 《刘仁愿纪功碑》

《刘仁愿纪功碑》原立于韩国忠清南道扶余郡扶苏山城内，现存韩国国立扶余博物馆院内。龙朔三年平定百济之乱后所立，碑文记述百济战事颇详，与《大唐平百济国碑铭》都是保存于历史现场、凝固历史瞬间的重要文本和物质遗存。碑文内容于《全唐文》等即有著录。

[文献]

盖闻龙跃天衢，必藉风云之力；圣人膺运，亦待将帅之功。万石□□于□□，卫霍驰声于强□，其能继咏者，惟在刘将军乎？君名仁愿，字士元，淮阴大斌人也。□土开家，□□建□于东国；分茅锡壤，王孙投节于北疆。三楚盛其衣簪，六郡称其轩冕。本枝奕叶，可略而言。高祖□□，散骑常侍、宁东将军、徐州大中正、彭城穆公。属魏室不纲，尔朱陵虐，东京沦丧，□□西迁，陪奉銮舆，从居关内。寻除镇北大将军、持节都督河北诸军事、绥州刺史，因官食封，仍代居之。□鼓□□更□北州之望。曾祖平，镇北大将军、朔方郡守、绥州刺史、上开府仪同三司，袭爵彭城郡开国公。祖懿，周骠骑大将军仪同三司、随使持节绥州诸军事、绥州总管、□州刺史、雕阴郡开国公。父大俱，皇朝使持节同绥二州总管、廿四州诸军事、绥州刺史，寻迁都督左武卫将军、右骁卫大将军、胜夏二州道

---

① （清）董诰等编《全唐文》卷二〇〇，中华书局，1983，第2024—2026页。末尾据拜根兴教授校勘稿（未刊）补。

行军总管、冠军大将军、镇军大将军上柱国，别封彭城郡开国公。并桂馥兰芬，金贞玉润；名高大树，誉播词林，珪璋阀阅，见于斯矣！君禀庆河□，资灵岳渎，墙宇凝峻，孝敬日跻。命偶昌期，逢时遇主，钦明启运，光宇普天。太宗文皇帝乃圣乃神，乃文乃武，并吞六合，席卷八荒，博访群材，用康大夏，英髦特达，幽显必臻。君以地荫膏腴，门承勋业。令问之誉，佥议攸归。起家为宏文馆学士。□□□□卫□□□□□□□。旅力□健，胆气过人，尝从出游，手格猛兽。太宗深叹异之，特加赏赐。即降恩诏，入仗内供奉。贞观十九年，太宗亲驭六军，省方辽碣，千乘雷动，万马云屯。□□□□、□迩□集下。高丽贼臣盖苏文，独生携贰，鸠聚亡命，招纳奸回，囚其君长，举兵称乱。□□蚁众，敢抗王师。皇赫斯怒，龚行吊伐。兵锋所到，若火□□，□其辽东、盖牟、□□□十城，□□匡□新城、安地等三阵，虏其大将延寿、惠真，俘其甲卒一十六万。君身预戎旃，日奉羁鞯。前茅后殿，每阵先登，摧强陷坚，同于拉朽。战胜攻取，挥□□□□赐御乘马一匹、银□□□□□□弓二张、大箭三百只。并是供奉御仗，特加褒异。辽东还，累前后战勋，超拜上柱国，别封黎阳县开国公，擢授右武卫凤鸣府左果毅都尉，压领飞骑□□门长上。廿一年任行军子总管，随英国公李勣经略延陀，并迎接车鼻，安抚九姓铁勒。行还，改授右□□郎将，依旧□□供奉。廿二年又任子总管，向辽东经略，以公事除名。其年更授右武卫□通府左果毅都尉。廿三年太宗宫车晏驾，宗庙社稷，不可一日无主。储皇谅暗，纂戎继极，周邦虽旧，厥政惟新，凡百庶寮，勉修其职。君以勇略见知，材明被用。未逾期月，又蒙今上驱使。永徽二年，更入铁勒抚慰，行□□□敕简折冲果毅强明堪统领者，随机处分。君受□经略，频度辽东，五年授葱山道行军子总管，随卢国公程知节讨贺鲁，行还，从幸洛阳。显庆元年迁左骁卫郎将，二年应诏举文武高第，升进三阶，复命铁勒安抚。四年入吐谷浑及吐藩宣劳，五年授嵎夷道行军子总管，随邢国公苏定方破百济，执其王扶余义慈，并太子隆及佐平达率以下七百余人。自外首领古鲁都大、秦武进、扶余生受、延尔普罗等，并见机而作，立功归顺，或入趋绛阙，或□□□□，合境遗黎，安堵如旧。设官分职，各有司存。即以君为都护，兼知留镇。新罗王金春秋亦遣少子仁泰，同域固守，虽夷夏有殊，长幼悬隔，君绥和接待，恩若弟兄。功业克就，盖由于□然。昔周武平殷，商奄续叛；汉定西域，疏勒被围。余风未殄，人怀草窃，蛮陌之俗，易动难安。况北方逋寇，元来未附，既见雕戈东迈，锦缆西浮，妖孽侏张，仍图反逆。即有伪僧道琛、伪扞率鬼室福信，出自闾巷，为其魁首，招集狂狡，堡据任存，蜂屯猬起，弥山满谷。假名盗位，并号将军，隳城破邑，渐入中部。堙井刊木，坏宅焚庐，所过残灭，略无遗噍。凶威既逞，人皆胁从，布栅连营，攻围留镇。云梯俯瞰，地道旁通，击石飞矢，星奔雨落，昼夜连战，朝夕凭陵，自谓兴亡继绝，□□□□□□闲然高枕，不与争锋，坚甲利兵，以□其弊。贼等旷日持久，力竭气衰。君乃阴行间谍，□其卒堕构□□□□衅待时，凿门开穴，纵兵掩袭。□□□□□□□□□□□□二城。时属穷冬。……（后残）①

3.《金仁问碑》

《金仁问碑》立于新罗孝昭王十年（701），李朝中期曾被发现，后不知下落。1931年，日本人有光教一在庆州西岳书院内重新发现该碑，志石现藏韩国国立庆州博物馆。金仁问本人参与了唐代辽东之役、百济之役、新罗之役等重要事件，《三国史记》等史籍对金仁问记载颇多，由于碑石残勒过甚，学者对碑文内容的释读差别很大，尚存在进一步解读东亚史事的空间。

［文献］

□□□□□则□□□□□栋梁之材存□□师之兵符作其□爪□龙熏孤之经史五之君少暉□墟分星于而超碧海金天命□太祖汉王启千龄之（空二格）圣临百谷之□□强汉将孙策限三江而则土（空六格）其曰（空四格）祖文兴大王知机其神多（空一格）□□号之验本枝□盛垂裕后昆（空五格）□骇目贞观廿一年（空三格）诏授特进荣高（空一格）用仪左貂右蝉定中国之行礼奏闻（空五格）高宗大皇大帝遣派□曰惟金特进而量冲（空一格）罗王公乃遵月□而别干发星河以派原戚（空一格）标志尚远涉沧泽□朝绛阙无亏藩职载未 □□□鸿河□以千□之雄堞高墉似锦越夫（空二格）太宗大王欢美其功特授食邑三百户（空一格）之所□被□就之□公乃聚不成图以开八陈□背诏大军凭怒□肯陵以载驰公义勇冠时百济而亠击□豪□□面缚于辕门凶党土崩□阝□途违事大之礼（空三格）大帝赫然发愤 □（空三格）王授公为副大总管盛发师徒运粮□□其本国兵军□房境以横行返于瓠卢水三之粮举三□之□□之□日至于河岸公乃万余及此时如

---

① （清）董诰等编《全唐文》卷二〇〇，中华书局，1983，第10249—10250页。

云猛将仰公龙豹之韬若雨谋在国（空三格）诏曰□让忠果干力公强式遵赏□之□□□六□之禊纪德刺登村之礼是知□□□□□顺动□□□□□□□接天人之乾封元年加授□□□□□□卫□□开国□[①]。

4. 扶余隆墓志

扶余隆，百济末代义慈王的太子。中外史籍对义慈王之太子名讳记载颇有抵牾，《三国史记》义慈王二十年条记为"太子孝"，《旧唐书·百济传》为"太子隆"，《唐会要》百济条为"太子崇"，《册府元龟·外臣部·朝贡》贞观十九年则记为"百济太子扶余康信"，《刘仁愿纪功碑》等则明确为"太子隆"。扶余隆本人是百济由外蕃变为内蕃转折期的重要见证人物，他的墓志价值重大。扶余隆葬于永淳元年（682），墓志1919年在洛阳出土，现藏河南省博物院。罗振玉《唐代海东藩阀志存》（1937）等较早进行过著录研究。

［文献］

公讳隆，字隆，百济辰朝人也。元□□孙启祚，旸谷称雄，割据一方，跨蹋千载。仁厚成俗，光扬汉史，忠孝立名，昭彰晋策。祖璋，百济国王，冲挠清秀，器业不群；贞观年，诏授开府、仪同三司、柱国、带方郡王。父义慈，显庆年授金紫光禄大夫、卫尉卿，果断沉深，声芳独劭；趋藁街而沐化，绩著来王；登棘署以开荣，庆流遗胤。公幼彰奇表，凤挺瑰姿，气盖三韩，名驰两貊。孝以成性，慎以立身，择善而行，闻义能徙。不师蒙卫而□发惭工，未学孙吴而六奇间出。显庆之始，王师有征。公远鉴天人，深知逆顺，奉珍委命，削衽归仁。去后夫之凶，革先迷之失，款诚押至，褒赏荐加，位在列卿，荣贯藩国。而马韩余烬，狼心不悛，鸱张辽海之滨，蚁结丸山之城。皇赫斯怒，天兵耀威，上将拥旄，中权奉律。吞噬之算，虽禀庙谋，绥抚之方，且资人懿。以公为熊津都督，封百济郡公，仍为熊津道总管兼马韩道安抚大使。公信勇早孚，威怀素洽，招携邑落，忽若拾遗，剪灭奸匈，有均沃雪。寻奉明诏，修好新罗，俄沐鸿恩，陪觐东岳。勋庸累著，宠命日隆，迁秩太常卿，封王带方郡。公事君竭力，徇节亡私，屡献勤诚，得留宿卫。比之秦室，则由余谢美；方之汉朝，则日䃅惭德。虽情深匪懈，而美灰维几。砭药罕征，舟壑潜

---

① 〔韩〕許興植：《韓國金石全文》（古代），首爾：亞細亞文化社，1984，第119—121页；拜根兴：《七世纪中叶唐与新罗关系研究》，中国社会科学出版社，2003，第90页。

徙，春秋六十有八，薨于私第。赠以辅国大将军，谥曰。公擅操坚悫，持身谨正，高情独诣，远量不羁。雅好文词，尤玩经籍；慕贤才如不及，比声利于游尘。天不憗遗，人斯胥悼，以永淳元年岁次壬午十二月庚寅朔廿四日癸酉葬于北邙清善里，礼也。司存有职，敢作铭云：

　　海隅开族，河孙效祥；崇基峻峙，远派灵长。家声克嗣，代业逾昌；泽流淲水，威稜带方。余庆不孤，英才继踵；执尔贞悫，载其忠勇。徇国身轻，亡家义重；乃遵王会，遂膺天宠。桂娄初扰，辽川不宁；薄言携育，实赖威灵。信以成纪，仁以为经；宣风徽塞，侍跸云亭。爵超五等，班参九列；虔奉天阶，肃恭臣节。南山匪固，东流遽阅；敢托明旌，式昭鸿烈。

　　　　大唐故光禄大夫行太常卿使持节熊津都督带方郡王扶余君墓志①

5. 李邕妃扶余氏墓志

2004年，陕西省考古研究所（现为陕西省考古研究院）对唐献陵陪葬冢嗣虢王李邕墓进行抢救性发掘，墓内出土嗣虢王李邕墓志铭及其王妃扶余氏墓志铭。墓志内容涉及前百济王室扶余氏与李唐皇室后裔部分成员及其职官、历史事件等，弥足珍视。

［文献］

唐皇再从州金紫光禄大夫故卫尉卿赠荆州大都督
嗣虢王妃扶余氏墓志铭并序

　　　　　　　　　　　　朝议郎守中书舍人安定梁涉撰

　　太妃扶余氏讳，皇金紫光禄大夫、故卫尉卿、带方郡王义慈曾孙；皇光禄大夫、故太常卿、袭带方郡王隆之孙；皇朝请大夫、故渭州刺史德璋之女也。家本东方之贵世，生南国之容，对春林而红树非华，升画阁而初阳并照，间出非常之秀挺，生稀代之贤，德合则不孤，气同而相感夫以异姓诸王之淑女，而有维城盘石之宗臣风，人所以好逑，易象由其繫应。非兰芳玉润、礼备乐和，岂可以宜君子之家、配天人之室。地灵挨茂、齐大晋偶，我所以言归虢国王，所以克正闺门，王讳邕，神尧皇帝之曾孙，皇故司徒虢王凤之孙，皇故曹州刺史定襄公宏之子。同九庙之繁秘分，五潢之庆流，有朱虚之定计，过河间之好古，允所谓朝廷之羽仪，国家之潘翰也。其事业有如此者，皆太妃起家而有之日，开元中有制封为王妃，惟内

---

① 周绍良编《唐代墓志汇编》上册，永淳024，上海古籍出版社，1992，第702页。

之则，实邦之媛，以敬克修其馈祀，以顺能成其缉睦，以正而秉于柔嘉，以德冈闻其妒忌，敬者礼之格，顺者义之和，正者身之经，德者行之□，□后能祭，则致其福惠，必洽于亲言，不出于闺阃，教以周于中外。王所以乐得其贤才，妃故能长守其富贵也。外受方伯，入为公卿，廿年间并享天禄。宜其淮南得道，王母登仙，还丹不成，为药所误，先王遗世而已久，太妃持门而不失训，五子而并良，继一贤而嗣位，十九年有制册为太妃，复以子也。呜呼，川无停水，岁则阅人，流者非向持之波，来者亦远行之客，自古皆往，其能长生！以廿六年八月九日薨于崇贤之王第，春秋卌九，其年戊寅建子之月既望归祔于先王之茔，礼也。惟王先太妃而薨，备详于前志，及太妃之同穴也，故重载于兹。有子五人：长曰太子家令虢王巨，贤而乐善，孝以傅传国；次曰太子典设郎承昭；又其次曰太子通事舍人承曦；又其次曰左金吾兵曹承晙；季曰太子典设郎承晖等，士林之秀，公挨之华，自执亲之丧，而水浆不入，犹疑其往，靡所寘哀。懼高陵深谷之迁，谋地久天长之事，以涉忝麟台之故吏，又鹓掖之近臣，谓登龙门者，高见其家风，入风池者常撰其纶翰，存实录，敢不直书，但且纪以岁时，岂望悬诸日月，铭曰：

东方君子兮，异姓诸王吗，克生淑女兮，休有烈光，于归其谁兮，惟虢之国，其仪可像兮，实内之则，夫为天人兮，子亦天人。妃又太妃兮，夫子之因，王既没兮，妃亦逝，泉适开兮，今复闭，子子孙孙相继世。

开元廿六年十一月十五日①

6. 李济墓志

唐宝历元年（825）葬，西安市长安区出土，志石现藏长安博物馆。李济，百济末代王义慈的后裔。墓志在《唐代墓志汇编续集》曾收录，但志主身份受到瞩目是在2004年秋嗣虢王李邕墓中发现义慈王曾孙女太妃扶余氏墓志之后。该墓志不仅揭示了扶余义慈—扶余隆—扶余德璋—太妃扶余氏的一脉传承，还提供了扶余氏与丈夫李邕及其五子的信息，正与李济墓志的先祖记事嗣虢王李邕—（第五子）汉州刺史李承晖—工部侍郎李望

---

① 张蕴、汪幼军：《唐〈故虢王妃扶余氏墓志〉考》，《碑林集刊》13，2007。《중국출토 백제인 묘지 집성》，홍성군：충청남도，공주시：충청남도역사문화연구원，2016，109—124 쪽。

之一宗正少卿李济之脉系相合。拓片图版见《长安新出墓志》（文物出版社，2011）辑录。

［文献］

唐故宗正少卿上柱国赐紫金鱼袋李公墓铭并序

通直郎守尚书水部郎中赐绯鱼袋李仍叔撰

公讳济，字恕躬，陇西成纪人也。六代祖神尧高皇帝，生元凤，为虢王。王生宏，为定襄郡公。郡公生邕，为银青光禄大夫、秘书监，嗣封虢国，赠荆州大都督。都督生承晖，皇汉州刺史。使君生望之，皇大理评事，赠工部侍郎。侍郎，即公先考也。先夫人弘农杨氏，赠华阴郡君夫人。外祖讳瑀，开州刺史，娶京兆府华原县令彭城刘偃女。先公殁十四年殡于镇州真定县，今则不及祔公之墓。生子九人，长曰同辰，右司御率府仓曹参军，次同师、同赞、同玄、同行、同文、同泰、同宾、同证，女六人，长弟廿二，已下五人，皆未字也。自同辰而冠者，性怀善良，克奉家法，哭泣之节，颇见孝道。公初任试太祝，次转金吾仓曹，迁监察御史，赐绯鱼袋，为成德军节度巡官，转殿中为推官，又改侍御史，仍带旧职，迁户部外郎，转为判官，皆以公事修举，序进宾府也。贞元中，德宗文皇帝初平寇贼，归复京邑，录定功德，以赵帅太师，大变艰危，却立东夏，拨正将乱，自建殊庸，礼加宠崇，许婚宗族。公从伯姊，得至于赵，太师知公之贤，邀领宾职，岁月淹久，官至外郎，旋因太师薨落，公不得离去旧职，而将死者数矣。元和岁末，镇有师丧，三军将乱，欲立其弟，今凤翔节度仆射公也。公竭忠谋，潜咨伯姊，全真王氏之族，亟列忠臣之家，使太师之业复光，仆射之名不堕，得非公之力焉。朝廷擢拜宗正少卿，制词褒称此积。公自筮仕至于登朝，曾无兼月之粮，尽入俸而足也。及兹丧殁，俶宇莫容。伯姊晋国大夫人哀伤生疾，彻虚正寝，安公柩焉。送往存生，情礼皆修，岂不道高人伦，义激风俗。与公游者，莫不挥涕而感之。公享五十，宝历元年正月十日，寝疾而殁，闰七月十九日，葬于万年县义善乡，旧茔之东北，维刻石铭，墓以难朽也。铭曰：

好古耽书，名从军立。投笔论功，侯封不及。奔波敷奏，差池忧悒。迹为宾寮，道皆伍什。款忠事泄，割地功集。疑责俾死，词拒血泣。仰诸鸿翔，悲同虫蛰。人多闲闲，公常汲汲。星气生躔，下应人间。王氏忠烈，忽然昭宣。仆射承家，举族朝天。公随伯姊，乃得生还，宠锡斯极，擢贰乡寺。日星半纪，未移官理，荣卫疾生，沉然不起，魂神锁离，呜呼已矣。

乡贡进士周汉宾书[1]

7. 黑齿常之墓志

1929年在洛阳北邙黑齿常之与其子黑齿俊墓志一同出土，志石现藏南京博物院。黑齿常之是百济名将，后入唐为高宗、武后时边关大将，西拒吐蕃，讨伐徐敬业，北击突厥，因周兴等诬害谋反被杀，后冤狱昭雪，圣历二年（699）奉诏迁葬洛阳北邙。墓志使用武周新字四十多处，甚至有个别字仅见于本志。黑齿常之生平见于史籍文献，但墓志仍具有相当价值。

表2-2　武周新字与旧字对照示意

新字	⊖	⊕/匝	○	丙	埊	秊	甴	臸
旧字	日	月	星	天	地	年	正	人
新字	熏	壐	忈	呑	曌	稄	鏊	埀	圀
旧字	载	初	臣	君	照	授	证	圣	国

注：新字造型及写法在墓志中亦有差异，此为电脑造字，仅为示意写法。

[文献]

大周故左武卫大将军检校右羽林军赠左玉钤卫大将军
燕国公黑齿府君墓志文并序

太清上冠，合其道者坤元；至圣高居，参其用者师律。不有命世之材杰，其奚以应斯数哉！然则求玉荣者，必游乎密山之上；蕴金声者，不限乎鲁门之下矣。府君讳常之，字恒元，百济人也。其先出自扶余氏，封于黑齿，子孙因以为氏焉。其家世相承为达率，达率之职，犹今兵部尚书，于本国二品官也。曾祖讳文大，祖讳德显，考讳沙次，并官至达率。府君少而雄爽，机神敏绝，所轻者嗜欲，所重者名训。□府深沉，清不见其涯域；情轨阔达，远不形其里数。加之以谨慎，重之以温良。由是亲族重之，师长惮之。年甫小学，即读春秋左氏传及班马两史。叹曰："丘明耻之，丘亦耻之，诚吾师也，过此何足多哉？"未弱冠，以地籍授达率。唐显庆中，遣邢国公苏定方平其国，与其主扶余隆俱入朝，隶为万年县人

---

[1]　金荣官：《百济 義慈王 外孫 李濟 墓誌銘에 대한 연구》，《百濟文化》49，2013。《중국출토 백제인 묘지 집성》，홍성군：충청남도，공주시：충청남도역사문화연구원，2016，127—148 등。

也。麟德初，以人望授折冲都尉，镇熊津城，大为士众所悦。咸亨三年，以功加忠武将军，行带方州长史，寻迁使持节沙泮州诸军事、沙泮州刺史，授上柱国。以至公为己任，以忘私为大端。天子嘉之，转左领军将军、兼熊津都督府司马，加封浮阳郡开国公，食邑二千户。于时，德音在物，朝望日高。属浦海生氛，兰河有事，以府君充洮河道经略副使，实有寄焉。府君禀质英毅，资性明达。力能翘关，不以力自处；智能御寇，不以智自闻。每用晦而明，以蒙养正，故其时行山立，具瞻在焉。至于仁不长奸，威不害物，赏罚有必，劝沮无违。又五校之大经，三军之元吉，故士不敢犯其令，下不得容其非。高宗每称其善，故以士君子处之也。及居西道，大著勋庸。于时中书令李敬玄为河源道经略大使，诸军取其节度。赤水军大使尚书刘审礼，既为败没，诸将莫不忧惧。府君独立高岗之功，以济其难，转左武卫将军，代敬玄为大使，从风听也。府君傍无声色，居绝玩好。枕藉经书，有祭遵之樽俎；怀蕴明略，同杜预之旌旗。胡尘肃清而边马肥，汉月昭亮而天狐灭。出师有颂，入凯成歌，迁左鹰扬卫大将军、燕然道副大总管。垂拱之季，天命将革。骨卒禄，狂贼也，既不睹其微。徐敬业，逆臣也，又不量其力。南静淮海，北扫旄头，并有力焉，故威声大振。制曰："局度温雅，机神爽晤，凤践仁义之途，聿蹈廉贞之域。言以昭行，学以润躬，屡总戎麾，每申诚效。可封燕国公，食邑三千户，仍改授右武威卫大将军，神武道经略大使，余如故。"于是董兹哮勇，剪彼凶狂，胡马无南牧之期，汉使静北游之望。灵夏冲要，妖羯是瞻，君之威声，无以为代。又转为怀远军经略大使，以遏游氛也。属祸流群恶，衅起孤标，疑似一彰，玉石斯混。既从下狱，爰隔上穹，义等绝颃，哀同仰药，春秋六十。

长子俊，幼丁家难，志雪遗愤，誓命房庭，投躯汉节，频展诚效，屡振功名。圣历元年，冤滞斯鉴，爰下制曰："故左武威卫大将军、检校左羽林卫、上柱国、燕国公黑齿常之，早袭衣冠，备经驱策，亟总师律，载宣绩效。往遘飞言，爰从讯狱，幽愤殒命，疑罪不分。比加检察，曾无反状，言念非辜，良深嗟悯。宜从雪免，庶慰茔魂，增以宠章，式光泉壤。可赠左玉钤卫大将军，勋封如故。其男游击将军、行兰州广武镇将、上柱国俊，自婴家咎，屡效赤诚，不避危亡，捐躯徇国，宜有褒录，以申优奖。可右豹韬卫翊府左郎将，勋如故。"

粤以圣历二年壹月廿二日敕曰："燕国公男俊所请改葬父者，赠物一百段。其葬事幔幕手力一事，以上官供，仍令京官六品一人检校。"即用其年二月十七日奉迁于邙山南官道北，礼也。惟府君孤峰伟绝，材干之表也；悬镜虚融，理会之台也。言寡而意博，无枝叶之多蔽；谋动而事成，有本末之尽美。夙夜匪懈，心存于事上；岁寒不移，志在于为下。非君子之所关怀，必不入于思虑；非先王之所贻训，必不出于企想。自推縠军门，建节边塞，善毁者不能加恶，工誉者不能增美。智者见之谓之智，仁者见之谓之仁。至于推财忘己，重义先物，虽刎首不顾其利，倾身不改其道。由是懦夫为之勇，贪夫为之廉。犹权衡之不言，而斤两定其谬；骑骏之绝足，而驽骀知其远。至于吏能贞干，走笔而双璧自非；鉴赏人伦，守默而千金成价，固非当世之可效，盖拔萃之标准也。荣辱必也，死生命也，苟同于归，何必终于妇人之手矣。余尝在军，得参义府，感其道，颂其功，乃为铭曰：

谈五岳者，不知天台之翠屏也；观四渎者，不晤云洲之丹荣也。恭闻日磾为汉之鞾，亦有里奚为秦之娣，苟云明哲，与众殊绝。所在成宝，何往非晰。惟公之自东兮，如春之扬风兮，文物资之，以动色声，明仁之以成功兮。悠悠旌斾，萧萧轩盖，击鸿钟，鼓鸣籁。云谁之荣，伊我德声，四郊无戎马之患，千里捍公侯之城。勋绩既展矣，忠义既显矣。物有忌乎贞刚，行有高而则伤；中峰落其仞，幽壤沦其光；天下为之痛，海内哀其良。天鉴斯孔，褒及存亡；余实感慕，为之颂章。寄言不朽，风听无疆。①

8. 黑齿俊墓志

黑齿俊神龙二年（706）葬于北邙。黑齿俊墓志铭虽与黑齿常之墓志铭同时重见天日，但志石却没能与之一同存藏南京博物院，目前下落不明，拓本藏国家图书馆。黑齿氏父子分为入唐百济人的第一代和第二代，二人墓志对同一事物的记载也相当迥异，如黑齿常之墓志记其祖父名"德显"，官"达率"，父名"沙次"，官"达率"；黑齿俊墓志对二人则分别记为名"加亥"，官"刺史"，名"沙子"，官"户部尚书"，值得比较研究。

［文献］

大唐故右金吾卫守翊府中郎将上柱国黑齿府君墓志铭并序

公讳俊，即唐左领军卫大将军燕国公之子焉。分邦海滨，见美玄虚之赋；称酉泽国，取重太冲之词。炽种落于遐荒，积衣冠于中国。立功立

---

① 周绍良主编《唐代墓志汇编》上册，圣历 022，上海古籍出版社，1992，第 941—943 页。

事，悬名于昼月之旗；为孝为忠，纪德于系年之史。曾祖加亥，任本乡刺史；祖沙子，任本乡户部尚书；并玉挺荆山，珠光蔚浦，耀锦衣于日域，风化大行；抚仙署于天涯，□台时叙。父常之，皇朝左武卫大将军、上柱国、燕国公，赠左领军卫大将军；材冠孤臣，行光金氏，功盖天地，仲孺之任将军；赏茂山河，邵奭之封燕国。死而可作，褒赠载荣。公禀训将门，夙怀武略，陶谦儿戏，即列旌旗；李广所居，必图军阵。由是负燕颔之远略，挺猿臂之奇工。弱冠以别奏从梁王孽西道行，以军功授游击将军，任右豹韬卫翊府左郎将，俄迁右金吾卫翊府中郎将、上柱国。高践连云之阁，俯从秋省之游，珥晋代之华貂，盛汉年之车服。方冀七叶贻庆，以享西汉之荣；岂图二竖作□，俄从北斗之召。以神龙二年五月廿三日遘疾，终洛阳县从善之□，春秋卅一。呜呼！城府飙焉，邦国疹瘵。惟公志气雄烈，宇量高深，虽太上立功，劬劳苦战；而数奇难偶，竟不封侯。奄及歼良，朝野痛惜。即以神龙二年岁次景午八月壬寅朔十三日葬于北邙山原，礼也。途移楚挽，路引周箫，窀穸将开，黄肠遽掩。封崇既毕，翠柏方深，纪余恨于埋玉，庶碑字之生金。铭曰：

于维后唐，求贤以理，颓当见用，秺侯入仕。西戎孤臣，东夷之子，□如不及，片善斯纪。其一。纪善奚谓，加之冠缨，忠以立绩，孝以扬名。允矣皇考，早励清贞，孝哉令嗣，无坠厥声。其二。厥声伊何？将门武德，受命分阃，立功异域。克定祸乱，扫除氛慝，哥钟赏贤，车服表德。其三。车服伊何？金吾最盛，美矣夫子，膺兹宠命。高阁连云，华貂叠映，享此积善，冀传余庆。其四。余庆不延，俄终小年，梁木斯坏，彼苍者天。挽悲蒿里，箫咽松□，一埋白日，永瘗黄泉。其五。[①]

9. 祢寔进墓志

祢寔进咸亨三年（672）葬于长安高阳原。最先公布墓志者为董延寿、赵振华，但未提及出土信息及志石现状。墓主身份据拜根兴先生考订即为史籍中的祢植。随着2010年西安长安区祢氏家族墓的正式考古发掘，祢寔进墓志的价值得到更多揭示。

［文献］

大唐故左威卫大将军来远县开国子柱国祢公墓志铭并序

公讳寔进，百济熊川人也。祖左平誉多，父左平思善。并蕃官正一

---

① 周绍良主编《唐代墓志汇编》上册，神龙033，第1064页。

品，雄毅为姿，忠厚成性。驰声沧海，效节青丘。公器宇深沉，干略宏远。虚弦落雁，挺剑飞猱。凤禀贞规，早标义节。占风异域，就日长安。式奉文槐，爰陪武帐。腰鞬玤鹬，纡紫怀黄。驱十影于香街，翊九旗于绮禁。岂与夫日䃘之辈、由余之俦，议其诚绩，较其优劣者矣！方承休宠，荷日用于百年。遽促浮生，奄尘飘于一瞬。以咸亨三年五月廿五日，因行薨于来州黄县，春秋五十有八。恩加诏葬，礼洽饰终。以其年十一月廿一日，葬于高阳原，爰命典司，为其铭曰：

溟海之东，远截皇风。殖和饮化，抱义志承。荣簪绂，接采鹓鸿。星摇宝剑，月满雕弓。恩光屡洽，宠服方隆。逝川遽远，悲谷俄穷。烟含古树，霜落寒丛。唯天地兮长久，与兰菊兮无终。①

10. 祢军墓志

祢军仪凤三年（678）葬于雍州乾封县高阳里，推测墓志至晚于2010年出土于西安，志石现藏西安博物院。祢军其人其事散见于《三国史记》和《日本书纪》，是唐代百济战事期间斡旋海东的名士，"墓志有简传性质，可补史阙"。因为墓志中出现很可能为国号的"日本"字样，志文首次公布后，引发包括日本学界在内的国际学界极大关注。

[文献]

大唐故右卫大将军上柱国祢公墓志铭并序

公讳军，字温，熊津嵎夷人也。其先与华同祖，永嘉末，避乱适东，因遂家焉。若夫巍巍鲸山，跨清丘而东峙；森森熊水，临丹渚以南流。浸烟云以橘英，降之于荡沃；照日月而梃恕，秀之于蔽亏；灵文逸文，高前芳于七子；汗马雄武，擅后异于三韩；华构增辉，英材继响。绵图不绝，奕代有声。曾祖福、祖誉、父善，皆是本藩一品，官号佐平。并缉地义以光身，佩天爵而懃国。忠侔铁石，操埒松筠。范物者，道德有成。则士者，文武不坠。公狼辉袭祉，鹗领生姿。涯濬澄陂，裕光爱日。干斗牛之逸气，芒照星中；赇羊角之英风，影征云外。去显庆五年，官军平本藩日，见机识变，仗剑知归，似由余之出戎，如金䃘之入汉。圣上嘉叹，擢以荣班，授右武卫浐川府折冲都尉。于时日本余噍，据扶桑以逋诛；风谷遗甿，负盘桃而阻固。万骑亘野，与盖马以惊尘；千艘横波，援原虬而纵

---

① 董延寿、赵振华：《洛阳、鲁山、西安出土的唐代百济人墓志探索》，《东北史地》2007年第2期。

浿。以公格谟海左，龟镜瀛东，特在简帝，往尸招慰。公徇臣节而投命，歌皇华以载驰。飞汎海之苍鹰，骞凌山之赤雀。决河眦而天吴静，鉴风隧而云路通。惊凫失侣，济不终夕，遂能说畅天威，喻以祸福千秋。僭帝一旦称臣，仍领大首领数十人将入朝谒，特蒙恩诏授左戎卫郎将，少选迁右领军卫中郎将兼检校熊津都督府司马。材光千里之足，仁副百城之心。举烛灵台，器标于芃城；悬月神府，芳掩于桂苻。衣锦昼行，富贵无革。蓳蒲夜寝，字育有方。去咸亨三年十一月廿一日诏授右威卫将军。局影彤阙，饰恭紫陛。亟蒙荣晋，骤历便繁。方谓克壮清猷，永绥多祐。岂图曦驰易往，霜凋马陵之树；川阅难留，风惊龙骧之水。以仪凤三年岁在戊寅二月朔戊子十九日景午遘疾，薨于雍州长安县之延寿里第，春秋六十有六。皇情念功惟旧，伤悼者久之，赠绢布三百段，粟三百升，葬事所须，并令官给，仍使弘文馆学士兼检校本卫长史王行本监护。惟公雅识淹通，温仪韶峻，明珠不颣，白珪无玷。十步之芳兰，室钦其臭味；四邻之采桂，岭尚其英华。奄坠扶摇之翼，遽辍连春之景。粤以其年十月甲申朔二日乙酉葬于雍州乾封县之高阳里，礼也。驷马悲鸣，九原长往，月轮夕驾，星精夜上。日落山兮草色寒，风度草兮松声响。陟文榭兮可通，随武山兮安仰。怆清风之歇灭，树芳名于寿像。其词曰：

胄胤青丘，芳基华丽。脉远遐邈，会逢时济。茂族淳秀，奕叶相继。献款凤彰，隆恩无替。其一。惟公苗裔，桂馥兰芬。绪荣七贵，乃子传孙。流芳后代，播美来昆。英声虽歇，令苑犹存。其二。牖箭惊秋，隙驹遄暮。名将日远，德随年故。惨松吟于夜风，悲薤歌于朝露。灵輀兮遽转，嘶骖兮跼顾。嗟陵谷之贸迁，观音徽之靡蠹。其三。①

11. 祢素士墓志

2010年春，西安市文物保护考古所（现为西安市文物保护考古研究院）在陕西省西安市长安区郭杜一带考古发掘三座唐代祢氏家族墓葬，墓主为祖、父、子三代，即祢寔进、祢素士、祢仁秀三人墓葬。祢寔进墓已遭盗掘，附近应还有一座也已被盗掘的祢军墓。祢素士墓、祢仁秀墓的正式考古发掘特别是其墓志的发现，使得入唐百济祢氏家族的历史信息链条稍显完整，推动了百济历史的研究热潮和实质进展。

---

① 王连龙：《百济人〈祢军墓志〉考论》，《社会科学战线》2011年第7期。

[文献]

大唐故云麾将军左武卫将军上柱国来远郡开国公祢府君墓志铭并序

莫敖以独启山林，掩经江汉；子文以三登令尹，遂霸诸侯。人物雄于一方，锡胤昌于万叶。灵基积派，海岛之达荆巫。玉润珠明，卞岩之接随肆。忠为国宝，孝实天资。国有其材，家称代禄。存诸史册，可略详言。公讳素士，字素，楚国琅邪人也。自鲸鱼陨彗，龙马浮江，拓拔（跋）以劲骑南侵，宋公以强兵北讨。乾坤墋黩，君子灭迹于屯蒙；海内崩离，贤达违邦而远逝。七代祖嵩，自淮泗浮于辽阳，遂为熊川人也。曾祖真，带方州刺史。祖善，随（隋）任莱州刺史。父寔进，入朝为归德将军、东明州刺史、左威卫大将军。时称忠说，家擅勋门。剖竹为符，昔时专寄。驰轩问瘼，是赖仁明。凿门申百战之功，登坛应三军之选。公以父资入侍，贵族推贤。谈笑而坐得军谟，指麾而暗成行阵。年十五，授游击将军、长上，父（？）宿卫近侍。改授龙泉府右果毅，又改龙原府左果毅、临漳府折冲，加三品、左豹韬卫左郎将，又授右鹰扬卫右郎将、左监门中郎。长安三年，制充清夷军副使。暂迁鸣玉，求蒋济而从军；始贺执金，宠伏儿而辅国。加来远郡公，余悉如故。神龙元年，授左武卫将军。曹文重戚，首应嘉诏；苟羡幼年，俄闻奖擢。羽林清禁，上悬郎将之星；高阁连云，侧伫虎贲之直。景龙二年六月，奉使徐兖等卌九州存抚。丝纶满路，邦守负弩以先驱；轩盖盈衢，王公倾城而出饯。方冀便宜入奏，对汉制而推多。岂谓梦寐成灾，召秦医而不救。景龙二年八月廿九日，卒于徐州之官舍。呜呼哀哉！即以其年十一月二日迁窆于雍州高阳原，礼也。将军旧垒，忽变新茔；天子临朝，犹思大树。公自幼及长，扬名爱亲。寝息无忘于忠诚，言谈不逾于礼义。童年结绶，不以地势骄人，壮室传封，不以勋容傲物。丹墀陛戟，奸臣畏威而寝谋；紫塞扬麾，黠虏闻名而遁去。爪牙是托，蕃扞攸归。所谓斯人，邦之良也。子仁秀、仁徽、仁杰、仁彦、仁俊等鎡镃克业，干蛊承家。书剑之术早成，公侯之资必复。彩衣推孝，未极莱氏之欢；石椁开铭，忽见藤（滕）公之兆。茹荼均痛，泪柏摧心。恐陵谷潜移，蔓山之为汉水；阴阳迁质，海岛之变桑田。庶凭崔瑗之文，遂镂蔡邕之石。铭曰：

赫赫我祖，奄营南土。令伊称功，开封建宇。子孙锡胤，英贤接武。遂启宗祊，始传王父。其一。兰阁披图，儒林振叶。永嘉中圮，名流丧业。魏氏雄飞，宋公居摄。郊原板荡，贤人利涉。其二。东浮鲸海，北有雄津。休屠侍汉，角里违秦。背乱厌为，观风识真。千年圣主，累叶名臣。其三。皎皎童年，沉沉美量。是标代胄，郁倾朝望。学剑从军，升坛拜将。入侍皇极，出平夷障。其四。使车东迈，凶旒西飞。悲缠宰辅，痛澈宸闱。地迥坟出，田荒路徽。荣华共尽，今古同归。其五。寂寂山门，幽幽泉户。东望玄霸，西连下柱。楸陇云愁，松庭月苦。空昔辅汉，永埋征虏。其六。

12. 祢仁秀墓志

祢仁秀是祢素士长子，墓志确认了祢寔进—祢素士—祢仁秀的家族谱系。祢仁秀开元十五年（727）卒于临洮军官舍，后归葬长安高阳原，膝下一男二女。祢仁秀、祢素士父子墓志祖先叙事强调东汉祢氏后裔隋末东迁说，值得探究。

［文献］

大唐故祢府君墓志铭（盖）
大唐虢州金门府折冲祢君墓志铭并序

隋末有莱州刺史祢善者，盖东汉平原处士之后也。知天厌随（隋）德，乘桴窜海，遂至百济国。王中其说，立为丞相，以国听之。洎子寔进，世官象贤也。有唐受命，东讨不庭，即引其王归义于高宗皇帝，由是拜左威卫大将军、封来远郡开国公。父子之事，殊所会时也；去就之理，合所由道也。语云："贤者避地"。书云："必有忍，其乃有济"。传曰："不在其身，其在后嗣。"是之谓乎？寔进生素士，袭父封，仕至左武卫将军。君讳仁秀，即武卫府君之长子也。少以将种，银印赤韨，累授明威将军、右骁卫郎将。寻以元帅连坐，左为秦州三度府果毅。历汝州梁川府果毅、虢州金门府折冲。禀命不遐，开元十五年终于临洮军之官舍，为寿五十三矣。呜呼！遗孤未杖，越在异乡。家仆护丧，归于旧里。夫人河南□（若）干氏，绥州刺史祁陁之女也。公殁之后，携持露立，保成幼志，贾用妇功。一男二女，克致婚冠。初夫人送元女于幽州宜禄，久而不返。遂以廿七年十一月六日卒于婿氏之别业，春秋六十一。离殡客土，星岁再周。越以天宝载庚寅夏五月戊子朔廿二日己酉克葬于长安县之高阳原，礼也。其子曰适，追报所天，慰兹明灵，志彼幽壤。铭曰：

存离居没异土，我生鲜欢，王事靡监，二纪于兹，成葬便时，有子克报，于嗟孝思。①

13. 陈法子墓志

武周天授二年（691）葬洛阳，志石何地何时出土不详，志石现藏西安大唐西市博物馆。志文与图版公布于胡戟、荣新江编《大唐西市博物馆藏墓志》（北京大学出版社，2012）。陈法子生于百济武王十四年（隋大业九年，613），在百济国内及入唐之后的履历丰富，提供了东亚制度、史地的诸多信息。

［文献］

大周故明威将军守右卫龙亭府折冲都尉陈府君墓志铭并序

君讳法子，字士平，熊津西部人也。昔者承天握镜，箫韶闻仪凤之功；列地分珪，卜兆盛鸣凰之繇。其后连横纵辩，念旧本于思秦；韫智标奇，谋新工于事楚。瑰姿伟望，代有其人。远祖以衰汉末年，越鲸津而避地；胤绪以依韩导日，托熊浦而为家。虹玉移居，仍存于重价；骊珠从握，不昧于殊辉。曾祖春，本邦太学正，恩率。祖德止，麻连大郡将，达率。父微之，马徒郡参司军，德率。并英灵杰出，雄略该通。麾管一方，绩宣于字育；抚绥五部，业劭于甿谣。君清识迈于觿年，雅道彰于卯日。析薪流誉，良冶传芳。解褐，除既母郡佐官，历禀达郡将，俄转司军，恩率。居检察之务，洁拟壶冰；当藻鉴之司，明逾镜水。官兵以显庆五祀，吊人辽浿。府君因机一变，请吏明时。恩奖稠迭，仍加赏慰。从其所好，隶此神州，今为洛阳人也。六年二月十六日，制授游击将军，右骁卫政教府右果毅都尉。乾封二年，除右卫大平府右果毅都尉。总章二年，改授宁远将军，右卫龙亭府折冲都尉。咸亨元年，加阶定远将军。文明元年，又加明威将军，职事依旧。然以大耋贻欢，恒思鼓缶。通人告老，固请悬车。云路垂津，日门回鉴。特听致仕，以弘止足。岂谓辅仁无验，梁木云摧。唐载初元年二月十三日，终于洛阳县毓财里之私第，春秋七十有六。鸣呼哀哉！大周天授二年岁次辛卯三月壬申朔廿六日丁酉，卜宅于邙山之原，礼也。嗣子神山府果毅龙英，痛风枝之不驻，顾烟隧而长怀。爰托微衷，式旌幽壤。其铭曰：

妫川命氏，辽海为乡。三韩挺懿，五部驰芳。其一。猗欤哲士，寔惟

---

① 祢素士、祢仁秀墓志录文及图版，见张全民《新出唐百济移民祢氏家族墓志考略》，《唐史论丛》14，2011。

英彦。达变因机，革心回面。其二。隆班屡徙，促漏方催，长辞日辔，永去泉台。其三。久客无归，异邦有寓，瞻言孤陇，恒凄苦雾。其四。①

14. 难元庆墓志

该墓志1960年在河南鲁山被发现，志石藏鲁山文化馆。墓主及夫人开元二十二年（734）合葬于汝州鲁山县东北原。墓志记载难元庆祖父入唐为熊津都督府长史，志主本人主要生活在唐朝，与黑齿常之、沙吒忠义等蕃将类似，行军经历使他辗转于广大北方。

［文献］

大唐故宣威将军左卫汾州清胜府折冲都尉
上柱国难君墓志铭并序

君讳元庆，其先即黄帝之宗也，扶余之尔类焉。昔伯仲枝分，位居东表，兄弟同政，爱国臣韩。妙以治民之难，因为姓矣；孔丘序《舜典》，所谓历试诸难，即其义也。高祖珇，仕辽任达率官，亦犹今宗正卿焉。祖汗，入唐为熊津州都督府长史。父武，中大夫、使持节、支浔州诸军事、守支浔州刺史，迁忠武将军，行右卫翊府中郎将。并仁明识远，在政□闻，德□词宏，邦家共达。君幼而聪敏，无所不精。寻授游击将军，行檀州白檀府右果毅，直中书省；虽司雄卫，恒理文轩。俄转夏州宁朔府左果毅都尉，直中书省内供奉。属边尘屡起，烽火时惊。以君宿善帷筹，早参师律，文乃□□□□□军□弓旌□重，要之绥抚，倒载干戈。遂授朔方军总管。君以□□□□命，□建奇□，九姓于□歼夷，三军晏然无事，凯歌旋入，高会星楼。天子以禄不足以酬能，特赐紫金鱼袋、衣一袭、物一百匹。俄属羌戎□□，河西胡亡，俾君招征，降如雨集。□俘操袂，内宴褒功，特赐口六、马十、物一百匹。授宣威将军，迁汾州清胜府折冲都尉，勋各如故。君植姓温恭，□神道德，无□官赏，恒怀耿洁。恐量不充位，能不济时，坐必俨然，目以定体。□人所利，□惠□□永乎。积善无征，奠楹遄效，露晞朝蘤，魂敛夜台。以开元十一年六月廿八日终于汝州龙兴县之私第，春秋六十有一。

夫人丹徒县君甘氏，左玉钤卫大将军罗之长女也。婉娩冲华，柔闲辅态。柳花浮吹，驻琴瑟而题篇；□色开颜，写文章于锦绪。作配君子，宜其室家，礼甚梁妻，贤逾班女。妆楼遽掩，桂月□□，以开元廿二年五月

---

① 胡戟、荣新江主编《大唐西市博物馆藏墓志》，北京大学出版社，2012，第122页。

十八日终于汝州鲁山县之私第，春秋六十有七。男□□□，□极昊天，哀深触地，屠心叩臆，若坏墙然。粤以大唐开元廿二年十一［月］四日合葬于汝州鲁山县东北原，礼也。呜呼！楚剑双飞，俱没沉碑之水；殷□俄合，同坟挥日之郊。乃为铭曰：

玄黄肇泮，家邦遂兴；四方岳立，万物陶蒸。其一。达率腾华，辽阳鼎贵；德迈将军，汾州冲尉。其二。气盖千古，誉重三韩；子孙孝养，恭维色难。其三。国籍英灵，作固邦宁；自君执节，扫孽边亭。其四。振旅犹饥，摧凶如渴；以寡当众，志不可夺。其五。还宴龙筵，陪嬉鸳沼；赏锡虽多，酬恩不少。其六。日月徒悬，金玉俱捐；痛缨紫绶，永置黄泉。其七。夫贵妻尊，鸾潜凤奔；楹间辙奠，松下埋魂。其八。君子所居，贤人之里；鲁阳挥戈，唐尧立祀。其九。烟云共暗，山川俱夕；辄慕清风，敢铭玄石。其十。

以开元廿二年岁次甲戌十一月戊午朔二日庚申书①

15．大唐勿部将军功德记

碑刻现存山西省太原天龙山天龙寺，约唐景龙元年（707）立，隶书，残存首部。黑齿常之有一女儿乐浪郡夫人，与其丈夫勿部珣共同在天龙寺造三世佛像。勿部珣时为唐天兵中军副使、右金吾卫将军、上柱国、遵化郡开国公，夫人黑齿氏乃大将军燕公黑齿常之的中女。燕公即燕国公，黑齿常之的爵号。

［文献］

大唐勿部将军功德记

郭谦光文及书

咨故天龙寺者，兆基有齐，替虏隋季。苾教理归寂，载宅兹山之奥，龛室千万。弥亘崖岊，因厂增修，世济其美。夫其峰峦岌碟，丹翠含椴灌木萧森，滥泉鬵沸，或叫而合壑宣哗者，则参虚之秀丽也。虽缁徒久旷，禅庑荒阒，而迈种德者，陟降遐险，固无虚月焉。大唐天兵中军副使右金吾卫将军上柱国遵化郡开国公勿部珣，本枝东海，世食旧德，相虞不腊，之奇族行，太上怀邦，由余载格，历官内外，以贞勤骤徙，天兵重镇，实佐中军。于神龙二年三月，与内子乐浪郡夫人黑齿氏，即大将军燕公之中

---

① 董延寿、赵振华：《洛阳、鲁山、西安出土的唐代百济人墓志探索》，《东北史地》2007年第2期。

女也，跻京陵，越巨壑，出入坎窞，牵拏茎蔓，再休再呬，乃詹夫净域焉。于是接足礼已，却住一面，瞻眺□历，叹未曾有。相与俱时，发纯善誓，博施财具，富以□上，奉为先尊及见存姻族，敬造三世佛像，并诸贤圣刻雕□相。百□庄严，冀藉胜因，圆资居往，暨三年八月，功斯毕焉。夫作而不记，非盛德也。遵化公资孝为忠，□义而勇，鯱领以国，寨连匪躬。德立□行，事时礼顺，寨既清只，人亦宁只，大搜之隙，且阅三乘。然则居业定功，于斯为盛，光昭将军之令德，可不务虖？故刻此乐石，以旌厥问。其辞曰：

□铄明德，知终至而。忠信孝敬，元亨利而。总戎卫服，要荒谧而。乘缘诣觉，归□□□。

大唐景龙元年，岁在鹑首十月乙丑朔十八日□午建□□部选宣德郎昕，次子吏部选上柱国崠，次子上□□□，次子□□□□兵部选仲荣，公声天兵中军总管弥义。①

除了上述金石文之外，洛阳龙门石窟0877号窟龛左侧两个并列的小龛下面题记中，也有百济人信息存焉。其文曰："一文郎将妻扶余氏敬造两区"。显然扶余氏是百济王室姓氏，她是谁？她经历了什么？我们期待着更多新材料的出现，能够解答这些历史谜题。

百济考古资料

百济历史研究的基础性史料，除传世典籍、金石文献之外，百济故地的考古文物资料就是最为重要的部分。百济考古主要包括都城、山城、佛寺、建筑、墓葬、陶器等方面。韩国忠清南道、全罗北道以及首尔等地都有对于韩国国史占有重要地位的百济历史与文化的专门或相关的研究机构，这些科研机构以百济考古调查、发掘、出版、展览为己任，编辑发行了一系列多角度的考古资料，不断丰富、细化的新出考古资料是目前推进百济史研究进展的一个主要力量。

韩国国立忠南大学位于大田广域市，设有百济研究所。该所除了主办《百济研究》刊物之外，还编辑出版了多种关于百济的考古文物类资料图书。百济研究所出版的相关图书集中在熊津—泗沘百济时代。

---

① 《全唐文》卷二八二，中华书局，1983，第2863—2864页。首尾据《중국출토 백제인 묘지집성》，홍성군：충청남도，공주시：충청남도역사문화연구원，2016，제317—328쪽。

表 2-3 忠南大学百济研究所"学术研究丛书"部分书目

序号	书名	作者	时间
1	논산 황산벌 전적지	충남대학교 백제연구소	2000
2	百濟 泗沘羅城	충남대학교 백제연구소	2000
3	百濟 泗沘羅城 II	충남대학교 백제연구소	2000
4	百濟 泗沘羅城 III	충남대학교 백제연구소	2002
5	錦山 水塘里遺蹟	충남대학교 백제연구소	2002
6	泗沘都城	충남대학교 백제연구소	2003
7	扶餘 合松里遺蹟	충남대학교 백제연구소	2004
8	扶餘 九鳳·蘆花里遺蹟-A 地區-	충남대학교 백제연구소	2004
9	舒川 鳳仙里·台城里遺蹟	충남대학교 백제연구소	2004
10	大田 老隱洞遺蹟	충남대학교 백제연구소	2004
11	大田 鷄足山城	충남대학교 백제연구소	2005
12	華城 半月洞遺蹟	충남대학교 백제연구소	2007
13	대전 계족산성 복원정비공사중 침목 확인 조사 보고서	이재욱, 土田純子, 김명진, 이종신, 홍덕균	2008

圆光大学位于全罗北道益山市，这里是马韩故地，更一度是百济末期的都城所在地。圆光大学的马韩·百济文化研究所除了主办《马韩·百济文化研究》刊物之外，也编辑出版了多种考古以及调查和发掘报告一类资料图书。该所出版相关图书集中在全罗北道特别是益山地区的马韩—百济遗迹方面。

表 2-4 圆光大学马韩·百济文化研究所遗迹调查与发掘报告书书目

序号	书名	发表/出版	时间
1	益山 彌勒寺址 東塔址및 西塔 調查報告書	『마한백제문화』 창간호	1974
2	彌勒寺址 東塔址 二次 發掘 調查報告書	『마한백제문화』 2	1977
3	益山 王宮坪 發掘調查略報告書	『마한백제문화』 2	1977
4	百濟古都 益山地域 文化財現況 調查報告書	마한백제문화연구소	1978
5	報德城 發掘略報告（一名 益山土城）	마한백제문화연구소	1981
6	高敞 雅山댐 水沒地區 文化遺蹟 調查報告書	마한백제문화연구소	1981
7	南原 月山里古墳群 發掘調查報告	마한백제문화연구소	1983

续表

序号	书名	发表/出版	时间
8	全羅北道 文化財 地表調査報告書-扶安郡篇-	마한백제문화연구소	1984
9	高敞邑城 內部建物址 發掘調査報告書	마한백제문화연구소	1984
10	高敞 中月里 文化遺蹟 發掘調査報告書	마한백제문화연구소	1984
11	井邑 普化里 百濟石佛立像周邊 發掘調査報告書	마한백제문화연구소	1985
12	高敞 雅山댐 水沒地區 發掘調査報告書 -청자요지, 야철지, 일명사지, 빈대절터-	마한백제문화연구소	1985
13	益山 五金山城 發掘調査報告書	마한백제문화연구소	1985
14	益山郡 文化財 地表調査報告書	마한백제문화연구소	1986
15	高敞邑城 東軒址 發掘調査報告書	마한백제문화연구소	1987
16	益山地域馬韓遺蹟綜合調査研究	마한백제문화연구소	1988
17	益山 熊浦里 百濟古墳群 發掘調査報告書	마한백제문화연구소	1988
18	茂朱 赤裳댐 水沒地區 發掘調査報告書	마한백제문화연구소	1989
19	益山蓮洞里 石佛坐像周邊發掘調査 略報告	마한백제문화연구소	1989
20	全州 史庫址 發掘調査報告書	마한백제문화연구소	1991
21	高敞邑城官衙建物址 發掘調査報告書 -객사지, 풍화루지, 연못지-	마한백제문화연구소	1991
22	高敞, 竹林里 一帶 支石墓群 地表調査報告書	마한백제문화연구소	1992
23	高敞, 竹林里支石墓發掘報告書	마한백제문화연구소	1993
24	扶安댐, 水沒地區文化財 精密地表調査報告書	마한백제문화연구소	1993
25	扶安柳川鎭西里 靑磁窯址 調査報告書	마한백제문화연구소	1994
26	益山 帝釋寺址 試掘調査報告書	마한백제문화연구소	1994
27	茂朱 安國寺址 發掘調査報告書	마한백제문화연구소	1995
28	우금 (周留) 山城 關係遺蹟 地表調査 報告書	마한백제문화연구소	1995
29	益山 第 3 工團 豫定地域內 文化遺蹟 地表調査 報告書	마한백제문화연구소	1997
30	全州 東固山城 (12次) 發掘報告書	마한백제문화연구소	1997
31	西海岸高速道路 (群山-高敞間) 建設事業 文化遺蹟 地表調査 報告書	마한백제문화연구소	1997
32	全州 東固山城 (3次) 發掘報告書	마한백제문화연구소	1997
33	文化遺蹟 分布地圖 -益山市-	마한백제문화연구소	1998

续表

序号	书名	发表/出版	时间
34	益山 第2育成牧場 豫定地域內 文化遺蹟 地表調査 報告書	마한백제문화연구소	1999
35	全州 科學産業硏究團地 文化遺蹟 發掘調査 報告書	마한백제문화연구소	1999
36	익산 하나로도로 건설구간내 문화유적지표조사보고서	마한백제문화연구소	2000
37	金馬-鍊武臺間 道路擴張 및 包裝工事區間內 文化遺蹟 地表調査	마한백제문화연구소	2000
38	扶安 實相寺址 發掘調査 報告書	마한백제문화연구소	2000
39	서해안고속도로 (군산-고창간) 건설구간내 문화유적발굴조사 약보고서	마한백제문화연구소	2000
40	井邑-黃土縣間 國道 擴包裝工事區間內 文化遺蹟 地表調査 報告書	마한백제문화연구소	2000
41	益山 永登洞遺蹟	마한백제문화연구소	2000
42	고창읍성 관아건물지 발굴조사보고서 -傳 형청, 사령청, 관청, 장청, 성황당 지역-	마한백제문화연구소	2000
43	各地 試發掘調査 報告書 (전북 지역)	마한백제문화연구소	2000
44	2000년 가을着手 耕地整理事業 豫定地區 地表調査	마한백제문화연구소	2000
45	禪雲寺-興德間 道路擴張工事 문화유적지표조사보고서	마한백제문화연구소	2000
46	高敞의 墳丘墓-分布 및 實測調査 報告書	마한백제문화연구소	2000
47	전주, 남고산성 발굴조사보고서	마한백제문화연구소	2001
48	임실, 성미산성 지표조사 보고서	마한백제문화연구소	2001
49	노래섬 I	마한백제문화연구소	2001
50	益山新興體育公園 造成事業敷地 文化遺蹟 試掘調査 報告書	마한백제문화연구소	2001
51	진안용담댐 수몰지구내 문화유적발굴조사보고서 V 鎭安 壽川里 高麗 古墳群	마한백제문화연구소	2001
52	南原 實相寺 百丈庵 試掘및 金堂址 周邊 發掘調査 報告書	마한백제문화연구소	2001
53	부안 鎭西里 靑磁窯址 제18호 요지발굴	마한백제문화연구소	2001
54	정읍 첨단 방사선 이용 연구센터 설립부지내 문화유적 지표 조사 보고서	마한백제문화연구소	2001

续表

序号	书名	发表/出版	时间
55	高敞-長城 高速道路 建設區間내 문화유적 지표조사보고서	마한백제문화연구소	2001
56	웅포관광단지 조성사업지구내 문화재 지표조사 보고서	마한백제문화연구소	2001
57	益山 猪土城시굴조사 보고서	마한백제문화연구소	2001
58	益山 彌勒山城 東門址주변발굴조사보고서	마한백제문화연구소	2001
59	益山笠店里 百濟古墳群 -附：입점리 1호분 봉토조사-	마한백제문화연구소	2001
60	群長 産業團地 進入道路（大田-群山間）内 文化遺蹟 試掘調査 報告書	마한백제문화연구소	2002
61	益山栗村里 墳丘墓	마한백제문화연구소	2002
62	익산 신동 문화유적 발굴조사 보고서 -보건소 신축부지-	마한백제문화연구소	2002
63	益山 慕縣洞 遺蹟	마한백제문화연구소	2004
64	익산 熊浦 곰개나루 觀光地 文化財試（發）掘調査 報告書	마한백제문화연구소	2004
65	金堤 鳳月里 기와요지	마한백제문화연구소	2004
66	益山熊浦觀光團地 造成敷地내 百濟古墳群 試掘調査 報告書	마한백제문화연구소	2004
67	금강남부권 급수체계 구축사업（금강광역체계조정）용수관로 시설부지내 문화유적 지표조사 보고서	마한백제문화연구소	2004
68	鎭安 佐浦里 先史遺蹟 發掘調査 報告書	마한백제문화연구소	2004
69	文化遺蹟 分布地圖-高敞郡-	마한백제문화연구소	2005
70	南原 實相寺 百丈庵	마한백제문화연구소	2005
71	익산신동리간이골프장시설 부지내 문화유적발굴조사보고서 Ⅰ 『익산 신동리 유적-5·6·7지구』-	마한백제문화연구소	2005
72	井邑 新井洞遺蹟	마한백제문화연구소	2005

  韩国国立扶余博物馆，是忠清南道的扶余郡地区集考古与文物展示、资料编辑与出版的重要学术机构，以下是该单位出版的考古文物展示图录和发掘报告两大类相关资料。该馆出版相关图书集中在百济后期特别是泗沘百济时代。

表 2-5　韩国国立扶余博物馆百济史相关书目
A 表—展示图录

序号	书名	发行机构	出版时间
1	扶餘博物館陳列品圖鑑-先史・百濟文化	삼화출판사	1977
2	百濟寺址出土遺物（백제사지 출토유물）	국립부여박물관	1988
3	百濟의 瓦塼（백제의 와전）	국립부여박물관	1989
4	국립부여박물관	（주）삼화출판사	1993
5	國立扶餘博物館（日語版）	（주）삼화출판사	1994
6	박물관 이야기	통천문화사	1994
7	금동용봉봉래산향로 – 부여 능산리 건물터와 출토유물	통천문화사	1994
8	박만식교수 소장 백제토기百濟土器	국립부여박물관	1994
9	박만식교수 기증 백제토기	국립부여박물관	1995
10	백제금동대향로와 창왕명석조사리감	통천문화사	1996
11	국립부여박물관	（주）삼화출판사	1997
12	만화로 보는 국립부여박물관	도서출판 호산	1997
13	국립부여박물관 – 일어판	（주）삼화출판사	1998
14	중국낙양문물명품전	통천문화사	1998
15	中國洛陽文物名品展（중국낙양문물명품전）	통천문화사	1998
16	백제	통천문화사	1999
17	초청학술강연회 '百濟의 歷史'	국립부여박물관	1999
18	소부리 墨香展	국립부여박물관	2001
19	소부리 짚풀 생활문화	국립부여박물관	2002
20	百濟의 文字	국립부여박물관	2002
21	百濟의 度量衡	국립부여박물관	2003
22	백제금동 대향로	국립부여박물관	2003
23	百濟金銅大香爐와 古代東亞細亞	국립부여박물관	2003
24	百濟金銅大香爐	국립부여박물관	2003
25	백제의 문물교류	국립부여박물관	2004
26	百濟人과 服飾	국립부여박물관	2005
27	백제의 美 -국립부여박물관 편-	한길사	2006

续表

序号	书名	发行机构	出版时间
28	어린이박물관 백제	국립부여박물관	2007
29	그리운 것들은 땅속에 있다	국립부여박물관 충청남도역사문화관	2007
30	백제목간	국립부여박물관	2008
31	백제왕흥사	국립부여박물관 국립부여문화재연구소	2008
32	박물관 들여다보기-아는만큼 보인다	국립부여박물관	2008
33	백제의 숨결 금빛 예술혼 금속공예	국립부여박물관	2008
34	고대 동아시아상의 백제 금속공예	국립부여박물관	2008
35	나무 속 암호 목간	국립부여박물관	2009
36	부여박물관의 발자취	국립부여박물관	2009
37	백제가람에 담긴 불교문화	국립부여박물관	2009
38	금수강산의 삶과 문화	국립공주박물관 국립부여박물관	2009
39	고대의 목간, 그리고 산성	국립부여박물관 국립가야문화재연구소	2010
40	백제 중흥을 꿈꾸다-능산리사지	국립부여박물관	2010
41	기와에 담긴 700年의 숨결 百濟瓦塼	국립부여박물관	2010
42	百濟瓦塼과 古代 東亞細亞의 文物交流	한국기와학회	2010
43	백제의 공방	국립부여박물관	2010
44	서동의 꿈, 미륵의 통일 百濟武王	국립부여박물관	2011
45	신과의 만남, 백제의 제사	국립부여박물관	2012
46	백제인의 얼굴, 백제를 만나다	국립부여박물관	2012
47	국립부여박물관 소도록	국립부여박물관	2012
48	기증으로 빛난 문화재 사랑	국립부여박물관	2013
49	하늘에 올리는 염원 백제 금동 대향로	국립부여박물관	2013
50	부여박물관	국립부여박물관	2014
51	백제의 먼나라 이웃나라	국립부여박물관	2014
52	국립부여박물관 (국문)	국립부여박물관	2014
53	Buyeo National Museum (English Ver.)	Buyeo National Museum	2015
54	国立扶餘博物館 (日本語)	國立扶餘博物館	2015

续表

序号	书名	发行机构	出版时间
55	국립부여박물관 HAND BOOK	국립부여박물관	2015
56	백제 정림사와 북위 영녕사	국립부여박물관	2015
57	부소산	국립부여박물관	2016
58	사진으로 만나는 사비 백제	국립부여박물관	2016
59	부여 송국리	국립부여박물관	2017

B 表—发掘报告书

序号	书名	发行机构	出版时间
1	保寧 校成里 집자리	국립부여박물관	1987
2	扶餘錦城山百濟瓦積基壇建物址 發掘調查報告書	국립부여박물관	1992
3	부여 정암리 가마터 (Ⅰ)	국립부여박물관	1992
4	부여 정암리 가마터 (Ⅱ)	국립부여박물관	1992
5	부여 정암리 가마터 (Ⅲ)	국립부여박물관	1992
6	舒川 長巖鎭城	국립부여박물관	1997
7	松菊里 Ⅵ	국립부여박물관	2000
8	舒川 漢城里	국립부여박물관	2000
9	陵寺 능사 (본문, 도면·도판)	국립부여박물관	2000
10	舒川 船島里遺蹟	국립부여박물관	2003
11	扶餘 羅城	국립부여박물관	2003
12	궁남지	국립부여박물관	2007
13	凌寺 2007 부여 능산리사지 6, 7, 8 차 발굴조사보고서	국립부여박물관	2007
14	청양 왕진리 가마터	국립중앙박물관 국립부여박물관	2008
15	2008 백제의 절터와 가마터 지표조사 보고서	국립부여박물관	2008
16	소장품조사자료집 청동거울	국립부여박물관	2010
17	부여 군수리 사지	국립부여박물관	2012
18	부여 동남리사지	국립부여박물관	2014
19	부여 정림사지	국립부여박물관	2015
20	부여 구아리 사지	국립부여박물관	2016-

续表

序号	书名	发行机构	出版时间
21	부여 부소산 사지	국립부여박물관	2017

韩国汉城百济博物馆，得名于"汉城百济"，位于首尔，该馆编辑出版有多种百济史相关的考古文物类资料图书，这与该馆同时具有展示和研究两大功能有关。汉城百济博物馆出版的相关图书集中在汉城百济时代。

表 2-6　韩国汉城百济博物馆百济史相关书目

序号	书名	出版社	出版年份
1	(漢城) 百濟관련 유물사진 자료집. Ⅰ-Ⅱ	한성백제박물관	2004
2	백제사람들, 서울 역사를 열다: 2011 년도 국제학술회의	서울특별시 한성백제박물관	2011
3	서울과 백제: 2 천년 고도 여행	한성 백제 박 물 관 건 립 추진단	2011
4	風納土城.12, 慶堂地區 196 號 遺構에 대한 報告	한신대학교박물관 한성백제박물관	2011
5	백제 시간여행.1-5	양승복 한성백제박물관 서울역사박물관	2012
6	동아시아 속 백제의 뿌리: 2012 년 상반기 한성백제아카데미	한성백제박물관	2012
7	백제의 맛: 음식이야기: 2012 년 백제생활문화특별전 의·식·주	한성백제박물관	2012
8	이상윤 기증유물.1, 동북아 역사속 우리숨결	한성백제박물관	2012
9	백제, 누가 언제 세웠나: 백제의 건국시기와 주체세력	한성백제박물관	2013
10	백제의 꿈, 王都漢山	한성백제박물관	2013
11	돌, 깨어나다: 동북아 석기石器 테마여행	최경숙, 한성백제박물관	2013
12	온조, 서울 역사를 열다: 백제 건국과 왕도 한성: 2013 봄 특별전	한성백제박물관	2013
13	백제학연구총서: 쟁점백제사	한성백제박물관	2013
14	백제, 마한과 하나되다: 2013 여름 특별전	한성백제박물관	2013
15	백제의 왕권은 어떻게 강화되었나: 한성백제의 중앙과 지방	이현혜, 한성백제박물관	2014

续表

序号	书名	出版社	出版年份
16	한성백제의 왕궁은 어디에 있었나: 한성의 도시구조	이형구, 한성백제박물관	2014
17	백제의 성장과 중국: 2014년 하반기 쟁짐백제사 집중토론 학술회의	한성백제박물관 백제학연구소	2014
18	백제학연구총서 쟁점백제사	노중국, 한성백제박물관	2014
19	백제의 왕궁: 2014 봄 백제문화 특별전	한성백제박물관	2014
20	동아시아 불탑과 백제 석탑: 2014년도 백제연구 국제학술회의	충남대학교 백제연구소 한성백제박물관	2014
21	(2014 여름 백제문화특별전) 백제 人物列傳: 운명을 개척한 사람들	한성백제박물관	2014
22	근초고왕 때 백제 영토는 어디까지였나: 백제의 영토확장	한성백제박물관	2014
23	(러시아연해주문물전) 프리모리예	부산박물관, 한성백제박물관	2014
24	이상윤 기증유물.1, 석기	한성백제박물관	2014
25	몽촌토성 목책 재설치 공사 구간 발굴조사 완료 약보고서	한성백제박물관	2014
26	이상윤 기증유물.2, 토기·골각기·옥석기	한성백제박물관	2015
27	한성백제박물관	김기섭, 한성백제박물관	2015
28	백제와 요서지역	한성백제박물관	2015
29	한국사 속의 백제와 왜	한성백제박물관	2015
30	아름다운 공유: 한성에 모인 보물들: 2015 기증유물특별전	한성백제박물관	2015
31	백제의 성장과 중국	한성백제박물관	2015
32	이상윤 기증유물	한성백제박물관	2015
33	중국 고대도성 문물전: 2015 국제교류 특별전시회	한성백제박물관	2015
34	2011-2015년 기증유물	한성백제박물관	2015
35	개로왕의 꿈, 대국 백제	양기석, 한성백제박물관	2016
36	몽촌토성 II: 2014년 몽촌토성 북서벽 구 목책 설치구간 발굴조사 보고서	이인숙, 한성백제박물관	2016
37	근초고왕과 석촌동고분군	한성백제박물관	2016
38	몽촌토성 I: 2013—2014년 몽촌토성 북문지 내측 발굴조사 보고서	한성백제박물관	2016

续表

序号	书名	出版社	出版年份
39	백제 신라, 서울의 기억: 2016 봄 특별전시회	한성백제박물관	2016
40	(서울의 백제유적) 석촌동 고분군 자료집	한성백제박물관	2016
41	칠지도에 대한 새로운 이해 : 동아시아비교문화연구회 국제학술대회	동아시아비교문화연구회 한성백제박물관	2016
42	백제의 성장과 낙랑·대방	한성백제박물관	2016
43	한성백제 유적자료집	한성백제박물관	2016
44	백제왕의 선물: 사여품: 2015 특별전시회	한성백제박물관	2016
45	夢村土城	한성백제박물관	2016
46	한성백제 유적자료집 .1, 서울편 (서울, 하남, 성남, 광주)	한성백제박물관	2016
47	이상윤 기증유물 .3, 청자 1	이경자, 한성백제박물관	2016
48	이상윤 기증유물 .4, 청자 2	이경자, 한성백제박물관	2017
49	한성백제사 다시보기	한성백제박물관	2017
50	백제 초기 고분의 기원과 계통	한성백제박물관	2017
51	영산강 옹관의 한성 나들이: 2017 겨울특별전시회	한성백제박물관	2017
52	석촌동 고분군 집중토론집: 1970-1980년대 발굴조사 자료를 중심으로	한성백제박물관	2017
53	(2017년 여름특별전시회) 청자의 길: 바다 건너 세계로 : 이상윤기증유물 V_青瓷 2	한성백제박물관	2017
54	백제 웅진기 왕계와 지배세력	한성백제박물관	2018
55	한성백제 유적자료집 .2, 경기북부편	한성백제박물관	2018
56	영국사와 도봉서원: 천년만에 빛을 본 寧國寺	한성백제박물관	2018
57	(2018 국제교류전) 한중 교류의 관문 산동: 동아시아 실크로드 이야기	한성백제박물관	2018
58	흑자의 멋, 차와 만나다: 이상윤 기증유물 VI_흑자	한성백제박물관	2018

  韩国国立公州博物馆编辑出版有多种百济史相关的考古文物类资料图书，该馆是百济熊津都城所在地的公州市最主要的国立博物馆，其同时具有展示和研究两大功能有关。该馆出版相关图书集中在熊津百济时代。

表 2-7　韩国国立公州博物馆百济史相关书目

序号	书名	出版单位	出版年份
1	百濟武寧王陵遺寶 -新築開館展示-	국립공주박물관	1973
2	百濟瓦當 特別展	국립공주박물관	1988
3	百濟古墳出土 遺物特別展	국립공주박물관	1989
4	龜甲文과 鬼面文	국립공주박물관	1990
5	天安 花城里 百濟墓	국립공주박물관	1991
6	松菊里 V	국립공주박물관	1991
7	南穴寺址	국립공주박물관	1993
8	下鳳里 I	국립공주박물관	1995
9	국립공주박물관 -무령왕릉-	통천문화사	1997
10	국립공주박물관 -무령왕릉-	통천문화사	1998
11	大田 月坪洞遺蹟	국립공주박물관	1999
12	艇止山	국립공주박물관	1999
13	日本所在 百濟文化財 調査報告書 I	국립공주박물관	1999
14	文化遺蹟地表調査 結果報告書	국립공주박물관	2000
15	백제를 찾아서	국립공주박물관	2000
16	백제로의 시간여행	국립공주박물관	2000
17	日本所在 百濟文化財 調査報告書 II	국립공주박물관	2000
18	百濟 斯麻王 -무령왕릉발굴, 그 후 30년의 발자취	국립공주박물관	2001
19	公州 南山里 墳墓群	국립공주박물관	2001
20	武寧王陵과 東亞細亞文化	국립공주박물관 국립부여문화재연구소	2001
21	금강-최근 발굴 10년사-	국립공주박물관	2002
22	公州 水村里 土城 I	국립공주박물관	2002
23	日本所在 百濟文化財 調査報告書 III	국립공주박물관	2002
24	日本所在 百濟文化財 調査報告書 IV	국립공주박물관	2004
25	고구려 고분벽화 모사도-자랑스런 우리의 세계문화유산	국립공주박물관	2005
26	백제문화 해외조사 보고서 V -中國 江蘇省 · 安徽省 · 浙江省-	국립공주박물관	2005
27	古代의 王京과 王宮	국립공주박물관	2005

续表

序号	书名	出版单位	出版年份
28	武寧王陵-출토 유물 분석 보고서（Ⅰ）	국립공주박물관	2005
29	4-5 세기 백제유물 특별전 한성에서 웅진으로	국립공주박물관	2006
30	武寧王陵-출토 유물 분석 보고서（Ⅱ）	국립공주박물관	2006
31	2007 기획특별전 鷄龍山	국립공주박물관	2007
32	백토에 핀 철화의 향연 鷄龍山 粉青沙器	국립공주박물관	2007
33	백제문화 해외조사보고서 Ⅵ	국립공주박물관	2008
34	武寧王陵 基礎資料集	국립공주박물관	2008
35	무령왕릉 신보고서Ⅰ-분묘（1）-	국립공주박물관	2009
36	국립공주박물관 상설전시도록	국립공주박물관	2010
37	마한·백제 사람들의 주거와 삶	국립공주박물관 중앙문화재연구원	2010
38	새로운 만남, 百濟의 木器	국립공주박물관	2010
39	百濟의 冠	국립공주박물관	2011
40	백제문화 국외조사보고서Ⅷ 중국 육조의 도자	국립공주박물관 남경시박물관	2011
41	무령왕릉을 格物하다	국립공주박물관, 공주시	2011
42	사진으로 보는 武寧王陵 발굴	국립공주박물관, 공주시	2012
43	宋山里 古墳群 基礎資料集	국립공주박물관, 공주시	2012
44	무령왕릉 신보고서Ⅱ-폐쇄전돌-	국립공주박물관	2013
45	공산성 -공주 역사기행 1 번지-	국립공주박물관	2013
46	國立公州博物館（중국어도록）	국립공주박물관	2013
47	무령왕 시대의 동아시아 세계	국립공주박물관	2014
48	백제 이후, 백제	국립공주박물관	2015
49	한국의 고대상감, 큰 칼에 아로새긴 최고의 기술	국립공주박물관	2015
50	국립공주박물관 70 주년 특별기념전 충청감영	국립공주박물관	2016

　　忠清南道历史文化研究院作为百济故地核心区的重要科研机构，其活动包括地表调查、发掘调查、文物复原、学术研究等多方面，出版的一系列调查报告、发掘报告，其中有相当大一部分是关于百济时代遗迹的调查发掘，表 2-8 中所列是 2014—2018 年该研究院发掘调查报告。该研究院还

出版有地表调查报告 30 余种、调查考证著作 80 余种、图志 20 余卷、地方志 20 余种，举办学术会议 20 余次。特别是还编辑出版百济相关资料集多种（参阅本书第三编表 3-6、表 3-7）。

表 2-8　忠清南道历史文化研究院发掘调查报告

序号	调查报告名	主要出版机构	出版年
1	공주 수촌리고분군 2 차 발굴조사	충청남도역사문화연구원	2014
2	공주 웅진동 (253-1 번지 외) 유적 발굴조사	충청남도역사문화연구원	2014
3	금산 미륵사 발굴조사	충청남도역사문화연구원	2014
4	금산 창평리유적 발굴조사	충청남도역사문화연구원	2014
5	아산 동암지구 도시개발부지 내 아산 동암리유적 발굴조사	충청남도역사문화연구원	2014
6	아산 탕정 제 2 일반산업단지 1 지역 1 지점 조성부지 내 아산 용두리 부리기유적 발굴조사	충청남도역사문화연구원	2014
7	예산 가야사지 1 차　시발굴조사	충청남도역사문화연구원	2014
8	천안 ㈜대원강업 공장신축부지 내 천안 성거 모전리유적 발굴조사	충청남도역사문화연구원	2014
9	태안 안흥진성 2 차 발굴조사	충청남도역사문화연구원	2014
10	홍성 동성리유적 발굴조사	충청남도역사문화연구원	2014
11	공주 수촌리고분군 3 차 발굴조사	충청남도역사문화연구원	2015
12	논산 개태사지 3 차 시굴조사 보고서	충청남도역사문화연구원	2015
13	논산 개태사지 4 차 발굴조사	충청남도역사문화연구원	2015
14	서산 기지리 A 시설 건설부지 내 문화재 시굴조사	충청남도역사문화연구원	2015
15	세종 도계리 유적 발굴조사	충청남도역사문화연구원	2015
16	세종 명학리 유적 발굴조사	충청남도역사문화연구원	2015
17	천안 신부동 유적 발굴조사	충청남도역사문화연구원	2015
18	천안시 야구장 건립사업부지 내 삼룡동유적 발굴조사	충청남도역사문화연구원	2015
19	홍성 홍주읍성 내 연지 추정지 문화유적 발굴조사	충청남도역사문화연구원	2015
20	예산 가야사지 2 차 발굴조사	충청남도역사문화연구원	2015
21	공주 수촌리고분군 4 차 발굴조사	충청남도역사문화연구원	2016
22	서산 대죽리 한뿔유적 발굴조사	충청남도역사문화연구원	2016

续表

序号	调查报告名	主要出版机构	出版年
23	서천 봉선리 유적 시굴조사	충청남도역사문화연구원	2016
24	예산 가야사지 3, 4 차 발굴조사	충청남도역사문화연구원	2016
25	홍성 신경리, 예산 목리 유적 2 발굴조사	충청남도역사문화연구원	2016
26	공주 상신리 364-6 번지 유적 발굴조사	충청남도역사문화연구원	2017
27	공주 수촌리고분군 5 발굴조사	충청남도역사문화연구원	2017
28	공주 우영터 발굴조사	충청남도역사문화연구원	2017
29	예산 사동리 유적 발굴조사	충청남도역사문화연구원	2017
30	천안 성성동 유적 1 발굴조사	충청남도역사문화연구원	2017
31	논산 개태사지 5 차 발굴조사 보고서	충청남도역사문화연구원	2018
32	논산 개태사지 6 차 시발굴조사	충청남도역사문화연구원	2018
33	서산 해미읍성 진남문 해자구간 발굴（시굴）조사	충청남도역사문화연구원	2018
34	천안 성거산 위례성 내 용샘 발굴조사	충청남도역사문화연구원	2018
35	천안 성성 2 지구 도시개발사업지구 내 문화유적 발굴조사	충청남도역사문화연구원	2018
36	태안 안흥정 발굴（시굴）조사보고서	충청남도역사문화연구원	2018

图 2-12　《百济以后，百济》

图 2-13　《百济的冠》

第二编　百济史料提要 | 249

图 2-14　《扶余王兴寺舍利庄严具》特别展，2019 年，韩国国立扶余博物馆

图 2-15　韩国国立中央博物馆出版百济相关发掘报告

图 2-16　百济文化财研究院文化遗迹调查报告书

图 2-17　卢重国等合著《从金石文中阅读百济》

第三编　百济学史述要

九　中国学者的百济史研究

地不爱宝，20世纪初随着唐代百济人墓志在洛阳等地的出土，罗振玉等传统金石学家率先开启了相关的文献释读和百济遗民史的探讨。陈寅恪、傅斯年等历史学人也在中古史事的研讨中涉及百济历史，例如《唐代政治史述论稿》关于外族盛衰的阐述、《东北史纲》关于百济族源的涉猎。然而，这一时期最重要的研究者是金毓黻，他所著《东北通史》卓然成为东北地方史和东亚关系史的开山之作，其中对于辽海地区族群迁移流转的交错关系多有揭橥，迄今仍是学人案头常备之书。1949年以后，在世界史领域的朝鲜古代史中，百济史所占比例仍然是相当小的，这与20世纪初以来的情况相比并无多大变化。对于半岛古史，形成学术热潮乃至有学术自觉，仍要到改革开放之后。

改革开放以来的百济史研究

在中国，历史学和其他学科一样，一直以来专业分割严重，韩国史（即朝鲜史）被划分到世界史学科下，而世界史直到2011年才被正式定为与中国史、考古学并列的一级学科。实际上，中国的韩国史研究既有从中国史的延长线角度，以"中韩关系史"面貌取得的研究成果[①]，也有从世界史的分支角度，以"东亚史""东北亚国际关系史"面貌取得的研究业

---

① 中韩关系史研究成果，请参阅权赫秀《中国的朝鲜史研究与教学：历史的回顾与基于现实的展望》（《朝鲜·韩国历史研究》第13辑，延边大学出版社，2013）与《最近三十年来国内学界的中韩关系史研究综述》（《过去的经验与未来的可能走向：中国近代史研究三十年（1979~2009）》，社会科学文献出版社，2010）；冯立君《韩国学的"古代对外关系史"视角》，《当代韩国》2015年第1期。

绩，但直接以韩国史本体为研究对象的人并不多。

中国朝鲜史研究会集中了国内最广泛的韩国史研究力量①。不过百济史仍是一个薄弱环节，中国学界实际上还未出现专门的或体系化的百济研究。但是，围绕中国与百济关系相关问题已经有不少探讨。自其建国至2006年的百济学术史，周裕兴先生等已有细致考察，并对研究方向提出了中肯的意见②。为避免重复，本节除增补2006—2013年的成果外，主要对中国学界总体成果予以分类归纳，侧重对研究方向的把握。

这一时期以百济为题的论文有近百篇，关注点集中在中国与百济政治和文化关系、百济移民（遗民）、高句丽与百济关系，以及百济与夫余、辽西的关系等方面，主要是魏晋隋唐史、区域史、考古学研究的延伸，较少有以百济为主体的研究。

关于百济与中国外交关系为历来研究最多者。主要有姜孟山对熊津时期百济与中国关系③、韩国磐对南北朝隋唐与新罗百济关系、杨通方对汉唐时期中国与百济关系、周一良对百济与南朝关系的梳理④。陈尚胜探讨了百济与高句丽积极利用中国南北朝的分裂和对立开展双重外交和对外竞争的历史⑤。韩昇在百济对日文化关系、百济与南北朝关系、唐与百济战争等问题上都有较为深入的研究，参与百济史研讨较多⑥。罗东阳对4—6

---

① 金成镐：《中国朝鲜史研究会简史》，《朝鲜·韩国历史研究》第10辑，延边大学出版社，2009。
② 周裕兴、丁利民：《中国的百济史研究》，《蒋赞初先生八秩华诞颂寿纪念文集》，学苑出版社，2009，原载韩国《百济研究》45（2007），题为《中国百济学的回顾与展望》。
③ 姜孟山：《熊津时期百济与中国关系》，《百济文化》26，1997。
④ 韩国磐：《南北朝隋唐与新罗百济的往来》，《历史研究》1994年第2期；杨通方：《汉唐时期中国与百济的关系》，《中韩古代关系史论》，中国社会科学出版社，1996；周一良：《百济与南朝关系的几点考察》，《魏晋南北朝史论集》，北京大学出版社，1997。
⑤ 陈尚胜：《分裂时代的外交竞争——魏晋南北朝中韩关系述评》，《中韩关系史论》，齐鲁书社，1997。
⑥ 参阅韩昇《四至六世纪百济在东亚国际关系中的地位和作用》，第七回百济研究国际学术会议"百济社会的诸问题"，韩国忠南大学百济研究所，1994；韩昇《"魏伐百济"与南北朝时期东亚国际关系》，《历史研究》1995年第3期；韩昇《唐平百济前后的东亚国际形势》，《唐研究》第1卷，北京大学出版社，1995；韩昇《日本古代的大陆移民研究》，台北，文津出版社，1995；韩昇《南北朝与百济政治、文化关系的演变》，《百济研究》26，1996；韩昇《唐朝对百济的战争：背景与性质》，《百济文化》32，2003；韩昇《白江之战前唐朝与新罗、日本的关系的演变》，《中国史研究》2005年第1期；《百济与南朝的文化交流及其在东亚的意义》，石源华主编《东亚汉文化圈与中国关系》，中国社会科学出版社，2008；韩昇《东亚世界形成史论》，复旦大学出版社，2009；韩昇《海东集：古代东亚史实考论》，上海人民出版社，2009。

世纪百济与中国关系亦有论述①。拜根兴《七世纪中叶唐与新罗关系研究》对 7 世纪中叶唐、新罗、百济关系中的"与百济义慈王书"以及唐罗联军伐百济时间等若干重要问题有新的发覆②。金锦子对百济与北魏关系、百济旨在遏制高句丽的外交竞争有实证性研究③。赵智滨近来围绕唐朝与熊津都督府相关问题，从历史地理角度进行了系列研究④。一些硕士学位论文对百济与南北朝朝贡关系、与隋唐关系都有涉及，主要的方法是传统文献解析，尚未有新突破。

关于百济与中国文化交流及在东亚文化中的地位的研究，中国学者通过以墓葬为主的考古资料以及金石文、文献史籍，进行过不少探讨⑤。其中，周裕兴在中国南朝与百济的文化比较研究上有新探索，特别是对武宁王陵相关遗物有独到的分析和比较，从海上交通视角对百济与中国的关系有新的阐发⑥。王志高对百济都城考古遗迹如韩国首尔风纳土城、公州宋

---

① 罗冬阳：《4—6 世纪百济与大陆各国的往来》，《马韩·百济文化》16，2004。
② 拜根兴：《七世纪中叶唐与新罗关系研究》，中国社会科学出版社，2003。
③ 金锦子：《论百济与北魏的关系——以百济的上表文为中心》，《东疆学刊》2006 年第 4 期；金锦子：《五世纪中后期东亚国际局势与百济、高句丽的外交竞争》，李宗勋主编《中朝韩日关系史论丛》3，延边大学出版社，2007。
④ 赵智滨：《熊津都督府陷落始末——兼论唐罗战争的爆发》，《中国边疆史地研究》2010 年第 6 期；赵智滨：《关于唐代熊津都督府的几个问题》，《东北史地》2010 年第 11 期；赵智滨：《唐朝在百济故地初设行政建置考略》，《中国历史地理论丛》2012 年第 1 期。
⑤ 代表性论文有：朴真奭：《一至七世纪中朝两国人民的文化交流》，《中朝经济文化交流史研究》，辽宁人民出版社，1984；杨泓：《吴、东晋、南朝的文化及其对海东的影响》，《考古》1984 年第 6 期；王仲殊：《东晋南北朝时代中国与海东诸国的关系》，《考古》1989 年第 11 期；黄宽重：《外交关系与社会变迁：百济对中国文化的受容的初步观察》，《百济研究》26，1996；齐东方：《百济武宁王墓与南朝梁墓》，武宁王陵发掘 30 周年纪念国际学术大会，2001；拜根兴：《〈大唐平百济国碑铭〉关联问题考释》，《唐史论丛》第 8 辑，三秦出版社，2006；宋成有：《百济与中国文化交流的特点及其影响》，北京大学《韩国学论文集》16，2011；杨森：《敦煌壁画中的高句丽、新罗、百济人形象》，《社会科学战线》2011 年第 2 期。
⑥ 周裕兴：《武宁王陵出土文物探析之一：以"琉璃童子像"为例》，《东亚考古论坛》2，忠清文化财研究院，2006；周裕兴《武宁王陵出土文物探析之二：以三枚铜镜为例》，韩国《百济文化海外调查报告书Ⅴ》，书景文化社，2006；周裕兴《百济与六朝文化交流研究的断想》，《南京历史文化新探》，南京出版社，2006；周裕兴《武宁王陵出土文物探析之三：以炭木兽形佩饰及棺木为例》，《东亚考古论坛》3，2007；周裕兴《从海上交通看中国与百济的关系》，《百济文化》38，2008；周裕兴《百济文化与南朝文化：以武宁王陵为中心》，《百济文化》40，2009；周裕兴《东晋高崧家族墓与韩国百济武宁王陵比较研究》，《百济文化》46，2012。

山里6号坟、武宁王陵形制结构等有全新的考古认识①。此外，邵磊等也有关于武宁王陵墓志的分析和比较研究②，赵俊杰对武宁王陵形制结构也有新的见解③。王巍《东亚地区古代铁器及冶铁术的传播与交流》一书还探讨了4—6世纪百济铁器和冶铁遗迹及其冶铁术对日本的影响④。

关于百济遗民（中国学者多使用"移民"一词）的研究也是中国学者的一个兴趣点。拜根兴对中国境内高句丽、百济移民相关考古资料的新研究⑤，较为系统地对与高句丽和百济移民相关联的唐与新罗、百济、高句丽三国关系背景、唐人的认识问题、遗迹的分布、移民活动等问题进行了探讨，特别是在对百济移民个案研究上多有创见，应引起中韩学界重视。姜清波对入唐高句丽、百济、新罗人进行了较为系统的研究⑥。对于黑齿常之等百济遗民个案有五六篇文章专门探讨，显示出中国学者的偏好，其中马驰先生从唐代蕃将研究角度进行了以金石文为中心的细致考察⑦。随着新出土墓志的发现，一些学者也开始将焦点转向百济移民将领等具体个案的研究上⑧。

关于百济族源，主要有李宗勋的《百济族源与丽济交融过程之考察》⑨和刘子敏的《百济起源与夫余、高句丽无关》⑩。李宗勋先生主张百济是以

---

① 王志高：《韩国公州宋山里6号坟几个问题的探讨》，《东南文化》2008年第7期；王志高《百济武宁王陵形制结构的考察》，《东亚考古论坛》1，2005；王志高《六朝墓葬出土玻璃容器漫谈——兼论朝鲜半岛三国时代玻璃容器的来源》，《南京博物院集刊》第12辑，文物出版社，2011。

② 邵磊：《韩国百济武宁王陵出土墓志略论》，《苏州文博论丛》，2010；王俊、邵磊：《百济武宁王墓志与六朝墓志的比较研究》，《南方文物》2008年第8期。

③ 赵俊杰：《再论百济武宁王陵形制与构造的若干问题》，《边疆考古研究》第7辑，2008。

④ 王巍：《东亚地区古代铁器及冶铁术的传播与交流》，中国社会科学出版社，1999。

⑤ 拜根兴：《唐代高丽百济移民研究》，中国社会科学出版社，2012。关于百济移民的研究现状请参阅该书第83—104页。

⑥ 姜清波：《入唐三韩人研究》，暨南大学出版社，2010。

⑦ 马驰：《〈旧唐书·黑齿常之传〉补阙与考辨》，《百济的中央与地方》，忠南大学百济研究所，1997。

⑧ 董延寿、赵振华：《洛阳、鲁山、西安出土的唐代百济人墓志探索》，《东北史地》2007年第2期；张全民：《新出唐百济移民祢氏家族墓志考略》，《唐史论丛》第14辑，2011；王连龙：《百济人〈祢军墓志〉考论》，《社会科学战线》2011年第7期；孙炜冉：《唐代百济蕃将沙吒相如考疑》，《通化师院学报》2012年第7期。

⑨ 李宗勋：《百济族源与丽济交融过程之考察》，《朴文一教授80周年寿辰纪念史学论集》，香港，亚洲出版社，2012。

⑩ 刘子敏：《百济起源与夫余、高句丽无关》，《朝鲜·韩国历史研究》第12辑，延边大学出版社，2012。

马韩为基础,以夫余、高句丽人为统治贵族,并由多个族群构成的政治共同体。杨军《从扶余南下看百济国族源》通过貊系扶余人公元前1世纪的迁徙过程考察,认为百济人起源是沸流部[1]。关于百济"略有辽西"问题,刘永智认为百济略有的是浿西而非辽西,金宪淑依据史料认为百济略有辽西完全可能,但不一定在晋代,刘子敏从考古资料等角度论证百济未统治辽西,对金宪淑观点提出质疑[2]。

关于百济与高句丽关系。中国学者因对高句丽史研究积累较多,在考古、文献研究中取得巨大成绩,其中不少研究涉及高句丽与百济关系问题,笔者认为,这方面的研究主要是以好太王碑等考古资料为中心[3]和以文献史料辨析为中心的研究[4]。高句丽对外关系史研究中有不少相关论述,其成果不赘述,可参阅韩国学者余昊奎和中国学者耿铁华的相关总结[5]。苗威从历史疆域和地理角度直接探讨长时段百济对外关系,颇值得注意[6]。

《朝鲜通史》第一卷[7]对百济国家发展、领域扩张、与中国和日本的关系和经济文化交流有比较全面的概述,是目前国内最详细的百济对外关系论述。全春元先生的《早期东北亚文化圈中的朝鲜》涉及百济的兴起,与新罗和高句丽的争战,与东晋南朝、倭的关系及文化交流,唐、百济、新罗、高句丽的关系变化及百济的灭亡历史过程[8]。

---

[1] 杨军:《从扶余南下看百济国族源》,《北方民族》2001年第2期。
[2] 刘永智:《百济略有辽西辨》,《学术研究丛刊》1983年第4期;金宪淑:《"百济略有辽西"记事初探》,《延边大学学报》2000年第3期;刘子敏:《驳〈"百济略有辽西"记事初探〉》,《延边大学学报》2001年第1期。
[3] 典型论著:朴真奭:《高句丽好太王碑研究》,延边大学出版社,2000;耿铁华:《好太王碑新考》,吉林人民出版社,1994。
[4] 典型论著:刘子敏:《高句丽历史研究》,延边大学出版社,1996;朴灿奎:《〈三国志·高句丽传〉研究》,吉林人民出版社,2000;姜维东等:《正史高句丽传校注》,吉林人民出版社,2006;刘子敏、苗威:《中国正史〈高句丽传〉详注及研究》,香港亚洲出版社,2007;李大龙:《〈三国史记·高句丽本纪〉研究》,黑龙江教育出版社,2013。专题探讨与百济、新罗关系的有:王臻:《高句丽同新罗百济的战和关系》,《东北史地》2005年第1期;史未央:《高句丽与百济、新罗的争霸》,《东北史地》2005年第3期。
[5] 〔韩〕余昊奎:《中国学界的高句丽对外关系史研究状况》,《东北工程相关韩国学者论文选》,韩国东北亚历史财团,2007;耿铁华:《高句丽研究史》,吉林大学出版社,2012。
[6] 苗威:《百济前期历史与地理述考》,《韩国研究论丛》第26辑,社会科学文献出版社,2013;苗威:《百济前期疆域述考》,《朝鲜·韩国历史研究》第14辑,延边大学出版社,2013。
[7] 姜孟山(主编)《朝鲜通史》(第一卷),延边大学出版社,1992。
[8] 全春元:《早期东北亚文化圈中的朝鲜》,延边大学出版社,1995。

涉及百济的东北亚古代关系史研究也取得不少宏观理论成果[①]。熊义民、金锦子两位博士的论文进行了新的努力，他们就4—7世纪东北亚关系史课题中涉及的百济史内容剖析较深，角度也与以往的中韩关系双边视角有所区别，视角灵活，同时对国内外学界成果都有很好的吸收和辨析，因此他们的研究都有"可对话性"的特点。

熊义民的《公元四至七世纪东北亚政治关系史研究》[②]将4—6世纪作为一个时段，逐一对4—5世纪的百济、高句丽、倭以及6世纪新罗的崛起予以论述；将6世纪中后期至7世纪中叶作为另一个时段，实际上按照中国朝代再分作隋、唐两段，大体按事件发展顺序，对东北亚自隋初朝鲜三国冲突开始一直到唐、新罗、倭鼎立格局形成期间东北亚诸国的动向与相互关系进行了论述。其中，关于百济部分，作者综合国内外史籍，对4世纪百济崛起过程中对乐浪郡和马韩故地的扩张、百济与高句丽交战及其中衰、"百济略有辽西"问题、"两个百济"问题、6世纪前百济迁都等问题进行了考释，论及对百济4—5世纪的对外关系时，作者认为经过中衰期，百济475年迁都熊津后继续稳步发展与中国南朝的关系，"不计虚名"积极发展与倭国关系，修补与新罗的关系并结成抗击高句丽的统一战线。关于6世纪武宁王后百济对高句丽、新罗的关系，论及在6世纪中叶百济即将达至中兴时，羽翼渐丰的"盟国"新罗的反戈一击几置其死地，百济虽然势力渐弱，但在对南朝、倭关系态度上却始终比新罗更为积极。

金锦子《五至七世纪中叶朝鲜半岛三国纷争与东北亚政局》[③]亦是按照将长时段分作几个短时段来逐序论述，与熊义民依照国别分开讨论不同，作者以朝鲜半岛三国局势变动为中心，把5—7世纪中叶朝鲜半岛与中国王朝联动下的东北亚大陆政治局势演进史，划分为5世纪前期、5世纪中期至6世纪中期、6世纪中期至7世纪初、7世纪中后期四个具有阶段性

---

① 关于汉唐间东亚三国关系史的代表性成果有：李宗勋：《隋唐时期中朝日关系和东亚汉字文化圈的形成》，《唐·新罗·日本政治制度比较研究》，延边大学出版社，1998；杨军：《区域结构的形成（公元前3世纪末~8世纪末）》，《东亚史》，长春出版社，2006；高明士：《天下秩序与东亚世界》，《天下秩序与文化圈的探索——以东亚古代的政治与教育为中心》，上海古籍出版社，2009；韩昇：《东亚世界的历史进程》，《东亚世界形成史论》下编，复旦大学出版社，2009。
② 熊义民：《公元四至七世纪东北亚政治关系研究》，暨南大学博士学位论文，2003。
③ 金锦子：《五至七世纪中叶朝鲜半岛三国纷争与东北亚政局》，延边大学博士学位论文，2007。同名专著2011年由香港的亚洲出版社出版。

特征的时段，实际上以高句丽的强势扩张、百济与新罗同盟对高句丽、高句丽与百济同盟对抗新罗崛起、丽济倭三国反抗罗唐两国为线索展开论述。作者主要关注的是朝鲜半岛局势走向中各阶段"主角"与众"配角"之间的互动关系，而不是静态地逐一罗列各国而组成"东北亚拼盘"，因此通过历时性重大事件进程的梳理，作者成功再现了5—7世纪朝鲜半岛诸国势力此消彼长过程及其与中国王朝关系的演变史，为认识高句丽、百济、新罗的历史特性提供了有益参考。

展望中国在世界史框架下的朝鲜史研究，对于百济史、朝鲜古代对外关系史及其所交叉的百济对外关系史研究这一新课题，学术对话仍不活跃，国际交流水平也有待提升。在论题上，如百济与高句丽和新罗间的势力消长问题、百济与汉唐王朝关系特性问题、百济对倭影响及在东亚文化中的地位问题、百济在朝鲜古代对外关系史中的特点和地位问题，以及争论中的百济族源及与北方民族关系、"百济略有辽西"诸问题，随着中国学者对朝鲜半岛相关考古资料及学界研究成果的更多了解，也有再深入探讨的必要。

近五年中国学界百济史的新研究

目前中国学者对于百济史的研究尚处于起步阶段。2014年，我对中韩两国1980—2010年代近30年的百济史研究进行过总结，并对其中百济对外关系的研究着重予以关注，对两国学界基于不同理念视角展开的完全不同的历史探究和学术硕果对比分析，既提供对研究现状特别是其存在不足的意见，也提出了针对性的理想化的建议。[①] 2014年至今，随着新见史料的公布和解读，传统史料的细绎与深掘，中、韩、日等国学者深化了百济历史与文化的研究，在各自学术谱系和脉络中迈步前行，积累了新的研究成果，有必要追踪学术新动向、总结新问题、推动新研究。本节以此为鹄的，重点分析评论2014年迄今约五年中国学界的新成果，旨在为推动东亚史与中外关系史等领域的研究提供参考。为方便讨论，粗分为百济政权发

[①] 冯立君：《韩国与中国近30年百济史研究述要》，中国朝鲜史研究会会刊《朝鲜·韩国历史研究》第15辑，2014。稍后，拜根兴以石刻碑志史料为中心有相应回顾，全莹贩简地向韩国介绍了国内百济史的总体概况。拜根兴：《中国学界的百济史研究动向》，《长安学研究》创刊号，中华书局，2016。全瑩：《中國의 百濟學 研究에 대한 略考》，공주대학교《백제문화》54권，2016。

展史、百济与周边关系、百济考古与文化若干问题展开。

1. 百济政权发展史

关于百济发展史、政治史的研究，分布在百济族源问题、汉城百济政权、迁都问题、政治制度、百济王史事等若干主题。

杨军《百济起源略考》[①] 是一篇实证考释文章，针对学界既存的夫余说、马韩说、索离国说、高句丽说、辽东之东说五种百济族源说，作者细致梳理中原、朝鲜半岛及日本相关文献及其史源，认为百济国王室或统治阶层源于夫余，其普通民众（或被统治阶层）可能与真番存在一定联系，称其立国于带方郡故地则证明百济同时杂有大量汉人。

李磊《4世纪中后期百济政权的建构与早期百济史的编纂》[②] 是一篇结合中外史料及其产生的学术争论的全新阐释，涉及百济早期政权创建与它在文献记录中的折射反映。作者以《三国史记》为核心史料，聚焦百济早期历史的编纂，以此揭示4世纪中叶百济政权的建构历史，并重新理解百济与东晋南朝的特殊关系。作者认为百济4世纪中后期近肖古王时才开始有文字记录。《三国史记》的相关记载，经由近肖古王、百济后世朝廷、统一新罗王朝、高丽王朝等几个阶段编纂、建构而来。近肖古王以丙午年（346）起元反映的是其时夫余瓦解、余句（近肖古王）集团流亡建国的历史。其迁徙路线始于辽西到达朝鲜半岛西北部，复南下弥邹忽，这一迁徙成为族群记忆保存在近肖古王所创的"百济"国名中。《宋书》转述其事成为"百济略有辽西"。而引发中外学者争讼之百济"据有辽西、晋平二郡地"乃因《梁书》将徙自辽西与设平壤郡混淆记述而来。论文细节涉及诸如百济国号、百济略有辽西、佟寿东奔路线、丽济关系、《三国史记》对新罗史的建构等问题，显示出作者熟谙文献及研究成果，也颇有一举解决长期争论问题的雄心。文章整体上具有内在的贯通，对于百济史事的把握始终以东北亚"全局"联动为线索，读来有一种视野开阔之感。全文立论较新，能自圆其说，但多个环节因史料严重匮乏，系由推论弥补。

李磊还对汉城百济的所谓"覆灭"进行了细密的考论，主要结论是百济历史上的第一个时期汉城百济之"覆灭"是由刘宋衰亡在东亚造成的结构性影响所致。[③] 文章第一部分针对《三国史记》汉城百济亡国原因提出

---

① 杨军：《百济起源略考》，《东疆学刊》2017年第4期。
② 李磊：《4世纪中后期百济政权的建构与早期百济史的编纂》，《史林》2017年第3期。
③ 李磊：《汉城百济覆灭考论——兼论刘宋衰亡的东亚影响》，《社会科学》2017年第6期。

反驳，大胆推测，盖卤王十五年（469）前后缘汉江修建三大工程，此时百济国力尚强，能够支撑边疆防御体系建设和王都缘汉江的工程。第二部分对这些工程时间节点的意义予以推导，其中"宋、魏战争对朝鲜半岛局势有很大影响，以至于百济、高句丽这敌对双方都要派出使者朝贡"推论并无实据，有预设答案，再将所有事件归因于此的嫌疑。作者认为，"刘宋青州、冀州的陷落对于高句丽而言有着非凡的意义，这意味着高句丽长期所面临的、来自刘宋海上军事压力的解除。"确为的论。但文章进而将这一战争归结为海东三国动向的根由，似有思维缺环和跳跃。如果确有此论，则南朝每次败北，高句丽都应有相应南进成果？显然历史绝非如此，事件之间的联系恐怕来自人为的构想。作者对于455年高句丽对百济作战等事件及其后朝贡刘宋都看作刘宋与百济一体，并无证据，实属推测。唯一从册封百济的例子推测刘宋更加亲近倒算说得通，但无法推导出高句丽对百济军事行动会顾忌刘宋。作者过多地利用说理论证来弥补史料证据严重不足的缺环，虽然作者具备高超的诠释能力和完整的逻辑脉络，但毕竟其中太多的部分诸如刘宋百济具有一种同盟关系这一类关键论证的前提都属于推测。推测复推测，结论固然新颖，但立论根基不稳，风险极大。而且论文中也有互相扞格之处，例如作者花费一节篇幅极力让人们相信百济与刘宋的所谓结构性联动，但第三节开头部分提到的史实随即令此化为泡影："泰始七年（471）十月，在青州沦陷两年多以后，百济使者首次朝贡刘宋。此次百济朝贡的具体细节已难知晓，但是根据次年百济给北魏的上表内容可以推知百济定是先向刘宋请求军事支援，未果后，转而向北魏朝贡求援。"事实胜于雄辩，刘宋根本无暇顾及百济，高句丽与百济之战与遥远的海西南北大战的关联性被过度夸大了。文章将汉城百济称为"覆灭"，实际上根据史实百济不仅没有覆灭，反而得以赓续，在熊津、泗沘的百济政治体仍然延续着汉城为都时期的政治体，正如一百年后高句丽汉江流域再次被百济、新罗联军夺取一样，争霸鼎峙中互有得失，远谈不上亡国。另外准确地讲，文章声称的百济与刘宋同一时间灭亡也不符合事实，百济迁都在475年，刘宋当年并未亡国，直到479年宋齐更替才完成。文章的核心概念前提值得商榷。所谓"五世纪中期东亚诸政权之间的连环盛衰关系。如果从因果上考虑，则是刘宋的衰亡打破了诸政权间的势力均衡，从而演化为一系列的战争与灭国。反映在朝鲜半岛上，则是导致百济失去了对抗高句丽的有利国际环境"属于聊备一说的假说。而其"盖卤王在军事压力之下走上依赖王族的集权路线，造成的结果却是事与愿违——百济境内的大姓豪族离心离德，其与高句丽合力灭亡了汉城百济"则颇有见地和新意。

2017年2月《延边大学学报》刊发《东北亚古中世史的新研究》专栏文章。朝鲜半岛古中世史（即古代和中世纪历史）是我们尤为关心的领域。这组论文正是对这一时段不同专题的新研究，作者以中国的青年学者为主，他们或利用新史料，或提出新问题，或转换新视角坚持中国朝鲜史研究界的实证精神，不断推陈出新。这仅仅是中国朝鲜半岛古中世史研究近年所积累的一小部分成果，或许和陈寅恪所说的"预流"的境界还有距离，但我们一直在努力。搜罗新鲜史料，细绎传统文献，引入科学理论，加强国际学术对话，这些都将是古中世史研究不断取得新成绩的源泉。① 专栏收录戴卫红关于百济地方制度、王飞峰关于新罗百济的玻璃器研究等成果。

其中戴卫红《百济地方行政体制初探：以出土资料为中心》② 是关于百济政治史不多见的新成果。

作者首先以汉文古典《周书》《三国史记》等传统文献记载的百济在都城实行"部巷制"、地方社会实行"方郡制"，即"五部五方制"做铺垫，进而详细征引韩国出土木简中与此有关者，揭示自1980年代以来在韩国陆续出土的百济木简，简文中除了与传统文献所载的都城五部相对应的"中卩""下卩""前卩""上部""后部"外，还有值得注意的"西部""六部五方"等。作者此处征引的材料，除囊括了全部相关木简外，还从诸如百济入唐移民群体墓志中钩稽线索，具体涉及黑齿常之、陈法子、祢寔进、祢军等人，并且使用了现存于韩国的《大唐平百济国碑铭》《刘仁愿纪功碑》等石刻史料。作者还借助伏岩里、官北里木简、井邑古阜邑城出土的铭文瓦，判定百济不仅在都城内，在地方社会重要的城内也实行"部巷制"。这其中能看到即便是使用传世文献，也在力求资料多元化，以保证历史信息来源尽可能丰富。例如，为了论证百济都城"固麻"或"居拔"的问题，作者除了大量搜罗纪传体史书中的相关记载外，甚至注意到

---

① 李宗勋、冯立君：《东北亚古中世史的新研究》，《延边大学学报》2017年第2期，"主持人语"。
② 戴卫红：《百济地方行政体制初探：以出土资料为中心》，《延边大学学报》2017年第2期。

《钦定满洲源流考》《翰苑》(金毓黻编订《辽海丛书》影印本)等史料。这篇文章的新见解还包括：百济的"部巷制"糅合了北方民族管理部族民众的"部"以及中原王朝城市中相对封闭的建筑形式"巷"。这其实是一个至今少有人涉猎的话题，韩国学者卢重国撰文指出，百济左、右贤王的设置渊源自匈奴、鲜卑等北族政治体所特有的"左右贤王"制度，百济还使用了北族特有的"蒸土筑城"法①。中国学者也有针对百济与北族关系问题进行考证，力图澄清人们对百济只与南朝交流的认识谬误②。戴卫红的地方行政体制剖析，再次提供了另一个角度的新证。

同作者最近还以出土材料考订了百济职官制度，认为出土百济木简中记录有德率等职官名，与《周书》所载百济职官名相对应。木简中的佐官等能补文献百济职官之缺。百济职官制度中的官品、服绶制度以及部分官名受到了中原王朝官僚体制的影响。百济木简中的道使、小使的出现，表明与同一时期的高句丽职官制度有着紧密联系。而以德结尾的官名，并不能确定是否从中原王朝借入，也与高句丽以"加"、新罗以"飡"为结尾的官名不同，而是自带百济的特点。在与倭国的交往中，百济采用的是国内自身的职官系统；而在与中原王朝的遣使中，特意采用了中原王朝的范式。这些都通过实证揭橥了百济政治体绝非东亚汉字文化圈的被动受容者，其自尊独立特征值得重视。③ 作者围绕百济木简等新出土材料的新研究汇集为《韩国木简研究》专书，已经在2017年底出版④，我曾重点关注其中的百济史内容，从所占篇幅和分量而言，截至目前，在中国学者专著成果中对于百济史的重视和其研究实践是空前的，对于东亚汉字文化圈深化理解具有推进意义。⑤

全香的《论百济的熊津、泗沘迁都及其影响》⑥ 一文最有价值的部分在于对百济两次迁都后统治阶层内部的势力变化、都城的性质和影响的阐述。作者论述百济迁都熊津后锦江流域的新兴贵族开始兴起并逐渐掌握中央要职，与汉城贵族形成力量对比，产生新旧势力交替。由此东城王始加

---

① 노중국：《백제의 대외 교섭과 교류》，지식산업사，2012，제183—187쪽。
② 冯立君：《百济与北族关系问题》，《韩国研究论丛》2016年第2期。
③ 戴卫红：《出土材料所见百济职官制度》，《社会科学战线》2018年第2期。
④ 戴卫红：《韩国木简研究》，广西师范大学出版社，2017。
⑤ 冯立君：《朝鲜半岛与古代汉字文化的传播》，原载澎湃私家历史，2018年4月30日；收入《唐朝与东亚》，社会科学文献出版社，2019。
⑥ 全香：《论百济的熊津、泗沘迁都及其影响》，延边大学历史学硕士学位论文，2016年。

强王权、稳定政局；武宁王的政策促进了社会发展、增强了国家实力。关于泗沘迁都的背景、迁都后政治体制的完善和八族大姓的成立过程也是此前国内学界完全不曾涉足的领域。作者认为迁都设置的二十二部司、在王都实行的五部制度、在地方实行的方—郡—城制度促进了地方治理，并最终形成百济社会通过佐平制行使权力的贵族集团——八族大姓。作者还结合前人成果论述佐平制度的不变。虽然不少论述难以超越韩国学者的早已达至的高度，但在百济史论题扩大特别是涉猎百济国内政治史问题这一点上具有积极意义。

有一些学者也逐渐开始注意相对"纯粹"的百济国内政治史（恰与东亚关系史对应）的一些重要问题，例如赵智滨关注《三国史记·地理志》中高句丽、百济地名的可靠性问题[1]，论证这些高句丽、百济地名实际上无法反映两国灭亡前的实情，而是出自新罗吞并之后的调整。其贡献在于提出了辩难，问题在于论述中史料单薄，目前似难形成定谳（而且，几乎在同时，杨军对于《三国史记·地理志》所载高句丽郡县地名发表了更为扎实厚重的研究）[2]。再如，孙炜冉对武宁王史事的考辨，[3] 作者集中对武宁王的世系身份与继位手段、武宁王同南梁的朝贡往来、武宁王与高句丽的交战及影响三个方面对基本史实予以厘定。其贡献在于基于史料微观考辨，较为踏实，所采取的百济视角，并非一般学者不自觉的中原视角，利于观察百济对外交涉关系。问题在于韩国学界围绕这类"国史"上极为重要君主的先行研究较为具体而深入，作者在吸收韩国成果上有所欠缺，这也是国内不少研究论文存在的通病，其间有相当多的精力浪费在重复性劳动中。

或许是受到中国学界某种褒贬历史的所谓"评价"传统，目前还有对于几百年长时段百济政治史进行"借鉴意义"的论述、对于百济经济史泛泛的描述评论，[4] 与之相比，我们期待着更多具有实证精神的百济发展历史研究论著的出现。

2. 百济与周边关系

百济与高句丽关系。关于百济、高句丽关系的研究全部是在高句丽史

---

[1] 赵智滨：《试论〈三国史记·地理志〉中百济和高句丽郡县名的可信性》，《博物馆研究》2016 年第 2 期。

[2] 杨军：《〈三国史记·地理志〉高句丽郡县考》，《通化师范学院学报》2016 年第 1、3 期。

[3] 孙炜冉：《百济武宁王史事考辨及其历史评价》，《通化师范学院学报》2018 年第 3 期。

[4] 宋铁勇：《百济经济述略》，《长春师范大学学报》2016 年第 9 期。

研究框架下进行的，中国学界对百济与新罗关系则几乎没有专门研究。

　　刘炬的两篇文章从高句丽史角度，①对于好太王（广开土王）、长寿王两代"南征百济"问题进行考证研究，分别抉取广开土王南征百济之战的三个问题——《三国史记》与"好太王碑文"所载广开土王南征百济的历次战役之时间、广开土王北伐碑丽与南征百济的关系、广开土王首次南征百济取得重大战果的原因，以及长寿王南征百济之所以成功三个关键问题——战争爆发的时间、僧道琳在战争中所起到的作用、长寿王在战争中所表现出的指挥才智分别予以细致考辨。

　　赵智滨《百济北伐高句丽与北齐文宣帝营州之行》②一文意在考察553年百济军队进攻高句丽而大胜的原因。作者认为高句丽如此惨败，除高句丽贵族相互倾轧之外，实际上也跟当时北齐对高句丽的态度密切相关。553年北齐文宣帝高洋亲统主力部队在辽西营州附近同契丹作战，而因"魏末流民"问题北齐、高句丽上存在严重分歧，高句丽驻扎在辽东地区的军队为防御北齐大军可能的进攻而无法抽调到朝鲜半岛，不能全力抵御百济军，促使百济军得以进攻高句丽首都平壤。但因百济轻视新罗，遭新罗背后袭击，高句丽得免亡国之祸。实际上，关于辽东防线的拉长牵制高句丽"南进"精力这一观点并非新论③，但文章将其运用于具体的史事分析中，自有其价值。

　　孙炜冉《高句丽后期与百济关系的和解》一文将高句丽后期与百济逐步结盟、共同压制新罗，归因于高句丽统治集团内部分化出的"征北派"和"征南派"在内政外交方面长期作用的结果。④作者认为高句丽与百济的军事对抗始于369年，至6世纪前期双方相持不下，高句丽内部分化出意图向北发展的"征北派"和继续向南挤压百济的"征南派"。文章将高句丽与南朝的朝贡疏离情况视作高句丽国内"征北派"和"征南派"的竞争。文章梳理了自安臧王以后，安原王犹豫不决、对外观望，阳原王由"征南派"变为"征北派"的反转，最终形成平原王明确的保持南部和平、发展方向扭转向西北的重大转变过程。观点固然新颖，可惜论证过程史料

---

① 刘炬：《关于长寿王南征百济的几个问题》，《东北史地》2015年第5期；刘炬：《广开土王南征百济问题新探》，《东北史地》2016年第4期。

② 赵智滨：《百济北伐高句丽与北齐文宣帝营州之行》，《地域文化研究》2018年第2期。

③ 冯立君：《高句丽"西进"辽东问题再探讨》，《东北史地》2015年第4期；李宗勳、馮立君：《試論高句麗與慕容鮮卑對遼東地區的爭奪》，（韩国）《白山學報》83，2009。

④ 孙炜冉：《高句丽后期与百济关系的和解》，《韩国研究论丛》2017年第1期。

依据不足，多所跳跃性推测甚至猜想，尚缺乏实证。

冯立君在论述高句丽在南北朝时期黄海交通上的影响力时，涉及高句丽与百济、新罗关系的论述。① 他认为高句丽 5 世纪初扩张到辽东使其大体完成了对黄海东部、北部海域的半包围并长期保持一种陆海相结合的地理优势。5—6 世纪中叶高句丽一方面极力封锁黄海东部海域，阻遏百济、新罗西向中国的交通航路，挤压了百济和新罗的发展空间；另一方面，通过黄海航路联系魏、宋，在黄海上有能力展开诸如袭杀北燕君主、执送南朝军将、运输八百战马、阻拒北魏使节等军事、外交行动，标志着对黄海东半部的控驭，引发了东亚地缘格局的结构性变动。

百济与魏晋南北朝关系。李磊的论文《百济的天下意识与东晋南朝的天下秩序》② 从东晋王朝的所谓天下秩序与百济的融入及其互动关系着眼，认为在西晋大一统瓦解后各族纷纷建国的历史态势中，百济的道路代表其中一个重要类型。具体表现为在百济的"天下意识"下，其与东晋南朝在形式上构建统一的政治体系、分享同一个文化世界。百济朝贡东晋与东晋册授其官职，在作者的解读下都具有国际形势变动及各自内政需求的意义。文章总结说，百济王在吸收江左文化制度时受到特殊优待，是基于彼此的文化认同与情感认同，而百济对东晋南朝天下秩序的自觉参与，使其国势盛衰也与江左王朝相应。

作者最近又在此论题上有所推进③，论说西晋时期乐浪、带方二郡弃守于永嘉之乱，并非源于边疆危机，而是中原王朝统治秩序崩溃的边疆表现。西晋政治传统仍在当地起着凝聚人心、塑造统治合法性的重要作用。除二郡遗民与内地流民以郡县制为组织方式外，百济近肖古王也通过领乐浪太守来构建地区领导权，将倭人纳入其所主导的多边关系之中。东晋的天下秩序借由郡县制、都督制而存在。辛卯年（391）东晋封授的辰斯王被杀，继任的阿莘王与倭"和通"，东晋天下秩序短暂退场。义熙年间（405—418）东晋国势复盛，但重构天下秩序却意在涵盖多边关系，表明东晋由直接统治者向多边关系调解者的身份转变，天下秩序亦由此发生变化。这些论证及其结论进一步发展了作者近年多篇关于东亚格局中百济与

---

① 冯立君：《试论南北朝时期高句丽黄海交通活动的影响》，《延边大学学报》2015 年第 4 期。
② 李磊：《百济的天下意识与东晋南朝的天下秩序》，《华东师范大学学报》2014 年第 2 期。
③ 李磊：《东晋时期东亚政局中的政治传统与权力运作》，《学术月刊》2018 年第 5 期。

东晋南朝的互动关系研究观点，更加凸显出理论诠释而非实证考辨的特性，这似乎说明作者的理论化倾向。其关注点之一为"天下秩序"，此一概念实则由拜根兴《七世纪中叶唐与新罗关系研究》[1] 实证研究推广到中国大陆学界。拜根兴在书中明确地指出是借用自高明士教授的东亚史研究成果。作者虽略有提及日本东亚世界论相关著作，却没有解释核心概念"天下秩序"的内涵与外延，特别是它与东亚古代史领域前述最为知名的高明士—拜根兴"天下秩序"理论内核的异同。在具体的论证中，文章似乎是将此置于不言自明的理论预设前提。实际上，这是一个东亚古代史研究中积累深厚而又言人人殊的学术假说，正如目前不断得到重新解读和批判的"东亚世界论"。[2] 李磊多篇文章反映的结论具有趋同性，似乎有将百济相关的东亚史事统统归结为东晋南朝天下秩序认同之嫌，实际上，东晋在东亚政治地位充满虚象，史料中存在与其所谓天下秩序相反的大量实例，因此如果只强调百济归附、求封、依靠等一部分残存于史料中的表象片段做出东晋等国天下秩序覆盖东亚的结论似乎显得片面而单薄，难窥东亚全豹。毕竟，百济从未在对高句丽、新罗的争战中成为跃居半岛实力最强的一方，文章所说的东亚政局中的所谓天下秩序从未被北方政体（也包括稳健西进辽东的高句丽）广泛认同，天下秩序绝非本文所言"短暂退场"，恐怕应说是"始终缺席"。

百济与汉唐中原王朝之间的关系的研究长期以来固化集中在百济—南朝关系上。这就势必造成一种假象甚至学术定谳：百济仅限于与东晋南朝系统交流，而与北朝甚至北方草原交流极少。针对这一情况，冯立君的论文《百济与北族关系问题》[3] 搜集多语言资料线索，揭橥百济与汉唐间北族的交流与交通关系：百济在与东晋通交的同时，与北方的前秦等国也存在联系。勿吉也曾谋求与百济进行军事合作，显示二者间存在联络。回鹘可汗派出使者对东亚诸国进行考察写成的《北方若干国君之王统叙记》通过伯希和收藏的吐蕃文文本（P.T.1283）得以保存，其中准确标记了"Mon-ba-beg-tse"（"蛮子百济"）的地理位置，揭示出百济与内陆欧亚的文化联系。再加上百济与北魏的外交往来及战争、接受北齐册封、朝

---

[1] 拜根兴：《七世纪中叶唐与新罗关系研究》，中国社会科学出版社，2003。
[2] 冯立君：《东亚抑或东部欧亚？——隋唐东亚关系史研究的理论、范式与成果》，《江海学刊》2019年第2期。
[3] 冯立君：《百济与北族关系问题》，《韩国研究论丛》2016年第2期。

贡北周、与隋朝的政治互动等事实，可以确认梁《职贡图》题记以及南朝系史书缺载了百济与北朝的通使，造成一种百济只和南朝外交往来的假象。种种迹象表明，百济的对外联系具有多元性。这也提示学界，百济等朝鲜半岛古代国家与内陆欧亚民族之间的政治、文化联系是有待加强的研究课题。

百济与隋唐关系。苗威《唐朝平灭百济析论》[①] 重新梳理了唐朝灭亡百济的史实脉络，并对此作出评价，认为百济国祚终结成为新罗统一的基本前提。而以武力解决百济问题并非唐朝的初衷，具有复杂的国际背景，其中包括百济不接受唐朝对半岛诸势力的调和、日本的介入以及终结高句丽僵局等因素，而百济的灭亡导致东亚局势的重新调整。作者的主要关注点似乎不完全是历史学的，掺入了现代观念的历史理解，包括"区域责任""战略评价"等。仅就历史学角度而言，文章的贡献在于重新理解这段历史、提供一种解读视角，问题在于基本未提及、引述中外学界相关历史学研究成果，这就使得一般读者无法判断其观点是否具有实质性的突破。

如果说这是一种东亚宏观视角中对百济之役的解读，那么赵智滨《龙朔三年百济亡国之战考述》则是一种相对微观视角的解读。文章开宗明义地讲，关于龙朔三年（663）百济亡国之战（即白江之战）的研究成果"在战前状态、战时战略等方面的论述仍有待深入挖掘"，因此文章对大致包括古沙、白江口、周留城、任存城等数场战役的百济亡国之战详加考述。[②] 文章论述唐龙朔三年孙仁师部大败倭军于百济故地古沙城附近，随后唐军与新罗合兵，准备与倭济联军决战。唐罗联军统帅采纳刘仁轨直捣周留城作战方案，刘仁轨部在白江口对战倭济联军，利用唐水军武器装备和作战经验等方面的优势，以少胜多。唐罗联军遂乘胜夺占周留、任存等城，彻底灭亡了百济。作者依据史料进行战役史事的实证分析，限定于白江之战战前与战中的纯军事问题，由此对百济的彻底平定给出另一种观察。

拜根兴关注于唐朝平定百济后所立《大唐平百济国碑铭》[③]。《大唐平

[①] 苗威：《唐朝平灭百济析论》，《韩国研究论丛》2017年第1期。
[②] 赵智滨：《龙朔三年百济亡国之战考述》，《学问》2016年第5期。
[③] 拜根兴、林泽杰：《〈大唐平百济国碑铭〉关联问题新探》，《陕西师范大学学报》2016年第4期。

百济国碑铭》镌刻于韩国忠清南道扶余郡定林寺五层石塔底层四面立石上,是探讨 7 世纪 60 年代唐朝与朝鲜半岛关系的重要石刻文献。长期以来,中日韩学界虽已做过一定的研究,但仍有可资探讨的地方。文章探讨碑铭撰写目的和时间、铭文涉及的百济末朝野动态,诠释其所载十一位唐军将领的生平事迹,考察现存史书记载这些人事迹绝少之原因,还纠正以往研究对铭文"三河""六郡"的错误诠释,力图全方位探讨《大唐平百济国碑铭》涉及的诸多问题,为深入研究 7 世纪中叶唐朝与朝鲜半岛政权关系提供参考。这是作者对碑铭此前研究[①]的进一步深化。

实际上,不仅仅是《大唐平百济国碑铭》这一方石刻是作者深入挖掘的新史料,对于唐代东亚史来说,除了现存文献史料外,中国国内考古发掘出土的石刻墓志史料很多是探讨相关问题的重要依据。拜根兴《石刻墓志史料所见 7 世纪中叶的唐与百济——以新发现的唐人军将墓志史料为中心》[②]一文,关注 7 世纪 60 年代唐朝联合朝鲜半岛东南部的新罗,一举灭亡半岛西南部的藩属国百济史事,但切入角度是利用近二十年来公布的新出土石刻墓志史料,以新发现的唐人军将墓志为中心,探讨唐军兵员的募集、军将的推荐选拔、唐朝在百济故地带方州等地实施羁縻统治等相关事宜,以及唐军战船的打造、海运军粮物资、兵员军将的损失等诸多问题,为学界现有研究提供全新的探讨视角,是真正的前沿性研究。

拜根兴还就唐高宗时期百济灭亡、百济复兴军活动、白江之战等一系列事件作出整体诠释,[③] 认为高句丽是面对唐朝联合新罗对百济的军事行动的重要交涉方,由于要应付唐罗两方的持续压力,内部矛盾激化,故对唐罗联合灭亡百济应对乏力,对百济复兴军覆亡作壁上观,白江口战时又企图坐收渔人之利默默缺席,文章将高句丽的碌碌无为归结为百济,同时也是高句丽自身灭亡的原因。这些观点较为新颖,值得重视。

李德山《7 世纪中叶朝鲜半岛形势及唐朝应对政策》一文同样将 7 世纪 50—60 年代以朝鲜半岛为核心的东北亚地区的一系列重大事件(例如百济和高句丽的先后被灭亡、新罗对半岛南部的统一、唐倭间的白江口大

[①] 拜根兴:《〈大唐平百济国碑铭〉关联问题考释》,《唐史论丛》第 8 辑,2006 年。
[②] 拜根兴:《石刻墓志史料所见 7 世纪中叶的唐与百济——以新发现的唐人军将墓志史料为中心》,《西北民族论丛》2016 年第 2 期。
[③] 拜根兴:《唐高宗时代朝鲜半岛剧变与高丽的应对——兼论高丽灭亡的原因》,《陕西师范大学学报》2014 年第 4 期。

海战）作为论述对象。文章基于史料的评析和史实的叙述，或曰史相的描述而非对实相的探寻。① 相较而言，张晓东《隋唐东北亚的地缘环境与政治博弈——以隋唐东征军事活动为中心的考察》一文②面对同样的这一段史实，却能以更为别开生面的视野引导读者重新思索其历史意义。文章将隋唐东征视作一个整体，从政治地理学理论视角认为其反映了大陆地带、边缘地带和海洋地带的军事政治力量角逐。隋唐王朝、高句丽和日本分别成为这三个地带的主导性力量，其中朝鲜半岛及其周边海域是东北亚的战略重心，半岛西南部和黄海及对马海峡是这个重心区域的战略枢纽，当时的百济国占据着边缘地带战略枢纽位置。作者认为正是在唐朝发展强大海上军事力量并控制百济之后，才实现了东征之役的战略突破，这也反映了海上力量对当地的战略影响举足轻重，在东北亚地缘环境中起到了特殊作用。文章的贡献在于引入社会科学理论方法进行历史研究，颇具启发意义。

关于唐朝对百济故地的统治，姜维东围绕带方州问题进行了探讨，③这也是一项以往研究并不充分的课题。作者论述说唐高宗时期则企图改变在民族地区设置羁縻州府管理属国、属部的国策，将这些羁縻州府纳入唐朝版图之内，实行有效管理。在这一背景下，唐朝在百济故地设立的带方州，就有在东北及朝鲜半岛北部恢复古代的边郡管理制度的意图，以管理新罗、高句丽、百济、耽罗、倭等东夷诸国。唐代带方州代表朝廷确实行使中央赋予的职权，已不再是羁縻性质的府州，且履行着管理东夷的职责。带方州的设立刺激了新罗，加速了其背叛唐朝的步伐，最终背叛了自己的宗主国。唐代带方州刺史曾多次主动与倭国联系，改善了两国的关系，为中日恢复邦交、促进文化交流提供了契机。

冯立君《带方郡王爵号考：中国与百济关系的视角》④ 以汉唐时期中原王朝对百济王册封的带方郡公/王爵号为中心，考察百济与中原政治上的互动关系。作者考定唐朝带方郡王爵号的直接渊源是北齐和隋朝先后册

---

① 李德山：《7世纪中叶朝鲜半岛形势及唐朝应对政策》，《社会科学战线》2015年第10期。
② 张晓东：《隋唐东北亚的地缘环境与政治博弈——以隋唐东征军事活动为中心的考察》，《军事历史研究》2015年第3期。
③ 姜维东：《试论唐代带方州的性质及其影响》，《延边大学学报》2015年第3期。
④ 馮立君：《대방군왕 작호에 대한 고찰: 중국과 백제의 관계로 부터》，《百濟學報》19，2017；冯立君：《"古代东亚世界中的中国与百济"会议纪要》，《当代韩国》2016年第2期。

封百济王的带方郡公,其更早的源头则是前燕、后燕册封给慕容氏贵族的带方王,北魏册封给本朝武臣的带方公。在西晋带方郡陷落(314)后,百济开始吸收其制度文明;前燕、后燕、北燕则相继在辖境内侨置带方郡;北魏、东魏亦置带方县,"带方"作为地名经过长期传承,体现了汉晋帝国政治遗产对上述诸政权的影响。北齐在武平元年(570)创造性地册封藩臣百济王为带方郡公,这在隋文帝册封威德王时(581)得以延续,而唐初因无力介入海东事务,一律将百济等国君长进爵为郡王(624)。百济灭亡后,唐朝一度废弃带方郡王爵号,但出于安定熊津地区局势需要,重新将其册予原百济王族;玄宗时(724)"百济带方王"与"高丽朝鲜王"位列封禅大典的"内藩之臣"首席,象征着入唐百济人的较高地位。带方州作为一个特殊的行政区,也体现着唐朝对百济故地的支配意识、将百济故地与汉晋带方郡县相联的历史想象。带方郡王爵号的册受历程,实际上就是一部中古中原王朝与百济关系史的缩影。

3. 百济考古与文化

宋成有提出百济"冠带文化"理念[①],实际上是将百济官制礼仪中的袞服冠带内涵抉出,通过详细梳理见诸史籍的官制与冠带记载阐发其内容,并从国内原因和外部条件探求其形成基础,将百济冠带文化实质归结为拱卫王权中心的统治秩序,并强调了中国文化的影响。文章还对高句丽、新罗、百济三国冠带文化进行了比较研究,对百济冠带文化对日本的扩散性影响予以揭橥。作者的结论富于全局意义,百济因内政改革和官僚制度建设的需要催生百济冠带文化,接受中国儒释道文化要素的影响并加以吸收和再创造,而较之高句丽和新罗,百济冠带文化具有崇德、尚紫和多样性的特点。古代东亚各国官制无不受到中国朝堂政治文化的影响,但各具特色、同源异流。作者的贡献是发挥中国学者熟悉汉文典籍的优势,充分开掘中外文献,为论证"冠带文化"内涵提供了丰富的史料依据,而且视角由百济这一居于东亚汉字文化传播中继站的角色切入,却没有局限于此。在冠带文化形成原因、固有特色、外部影响三个角度都广泛联系东亚邻国立论,视野开阔,并提出"百济在古代东亚国际文化交流中的地位和作用值得再审视",颇有启示意义。其问题在于,对于百济考古资料中的服饰研究成果和韩国在百济官制研究中积累的不少成果都未及寓目,有

---

① 宋成有:《百济冠带文化论》,《北大史学》第19辑,2014年。

损论证的深度和高度。

王飞峰围绕朝鲜半岛原百济、新罗、加耶地区出土的 20 余件玻璃器，追踪其生产遗址，论述出土这些玻璃器的遗址或为重要遗迹、或为王陵级和高级贵族墓葬，说明当时在朝鲜半岛南部地区玻璃器的拥有者还仅限于贵族中的特定阶层。联系到百济、新罗和加耶地区在朝鲜半岛的相对位置及当时与中国大陆交流的情况等因素，推断上述地区出土的部分玻璃器可能产自中国，部分器物的产地可能在中亚或西亚地区，经由中国流入。作者立足于考古资料，从宏观视角将朝鲜半岛引入汉唐时期联系欧亚大陆的重要通道——丝绸之路，丰富了欧亚文化交流的内容。[1] 这一类发表新资料、增加新知识的研究越多，关于百济等相关考古文化及其与欧亚文化关系的积累就越深厚，推动研究进展的可能也就越大。

考古学者分别从南朝文化特别是佛教文化因素来探讨其对百济的影响。邵磊将百济武宁王陵出土的武宁王王妃木枕上所绘的摩羯纹的源头归为东晋南朝，将其传播推导为印度—贵霜—南朝—百济。[2] 但是关于最后一环，或因篇幅所限没有展示任何文物证据，反倒是由作者的论证介绍，中国目前根本不存唐代以前的摩羯纹实物了。无独有偶，王志高试图从出土泥塑来阐发南朝对百济的影响。他的《从出土泥塑像看南朝佛教文化对百济的影响》[3] 揭示南京红土桥南朝泥塑像的出土，是六朝都城建康地区同类遗物的首次发现。作者在第一、第二部分对发掘出土文物做了基本介绍，第三部分强调，从制作工艺角度观察，红土桥南朝泥塑像经彩绘、施釉妆銮和入窑烧固等工序，与同时期百济泥塑像相似，属于同一制作工艺技术传统，而与北朝泥塑像之间存在明显的差异，认为这"反映了南朝佛教文化对百济的深远影响"。王志高熟悉南朝文物与百济考古资料，研究精深。但是，揆诸南朝时期同类遗物的首次发现而北朝佛寺遗址屡见的彩绘泥塑佛教造像的事实，却通过极力强调施釉与否等这些微乎其微的局部特征就将其完全视为南朝对百济的文化影响，是否存在预设推理的风险呢？这或许启示我们反思百济文化研究中"言必称南朝"史观在一些史料

---

[1] 王飞峰：《百济、新罗、加耶地区出土玻璃器及其与丝绸之路的相关研究》，《延边大学学报》2017 年第 2 期。
[2] 邵磊：《南朝佛教影响百济佛教文化》，《中国社会科学报》2014 年 9 月 3 日，第 A08 版。
[3] 王志高：《从出土泥塑像看南朝佛教文化对百济的影响》，《中国社会科学报》2015 年 5 月 6 日第 B02 版。

不充足的相似性考古遗迹遗物的研究中的局限性。

王志高在《试论韩国首尔风纳土城的三个问题》①一文中，结合多年主持六朝建康城遗址考古发掘的实践，探讨了风纳土城在同时期东亚都城考古中的地位与价值、城址出土中国施釉陶器的年代与用途、城址的时代与性质三个彼此关联的问题。对于第一个问题，作者撷取出土遗物文化因素的复杂性或城址的国际性这个视角，凸显其重要意义，具体指的是舶来品和舶来技术与观念。对于第二个问题，针对中韩学者的前期研究，作者认为风纳土城出土的施釉陶器，和中国大陆习见的孙吴、西晋及东晋早期中小型钱纹陶瓷器存在明显的区别。建康城遗址出土者腹部更为修长，与风纳土城相类似。经与中国南方各地出土的汉至南朝时期钱纹陶瓷器比对，风纳土城迄今所见包括钱纹陶器在内的大型施釉陶瓷的时代均属东晋中后期至南朝早期，而以刘宋数量最多，其他百济遗址和墓葬发现的同类器也未见孙吴、西晋者。这些大型施釉陶瓷推测多为浙江德清窑烧制，其内最初输入百济的盛装物应该是各类美酒，而始发地则可能就是东晋、南朝的国都建康城。这一结论与中韩学者的各种见解相当不同。在具体的论证中，作者引述介绍的考古资料及其研究十分丰富，为后续探讨提供了极大的便利。在第三个问题"风纳土城的年代考论"中，作者结合风纳土城出土文物，并结合文献论定：百济早期的都城有慰礼城和汉城。立国之初的慰礼城在辽东与乐浪之间，其后慰礼城虽屡经迁址而名称未改，推测在3世纪前后移至汉江流域。汉城作为百济国都的历史，始于近肖古王二十六年（371），止于盖卤王二十一年（475）九月，其主体由南、北两座土城构成。此外，汉江两岸还有多座拱卫王都的山城。据出土的中国陶瓷器推断，风纳土城的主要使用时代相当于东晋中后期至南朝早期，与汉城作为百济都城的历史一致，可能即文献记载中的王都北城，而梦村土城在其东南，推测大规模增筑于盖卤王之世（455—475），即文献记载中百济王所居的王都南城。这三个问题的论证和结论都具有极大的创新性，本身对于百济研究具有重要的参考价值。此外，作者还提到一个非常重要的信息：东晋、南朝的都城建康，除周二十里十九步的城墙外，其外围还有东府城、西州城、丹阳郡城、越城、白下城、石头城等拱卫，其中最

---

① 王志高：《试论韩国首尔风纳土城的三个问题》，《边疆考古研究》第17辑，2015年。

具防御功能者是位于城西长江之滨的石头城。这对于理解历史学界关于东亚王城—卫城关系及其传承史研究颇有启发。诸如此类细节显示作者深厚的考古功力和历史复原能力，值得重视。

音乐学者从自身专业角度涉入百济乐舞的探讨，例如陈永论述了百济乐舞的源头、变流，并总结了中国学者的研究现状。① 这类论述对于历史学而言仍然还只是初步的讨论，停留于基本史料的释读，但至少表达了各领域学者继续深入探研百济文化史的愿景，对研究现状有清醒的认知："大多数是关于朝鲜半岛整体历史的音乐文化研究，或某些乐器、乐论的专题研究，相较而言，集中论题研究百济音乐、舞蹈的却较少。"文章后半部分对于当代研究取径的论述存在一些问题，特别是关于中国"百济乡"等地名所涉历史并不熟悉，也溢出了文章主题范畴，是不足取的。

杨璐、全莹论述了佛教传入百济与其传统乐舞的关系问题，② 颇有新意。作者着眼于百济传统舞乐的典型代表农乐和巫乐，论证随着佛教及其音乐文化的摄入，百济的舞乐形式悄然变化，"在综合因素之下使百济佛教也呈现出不同于中原佛教的特点"。由于百济舞乐和佛教在史料中的记载有限且极少提及自身演化过程，因此被学者忽视。作者立足于史料和文物，求证出佛教传入与百济传统舞乐之间存在冲击和同化的可能性。

围绕考古发掘（或非考古发掘）出现的百济遗民/移民石刻墓志，学界继续研讨百济遗民/移民问题，热度不减。

陈佳《扶余隆史事考》是一篇扎实考证的论文。③ 基本按照扶余隆墓志顺序叙述了扶余隆入唐活动轨迹及其后裔融入唐朝社会的过程。比较具有新意的部分在于扶余隆入唐前的太子身份问题，并阐述唐朝对百济故地重置和对百济贵族、重臣的安抚，还突出了扶余隆性格特点、个人经历及当时唐朝对东亚政治格局的构建。这种通过梳理一个重要人物抓取出一组相关问题的研究方式值得赞许，它有利于实证研究的展开，但在中规中矩

---

① 陈永：《百济音乐舞蹈的源流、研究现状及当代研究的可能性取向》，《星海音乐学院学报》2015 年第 1 期。
② 杨璐、全莹：《试论佛教传入与百济传统舞乐之间的冲击和同化》，《大连大学学报》2017 年第 5 期。
③ 陈佳：《扶余隆史事考》，东北师范大学硕士学位论文，2017 年。

的论述背后显然对于韩国已经十分深入的扶余隆具体研究兼采不够,如果充分吸收韩文成果,可能会超脱出目前的就事论事而把精力集中到几个创新点。吹毛求疵地讲,结论也并无新意,可以套用到众多高句丽、百济入唐移民个案研究中去。

西安大唐西市博物馆藏墓志中有一方百济遗民陈法子墓志,拜根兴率先进行了深度的剖析研究而非一般性读后感+译注式的初步研究。他从入唐百济遗民(本文改用移民)整体历史角度对其作出总评价,进而对墓志涉及的地名及其相关史事深入挖掘考释,并对陈法子先祖及其入唐轨迹作出历史复原。① 随后陈玮进行了对基本史实层面信息的补充,但有所重复,主要围绕陈氏家族、陈法子任官(两部分内容拜文皆已论述)展开,文中内容的不少论述属于百济史常识。②

关于祢军墓志,马云超《东亚视野下的百济人祢军墓志——以"日本余噍"和"僭帝称臣"为中心》③ 对墓志有新的考释,认为志文中"日本余噍"一词并不是指当时的倭国,而是百济复国势力,"僭帝称臣"是指白江口战后倭国天智天皇向唐朝称臣。④

宁三福《入唐百济遗民活动探析》⑤ 一文以百济遗民为研究对象,主要阐述入唐百济遗民的产生、类型、分布以及在唐做出贡献等。实际上进入正题的论述部分并无新意,标榜介乎百济遗民个案研究和群体研究之间的分类研究,十分简单地将入唐百济遗民按王室贵族、百济籍将领、祖籍中原的百济将领及平民百姓分类,价值不大。

总结起来,近五年中国学界百济史的研究总体上处于一种极为分散而不自觉的自发状态,绝大多数成果是在中国中古史、高句丽史等领域"顺带"涉及百济相关问题,这与五年前并没有实质性的区别。第一,整体上成绩与问题并存。从发表渠道来说,期刊论文中良莠不齐,既有前辈学者在多年耕耘基础上的厚积薄发,也有青年新锐运用全新视角、方法介入研究的创新研究,但不可否认,的确有不少纯属炒冷饭之作。硕士学位论文

---

① 拜根兴:《入唐百济移民陈法子墓志关联问题考释》,《史学集刊》2014 年第 3 期。
② 陈玮:《陈法子墓志所见入唐百济遗民史事研究》,《北方文物》2017 年第 1 期。
③ 马云超:《东亚视野下的百济人祢军墓志——以"日本余噍"和"僭帝称臣"为中心》,《唐史论丛》21,2015。
④ 马云超:《日本天皇曾向唐朝皇帝称臣——隐藏在百济人墓志中的历史真相》,《文史天地》2016 年第 3 期。
⑤ 宁三福:《入唐百济遗民活动探析》,延边大学历史学硕士学位论文,2016。

有一些较有新意，采用新史料解决新问题，同时也有鱼目混珠之作，基本无创新价值，干扰了外界对该领域研究水平的判断。第二，学术规范性、学术创新性问题严重。最突出的问题是完全忽视国内外学者（特别是国外）优秀成果，既不做学术史分析，在具体论证中也不提及他人已有成果。这导致的一个直接后果就是，论文的创新性在客观上无法得到保证，因为已发现不少论题甚至具体观点、结论都有与先行研究重复的事例。更有甚者，一些粗制滥造的论文标榜创新，实则以旧充新，浪费读者的精力。仔细分析百济史相关的研究论著，但凡抓取新问题，或追踪新史料，或转换新视角者，皆有创获和启发，谓之优秀作品；反之，史实堆砌者有（没有问题意识），史料依据不足者有（特别是非典籍史料寓目过少），理论预设者亦有（视角与史识皆有待提高）。当然，这不是百济史研究领域特有的现象。

回顾学术史，展望未来，以史料为依托抓取有价值议题是历史研究的真谛。实证性研究应该是百济史研究的首选，同时基于史料、实证、史实之上的宏观理论建构也不应排斥。但是，我们坚决反对割裂史料、过度推测、结论预设、低水平重复等做法。在百济史的研究中，应确立阐释学的标准，既要准确地诠释历史事实及其逻辑关系，同时开放地阐述其广泛的历史影响、历史规律等。相信随着越来越多掌握朝鲜、日本语言，全面使用典籍文献和石刻史料，充分吸收日韩等国既有的研究成果的青年学人加入研究队伍，必将带动百济史研究走向更高水平的国际前沿。

表 3-1　中国学者百济史研究论著一览

作者	年份	论著	发表刊物/出版社
王立达	1957	新罗、高句丽、百济"三国并立"时期内朝鲜经济、文化的发展及其在沟通中日文化上所起的作用	史学月刊
邱添生	1969	唐代起用外族人研究	大陆杂志 38-4
朴真奭	1978	公元一世纪—七世纪中朝两国人民的文化交流	延边大学学报
高明士	1982	백제 학교교육의 발전	백제연구 13
汪中	1982	백제문학-특히 변문에 대하여-	백제연구 13
贾梅仙	1983	朝鲜半岛武宁王陵简介	考古学参考资料
石晓军	1983	唐日白江之战的兵力及几个地名考	陕西师范大学学报
孙玉良	1983	唐朝在东北民族地区设置的府州	学术研究丛刊

续表

作者	年份	论著	发表刊物/出版社
王健群	1983	好太王碑六年丙申、八年戊戌条考释	学习与探索
刘永智	1983	百济略有辽西辨	学术研究丛刊
高明士	1983	从天下秩序看古代的中韩关系	《中韩关系史论文集》，台湾韩国研究学会
杨白衣	1984	미륵신앙 재중국적 유전	마한백제문화 7
韩复智	1984	백제사연구의 회고와 전망-중화민국을 중심으로-	백제연구 15
赵健民	1984	试论古代中日之间的三次战争	天津社会科学
杨泓	1984	吴、东晋、南朝的文化及其对海东的影响	考古
杨白衣	1985	중 한 미륵신앙적 비교	마한백제문화 8
陈捷先	1985	略論百濟文化的歷史意義	마한백제문화 8
李成德	1987	试析百济国家的社会性质	史学月刊
王民信	1987	백제시조「구태」고	백제연구 17
简巧珍	1989	南朝鲜音乐小史	中国音乐
王仲殊	1989	东晋南北朝时代中国与海东诸国的关系	考古
王仲殊	1990	关于好太王碑文辛卯年条的释读	考古
郑彭年	1990	中国古代科学文化的东渐	科学
张荣芳	1990	당대 사서의 백제에 대한 기록과 인식	백제연구 21
杜石然	1990	历史上的中药在国外	自然科学史研究
阮荣春	1990	早期佛教造像的南传系统	东南文化
阮荣春	1990	早期佛教造像的南传系统（续）	东南文化
王仲殊	1991	再论好太王碑文辛卯年条的释读	考古
朴真奭	1991	关于四五世纪东亚东部"国家关系的结构分析"之再分析	延边大学学报
盛巽昌	1991	中国历史上最早的海战——唐朝与日本的白江口之战	航海
杨通方	1992	汉唐时期中国与百济的关系	韩国学论文集 1
羽离子	1992	汉文化东渐的初途——汉字、汉籍、造纸术假道朝鲜传入日本	图书馆
韩今玉	1993	韩国学者关于百济初期史可信性的研究	世界史研究动态
周一良	1993	백제와 중국 남조와의 관계에 대한 몇가지 고찰	백제연구총서 3
韩国磐	1994	南北朝隋唐之与百济的往来	백제연구 24

续表

作者	年份	论著	发表刊物/出版社
韩昇	1994	四至六世纪百济在东亚国家关系中的地位和作用	제 7 회 백제연구 국제학술회의 자료집
樊文礼	1994	白江鏖兵——中日第一战	军事历史
范毓周	1994	六朝时期中国与百济的友好往来与文化交流	江苏社会科学
何德章	1994	《南齐书·东南夷传》记北魏攻百济事纠谬	魏晋南北朝隋唐史资料
韩国磐	1994	南北朝隋唐与百济新罗的往来	历史研究
耿铁华	1994	《好太王碑新考》	吉林人民出版社
金春元	1995	《早期东北亚文化圈中的朝鲜》	延边大学出版社
韩昇	1995	《日本古代的大陆移民研究》	台湾文津出版社
介永强	1995	唐代的外商	晋阳学刊
罗继祖	1995	辰国三韩考	北方文物
潘吉星	1995	论日本造纸与印刷之始	传统文化与现代化
史义银	1995	六朝时期及之前的韩国与中韩关系	盐城师专学报
刘明科 田仁孝	1995	关于唐鄜州刺史元师奖墓志铭中几个问题的考述	考古与文物
刘进宝	1995	试论唐太宗、唐高宗对高丽的战争	中国边疆史地研究
陈光崇	1995	论隋唐之际经略辽海地区的战争	益阳师专学报
韩昇	1995	唐平百济前后的东亚国际形势	唐研究
韩昇	1995	"魏伐百济"与南北朝时期东亚国际关系	历史研究
徐秉琨	1996	《鲜卑·三国古坟中国朝鲜日本古代的文化交流》	辽宁古籍出版社
韩昇	1996	南北朝与百济、政治文化关系的演变	백제연구 26
黄宽重	1996	百济对中国文化的受容的初步观察	백제연구 26
傅朗云	1996	《好太王碑》所载相关问题的思考	社会科学战线
束有春	1996	唐代黑齿常之字号及生卒年新考	江海学刊
束有春	1996	唐代百济黑齿常之、黑齿俊父子墓志文解读	东南文化
王明星	1996	日本古代文化的朝鲜渊源	日本问题研究
李之龙	1996	唐代黑齿常之墓志文考释	东南文化
林贤九	1996	儒学在朝鲜的传播和影响	延边大学学报
丁光勋	1996	魏晋南北朝时期朝鲜的社会风俗	历史教学问题
曾宪姝	1996	高句丽好太王时期的扩张活动	通化师院学报
马驰	1997	黑齿常之事迹考辨	《武则天与偃师》论文集，天津历史教学社

续表

作者	年份	论著	发表刊物/出版社
宿白	1997	东汉魏晋南北朝佛寺布局初探	《庆祝邓庆铭教授九十华诞论文集》，河北教育出版社
周一良	1997	百济与南朝关系的几点考察	《魏晋南北朝史论集》，北京大学出版社
陈尚胜	1997	分裂时代的外交竞争——魏晋南北朝中韩关系述评	《中韩关系史论》，齐鲁书社
姜孟山	1997	웅진시기 백제와 중국과의 관계	백제문화 26
马驰	1997	『舊唐書』「黑齒常之傳」의 補闕과 考辨	백제연구총서 5
卢海鸣	1997	中国古代江南与朝鲜半岛的交流	南京社会科学
王巍	1997	从出土马具看三至六世纪东亚诸国的交流	考古
张军	1998	辰国小考	北方文物
许能洙	1998	中、朝、日佛教初传期比较	延边大学学报
李宗勋	1998	隋唐时期中朝日关系和东亚汉字文化圈的形成	《唐·新罗·日本政治制度比较研究》，延边大学出版社
马驰	1998	论仕唐蕃人之汉化	唐史论丛
王明星	1999	朝鲜古代文化对日本的影响	延边大学学报
李英祥 尹春明	1999	唐玄武门之变真相初探	河北师范大学学报
李之龙	1999	跋唐扶余隆墓志文	华夏考古
林大雄	1999	中国正史中的中朝音乐文化交流史料研究	中国音乐学
蔡正德	1999	《百济新集方》年代考	延边大学医学学报
韩昇	1999	南北朝隋唐时代东亚的"佛教外交"	佛学研究
王巍	1999	《东亚地区铁器及冶铁术的传播与交流》	中国社会科学出版社
李惠国	1999	《当代韩国人文社会科学》	商务印书馆
高明士	1999	수당 사신의 부왜 및 그 예의 문제	백제연구 30
马钎	1999	朝鲜白江口之战——中日历史上的首次军事交锋	北京科技大学学报
徐作生	2000	古百济国400艘倭船遗踪查勘录	海交史研究
王明星	2000	朝鲜古代文化之东传（上、下）	通化师范学院学报
于赓哲	2000	贞观十九年唐对高丽的战争及其影响	陕西师范大学硕士学位论文
李梅花	2000	东亚文化圈形成浅析	延边大学学报

续表

作者	年份	论著	发表刊物/出版社
钱茀	2000	味摩之与山台都监假面舞剧——为《中国大百科全书·音乐舞蹈》"朝鲜古典舞蹈"条订正	上海艺术家
何群雄	2000	百济和南朝——汉字文化东渡小史之二	语文建设
朴真奭	2000	《高句丽好太王碑研究》	延边大学出版社
马驰 姜清波	2000	沙咤忠义的族出与事迹考	《春史卞麟锡教授停年纪念论丛》，大山印書社
马驰	2000	《难元庆墓志》简释	《春史卞麟锡教授停年纪念论丛》，大山印書社
拜根兴	2000	蘇定方事迹考疑試論稿	중국사연구 9
拜根兴	2000	含資道摠管柴將軍精舍草堂之銘	고석 복현사림 23
金宪淑	2000	"百济略有辽西"记事初探	延边大学学报
卢海鸣	2000	魏晋南北朝时期朝鲜的社会风俗	东南大学学报
卢海鸣	2000	六朝政权与朝鲜半岛国家之间的交流	金陵职业大学学报
都兴智	2001	唐政权与朝鲜半岛的关系述论	史学集刊
朴永光	2001	中韩舞蹈文化交流史概观	文艺理论与批评
沈英淑	2001	高句丽迁都平壤问题研究	延边大学硕士论文
梁安和	2001	白江口战役及其影响	咸阳师范学院学报
杨军	2001	从夫余南下看百济国族源	北方民族
刘子敏	2001	驳《"百济略有辽西"记事初探》	延边大学学报
全昌淑	2001	"任那日本府"真相——驳日本新历史教科书"任那据点说"	延边大学学报
赵红梅	2001	夫余、马韩、邪马台三国"下户"之比较	东疆学刊
杨昭全 何彤梅	2001	《中国—朝鲜·韩国关系史》	天津人民出版社
齐东方	2001	百济武宁王陵与南朝梁墓	무령왕릉 발굴 30 주년국제학술대회자료집
陈磊	2011	黑齿常之评述	中央民族大学学报
韩昇	2002	萧梁与东亚史事三考	上海社会科学院学术季刊
杨泓	2002	百济定林寺遗迹初论	《宿白先生八秩华诞纪念文集》，文物出版社
陈长安	2002	唐代洛阳的百济人	《洛阳出土墓志研究文集》，朝华出版社

续表

作者	年份	论著	发表刊物/出版社
拜根兴	2002	유인원사적고술시논고-이여신라관계위중심-	중국사연구 18
姜清波	2002	仕唐三韩人事迹考述	陕西师范大学硕士学位论文
薛红艳	2002	韩国百济纹样砖略考	民族艺术
熊义民	2002	公元四至七世纪东北亚政治关系史研究	暨南大学博士学位论文
熊义民	2002	唐初海军初探	史学月刊
李云泉	2002	汉唐中外朝贡制度述论	东方论坛
拜根兴	2003	《七世纪中叶唐与新罗关系研究》	中国社会科学出版社
韩昇	2003	唐朝對百濟的戰爭：背景與性質	백제문화 32
王仲殊	2003	中国古代宫内正殿太极殿的建置及其与东亚诸国的关系	考古
刘子敏	2003	关于古"辰国"与"三韩"的探讨	社会科学战线
李勃	2003	"黑齿"考略	中南民族大学学报
祝立业	2004	简论唐丽战争中的唐罗同盟与丽济同盟问题	东北史地
罗东阳	2004	4—6世纪百济与大陆各国的往来	마한백제문화 16
孙红	2004	고구려와 동북아시아의 여러 나라와 민족간의 관계	동북아역사논총 1
乔凤岐	2004	隋唐两朝东征高丽研究	河北师范大学硕士学位论文
苗威	2004	乐浪郡与"三韩"	东北史地
拜根兴	2004	论唐代刘仁愿在百济留守军的地位及与刘仁轨之间的矛盾	三门峡职业技术学院学报
沈晓琳	2004	魏晋南北朝时期书法在日、朝的传播	书法世界
王小盾	2005	朝鲜半岛的古代音乐和音乐文献	中国武汉音乐学院学报
王臻	2005	高句丽同新罗百济的战和关系	东北史地
赵博渊	2005	历史上的中日战争	南风窗
韩昇	2005	白江之战前唐朝与新罗、日本关系的演变	中国史研究
王志高	2005	百济武宁王陵形制结构的考察	东亚考古论坛 1 충청문화재 연구원
姜清波	2005	入唐三韩人研究	暨南大学博士学位论文
拜根兴	2005	也论苏君墓当为苏定方墓	考古与文物
史未央	2005	高句丽与百济新罗的争霸	东北史地
薛瑞泽	2005	南北朝时期与朝鲜半岛诸国的交往	吉林师范大学学报
吴焯	2006	从相邻国的政治关系看佛教在朝鲜半岛的初传	中国史研究

续表

作者	年份	论著	发表刊物/出版社
曹汛	2006	中国南朝寺塔样式之通过百济传入日本，百济定林寺塔与日本法隆寺塔	建筑师
崔山玉	2006	试论六至七世纪中叶百济与倭关系	延边大学硕士学位论文
周裕兴	2006	百济与六朝文化交流研究的断想	《南京历史文化新探》，南京出版社
周裕兴	2006	武宁王陵出土文物探析之一——以琉璃童子像为例	东亚考古论坛 2
周裕兴	2006	武宁王陵出土文物探析之二——以三枚铜镜为例	百济文化海外调查报告书 V，서경문화사
韩昇	2006	宋齐之际东亚情势与封号变化	계명대학교한국학연구원학술대회
姜维东	2006	唐朝对东北亚诸政权的文化输出研究	社会科学战线
金锦子	2006	论百济与北魏的关系—以百济的上表文为中心	东疆学刊
苗威	2006	关于"古之辰国"的再探讨	东北史地
拜根兴	2006	高句丽、百济遗民关联问题研究的现状与展望	中国历史地理论丛
史长乐	2007	金富轼的三国鼎峙说	东北史地
丁利民	2007	百济武宁王陵中的南朝文化因素研究	南京师范大学硕士学位论文
金锦子	2007	五世纪中后期东亚国际局势与百济、高句丽的外交竞争	《中朝韩日关系史论丛（3）》，延边大学出版社
周裕兴	2007	武宁王陵出土文物探析之三——以炭木兽形配饰及棺木为例	东亚考古论坛 3
周裕兴	2007	中國에서의 百濟學 硏究의 回顧와 展望	백제연구 45
姜维公 姜维东	2007	高句丽百济起源新论	东北亚研究论丛
金锦子	2007	五至七世纪中叶朝鲜半岛三国纷争与东北亚政局	延边大学博士学位论文
董延寿	2007	洛阳、鲁山、西安出土的唐代百济人墓志探索	东北史地
马伟	2007	论七至八世纪日本天下观	陕西师范大学硕士学位论文
蒙曼	2007	唐朝军事系统中的朝鲜半岛徙民	中央民族大学学报
拜根兴	2008	百济移民《祢寔进墓志铭》关联问题考释	东北史地
杨军	2008	朝鲜史书《三国史记》所载"靺鞨"考	中国边疆史地研究
王俊	2008	百济武宁王墓志与六朝墓志的比较研究	南方文物
王志高	2008	韩国公州松山里6号坟几个问题的探讨	东南文化
于畅	2008	黑齿常之考论	延边大学硕士学位论文

续表

作者	年份	论著	发表刊物/出版社
刘金祥	2008	南京出土六朝瓦当刍议	四川文物
李正乐	2008	论唐与朝鲜半岛三国之争	吉林大学硕士学位论文
李婷	2008	流入日本的百济、高句丽遗民研究	陕西师范大学硕士学位论文
赵俊杰	2008	再论百济武宁王陵形制与构造的若干问题	边疆考古研究
项晓静	2008	刘仁轨朝鲜半岛事迹考述	安康学院学报
韩昇	2008	百济与南朝的文化交流及其在东亚的意义	《东亚汉文化圈与中国关系》，中国社会科学出版社
拜根兴	2008	백제와 당 관계에 관련한 두 문제 -웅진 도독 왕문도의 사망과 예식진묘지명에 관하여-	백제연구 47
拜根兴	2008	『대당평백제국비명』문제에 대한 고찰	충북사학 20
周裕兴	2008	해상교류로 본 중국과 백제의 관계	백제문화 38
金锦子	2008	论七世纪中后期唐朝与新罗关系演变及对东北亚政局的影响	延边大学学报
金东永	2008	汉唐时期朝鲜半岛政权与中原王朝的朝贡册封关系研究	吉林大学硕士学位论文
连冕	2008	宋摹梁元帝《职贡图》与中古域外"冠服"	装饰
潘畅和	2009	佛教在高句丽、百济和新罗的传播足迹考	延边大学学报
拜根兴	2009	入乡随俗：墓志所载入唐百济遗民的生活轨迹——兼论百济遗民遗迹	陕西师范大学学报
邵磊	2009	百济武宁王陵随葬萧梁铁五铢钱考察	中国钱币
杨军	2009	儒学在朝鲜半岛的早期传播	贵州社会科学
杨泓	2009	中国南朝对百济佛教文化的影响	中国文物报
王珊	2009	中国古代造纸术在"东亚文化圈"的传播与发展	华东纸业
刘婷	2009	隋与朝鲜半岛交往问题探讨	山西师大学报
高明士	2009	天下秩序与东亚世界	《天下秩序与文化圈的探索》，上海古籍出版社
金申	2009	中国与古代朝鲜半岛的佛教美术	《佛教美术丛考》，科学出版社
陈华明	2009	《佛教美术全集10——韩国佛教美术》	文物出版社
韩昇	2009	《东亚世界形成史论》	复旦大学出版社
周裕兴	2009	백제문화와 중국의 남조문화-무령왕릉을 중심으로	백제문화 40
高履泰	2009	中国建筑文化对韩国古建筑的影响	古建园林技术

续表

作者	年份	论著	发表刊物/出版社
杨世新	2010	略论隋唐朝与朝鲜三国的文化交流	大家
王志高	2010	南京红土桥出土的南朝泥塑像及相关问题研讨	东南文化
于春英	2010	百济与南北朝贡关系研究	东北史地
李刚	2010	国运：中日千年博弈启示	中国报道
李春香	2010	试论百济与隋唐的政治关系	延边大学硕士学位论文
郑大伟	2010	百济遗民问题探析	延边大学硕士学位论文
赵智滨	2010	熊津都督府陷落始末——兼论唐罗战争的爆发	中国边疆史地研究
赵智滨	2010	关于唐代熊津都督府的几个问题	东北史地
周裕兴	2010	从海上交通看中国与百济的关系	东南文化
姜清波	2010	《入唐三韩人研究》	暨南大学出版社
拜根兴	2010	당 이타인 묘지에 대한 몇 가지 고찰	충북사학 24
贺云翔	2010	중국남조도성과 백제	마한백제문화 19
贾莉	2011	从"白村江海战"和"甲午战争"看中日不同的对外政策	黑河学刊
葛继勇	2011	东亚视野中的朝鲜木简	唐都学刊
耿铁华	2011	好太王碑辛卯年条与相关问题	社会科学战线
杜金唐	2011	白村江战役与东亚格局的演变	东北师范大学硕士学位论文
宋成有	2011	百济与中国文化交流的特点及其影响	北京大学韩国学论文集 16
杨军	2011	略论朝鲜古史谱系的演变	黑龙江社会科学
杨森	2011	敦煌壁画中的高句丽、新罗、百济人形象	社会科学战线
王德恒	2011	改变东北亚丝路格局的白江口之战	知识就是力量
王连龙	2011	新出百济人祢军墓志	社会科学战线
王连龙	2011	百济人《祢军墓志》考论	社会科学战线
李金超	2011	试论浿水之战对5世纪初朝鲜半岛政局的影响	黑龙江史志
李春祥	2011	《三国史记》鞨、渤海史料相关问题研究	通化师范学院学报
李贺	2011	夫余移民研究	东北师范大学硕士学位论文
李慧	2011	试论东北亚文化圈中的百济文化	青春岁月
陈允兰	2011	南京出土六朝瓦当纹样研究	南京师范大学硕士学位论文
陈轩	2011	魏晋南北朝时期东亚国际关系的演变	复旦大学硕士学位论文
华建强	2011	浅析白江之战在7世纪中日交流史上的重要地位	沧桑
李华东	2011	《朝鲜半岛古代建筑文化》	东南大学出版社

续表

作者	年份	论著	发表刊物/出版社
宋成有	2011	简论百济冠带文化	중국인문과학 49
拜根兴	2012	《唐代高丽百济移民研究：以西安、洛阳出土墓志为中心》	中国社会科学出版社
蒲笑微	2013	儒学在朝鲜三国的传播和发展	东方论坛
赵智滨	2013	百济起源及南迁带方新考	东北亚研究论丛 2
韩雪松	2013	北魏外交文书试探	史学集刊
高伟	2013	連雲港市 봉토석실의 조사보고	백제연구 57
孙光圻	2013	한당시기 중국과 한반도의 해상항로	백제연구 57
康灵娜	2013	《三国史记》靺鞨探析	延边大学硕士学位论文
唐烈	2013	略论百济外交政策对朝鲜半岛局势的影响——以420年至475年为例	赤峰学院学报
董健	2013	崔致远对三韩、新罗及渤海的历史认识	东北史地
栾国琴	2013	试析百济金铜大香炉中的中国文化因素	哈尔滨师范大学学报
马云超	2013	中日历史上的第一战与东亚变局	文史天地
苗威	2013	百济前期疆域述考	朝鲜·韩国历史研究 14
王明月	2013	高句丽好太王经略研究	东北师范大学硕士学位论文
李洪	2013	敦煌文化对韩国三国时期区域文化的影响	中国美术学院博士学位论文
郑春颖	2013	高句丽、新罗、百济与日本出土的鉴金铜桂	东北史地
冯立君	2013	韩国与中国近30年百济史研究述要	朝鲜·韩国历史研究 15
赵雪	2014	隋唐时期百济乐舞文化源考	兰台世界 2
陈俊达	2014	关于《日本上古史研究——日鲜关系与日本书纪》中存在的两个问题	大庆师范学院学报
祝立业	2014	略论唐丽战争与唐代东亚秩序构建	社会科学战线
戴卫红	2014	중, 한 "대식간" 연구	대동문화연구 88
拜根兴	2014	中国学界的百济移民祢氏家族墓志铭检讨	한국사연구 165
拜根兴	2014	중국 학계 백제사 연구현황 및 과제-중국 출토 백제인 묘지명을 중심으로	충청학과충청문화 19
栾国琴	2014	从百济金铜香炉看南朝文化对百济文化的影响	延边大学硕士学位论文
拜根兴	2014	入唐百济移民陈法子墓志关联问题考释	史学集刊
袁绍佳	2014	试论白江口之战后中日交流的第一次高潮	临沧师范高等专科学校学报
押沙龙	2014	白江口中日第一次交手	国家人文历史
刘洪峰	2014	《三国史记》夫余史料解析	佳木斯大学社会科学学报
尹铉哲	2014	《三国史记》载"靺鞨"之我见	延边大学学报

续表

作者	年份	论著	发表刊物/出版社
李磊	2014	百济的天下意识与东晋南朝的天下秩序	华东师范大学学报
李鹏程	2014	唐代高丽士人研究	曲阜师范大学硕士学位论文
陈永	2015	百济音乐舞蹈的源流、研究现况及当代研究的加能性取向	星海音乐学院学报
崔梦梦	2015	海上文化线路"登州海道"研究	中国海洋大学硕士学位论文
姜维东	2015	试论唐代带方州的性质及其影响	延边大学学报
耿铁华	2015	好太王碑与东北亚古代国家关系	东北史地
高伟	2015	江苏连云港封土石室墓调查简报	东南文化
戴卫红	2015	中、韩出土"贷食"简研究	中华文史论丛
冯立君	2015	试论南北朝时期高句丽黄海交通活动的影响	延边大学学报
杨军	2015	任那考论	史学集刊
刘炬	2015	关于长寿王南征百济的几个问题	东北史地
马云超	2015	东亚视野下的百济人祢军墓志——以"日本余噍"和"僭帝称臣"为中心	唐史论丛 21
拜根兴	2016	石刻墓志史料所见7世纪中叶的唐与百济——以新发现的唐人军将墓志史料为中心	西北民族论丛
王彬	2016	新见隋唐与朝鲜半岛国家有关的墓志简述	咸阳师范学院学报
刘炬	2016	广开土王南征百济问题新探	东北史地
陆超祎	2016	初唐前期外交文书研究	南京师范大学硕士学位论文
全香	2016	论百济的熊津、泗沘迁都及其影响	延边大学硕士学位论文
赵智滨	2016	试论《三国史记·地理志》中百济和高句丽郡县名的可信性	博物馆研究
赵智滨	2016	龙朔三年百济亡国之战考述	学问
陈瑾瑜	2016	南京近年来发现南朝佛教遗存研究三题	南京师范大学硕士学位论文
冯立君	2016	百济与北族关系问题	韩国研究论丛
拜根兴	2016	고대 동아시아사상의 백제와 중국; 한국에서 새롭게 출토된 두 건의 백제 사료연구-〈사리봉안기〉와 "行貞觀十九年" 가죽 漆甲의 명문을 중심으로-	백제문화 54
全莹 栾国琴	2016	남조 화상전 향로와 백제 금동향로 비교	백제연구 64
全莹 杨璐	2016	中國의 百濟學 研究에 대한 略考	백제문화 54

续表

作者	年份	论著	发表刊物/出版社
姜维公 赵智滨	2016	《百济历史编年》	科学出版社
贾欢欢	2016	浅谈日本黑齿习俗的起源	青年文学家
宁三福	2016	入唐百济遗民活动探析	延边大学硕士学位论文
马云超	2016	日本天皇曾向唐朝皇帝称臣——隐藏在百济人墓志中的历史真相	文史天地
拜根兴	2016	《大唐平百济国碑铭》关联问题新探	陕西师范大学学报
常乐	2016	略论百济历史与文化的借鉴意义	绥化学院学报
宋铁勇	2016	百济经济述略	长春师范大学学报
冯立君	2016	"古代东亚世界中的中国与百济"会议纪要	当代韩国
拜根兴	2016	中国学界的百济史研究动向	《长安学研究》创刊号
戴卫红	2017	东亚简牍文化的传播——以韩国出土"椋"字木简为中心的探讨	文史哲
戴卫红	2017	百济地方行政体制初探：以出土资料为中心	延边大学学报
拜根兴	2017	朝鲜半岛现存金石碑志研究的现状和展望——以7至10世纪为中心	社会科学战线
杨军	2017	百济起源略考	东疆学刊
杨璐 全莹	2017	试论佛教传入与百济传统舞乐之间的冲击和同化	大连大学学报
吴珍锡	2017	三燕文化及其与高句丽、朝鲜半岛南部诸国文化交流的考古学研究	吉林大学博士学位论文
王飞峰	2017	百济、新罗、加耶地区出土玻璃器及其与丝绸之路的相关研究	延边大学学报
李磊	2017	4世纪中后期百济政权的建构与早期百济史的编纂	史林
李磊	2017	汉城百济覆灭考论——兼论刘宋衰亡的东亚影响	社会科学
陈玮	2017	陈法子墓志所见入唐百济遗民史事研究	北方文物
陈佳	2017	扶余隆史事考	东北师范大学硕士学位论文
荆棘	2017	地缘政治与国家命运——中日对决史	齐鲁周刊
拜根兴	2017	석각묘지명 사료에 반영되어 있는 7세기 중엽의 당과 백제-신발견 당군인 묘지명을 중심으로	백제학보 19

续表

作者	年份	论著	发表刊物/出版社
冯立君	2017	대방군왕 작호에 대한 고찰 - 중국과 백제의 관계로부터 -	백제학보 19
戴卫红	2017	《韩国木简研究》	广西师范大学出版社
孙炜冉	2017	高句丽后期与百济关系的和解	韩国研究论丛
苗威	2017	唐朝平灭百济析论	韩国研究论丛
冯立君	2018	朝鲜半岛与汉字文化圈——读戴卫红《韩国木简研究》	《中国与域外》3，社会科学文献出版社
蔡万进	2018	《韩国木简研究》评介	中国史研究动态
孙炜冉	2018	百济武宁王史事考辨及其历史评价	通化师范学院学报
赵智滨	2018	百济北伐高句丽与北齐文宣帝营州之行	地域文化研究
戴卫红	2018	出土材料所见百济职官制度	社会科学战线
冯立君	2018	百济与中古中国政治关系新探	中国中古史集刊
李磊	2018	东晋时期东亚政局中的政治传统与权力运作	学术月刊
李磊	2018	汉魏之际的辽东政局与百济始国	社会科学战线
张晓东	2018	略论显庆五年后唐朝对百济政策的两个问题	史林
李宗勋 杨新亮	2018	百济族源与丽济交融过程之考察	清华大学学报
王鹏 岳琨	2018	从武宁王墓看中国南朝对百济艺术文化的影响	农家参谋
杨瑾	2018	唐章怀太子李贤墓《客使图》戴鸟羽冠使者之渊源	中国国家博物馆馆刊
李效杰	2018	唐初的辽东之役与东亚的海上交通	暨南史学
王志高 沈宏敏	2019	汉城时代百济与中国东晋、南朝交流的三个问题	南京晓庄学院学报
全莹 杨璐	2019	百济亡国前的灾异现象	韩国研究论丛
蔡凤林	2019	试论4-7世纪的朝鲜半岛与古代东亚国际政治	中央民族大学学报
张学锋	2019	백제 유민인가 신라 이민인가? - 련운항 토돈석실묘군 묘주들의 신분에 대한 재해석 -	백제문화 60
冯立君	2019	中国学界百济史新近研究及其反思	当代韩国

图 3-1 拜根兴《唐代高丽百济移民研究》韩文版

图 3-2 韩昇《东亚世界形成史论》

图 3-3 《历史研究》

图 3-4 《朝鲜·韩国历史研究》

图 3-5　《延边大学学报》　　　　图 3-6　《当代韩国》

图 3-7　《韩国研究论丛》　　　　图 3-8　《社会科学战线》

十　日本学者的百济史研究

自近代日本吞并朝鲜前后，日本学者对百济这一东亚古国的古迹文物即展开发掘和调查工作，结合多种史料进行了早期的研究。日本学者的百济史研究发轫早，研究成绩斐然，具体表现一是史料实证分析，二是文物考古细化研究。

对于中国学界来说，日本学者的百济研究学术一直不被掌握，不利于在研究中广泛镜鉴，而仔细梳理总结日本学界的百济史研究，无疑能够切实推动研究进展。这里限于篇幅和学力，主要撷取今西龙（1875—1932）、轻部慈恩（1897—1970）、坂元义种（1937—）三代学者作为代表，管窥日本学者长期以来的百济史研究传统，并结合战后日本学者百济史论文和著作的统计，为百济史研究同仁提供参考。

今西龙东京帝大史学科毕业后，转入同校大学院专攻朝鲜史。1906年考古踏查庆州等地。1913年9月与关野贞一起在平安南道龙江郡发现秥蝉县神祠碑。1926年出任京城帝国大学教授，兼任京都帝国大学教授。今西龙除《百济史研究》外，还有《新罗史研究》《增补朝鲜古史研究》《朝鲜史刊》《高丽史研究》等著作，① 是少有的对于朝鲜古代中世纪史进行全面研究并都有研究成果产出的学者。内藤虎次郎（内藤湖南）的序言提到今西龙对于高句丽古墓等半岛遗迹的调查活动以及对于日本考古遗迹的发掘调查，他评价说，今西龙振兴了学术界自坪井九马三、那珂通世、白鸟库吉之后一度衰落的局面，他结合日韩两国古籍进行研究，利用《三国史记》和中国史籍，在研究方法上为之一变，并称赞其为短期内不会再出现的一位朝鲜古史研究的大家。

1930年代出版的今西龙遗著《百济史研究》② 是一部开创之作。全书分为百济略史、百济讲话、百济国都汉山考、百济五方五部考、周留城考、白江考、百济旧都扶余及其地方等内容，是一部百济史基本内容的实证考释专著力作。书末附有全罗北道西部地方旅行杂记作为补充。

《百济略史（未定稿）》的绪言将百济定位为高句丽、新罗、百济三国中与日本始终相援护的国家，并阻止了夫余种族的高句丽的南下企图。对于百济遗民的斗争精神、独立精神热情讴歌。分为百济的起源与兴起、近肖古·近仇首时代、百济与高句丽的战争、日本的百济援护、日本势力的衰退与百济的圣明王、后期的百济（泗沘时代）、百济灭亡、百济复兴

---

① 国书刊行会1970年版《今西龙著作集》全四卷，题署"今西龙遗著"，著作权者为其子今西春秋，包括上述除《高丽史研究》外四种。《高丽史研究》是近泽书店1944年"朝鲜文化丛书"的一种。

② 〔日〕今西龍：《百濟史研究》，東京：近沢書店，1934年。

的义军与日本的援助七章。

《百济史讲话》为昭和五年（1930）5月9日在大田的朝鲜教育会总会讲演的详本，翌月在京城（今首尔）修订完毕。向授业恩师坪井九马三及其名文《新罗、高句丽、百济三国鼎立考》给予自己的启发致敬。正文分为百济的起源与兴起、近肖古·近仇首时代、百济与高句丽的战争、百济与新罗及其和亲的成立、百济与任那及其问题其一、百济与任那及其问题其二、百济与任那及其问题其三、圣明王的败死、任那的灭亡、泗沘时代其一、泗沘时代其二、泗沘时代其三、泗沘时代其四、百济王都陷落十四章。虽与《百济略史》有所重复，但相较更重视百济后期历史的阐发，也凸显了新罗作用。《百济史讲话》为未完成的百济通史的底本，作者原意对高句丽、新罗、任那等各史一并予以研究，完成朝鲜古代史。

《百济国都汉山考》结合中朝两国史籍细密考证了温祚王十四年移都之地汉山的位置问题，以独特案例揭示出《三国史记》《三国遗事》的史源特性，以及近肖古王代与高句丽战争后迁都等历史细节。《百济五方五部考》认为武宁王时代在百济地方设置檐鲁以其子弟分据各地，到圣明王时代在都城分为上、中、下、前、后五部，在地方分五方，方的中心为方城，设置方领，虽形成道、郡、县，但根本上仍是城主制。百济五部可能模仿的是高句丽五部，但内情不同，这一制度关乎国家对贵族的组织措置。圣明王死后，氏名冠以部名，但是行政区划五部五方一直实行到义慈王时代，五方改为完全的行政区划，五部名称则改为东、西、南、北、中。《周留城考》《白江考》虽皆为未定稿，但显示出作者对于唐代辽东之役大作战中具体历史地理的浓厚兴趣，两地皆为百济之役中著名战地。后文否定白江并非今锦江一段的白马江即伎伐浦的别称。炭岘是沉岘的别名，而非都城附近今日传说的炭岘。《百济都城扶余及其地方》（未定稿）分为大田、论山、平野、扶余及其附近的名胜古迹地和古城。附录《全罗北道西部地方旅行杂记》分别对金堤郡、井邑郡、扶安郡、高敞郡、益山郡等地遗迹遗物进行了考察记录。后记由藤田光亮、末松保和、田川孝三合撰，揭橥作者全盘考察百济遗迹并能撰写通俗的百济史记述的方法和能力，以"详密正确"褒赞作者的研究。

轻部慈恩《百济遗迹的研究》[①] 是作者战前在朝鲜二十余年百济研究

---

① 軽部慈恩：《百済遺跡の研究》，東京：吉川弘文館，1971。

的结晶。1946年轻部慈恩曾出版《百济美术》一书。① 轻部慈恩于早稻田大学毕业后，1925年首次来到朝鲜，在公州国立高等普通学校任日本语教师，趁机盗掘宋山里古坟等百济古坟。战后在日本大学的三岛分校执教鞭。② 作者自陈，这是一部作者过去十九年间对百济故地忠清南道公州和扶余附近的百济遗迹、遗物进行研究，检讨百济相关史料、实地踏查遗迹、纠弹既往学界错误论点而进行的论考总集。全书主体是第一篇《百济的历史地理研究》，该文除绪论、结论外，包含题为"百济都城及百济末期战迹相关历史地理的检讨"的主要章节，下设熊津城考、白江考、泗沘城考、炭岘考、周留城考、就利山考。显然，他与今西龙的关注范围颇有重叠。这些地名一部分关涉百济后期都城，一部分关涉百济战争期间的重要节点。作者对于以往各种说法予以辩难，主要采取的是历史地理和考古学研究方法。第二篇分别是百济国号考及百济王姓考。这可以说是百济史最为根本的一些问题，国号问题又牵出与周边诸民族、国家的政治关系问题，王姓问题则关乎民族由来。

该书极为重要的贡献在于附录了大部分战前考察时拍摄的百济遗迹遗物照片和出版前访问韩国时所拍照片共七十页，有些遗物历经战乱兵燹，现在已不知去向。特别是当时百济古墓发掘时绘制的实测图，也成为极重要的研究资料。石田幹之助的序言除了介绍轻部的生平、该书的主旨内容，还特地褒赞他在战后时期对于考古学的贡献和带领学生们进行考古发掘的成绩，日本大学考古学会在其倡议下成立，每年暑假在千叶、茨城、栃木等地尝试发掘等。八幡一郎的序言也提及这一点，令人印象深刻。这可以视作作者一贯治学的风格和兴趣使然。

坂元义种《百济史的研究》③ 是一部基于文献学分析的著作，全书主要是对百济的两大系统史料《三国史记·百济本纪》和中国史书进行文本细读和详解。坂元义种在新潟大学、大阪大学求学，后在京都府立大学、京都大学任教。

全书正文分为三部分。第一部分《三国史记·百济本纪》的史料批

---

① 輕部慈恩：《百済美術》，東京：寶雲舍，1946。
② 윤용혁：《가루베지온의 백제연구》，서울：서경문화사，2010。정상기：《일제강점기 공주 송산리고분의 조사》，《중앙고고연구》제10호，2012。参阅郷土史·三島市，https://www.city.mishima.shizuoka.jp/mishima_info/amenity/rekishi/kyodoshi/kyodoshi.htm。
③ 坂元義種：《百済史の研究》，東京：塙書房，1978。

判，是以百济与中国交往关系为中心的记事作为研究对象。细分为三个层次，先是对《百济本纪》中百济与中国交往记事予以总说，列长表对《百济本纪》中的向中国遣使记事与中国正史以及《资治通鉴》《册府元龟》相关记载进行详细对照，并对这些遣使的性质进行分类细化（参表 3-2）。其次对于《百济本纪》拾缀中国史料予以文本细绎和揭示，其中以百济灭亡记事为例列表分析《三国史记·百济本纪》与中国史书（两唐书和《通鉴》）相关记事四十九条，条分缕析而一目了然。当然，作者也花了不少篇幅将其译成日语。最后对百济本纪未采纳的中国交往记事予以探讨，这一层次讨论的篇幅相当大，显然其意义也更加不寻常，采取了逐条论议的方式。作者花费了不少气力在搜罗、对勘、比较上。这本身虽是文献功夫，但对于理解百济本纪编纂本身及其所叙述内容的来源、取舍、意义都具有重要价值。

第二部分中国史书中的百济王系谱，副题为中国正史《外国传》的史料批判，落脚点实际上是通过百济王系的案例，结合其他《外国传》，探究中国正史《外国传》的记述特点，并回归细读百济王及其系谱记事。这一部分较为简短，主要关注的是百济王世系的总体记述。首先解题，对于中国史书中的百济王系谱作一总论，集中揭示出现在《晋书》至《新唐书》等十三种正史典籍的百济王名，及其在百济王系中的位置和相互关系。作为对照，接下来专节讨论《宋书》对于扶南王、林邑王的系谱记事。这一部分的最后一节即在前两节基础上专门讨论中国正史的特征，区分了记录同代百济王的史书和同时记录前代王的史书等，提供在王系细节记录上诸史书的异同等知识。在此基础上，再次回到对于百济王系谱记事的解析上来，通过中国正史的百济王系记录彼此之间及其和《三国史记》的对照查漏补缺，追寻文献记录的问题所在。核心认识在于，中国王朝的《外国传》记录特别是其王系传承往往反映对该国国内政情的了解程度、双边的关系。这提示研究者在使用相关史料时不可全收全信，具体的甄别工作十分重要。

第三部分是对中国史书百济王关系记事的检讨，为全书核心部分（123—231 页）。作者总结前两部分的主要立场，强调利用多元史料来弥补构建百济史框架的《三国史记》之不足，在此过程中，中国和日本史料、金石文资料都不应放弃。本部分以中国史书为主的百济国王相关记事为中心，特别是外交史的记载，结合中国、朝鲜、日本三国的文献史料，对于外交当事者百济王予以分析，主要包括余句、须、余晖、余映（余腆）、余毗、余庆、牟都、牟大、余隆、余明、余昌、余宣、余璋13位百济国王的身份及其谱系。作者在结论部分详细总结了对诸王记事的文献学解读成果。末尾附一份《宋书》《梁书》《南史》之《百济传》文字对照表。附录还有一篇对于朝鲜半岛古代金石文的小考（统一新罗以前），涉及乐浪·带方时代的封泥、纪年铭砖、墓志铭文，高句丽的好太王碑文、好太王壶杆、牟头娄墓志，百济的七支刀、武宁王陵金石文、建兴五年铭佛像光背，新罗的真兴王碑、南山新城碑、戊戌坞作碑、永川菁堤碑等诸多金石文的形制和内容。

为展现坂元义种的研究特色，这里选取其著作中作为一项重要工作的文献统计分析，即把《三国史记·百济本纪》中关于百济与中国交往的记事，同中国正史以及《册府元龟》《资治通鉴》相关记事予以比较剖析。

表3-2　《三国史记·百济本纪》关于百济、中国交涉关系记事与相关史书对照　A（南北朝）

序号	1	2	3	4	5	6	7	8	9	10	11	12	13	14
公元	372	372	373	379	384	386	406	416	420	424	425	429	430	430
年代 中国	咸安2	咸安2	宁康1	太元4	太元9	太元11	义熙2	义熙12	永初1	景平2	元嘉2	元嘉6	元嘉7	元嘉7
年代 百济	近肖古王27	近肖古王27	近肖古王28	近仇首王5	枕流王1	辰斯王2	腆支王2	腆支王12	久尔辛王1	久尔辛王5	久尔辛王6	毗有王3	毗有王4	毗有王4
内容	朝贡	封册	朝贡	朝贡	朝贡	封册	朝贡	封册	封册	封册	朝贡	遣使	朝贡	朝贡	封册
三国史记	○一月		○二月	○三月	○七月		○二月	○				○秋	○四月	○四月
中国正史 一国史	○一月晋书·纪	○六月晋书·纪			○七月晋书·纪	○四月晋书·纪		○宋书·传	○七月宋书·纪传	○宋书·传	○宋书·传	○七月宋书·纪	○宋书·传	○宋书·传
中国正史 通史								○南史·传	○七月南史·纪传	○南史·传	○南史·传	○七月南史·纪	○南史·纪传	○南史·传

续表

序号	1	2	3	4	5	6	7	8	9	10	11	12	13	14
公元	372	372	373	379	384	386	406	416	420	424	425	429	430	430
册府元龟	○正月封册	○六月封册			○封册	○封册		○封册		○七月朝贡			○封册	○封册
资治通鉴														

序号	15	16	17	18	19	20	21	22	23	24	25	26	27	28
公元	440	443	450	450	450	457	457	458	458	463	467	471	472	?
年代 中国	元嘉17	元嘉20	元嘉27	元嘉27	元嘉27	大明1	大明1	大明2	大明2	大明7	泰始3	泰始7	延兴2	?
年代 百济	毗有王14	毗有王17	毗有王27	毗有王27	毗有王7	盖卤王3	盖卤王3	盖卤王4	盖卤王4	盖卤王9	盖卤王13	盖卤王17	盖卤王18	?
内容	朝贡	朝贡	朝贡	请求	许可	请求	封册	请求	封册	朝贡	朝贡	朝贡	请求	遣使
三国史记	○一〇月											○	○	
中国正史 一国史	○宋书·纪	○宋书·纪	○宋书·纪传	○宋书·传	○宋书·传	○宋书·传	○一〇月宋书·纪传	○宋书·传	○宋书·传		○一一月宋书·纪	○一〇月宋书·纪传	○八月魏书·纪传	○魏书·传
中国正史 通史	○一二月南史·纪	○南史·纪	○南史·纪传	○南史·传	○南史·传	○南史·传	○一〇月南史·纪传	○南史·传	○南史·传		○南史·传	○南史·传	○八月北史·纪传	○北史·传
册府元龟	○朝贡	○朝贡	○朝贡				○一〇月封册		○封册		(○)朝贡		○八月请求	

续表

序号	15	16	17	18	19	20	21	22	23	24	25	26	27	28
公元	440	443	450	450	450	457	457	458	458	463	467	471	472	?
资治通鉴														

序号	29	30	31	32	33	34	35	36	37	38	39	40	41	42
公元	475	476	480	480	484	484	484	486	488	490	490	490	490	495
年代 中国	延兴5	元徽4	建元2	建元2	永明2	永明2	永明2	永明4	永明6	永明8	永明8	永明8	永明8	建武2
年代 百济	盖卤王21	文周王2	东城王2	东城王2	东城王6	东城王6	东城王6	东城王8	东城王10	东城王12	东城王12	东城王12	东城王12	东城王17
内容	请求	朝贡	朝贡	朝贡	请求	许可	朝贡	朝贡	战争	战争	请求	封册	封册	请求
三国史记	(○	○三月			○二月	○二月	○七月	○三月	○					
中国正史 一国史	○魏书·传		○宋书·纪传							○南齐书·传	○(一月)南齐书·传	○南齐书·传	○(一月)南齐书·传	○南齐书·传
中国正史 通史	○北史·传		○三月南史·纪	○三月南史·纪										○一月南史·纪传
册府元龟	○朝贡	○朝贡	○三月朝贡·封册	○三月封册										○一月封册
资治通鉴														

续表

序号		43	44	45	46	47	48	49	50	51	52	53	54	55	56
公元		495	502	512	522	522	523	524	534	541	541	541	549	562	567
年代	中国	建武2	天监1	天监11	普通2	普通2	普通3	普通5	中大通6	大同7	大同7	大同7	太清3	天嘉3	光大1
	百济	东城王17	武宁王2	武宁王12	武宁王21	武宁王21	武宁王22	圣王2	圣王12	圣王19	圣王19	圣王19	圣王27	威德王9	威德王14
内容		封册	封册	朝贡	朝贡	封册	朝贡	封册	朝贡	朝贡	请求	许可	朝贡	封册	朝贡
三国史记				○四月	○一一月	○一二月		○三月	○				○一○月		○九月
中国正史	一国史	○南齐书·传	○四月梁书·纪传	○四月梁书·纪	○一一月梁书·纪	○一二月梁书·纪传		○梁书·传	○三月梁书·纪传	○三月梁书·纪传	○	○	○一二月梁书·纪传	○闰二月陈书·纪	○九月陈书·纪
	通史		○四月南史·纪传	○四月南史·纪	○一一月南史·纪	○一二月南史·纪传		○南史·传	○三月南史·纪传	○南史·纪传	○南史·纪传	○南史·纪传	○一○月南史·纪传	○闰二月南史·纪传	○九月南史·纪
册府元龟				○四月朝贡		○一二月封册	（○一一月）朝贡	○封册	○三月朝贡	○三月朝贡	○请求	○请求	○一○月朝贡	○闰二月封册	○一○月朝贡
资治通鉴													○一一月		

序号		57	58	59	60	61	62	63	64	65	66	67	68	69	70
公元		567	570	571	572	577	577	578	581	581	582	584	586	589	589
年代	中国	天统3	武平1	武平2	武平3	大建9	建德6	宣政1	开皇1	开皇1	开皇2	至德2	至德4	开皇9	开皇9

续表

序号	57	58	59	60	61	62	63	64	65	66	67	68	69	70
公元	567	570	571	572	577	577	578	581	581	582	584	586	589	589
年代 百济	威德王14	威德王17	威德王18	威德王19	威德王24	威德王24	威德王25	威德王28	威德王28	威德王29	威德王31	威德王33	威德王36	威德王36
内容	朝贡	封册	封册	朝贡	朝贡	朝贡	朝贡	朝贡	封册	朝贡	朝贡	朝贡	朝贡	褒节
三国史记	〇	〇	〇	〇	〇七月	〇一一月	〇	〇	〇	〇一月	〇一一月	〇	〇	〇
中国正史 一国史	〇一〇月北齐书·纪	〇二月北齐书·纪	〇一月北齐书·纪		〇七月陈书·纪	〇一一月周书·纪·传	〇一〇月周书·纪·传	〇一〇月隋书·纪·传	〇一〇月隋书·纪·传	〇一月隋书·纪	〇一一月隋书·纪	〇九月陈书·纪	〇隋书·传	〇隋书·传
中国正史 通史	〇一〇月北史·纪	〇二月北史·纪·传	〇一月北史·纪·传	北史·纪	〇七月南史·纪	〇北史·纪·传	〇一〇月北史·纪·传	〇一〇月北史·纪·传	〇一〇月北史·纪·传	〇一月北史·纪	〇一一月南史·纪	〇九月南史·纪	北史·传	北史·传
册府元龟	〇一〇月朝贡	〇二月封册	〇一月封册	朝贡	〇七月朝贡	〇一一月朝贡	〇一〇月朝贡	〇一〇月朝贡	〇一〇月封册	〇一月朝贡	〇一一月朝贡	〇九月朝贡		
资治通鉴														

序号	71	72	73	74	75	76	77	78	79	80	81	82	83
公元	598	598	598	607	607	607	607	608	611	611	611	613	614
年代 中国	开皇18	开皇18	开皇18	大业3	大业3	大业3	大业3	大业4	大业7	大业7	大业7	大业8	大业10
年代 百济	威德王45	威德王45	威德王45	武王8	武王8	武王8	武王8	武王9	武王12	武王12	武王12	武王13	武王15

第三编　百济学史述要 | 297

续表

序号	71	72	73	74	75	76	77	78	79	80	81	82	83
公元	598	598	598	607	607	607	607	608	611	611	611	613	614
内容	朝贡	请求	不许	朝贡	朝贡	请求	许可	朝贡	朝贡	请求	遣使	奸诈	朝贡
三国史记	○九月	○九月	○九月	○三月				○三月	○二月				
中国正史 一国史	○隋书·传	○隋书·传	○隋书·传	○隋书·传	○隋书·传	○隋书·传	○隋书·传	○三月隋书·纪	○二月隋书·纪	○隋书·传	○隋书·传	○隋书·传	○隋书·传
中国正史 通史	○北史·传	○北史·传		○北史·传	○北史·传	○北史·传	○北史·传	○三月北史·纪	○二月北史·纪	○北史·传	○北史·传	○北史·传	○北史·传
册府元龟	○通好	○通好	○通好	○奸诈	○奸诈	○奸诈	○奸诈	○三月朝贡	○二月朝贡	○奸诈	○奸诈	○奸诈	○七月朝贡
资治通鉴	○九月	○九月	○九月							○七月	○七月		

B（唐朝）

序号	84	85	86	87	88	89	90	91	92	93	94	95	96
公元	621	624	624	624	624	624	625	626	626	626	627	627	627
年代 中国	武德4	武德7	武德7	武德7	武德7	武德8	武德9	武德9	武德9	贞观1	贞观1	贞观1	
年代 百济	武王22	武王25	武王25	武王25	武王25	武王26	武王27	武王27	武王27	武王28	武王28	武王28	
内容	朝贡	朝贡	封册	朝贡	朝贡	朝贡	朝贡	遣使	朝贡	朝贡	告谕	陈谢	
三国史记	○一○月	○一月	○一月		○七月		○一一月	○	○	○一二月	○八月	○	○
中国正史 旧唐书	○传	○传	○一月纪·传					（○）传 纪	（○）传 纪	（○）传	传X	传	

续表

序号	84	85	86	87	88	89	90	91	92	93	94	95	96
公元	621	624	624	624	624	624	625	626	626	626	627	627	627
中国正史 新唐书	○传		○传					(○)传	○传			○传	○传
册府元龟	○一月朝贡		○一月封册	○五月朝贡	○七月朝贡	○九月朝贡		○一一月朝贡	●雠怨	○一二月朝贡			
资治通鉴				○二月					○			○	○

序号	97	98	99	100	101	102	103	104	105	106	107	108	109	110
公元	629	631	631	635	636	637	637	638	639	640	641	641	641	641
年代 中国	贞观3	贞观5	贞观6	贞观9	贞观10	贞观11	贞观11	贞观12	贞观13	贞观14	贞观15	贞观15	贞观15	贞观15
年代 百济	武王30	武王32	武王33	武王36	武王37	武王38	武王38	武王39	武王40	武王41	武王42	义慈王1	义慈王1	义慈王1
内容	朝贡	朝贡	朝贡	朝贡	朝贡	朝贡	赐物	朝贡	朝贡	请求	告哀	封册	封册	朝贡
三国史记	○九月	○九月	○一二月		○二月	○一二月	○一二月		○一〇月	○二月	○	○		○八月
中国正史 旧唐书					○一二月纪·传	○传	○一月纪			○传	○传		○五月纪·传	
中国正史 新唐书					(○)传	(○)传		○选举志/儒学志		○传	○传			
册府元龟	○九月朝贡	○九月朝贡	(○)一二月朝贡	○一一月朝贡	○二月朝贡	○一二月朝贡			○一〇月朝贡		○封册		○五月封册	

续表

序号	97	98	99	100	101	102	103	104	105	106	107	108	109	110
公元	629	631	631	635	636	637	637	638	639	640	641	641	641	641
资治通鉴							○二月	○五月		○五月				

序号	111	112	113	114	115	116	117	118	119	120	121	122	123	124	125	126	127	128	129
公元	642	643	644	644	644	645	651	651	652	660	660	660	661	662	663	664	665	677	(682)
年代 中国	贞观3	贞观5	贞观6	贞观9	贞观10	贞观11	永徽2	永徽2	永徽3	显庆5	显庆5	显庆5	龙朔1	龙朔2	龙朔3	麟德1	麟德2	仪凤2	（永淳1）
年代 百济	义慈王2	义慈王3	义慈王4	义慈王4	义慈王4	义慈王5	义慈王11	义慈王11	义慈王12	义慈王20	义慈王20	义慈王20							
内容	朝贡	朝贡	朝贡	遣使	陈谢	朝贡	朝贡	告谕	朝贡	战争	战争	战争	战争	战争	战争	封册	会盟	封册	封册
三国史记	○一月	○一月	○一月	○		○一月	○		○一月	○	○	○	○	○	○	○	○	○	○
中国正史 旧唐书				(○)传			○传	○传		○三月纪·传	○八月纪·传	○传	○传	○七月传	○刘仁轨传·传	○传	○八月传	○二月纪·传	○传
中国正史 新唐书				(○)传			(○)传	(○)传		○三月纪·传	○八月纪·传·苏烈传	○传	○传	○七月纪·传	○刘仁轨传·传	○传	○传	○传	○传
册府元龟	○一月朝贡	○一月朝贡	○一月朝贡	(○)备御·征讨	○一月朝贡		○一月朝贡	○三月征讨	○征讨	(○)机略	○七月征讨								
资治通鉴				(○)	○	○一月	○三月	○八月	○三月	○七月	○九月	○一○月	○八月	○二月					

资料来源：〔日〕坂元義種《百済史の研究》，東京：塙書房，1978，第13—19页。添加标注 A、B 表表头，部分年号纪年改用阿拉伯数字标记。

今西龙、轻部慈恩、坂元义种三代学人的著作可以分别视作战前、战前向战后过渡、战后三个历史时期的代表性作品。今西龙、轻部慈恩借助赴韩良机，充分调研甚至发掘百济遗迹遗物，在其良好的汉文史料功底基础上，作出各自的贡献。今西龙偏重百济史的整体性叙述和复原，显示出"讲史""写史"的传统旨趣，而且不只局限于百济，兼收新罗、高丽等，雄心勃勃地意欲撰成一部完整的朝鲜古史。轻部慈恩虽是考古学家，立论却兼具历史地理的理论视野和方法体现，作品瞄准的是百济史的关键性问题、百济历史地理中的关键性地点，考古资料的运用纯熟，而兼有严谨的文献学支撑，对于百济各种考古文化都有所涉猎，他与今西龙的研究水准很高，对于后世研究迄今仍有影响。坂元义种的文献学研究，与前两位大相径庭，着眼于百济文献丛的内在考辨和文献生成等相关实证问题，虽无意于构建百济史体系化论著，但对于这一工作却有至关重要的意义。

今西龙、轻部慈恩、坂元义种三位学者的著作以百济为题，或多或少地关注百济的对外关系，除作为日本学者自然注意到百济与倭关系外，尤为注目百济与中国关系，这显示出日本近代以来东亚史研究的一种"关心中国"特性，或与东亚历史上中国作用太过强势有关。当然，百济与日本关联性的考察也占有相当大的比重，基于日本列岛与大陆特别是与朝鲜半岛的关系，这一倾向很容易理解。

战后日本学界以百济为主题的单行本作品超过40种，发表的论文近400篇，总体上承袭了上述三位代表性学者这种实证性、微观化实证研究的传统学风[①]。结合表3-3、表3-4战后日本学界以百济为题的论文和著作的一览表所示，我们能够感受到其选题的精细化取向。

表3-3　战后日本百济史论文一览（1946—2018年）

序号	作者	论文名	发表刊物	卷号	刊行年
1	斉藤忠	百済の土器二三	古美術	174	1946
2	矢野主税	日本百済国交の展開と其の形態－日本書紀に現れたる	東洋の政治経済〈広島文理大・東洋史研究室〉	2	1949
3	和田博徳	百済の遼西領有説について	史学〈慶応大〉	25-1	1951
4	石田茂作	百済寺院と法隆寺	朝鮮学報	5	1953

---

① 1970年代末期以来，日本、韩国学术交流日益频繁（后来又可与中国大陆进行学术交流），东亚史研究可谓互相影响，也出现了不少宏观性的研究。

续表

序号	作者	论文名	发表刊物	卷号	刊行年
5	軽部慈恩	百済古墳築造の地理的条件とその構築順序	研究年報〈日本大・三島教養部〉	1	1953
6	鈴木祥造	斉明・天智両朝の朝鮮問題-百済救援戦の歴史的意義	紀要A〈大阪学芸大・人文学科〉	1	1953
7	村上四男	百済の所謂日本通交路について	紀要（人文科学）〈和歌山大・学芸〉	3	1953
8	村上四男	百済史についての一考察	東洋史学論集〈東京教育大〉	3	1954
9	今井啓一	百済王敬福とその周縁	続日本紀研究	4-10	1957
10	軽部慈恩	百済論攷（1）	研究年報〈日本大・三島教養〉	5	1957
11	軽部慈恩	百済論攷（2）	研究年報〈日本大・三島教養部〉	7	1959
12	洪思俊［下村正之，三品彰英抄訳］	百済砂宅智積碑について	朝鮮研究年報	1	1959
13	三木栄	朝鮮医学教育史-百済-新羅-高麗-李朝	朝鮮学報	14	1959
14	軽部慈恩	百済論攷（3・完）	研究年報〈日本大・文理（三島）〉	9	1961
15	木下礼仁	日本書紀にみえる百済史料の史料的価値について	朝鮮学報	21・22	1961
16	木下礼仁	日本書紀にみえる「百済史料」についての一整理	文化史学	16	1961
17	笠井倭人	三国遺事百済王暦と日本書紀	朝鮮学報	24	1962
18	軽部慈恩	百済の遺蹟調査に残された将来の課題	古代	39・40	1962
19	利光三津夫	百済亡命政権考	法学研究〈慶応大〉	35-12	1962
20	三品彰英	百済記・百済新撰・百済本記について	朝鮮学報	24	1962
21	軽部慈恩	百済の遺跡調査に残された将来の課題	古代〈早稲田大〉	39・40	1963
22	三品彰英	百済本記の撰述年代について	朝鮮学報	36	1965
23	三品彰英	高句麗王暦の一こま-百済王暦の問題に連関して	朝鮮学報	37・38	1966

续表

序号	作者	论文名	发表刊物	卷号	刊行年
24	小田富士雄	百済系単弁軒丸瓦考－九州発見朝鮮系古瓦の研究（2）	史淵〈九州大〉	95	1966
25	林宗相［張炳国訳］	6世紀初の日本大和地方の豪族と百済系の「小国」	朝鮮学術通報	4-3	1967
26	坂元義種	5世紀の〈百済大王〉とその王・侯	朝鮮史研究会論文集	4	1968
27	坂元義種	古代東アジアの〈大王〉について－百済大王考補論	学術報告（人文）〈京都府立大〉	20	1968
28	鈴木靖民	百済救援の役後の百済および高句麗の使について	日本歴史	241	1968
29	林宗相	＊百済－倭関係からみた大和王廷の645年クーデター	朝鮮学術通報	5-3	1968
30	大坂金太郎	百済壁画磚室墳の在銘塼について	朝鮮学報	51	1969
31	栗原朋信	「七支刀」の銘文よりみた日本と百済・東晋の関係	歴史教育	18-4	1970
32	八木充	百済の役と民衆	『小葉田淳教授退官記念 国史論集』（同記念事業会）		1970
33	林宗相	7世紀中葉における百済－倭関係	朝鮮学術通報	7-5・6	1970
34	金元竜	百済武寧王陵の発掘調査	考古学ジャーナル	61	1971
35	西谷正	百済武寧王陵の発見	考古学ジャーナル	61	1971
36	朴春錫	百済武寧王陵の発掘とその遺物	考古学ジャーナル	61	1971
37	山本礼	百済王陵の発掘に寄せて－ジャーナリズムから古代史への一展望	アジア文化〈アジア文化研〉	8-2	1971
38	岡崎敬	百済古都巡礼	仏教芸術	83	1972
39	金元龍	百済武寧王陵と出土遺物	仏教芸術	83	1972
40	滝川政次郎	百済武寧王妃墓碑陰の冥券	古代文化	24-3	1972
41	滝川政次郎	百済武寧王妃墓碑々陰冥券考追考	古代文化	24-7	1972
42	藤沢一夫	百済砂宅智積建堂塔記碑考	アジア文化	8-3	1972
43	村山正雄	百済の大姓八族について	『山本博士還暦記念 東洋史論叢』（山川出版社）		1972

续表

序号	作者	论文名	发表刊物	卷号	刊行年
44	李石	朝鮮百済の古墳群	歴史読本	17-8	1972
45	李丙燾	1500年・百済の神秘－武寧王陵発掘の歴史的意義	韓	1-1	1972
46	今井啓一	高松塚の被葬者は百済王禅光（善光）であろう	親和	234	1973
47	金元龍	百済武寧王陵について	朝鮮学報	68	1973
48	黄寿永［藤沢房子訳］	新羅聖住寺即百済烏合寺とその碑石について	アジア文化〈東洋哲学研〉	10-2	1973
49	田村圓澄	三つの烏含寺－百済と河内	アジア文化	9-4	1973
50	大林太良	神武東征伝説と百済・高句麗の神話	大林太良編『日本神話の比較研究』（法政大学出版局）		1974
51	姜仁永［松井忠春訳］	百済の火葬墓－新しい百済墓制	古代研究〈元興寺民俗資料研〉	3	1974
52	金在鵬	百済旧都稷山考	朝鮮学報	70	1974
53	久信田喜一	『百済本紀』考	日本歴史	309	1974
54	安承周，朴秉国［武末純一訳］	百済古墳文化の研究	朝鮮考古学年報	2	1975
55	笠井倭人	中国史書による百済王統譜	日本書紀研究	8	1975
56	金在鵬	大和王朝と応神天皇の出自－百済真氏と任那問題	東アジアの古代文化	6	1975
57	洪思俊［東潮訳］	百済城跡の研究－築城を中心として	朝鮮考古学年報	2	1975
58	坂元義種	『三国史記』百済本紀の史料批判－中国諸王朝との交渉記事を中心に	韓	4-2	1975
59	たなかしげひさ	加氏百済人説（上），（下）	史迹と美術	45-2, 3	1975
60	李夕湖	百済瓦考	えとのす	2	1975
61	東幸夫	『三国史記』百済本紀における腆支と扶余豊の記事の比較検討	韓	5-8	1976
62	金在鵬	百済仇台考	朝鮮学報	78	1976

续表

序号	作者	论文名	发表刊物	卷号	刊行年
63	斉藤忠	百済武寧王陵を中心とする古墳群の編年的序列とその被葬者に関する一試考	朝鮮学報	81	1976
64	坂元義種	中国史書における百済王関係記事の検討（1）	韓	5-8	1976
65	志水正司	百済仏教の点描	史学〈慶応大・三田史学会〉	47-3	1976
66	田村圓澄	百済系仏教と新羅系仏教	歴史公論	7	1976
67	三上次男	漢江地域発見の四世紀越州窯青磁と初期百済文化	朝鮮学報	81	1976
68	李進煕	武寧王陵と百済系渡来集団	東アジアの古代文化	8	1976
69	姜仁求［松井忠春訳］	百済の火葬墓	古代文化	29-11	1977
70	斉藤忠	百済文化の背景	『慶祝松崎寿和先生六十三歳記念論文集 考古論集』（同記念事業会）		1977
71	古川政司	百済王統譜の一考察-5世紀後半の王統譜の復元	日本史論叢〈同会（滋賀県）〉	7	1977
72	松原三郎	三国時代初期の金銅仏について-とくに百済の造像を中心として	古美術	52	1977
73	北野耕平	百済時代寺院址の分布と立地	田村圓澄，黄寿永編『百済文化と飛鳥文化』（吉川弘文館）		1978
74	鬼頭清明	日本の律令官制の成立と百済の官制	『彌永貞三先生還暦記念 日本古代の社会と経済 上』（吉川弘文館）		1978
75	栗原朋信	『書記』神功・応神紀の「貴国」の解釈からみた日本と百済の関係	『末松保和博士古稀記念 古代東アジア史論集 下』（吉川弘文館）		1978
76	洪思俊［泊勝美訳］	百済弥勒寺考	田村圓澄，黄寿永編『百済文化と飛鳥文化』（吉川弘文館）		1978
77	黄寿永	百済帝釈寺考	田村圓澄，黄寿永編『百済文化と飛鳥文化』（吉川弘文館）		1978

续表

序号	作者	论文名	发表刊物	卷号	刊行年
78	玉置忠敬	百済の遺跡を訪ねて－軽部慈恩博士の健続を偲ぶ	コリア評論	197	1978
79	田村圓澄	百済仏教史序説	田村圓澄，黄寿永編『百済文化と飛鳥文化』（吉川弘文館）		1978
80	中山清隆	韓国全南発見の百済土器（全南・潭陽）	考古学ジャーナル	147	1978
81	朴容鎮［泊勝美訳］	百済瓦当の体系的分類－軒丸瓦を中心として	田村圓澄，黄寿永編『百済文化と飛鳥文化』（吉川弘文館）		1978
82	三上次男	百済武寧王陵出土の中国陶磁とその歴史的意義	『末松保和博士古稀記念 古代東アジア史論集 下』（吉川弘文館）		1978
83	山尾幸久	百済三書と日本書紀	朝鮮史研究会論文集	15	1978
84	田村圓澄編	百済仏教年表	田村圓澄，黄寿永編『百済文化と飛鳥文化』（吉川弘文館）		1978
85	有光教一	扶余陵山里伝百済王陵・益山双陵	論集〈橿原考古学研〉	4	1979
86	姜斗興	『日本書紀』所引のいわゆる「百済史料」の資料性（続）	立命館文学	406・7	1979
87	胡口靖夫	百済豊璋王について－所謂「人質」生活を中心に	国学院雑誌	80-4	1979
88	佐藤興治訳	百済山城の新類型	古代研究〈早稲田古代研究会〉	19	1980
89	宋世丸	百済七支刀銘文の新しい解釈	社会科学論文集	1	1980
90	武末純一	百済初期の古墳－石村洞・可楽洞古墳群を中心に	『鏡山猛先生古稀記念 古文化論攷』（同論文集刊行会）		1980
91	鍋田一	百済の五都と筑紫太宰の府	年報〈明大・刑事博物館〉	11	1980
92	西谷正	日本古代文化と百済	日本美術工芸	496	1980
93	岡本敏行	渡来氏族と仏教－百済王氏とその氏寺	龍谷史壇	79	1981
94	小田富士雄	南朝［セン］墓よりみた百済・新羅文物の源流	紀要〈九州大・九州文化史研究施設〉	26	1981

续表

序号	作者	论文名	发表刊物	卷号	刊行年
95	笠井倭人	日本文献にみえる初期百済史料	井上光貞ほか編『東アジア世界における日本古代史講座 3 (倭国の形成と古文献)』(学生社)		1981
96	胡口靖夫	大化改新前後の日本と百済－百済亡命者の処遇を通してみた	古代文化	336	1981
97	斉藤忠	高句麗・百済の仏教文化に関する二・三の考察	日本仏教史学	16	1981
98	田村圓澄	百済救援考	文学部論叢 (史学篇)〈熊本大・文〉	5	1981
99	西谷正	百済文化の検討	古代を考える	26	1981
100	坂元義種	新羅と百済の国号	韓国文化	4-11	1982
101	久野健	百済仏の服制とその源流 (上)－百済仏と飛鳥・白鳳仏	韓国文化	4-12	1982
102	岡内三真	東アジア史上における百済前期古墳の位置	『樋口隆康教授退官記念展望アジアの考古学』(新潮社)		1983
103	小田富士雄	越州窯青磁を伴出した忠南の百済土器－4世紀の百済土器 (2)	古文化談叢	12	1983
104	小田富士雄	百済土器窯跡調査の成果－全北・雲谷里窯跡の調査に寄せて	古文化談叢	12	1983
105	亀田修一	百済寺院跡の伽藍と立地	韓国文化	5-10	1983
106	洪潤植	中国南北朝と百済の仏教	仏教史研究〈龍谷大〉	18	1983
107	小沼健司	任那の滅亡と日本・百済関係の推移	史境〈歴史人類学会〉	7	1983
108	全栄来[武末純一訳]	雲谷里百済窯跡発掘調査略報	古文化談叢	12	1983
109	大西修也	百済仏再考－新発見の百済石仏と偏衫を着用した服制をめぐって	仏教芸術	149	1983
110	久野健	百済仏の服制とその源流 (下)－百済仏と飛鳥・白鳳仏	韓国文化	5-1	1983
111	小田富士雄	百済古墳の系譜－特に中国・日本との関係について	古文化談叢	13	1984

续表

序号	作者	论文名	发表刊物	卷号	刊行年
112	佐竹保子	百済武寧王誌石の字跡と中国石刻文字との比較	朝鮮学報	111	1984
113	成周鐸［亀田修一訳］	百済泗沘都城研究	古文化談叢	14	1984
114	大西修也	対馬と渡来仏－新発見の百済半跏像	韓国文化	6-10	1984
115	郭安三	百済国号の周辺－南方的"馬"文化の視点より	富士論叢	30-1	1985
116	黒田達也	百済の中央官制についての一試論－その源流をめぐって	「社会科」学研究	10	1985
117	鈴木英夫	百済救援の役について	『林陸朗先生還暦記念 日本古代の政治と制度』（続群書類従完成会）		1985
118	全栄来［尹煥訳］	韓国高敞・雲谷里百済窯址発掘調査報告	古文化談叢	15	1985
119	長瀬一平	白村江敗戦後における「百済王権」について	千葉史学	6	1985
120	西本昌弘	豊璋と翹岐－大化改新前夜の倭国と百済	ヒストリア	107	1985
121	大西修也	百済半跏像の系譜について	仏教芸術	158	1985
122	茜史朗	『百済記』『百済新撰』の描く世界－5世紀の日韓関係史研究ノート	東国史論	1	1986
123	井上秀雄	古代日本人の百済観	アジア公論	15-2	1986
124	井上秀雄	百済の律令体制への変遷－祭祀志・色服志を通じて	唐代史研究会『律令制－中国朝鮮の法と国家』（汲古書院）		1986
125	姜斗興	いわゆる「百済史料」の仮名の漢字音について	立命館文学	490・1・2	1986
126	金瑛二	百済の遼西経営について－「遼西領有」の基礎的検討を中心に	東洋文化学科年報〈追手門学院大〉	1	1986
127	宋錫範	百済の石塔	韓国文化	8-4	1986
128	安承周	百済寺址の研究（上）	アジア公論	16-3	1987

续表

序号	作者	论文名	发表刊物	卷号	刊行年
129	奥田尚	皇極紀の百済政変記事について	紀要〈追手門学院大・文〉	21	1987
130	亀田修一	東アジアにおける瓦の伝播-高句麗・百済・新羅と日本との関係を中心に	考古学ジャーナル	285	1987
131	亀田修一	考古学から見た百済前期都城	朝鮮史研究会論文集	24	1987
132	金瑛二	百済の遼西経営について-「遼西領有」説の基礎的検討を中心に（1），（2）	韓国文化	9-11，12	1987
133	熊倉浩靖	『百済本記』と「任那日本府」	東国史論	2	1987
134	河野六郎	百済語の二重言語性	『中吉先生喜寿記念論集朝鮮の古文化論讃』（国書刊行会）		1987
135	佐竹保子	南北朝の碑文会字と百済-地域と階層	韓	105	1987
136	鈴木英夫	加耶・百済と倭-「任那日本府」論	朝鮮史研究会論文集	24	1987
137	全栄来	韓国益山笠店里百済中期古墳	九州考古学	61	1987
138	高田良信	百済観音像の伝来と名称起源の考察	『田村圓澄先生古稀記念 東アジアと日本（考古・美術）』（吉川弘文館）		1987
139	鄭桂玉	韓国の甕棺墓-百済地域を中心に	アジア公論	16-4	1987
140	日野昭	欽明朝における倭と百済との関係についての一考察	日本書紀研究	15	1987
141	山尾幸久	『日本書紀』と百済系史料	立命館文学	500	1987
142	盧重国	漢城時代の百済の地方統治体制-檐魯体制を中心に	アジア公論	16-2	1987
143	河野六郎	百済語の二重言語性	『中吉先生喜寿記念論集朝鮮の古文化論讃』（国書刊行会）		1987
144	北野耕平	百済・弥勒寺の発掘調査	仏教芸術	179	1988
145	佐竹保子	南北朝の碑文文字と百済-地域と階層	『シンポジウム日本文化と東アジア』〈東北大・文・日本文化研〉		1988

续表

序号	作者	论文名	发表刊物	卷号	刊行年
146	大橋信弥	百済における木劦満致専権体制の成立	立命館文学	514	1989
147	長田夏樹	風土記，朝鮮語起源，地名考-百済語スキ・新羅語ツキについて	歴史と神戸	28-2	1989
148	筧敏生	百済王姓の成立と日本古代帝国	日本史研究	317	1989
149	高寛敏	百済近仇首王の対倭外交	朝鮮学報	133	1989
150	全栄来	百済地域の陶質土器窯跡	大谷女子大学資料館編『陶質土器の国際交流』（柏書房）		1989
151	吉村怜	百済仏教伝来考	社会科学討究〈早稲田大〉	35-2	1989
152	大坪秀敏	百済王氏交野移住に関する一考察	龍谷史壇	96	1990
153	亀田修一	百済地域の初期横穴式石室	季刊考古学	33	1990
154	崔在錫	百済の大和倭と高句麗・新羅の関係（上）	韓国文化	12-11	1990
155	鈴木英夫	大化改新直前の倭国と百済-百済王子翹岐と大佐平智積の来倭をめぐって	続日本紀研究	272	1990
156	鄭孝雲	天智朝と"百済の役"	韓	116	1990
157	大木衛	日本文化に貢献した韓国文化の軌跡-百済の先進文化を導入した王仁博士とその周辺	季刊コリアナ	4-2	1991
158	佃収	天智天皇の出自と九州百済王朝	古代文化を考える	25	1991
159	李根雨	『百済記』の主役	上田正昭編『古代の日本と東アジア』（小学館）		1991
160	倉本一宏	古代新羅の官司制度成立について-古代中国・高句麗・百済，および日本との比較において	紀要〈関東学院大・院〉	65	1992
161	白井克也	ソウル・夢村土城出土土器編年試案-いわゆる百済前期都城論に関連して	紀要〈東京大・文・考古学研究室〉	11	1992
162	亀田修一	百済の瓦・新羅の瓦	仏教芸術	209	1993

续表

序号	作者	论文名	发表刊物	卷号	刊行年
163	金誠亀	百済・新羅の瓦窯	仏教芸術	209	1993
164	高寛敏	『三国史記』百済本紀の国内原典	年報〈大阪経法大・アジア研〉	5	1993
165	成周鐸	太宰府城郭と百済泗沘都城との比較考察	考古学ジャーナル	369	1993
166	直木孝次郎	百済滅亡後の国際関係－特に郭務宗の来日をめぐって	朝鮮学報	147	1993
167	高寛敏	『日本書紀』所引「百済記」と「百済新撰」に関する研究	学報〈朝鮮大学校〉	1	1994
168	郭安三	百済/札・倉/鞍・室・馬/〇・ワッショイ・富士/神謡・イザイホー・お盆の語源－『百済・馬韓国号考（下）』を兼ねて	富士論叢〈富士短大〉	39-2	1994
169	金谷信之	百済王家の女性たちについての若干の考察	研究論集〈関西外国語大〉	61, 62	1995
170	神崎勝	夫餘・高句麗の建国伝承と百済王家の始祖伝承」	佐伯有清先生古稀記念会編『日本古代の伝承と東アジア』（吉川弘文館）		1995
171	金鉉球	百済の加耶進出に関する二、三の問題	東アジアの古代文化	83	1995
172	高寛敏	百済王子豊璋と倭国	東アジア研究〈大阪経済法科大・アジア研〉	10	1995
173	榊原聖子	帰化人の研究－特に百済王氏を中心として	皇学館論叢	28-3	1995
174	千田剛道	獣脚硯にみる百済・新羅と日本	同論文集刊行会編『奈良国立文化財研究所創立40周年記念論文集 文化財論叢』（同朋舎出版）		1995
175	吉井秀夫	百済の木棺－横穴式石室墳出土例を中心として	立命館文学	542	1995
176	李鐘徹［藤井茂利訳］	日韓の表記法比較研究－日本地名に反映した百済系借用語「ki（城）」について	人文論叢〈福岡大〉	27-1	1995
177	入谷宰平	百済の訓みについて	東アジアの古代文化	88	1996
178	内田清	百済・倭の上表文の原典について	東アジアの古代文化	86	1996

续表

序号	作者	论文名	发表刊物	卷号	刊行年
179	内田清	百済・倭の上表文の原典について（表）	東アジアの古代文化	87	1996
180	栗原薫	『百済新撰』の紀年	史迹と美術	665	1996
181	坂田隆	遼西百済と南韓百済	東アジアの古代文化	88	1996
182	全栄来	百済滅亡と冬老古城および兆陽城の調査	九州考古学	71	1996
183	福宿孝夫	伎伐浦及び白村江の位置比定－百済滅亡に関する古戦場	紀要〈宮崎大・教育〉	80（人文科学）	1996
184	羅幸柱	古代朝・日関係における「質」の意味－特に百済の「質」の派遣目的を中心として	史観	134	1996
185	李成市	新羅と百済の木簡	平野邦雄，鈴木靖民編『木簡が語る古代史』（吉川弘文館）		1996
186	李鐘徹［藤井茂利訳］	日韓の表記法比較研究－日本地名に反映した韓国系語、「sira、kudara、koma（新羅、百済、高麗）」について	人文論叢〈福岡大・総合研〉	28-3	1996
187	大橋信弥	書評：胡口靖夫著『近江朝と渡来人－百済鬼室氏を中心として	国史学	162	1997
188	鈴木英夫	百済復興運動と倭王権－鬼室福信斬首の背景	武田幸男編『朝鮮社会の史的展開と東アジア』（山川出版社）		1997
189	全榮來	扶餘出土百済香炉の国際性	東アジアの古代文化	93	1997
190	田中俊明	百済後期王都泗沘城をめぐる諸問題	同刊行会編『堅田直先生古希記念論文集』（真陽社）		1997
191	佃收	夫余と辰－百済王統の交代	古代文化を考える	34	1997
192	秦政明	『百済新撰』の史料価値－二度書き換えられた百済王暦	古代史の海	8	1997
193	上田正昭	百済王敬福とその時代	森浩一，上田正昭編『継体大王と渡来人』（大巧社）		1998

续表

序号	作者	论文名	发表刊物	卷号	刊行年
194	上田正昭, 森浩一	対談：古代の枚方、そして百済	森浩一，上田正昭編『継体大王と渡来人』（大巧社）		1998
195	金聖雨	韓国百済の扶余寺址を中心として観た一塔一金堂形式の変化	日本建築学会計画系論文集	510	1998
196	金誠亀	発掘された百済の寺院跡と出土遺物	森浩一，上田正昭編『継体大王と渡来人』（大巧社）		1998
197	田中俊明	百済王都の変遷	森浩一，上田正昭編『継体大王と渡来人』（大巧社）		1998
198	田中俊明	百済王都の変遷	森浩一，上田正昭編『継体大王と渡来人』（大巧社）		1998
199	佃収	百済王統の交代-「母弟について」	古代文化を考える	35	1998
200	平井進	新羅と百済の内官家について	古代文化を考える	36	1998
201	吉井秀夫	百済の王陵と古墳	森浩一，上田正昭編『継体大王と渡来人』（大巧社）		1998
202		百済の鴟尾（鴟尾-半島の鴟尾）	日本の美術	392	1999
203		百済様式の展開（鴟尾-飛鳥・白鳳時代の鴟尾）	日本の美術	392	1999
204	大塚淑裕	百済王氏にみる古代仏教について	博物館学年報	30	1999
205	加島勝	百済観音の装飾金具について-臂釧・腕釧に関する新知見を中心に	仏教芸術	243	1999
206	高寛敏	扶余・高句麗・百済の建国神話	社会科学研究〈朝鮮大学校〉	7	1999
207	榊原小葉子	古代における対外意識と聖徳太子信仰-百済観を中心として	歴史評論	586	1999
208	椎野禎文	万葉三山歌の神話-百済救援・斉明西征と妻争いの歌	東アジアの古代文化	98	1999
209	全栄来	百済の興起と帯方故地	古代文化	51-10	1999

续表

序号	作者	论文名	发表刊物	卷号	刊行年
196	田中俊明	百済漢城時代における王都の変遷	朝鮮古代研究	1	1999
210	平林章仁	吉備池廃寺は百済大寺か	東アジアの古代文化	100	1999
211	朴晋煜	百済，新羅の近くにいた靺鞨について	東アジアの古代文化	101	1999
212	李鎔賢	『梁職貢図』百済国使条の「旁小国」	朝鮮史研究会論文集	37	1999
213	木村誠	百済史料としての七支刀銘文	人文学報〈東京都立大〉	306	2000
214	武末純一	北部九州の百済系土器－4・5世紀を中心に	所報〈福岡大・総合研〉	240	2000
215	辰巳正明	百済王制と古代日本王権の形成－独立天子国から天皇王制へ	国学院雑誌	101-10	2000
216	戸田有二	百済瓦窯考－泗批時代を中心として	人文学会紀要〈国士館大・文〉	33	2000
217	朴淳発［山本孝文訳］	＊百済泗批都城の羅城構造について	古文化談叢	45	2000
218	安田博幸	韓国百済漢城時代の古墳漆喰の科学分析値について	古代学研究	150	2000
219	李南奭［吉井秀夫訳］	百済の横穴式石室墳	考古学ジャーナル	461	2000
220	柳尚煕	特別講演：飛鳥と百済の交隣文化	韓国文化	252	2000
221	和田晴吾，吉井秀夫	日本出土「百済」系土器をめぐる一予察－日韓交渉考古学の基礎的研究：原史・古代を中心に（研究成果報告）	所報〈福岡大・総合研〉	240	2000
222	尹達世	百済さん物語（2）－大阪府下二つの百済寺，（3）－岡山県津山編，（4）－大阪市編，（5）－神戸編，（6）－東大阪編，（7）－大和郡山編，（8）－大和高田編	アプロ21	5-4~10	2001
223	田寺英治	百済観音小考	史迹と美術	71-9	2001
224	平井進	渤海西岸の高句麗・百済・倭	古代文化を考える	39	2001
225	二日市壮	ソウルに残る百済の跡 開発で風前のともしび	古代朝鮮文化を考える	16	2001

续表

序号	作者	论文名	发表刊物	卷号	刊行年
226	森公章	加耶滅亡後の倭国と百済の「任那復興」策について-白村江への道の前段階として	紀要〈東洋大・文学部〉	55-27	2001
227	吉井秀夫	百済の墳墓	後藤直，茂木雅博編『東アジアと日本の考古学1（墓制1：墳丘）』（同成社）		2001
228	姜仁求	百済王陵の被葬者推定-宋山里と陵山里の古墳群を中心に	西谷正編『韓半島考古学論叢』（すずさわ書店）		2002
229	金鍾萬［大竹弘之訳］	百済土器に見られる製作技法-泗沘時代を中心として	朝鮮古代研究	3	2002
230	藤井英二郎，金真成，高瀬要一［他］	近年の発掘調査に基づく韓国・百済の宮南池に関する考察	ランドスケープ研究	65-5	2002
231	前之園亮一	倭の五王・司馬曹達・百済府官の単名について	紀要〈共立女子短期大・文科〉	45	2002
232	門田誠一	『三国史記』百済本紀所載の築城用語に対する釈義-「蒸土」をめぐって	鷹陵史学	28	2002
233	山尾幸久	書評：吉田晶著『七支刀の謎を解く-四世紀後半の百済と倭』	新しい歴史学のために	246	2002
234	李正鎬	百済古墳変遷の背景について-栄山江流域を中心に	西谷正編『韓半島考古学論叢』（すずさわ書店）		2002
235	李タウン	百済の瓦生産-熊津時代・泗沘時代を中心として	西谷正編『韓半島考古学論叢』（すずさわ書店）		2002
236	尹達世	百済さん物語（9）-山口篇1，（10）-福岡篇，（11）-愛媛篇，（12）-徳島篇，（13）日羅篇「番外」，（14）-播州篇，（15）-愛知篇，（16）-東京篇，（17）-岩手篇	アプロ21	6-1~10	2002
237	大坪秀敏	桓武朝における百済王氏	龍谷史壇	119・120	2003
238	小田富士雄	百済熊津・泗沘時代の都城制度と倭-特に倭京~大宰府との関係について	古文化談叢	49	2003

续表

序号	作者	论文名	发表刊物	卷号	刊行年
239	金永旭	百済の吏読について	『日韓漢字・漢文受容に関する国際学術会議』（富山大学日韓漢字・漢文受容研究会）		2003
240	田中俊明	百済と北斉	千田稔，宇野隆夫共編『東アジア文明と「半島空間」－山東半島と遼東半島』（思文閣出版）		2003
241	田中俊明	百済と倭の関係	森浩一他『検証　古代日本と百済』（大巧社）		2003
242	鄭在永	百済の文字生活	『日韓漢字・漢文受容に関する国際学術会議』（富山大学日韓漢字・漢文受容研究会）		2003
243	李文基	百済内朝制度試論	学習院史学	41	2003
244	清水昭博	瓦の伝来－百済と日本の初期瓦生産体制の比較	考古学論攷〈橿原考古学研〉	27	2004
245	清水昭博	百済「大通寺式」軒丸瓦の成立と展開－東アジアにおける中国南朝系造瓦技術の伝播	日本考古学	17	2004
246	成正鏞	百済漢城期騎乗馬具の様相と起源	日韓文化交流基金編『訪日学術研究者論文集　歴史8』（日韓文化交流基金）		2004
247	高宮広衛，任孝宰	百済・統一新羅時代遺蹟出土の開元通宝	鹿児島国際大学附置地域総合研究所『沖縄対外文化交流史』（日本評論社）		2004
248	吉井秀夫	考古学からみた百済の国家形成過程	鈴木靖民編『シンポジウム　倭人のクニから日本へ』（学生社）		2004
249	李在碩	六世紀代の倭系百済官僚とその本質	駒沢史学	62	2004
250	木下正史	最初の官寺・百済大寺と東アジア	東アジアの古代文化	122	2005
251	宗浣範	7世紀の倭国と百済－百済王子豊璋の動向を中心に	日本歴史	686	2005
252	遼志保	百済王伝説－佐賀県加唐島の武寧王生誕伝説をめぐって	国文学解釈と鑑賞	50-1	2005

续表

序号	作者	论文名	发表刊物	卷号	刊行年
253	土田純子	百済有蓋高坏の編年研究	考古学雑誌	89-1	2005
254	浜田耕策	百済紀年考	史淵〈九州大〉	142	2005
255	柳沢一男	百済地域で発見された横穴墓とその背景	東アジアの古代文化	125	2005
256	北川イッセイ	日本の中の韓国文化 悠久のロマン「百済野」に想う	月刊自由民主	630	2005
257	朴飛雲	朝鮮民譚 新編・百済王敬福小伝（下）	統一評論	473	2005
258	有田穎右	百済と日本	千里山文学論集	76	2006
259	小野山節	百済宋山里6号墳の四神壁画と被葬者の恐れ-比較考古学による墓室装飾の新しい解釈	研究紀要〈高麗美術館〉	5	2006
260	金鐘萬	泗沘期百済土器の生産と流通	鹿園雑集〈奈良国立博物館研究紀要〉	8	2006
261	金武重［堀田啓一訳］	考古資料を通してみた百済と楽浪の交渉	古代学研究	173	2006
262	久住望	「百済」はなぜクダラと称するのか	古代文化を考える	50	2006
263	嶋田直人	百済寺遺跡（滋賀県東近江市）-近江湖東天台寺院の変遷	月刊文化財	518	2006
264	宋浣範	百済王氏の軌跡と光芒	歴史読本	51-3	2006
265	田中俊明	百済文周王系の登場と武寧王	紀要〈奈良文化財研〉	5	2006
266	中村修也	『日本書紀』編纂と亡命百済知識人	歴史読本	51-3	2006
267	平井進	アルタイ山と新羅・百済・倭-北アジアの視点による白村江の戦い	古代文化を考える	50	2006
268	吉井秀夫	考古学から見た百済の国家形成とアイデンティティ	田中良之，川本芳昭編『東アジア古代国家論-プロセス・モデル・アイデンティティ』（すいれん舎）		2006
269	渡里恒信	百済大井宮と百済大井家の所在地	日本歴史	702	2006

续表

序号	作者	论文名	发表刊物	卷号	刊行年
270	池上洵一	勝尾寺百済王后説話の構造と伝流-対外霊験譚研究の一環として	紀要〈同志社女子大・院・文学研究科〉	7	2007
271	尹善泰	木簡からみた百済泗沘都城の内と外	朝鮮文化研究所編『アジア地域文化学叢書Ⅳ 韓国出土木簡の世界』（雄山閣）		2007
272	熊谷公男	五世紀の倭・百済関係と羅済同盟	アジア文化史研究	7	2007
273	河野通哉	百済の都城：墳墓	中尾芳治ほか編『古代日本と朝鮮の都城』（ミネルヴァ書房）		2007
274	小宮山嘉浩	百済王氏の特性とその変質	学習院史学	45	2007
275	権五栄	5-6世紀における百済と倭との文化交流	日韓文化交流基金編『訪日学術研究者論文集 歴史』10（日韓文化交流基金）		2007
276	佐藤興治	百済の都城：王城	中尾芳治ほか編『古代日本と朝鮮の都城』（ミネルヴァ書房）		2007
277	佐藤興治	百済の都城：寺院	中尾芳治ほか編『古代日本と朝鮮の都城』（ミネルヴァ書房）		2007
278	千田剛道	高句麗・百済の王陵付属寺院	紀要〈奈良文化財研〉	2007	2007
279	戸田有二	百済の鐙瓦製作技法について（3）-鐙瓦製作技法から見た百済泗沘時代造瓦集団の一端	紀要〈国士館大・文・人文学会〉	39	2007
280	李基東	韓国古代木簡の発見による新羅・百済史研究の新たな進展	朝鮮文化研究所編『アジア地域文化学叢書Ⅳ 韓国出土木簡の世界』（雄山閣）		2007
281	李勲,山本孝文	公州水村里古墳群に見る百済墓制の変遷と展開	古文化談叢	56	2007
282	有働智奘	八幡神と百済仏教-仏教伝来と渡来人の諸問題	神道宗教	210	2008
283	崔鈆植	公開講演：『大乗四論玄義記』と百済仏教	論集〈駒沢大・仏教〉	39	2008

续表

序号	作者	论文名	发表刊物	卷号	刊行年
284	清水昭博	百済・泗沘時代の瓦生産-扶余・亭岩里窯の検討	研究報告〈帝塚山大・考古学研〉	10	2008
285	徐賢珠［山本孝文訳］	栄山江流域における古墳文化の変遷と百済	辻秀人編『百済と倭国』（高志書院）		2008
286	徐甫京	百済を媒介とする高句麗と倭との交渉	研究紀要〈東大・史料編纂所〉	18	2008
287	鈴木靖民	百済王興寺の舎利容器・荘厳具と飛鳥寺-飛鳥文化の源流	東アジアの古代文化	136	2008
288	田中史生	六世紀の倭・百済関係と渡来人	辻秀人編『百済と倭国』（高志書院）		2008
289	田中史生	百済王興寺と飛鳥寺と渡来人	東アジアの古代文化	136	2008
290	鄭子永［井上主税訳］	百済の木塔-心礎および舎利具を中心に	月刊考古学ジャーナル	576	2008
291	中野聰	百済大寺の本尊に関する考察-大安寺釈迦如来像の制作をめぐって	奈良美術研究〈早稲田大学奈良美術研〉	6	2008
292	朴淳發［山本孝文訳］	百済漢城期の地方編制過程	辻秀人編『百済と倭国』（高志書院）		2008
293	八木充	百済滅亡前後の戦乱と古代山城	日本歴史	722	2008
294	山本孝文	考古学から見た百済後期の文化変動と社会	辻秀人編『百済と倭国』（高志書院）		2008
295	吉井秀夫	墓制からみた百済と倭	辻秀人編『百済と倭国』（高志書院）		2008
296	李漢祥	百済王興寺木塔址一括遺物の性格と意義	東アジアの古代文化	136	2008
297	梁淙鉉	百済漢城時代の軒丸瓦	紀要〈帝塚山大・院・人文科学研究科〉	10	2008
298	梁淙鉉	百済の瓦-近年の出土品を中心として	月刊考古学ジャーナル	576	2008
299	梶川信行	東アジアの中の『万葉集』-旅人周辺の百済系の人々を中心に	国語と国文学	86-4	2009
300	田中史生	飛鳥寺（法興寺）と百済-倭国の政治的選択と国際環境	歴史と地理	627	2009

续表

序号	作者	论文名	发表刊物	卷号	刊行年
301	塚口義信	百済王権の内紛とヤマト政権-四世紀末の争乱と関連して	紀要〈堺女子短期大〉	44	2009
302	戸田有二	百済瓦蓮花文の国際性-瓦当蓮花文の一系譜をめぐって	国士舘史学	13	2009
303	平川南	百済の都出土の「連公」木簡-韓国・扶餘双北里遺跡1998年出土付札	研究報告〈国立歴史民俗博物館〉	153	2009
304	福田武史	『古事記』における百済・新羅の位置づけ	歴史民俗資料学研究〈神奈川大・院〉	14	2009
305	有田穎右	百済と倭	千里山文学論集	83	2010
306	尹善泰［篠原啓方訳］	新出木簡からみた百済の文書行政	朝鮮学報	215	2010
307	大田幸博	鞠智城跡から出土した百済系菩薩立像	古代文化	61-4	2010
308	金圭東［杉井健訳］	百済土製煙筒試論	論叢〈熊本大・文〉	101	2010
309	金鍾萬	日本出土百済系土器の研究-西日本地域を中心に	日韓文化交流基金編『訪日学術研究者論文集16』（日韓文化交流基金）		2010
310	河野通明	民具から見た百済・高句麗難民の動向	商経論叢〈神奈川大〉	45-4	2010
311	清水昭博	韓半島南部地域における初期造瓦技術の導入、普及とその背景-百済、新羅の初期造瓦技術と仏教	市大日本史〈大阪市大〉	13	2010
312	瀬間正之	新出百済仏教関係資料の再照明	上代文学	104	2010
313	高柴李史子	法隆寺百済観音像私考	紀要〈帝塚山大学大・人文科学研究科〉	12	2010
314	鄭東俊	『翰苑』百済伝所引の『括地志』の史料的性格について	東洋学報	92-2	2010
315	室伏志畔	書評：兼川晋著『百済の王統と日本の古代』	季報唯物論研究	111	2010
316	山本孝文	百済古墳の副葬品と王興寺舎利荘厳具	鈴木靖民編『古代東アジアの仏教と王権-王興寺から飛鳥寺へ』（勉誠出版）		2010
317	吉井秀夫	百済墓制研究の新潮流	季刊考古学	113	2010

续表

序号	作者	论文名	发表刊物	卷号	刊行年
318	李漢祥	金工史からみた百済王興寺の舎利荘厳具	鈴木靖民編『古代東アジアの仏教と王権-王興寺から飛鳥寺へ』（勉誠出版）		2010
319	李成市	王興寺の建立と百済仏教-高句麗・新羅仏教との関係を中心に	鈴木靖民編『古代東アジアの仏教と王権-王興寺から飛鳥寺へ』（勉誠出版）		2010
320	李炳鎬［金志虎訳］	百済泗沘時期塑像の展開過程	奈良美術研究	10	2010
321	李鎔賢	百済泗沘時代の政治と仏教-陵山里寺（陵寺）から王興寺をみる	鈴木靖民編『古代東アジアの仏教と王権-王興寺から飛鳥寺へ』（勉誠出版）		2010
322	有働智奘	古代日本と百済における仏教と神祇-韓国・益山弥勒寺址出土「金製舎利奉安記」銘文中の「下化蒼生」について	仏教史学研究	54-1	2011
323	有働智奘	6世紀における仏教受容の問題-『日本書紀』欽明天皇六年条「百済造丈六仏像」の再検討	国学院雑誌	112-7	2011
324	金洛中［井上主税訳］	泗沘期の百済都城と寺利	奈良県立橿原考古学研究所附属博物館編『宮都飛鳥』（学生社）		2011
325	崔卿煥［土田純子訳］	百済土器窯跡から見た土器生産体制	古代学研究	189	2011
326	清水昭博	古代日本と百済の造瓦技術交流	研究報告〈帝塚山大・考古学研〉	13	2011
327	田中啓介	椿市廃寺出土の百済系単弁軒丸瓦についての一考察	横浜国際社会科学研究	15-6	2011
328	鄭東俊	百済の武王代における六佐平--八部体制	朝鮮学報	220	2011
329	朴淳發	韓国古代の都城と墓域-百済を中心に	橋本義則編著『東アジア都城の比較研究』（京都大学学術出版会）		2011
330	山下剛司	百済王氏の東北補任	鷹陵史学	37	2011
331	山本孝文	百済遺跡出土の中国系文物と対中交渉	東アジア世界史研究センター年報	5	2011

续表

序号	作者	论文名	发表刊物	卷号	刊行年
332	李陽浩	近年知られた百済の大型建物跡をめぐって-扶餘官北里遺跡と益山王宮里遺跡	建築史学	57	2011
333	赤羽奈津子	古代朝鮮半島における仏教と対外関係-高句麗・百済の仏教銘文を中心に	河合文化教育研究所研究論集	10	2012
334	葛継勇［王博訳］	古代中韓関係史研究の新たな視角-拝根興『唐代高麗百済移民研究』によせて	史滴	34	2012
335	葛継勇	『祢軍墓誌』についての覚書（附録：唐代百済人関連石刻の釈文）	東アジア世界史研究センター年報	6	2012
336	金聖範［橋本繁訳］	羅州伏岩里遺跡出土百済木簡とその他の文字関連遺物	木簡研究	34	2012
337	金武重［武末純一訳］	原三国-百済漢城期の鉄器および鉄生産集落の動向	日韓集落研究会編『日韓集落の研究-弥生・古墳時代および無文土器-三国時代　最終報告書』（日韓集落研究会）		2012
338	鈴木英夫	古代王権の外交と使者-「在百済日本王人」「在安羅諸倭臣」（「任那日本府」）	鈴木靖民編『日本古代の王権と東アジア』（吉川弘文館）		2012
339	十川陽一	百済大寺造営の体制とその性格	古代文化	64-2	2012
340	土田純子	日本出土百済（系）土器：出現と変遷-打並捺文様土器を中心として	古代学研究	193	2012
341	鄭一［武末純一訳］	百済土器窯の特徴と生産体系	日韓集落研究会編『日韓集落の研究-弥生・古墳時代および無文土器-三国時代　最終報告書』（日韓集落研究会）		2012
342	東野治之	百済人祢軍墓誌の「日本」	図書	756	2012
343	山本孝文	百済の泗沘遷都と周辺集落の動向	日韓集落研究会編『日韓集落の研究-弥生・古墳時代および無文土器-三国時代　最終報告書』（日韓集落研究会）		2012

续表

序号	作者	论文名	发表刊物	卷号	刊行年
344	李弘鍾［山本孝文訳］	初期百済交易拠点都市の地形景観	日韓集落研究会編『日韓集落の研究-弥生・古墳時代および無文土器-三国時代　最終報告書』（日韓集落研究会）		2012
345	李成市	羅州伏岩里百済木簡の基礎的研究	鈴木靖民編『日本古代の王権と東アジア』（吉川弘文館）		2012
346	李炳鎬	百済寺院からみた飛鳥寺三金堂の源流	日韓文化交流基金編『訪日学術研究者論文集』18（日韓文化交流基金）		2012
347	李炳鎬［橋本繁訳］	扶余・定林寺址よりみた百済聖王代の仏教と王権	大橋一章、新川登亀男編『「仏教」文明の受容と君主権の構築-東アジアのなかの日本』（勉誠出版）		2012
348	李炳鎬［井上主税訳］	百済寺院の展開過程と日本の初期寺院	帝塚山大学考古学研究所研究報告	14	2012
349	李炳鎬	瓦当からみた熊津時期の百済寺院の断面	奈良美術研究	13	2012
350	安治元	古代西宮の渡来人・百済系「広田連」考-神功皇后の虚像	兵庫朝鮮関係研究会編『在日韓国・朝鮮人の歴史と現在』（明石書店）		2013
351	大橋一章	舎利安置の百済化	新川登亀男編『「仏教」文明の東方移動-百済弥勒寺西塔の舎利荘厳』（汲古書院）		2013
352	吉基泰［近藤浩一訳］	百済の呪禁師と薬師信仰	京都産業大学論集（人文科学系列）	46	2013
353	金武重［武末純一訳］	百済漢城期横穴式石室墳の構造と埋葬方法	古文化談叢	69	2013
354	權五榮［坂靖訳］	住居構造と炊事文化からみた百済系移住民の畿内地域への定着とその意味	古代学研究	197	2013
355	近藤浩一	百済・威徳王の寺院建立と孝思想-陵山里寺院・王興寺よりみた東アジア仏教文化交流の一側面	紀要〈京都産業大・日本文化研〉	18	2013

续表

序号	作者	论文名	发表刊物	卷号	刊行年
356	佐川正敏,崔英姫	6世紀中葉（泗沘期百済）以後の韓国栄山江流域	東北学院大学論集（歴史と文化）	50	2013
357	周炅美［橋本繁訳］	三国時代（高句麗・百済・新羅）舎利荘厳具目録	新川登亀男編『「仏教」文明の東方移動-百済弥勒寺西塔の舎利荘厳』（汲古書院）		2013
358	鄭東俊	高句麗・百済律令における中国王朝の影響についての試論-所謂「泰始律令継受説」をめぐって	国史学	210	2013
359	廣瀬憲雄	皇極紀百済関係記事の再検討	日本歴史	786	2013
360	門田誠一	百済王室祈願寺と飛鳥寺の造寺思想	鷹陵史学	39	2013
361	山下剛司	百済の国王から百済の王氏へ	枚方市史年報	16	2013
362	李炳鎬［金志虎訳］	百済の寺院からみた飛鳥寺三金堂の源流	奈良美術研究	14	2013
363	金子修一	禰氏墓誌と唐朝治下の百済人の動向	日本史研究	615	2013
364	近藤浩一	6世紀百済の思想的基盤と天下観の形成	京都産業大学日本文化研究所紀要	19	2013
365	伊東史朗	百濟寺十一面観音像について	國華	118（6）	2013
366	中西章	百済寺院建築に関する論文3編	建築雑誌	1641	2013
367	李炳鎬；金志虎［訳］	百済の寺院からみた飛鳥寺三金堂の源流	奈良美術研究	14	2013
368	釋円正（髙坂孟承）	幻の有明百済国	古代朝鮮文化を考える	28	2013
369	小宮山嘉浩	新川登亀男編，『「仏教」文明の東方移動-百済弥勒寺西塔の舎利荘厳-』，汲古書院，二〇一三，A5，二八六頁，八〇〇〇円	史学雑誌	123（4）	2014

续表

序号	作者	论文名	发表刊物	卷号	刊行年
370	亀田修一	百済山城と刻印瓦の階層性（予察）（亀田修一先生還暦記念号）	半田山地理考古	2	2014
371	山下剛司	百済王氏存続の要因	仏教大学総合研究所紀要	21	2014
372	李炳鎬，金志虎［訳］	百済の造瓦技術の伝播過程：興輪寺と飛鳥寺の比較を中心に	奈良美術研究	15	2014
373	氣賀澤保規	特別講演 東アジアにおける「日本」の始まり：近年発見の百済人「祢軍墓誌」の理解をめぐって	白山史学	50	2014
374	崔恩永	百済王氏の成立に関する研究現況と課題	人間文化：滋賀県立大学人間文化学部研究報告	36	2014
375	鄭志允	韓国の百済の木塔址に対する平面復元に関する研究：その1 東アジアの6世紀から7世紀までの木塔址の寸法の分析	建築歴史・意匠（2014）		2014
376	山下輝幸	百済観音の飛鳥時代（第1回）	古代史の海	78	2014
377	近藤浩一	「李炳鎬『百済仏教寺院の成立と展開』社会評論、2014」の紹介と検討	京都産業大学日本文化研究所紀要	21	2015
378	下向井龍彦	百済救援戦争の歴史的位置：従軍した三谷郡司の先祖と亡命百済僧弘済を通して	広島平和科学	37	2015
379	有働智奘	六世紀における百済王の神仏信仰：仏教受容による実態と課題について	国学院大学紀要	53	2015
380	盧桂順	朝鮮女性史（第4話）百済に生きた女性たちと仏教に身を捧げた尼僧たち	サイ	72	2015
381	李炳鎬；鈴木一議［訳］	百済泗沘期の王宮と寺院の位置について	考古學論攷：橿原考古学研究所紀要	38	2015
382	佐々木茂楨	大仏造立と陸奥守百済王敬福	国史談話会雑誌	56	2015
383	土屋隆史	百済・大加耶における胡籙金具の展開	古代武器研究	11	2015

续表

序号	作者	论文名	发表刊物	卷号	刊行年
384	沈相六 ［松永悦枝訳］	百済泗沘都城出土の文字遺物	古代学研究所紀要	23	2015
385	河上麻由子	書評と紹介 新川登亀男編『『仏教』文明の東方移動：百済弥勒寺西塔の舎利荘厳』	日本歴史	801	2015
386	高久健二	平成26年度韓国・三国時代百済関係資料調査報告	専修大学社会知性開発研究センター古代東ユーラシア研究センター年報	1	2015
387	仁藤敦史	『日本書紀』編纂史料としての百済三書（古代における文字文化形成過程の総合的研究）	国立歴史民俗博物館研究報告	194	2015
388	山下輝幸	百済観音の飛鳥時代（第2回）初期の仏教について	古代史の海	79	2015
389	坪井恒彦	河内狭山池の築造年代と崇神紀・垂仁記に現れる背景：百済碧骨堤（池）や河内依網池・大和磐余池などの造営系譜をたどって	羽衣国際大学現代社会学部研究紀要	4	2015
390	長瀬一男	古代大和朝廷と百済王氏：大仏造立と天平期の産金を中心にして	環太平洋文化	30	2015
391	倉本一宏	白村江の戦い 唐・新羅の台頭と百済滅亡：倭国・百済対唐・新羅 天智天皇はなぜ「唐帝国」と戦ったのか：臨戦態勢と敗戦処理	歴史読本	60（4）	2015
392	土生田純之	書評 高田貫太著『古墳時代の日朝関係：新羅・百済・大加耶と倭の交渉史』	日本考古学	39	2015
393	山下輝幸	百済観音の飛鳥時代（第3回）百済観音の概要	古代史の海	80	2015
394	植田喜兵成智	在唐百済遺民の存在様態：熊津都督府の建安移転の史的意義と関連させて	朝鮮学報	236	2015
395	大坪秀敏	百済王氏と藤原仲麻呂の関係成立についての一考察：「藤原武智麻呂伝」を手がかりとして	竜谷史壇	141	2015

续表

序号	作者	论文名	发表刊物	卷号	刊行年
396	山本孝文	百済後期横穴式石室の編年と埋葬構造：泗沘都城の埋葬地を中心に	古文化談叢	74	2015
397	金寶賢	百済仏教の始原と展開：漢城・熊津期仏教の再検討	鷹陵史学	41	2015
398	中西章	百済建築における軒の出と尾垂木の使用について	建築歴史・意匠（2015）		2015
399	鄭志允	韓国の百済の木塔址に対する平面復元に関する研究：その2 百済彌勒寺の木塔址の平面推定	建築歴史・意匠（2015）		2015
400	山下輝幸	百済観音の飛鳥時代（第4回）百済観音の神仙思想（1）神仙思想とその伝播	古代史の海	81	2015
401	大橋信弥	歴史と美の探訪（17）百済近貴須王と倭：金石文から見た四世紀の東アジア（2）	紫明	37	2015
402	三田覚之	百済の舎利荘厳美術を通じてみた法隆寺伝来の工芸作品：法隆寺献納宝物の脚付鋺と法隆寺五重塔の舎利瓶を中心に	Museum	658	2015
403	李亨求 ［木村光一，岡泉水訳］	ソウル百済王宮址発見と保存30年史（1）風納土城（プンナップトソン）の研究史（前編）	季刊考古学	133	2015
404	鈴木瑞穂	古代の鋳銅関連遺物・製品に含まれる鉄（Fe）・砒素（As）の問題について：大阪府枚方市百済寺跡出土鋳造関連遺物の分析調査による	たたら研究	54	2015
405	川野洋一	魏晋南北朝期東アジアの動向メモ 朴天秀氏の『日本列島内の大加耶』に触発されて：特に5、6世紀高句麗・百済・新羅・加耶と倭の関係について	古代朝鮮文化を考える	30	2015
406	南延昊 ［植田喜兵成智訳］	百済武王の王妃と義慈王の生母に関する考察（古都・長安学2014年度特別講演会）	学習院大学国際研究教育機構研究年報	2	2016

续表

序号	作者	论文名	发表刊物	卷号	刊行年
407	石塚正英	百済文化調査紀行 2016.02.22~27	頸城野郷土資料室学術研究部研究紀要	1(0)	2016
408	石塚正英	関山神社金銅仏は仏教美術様式からみて百済仏	頸城野郷土資料室学術研究部研究紀要	1(4)	2016
409	池田敏宏	下野国府跡出土「陳廷荘」銘木簡についての覚書：百済王俊哲との関係検討を中心に	研究紀要	24	2016
410	田中俊明	5世紀後半から6世紀前半の朝鮮半島情勢：百済の「滅亡」と「再興」を中心に	古代武器研究	12	2016
411	方国花	新刊紹介 権仁翰・金慶浩・尹善泰編『韓国古代文字資料研究』百済（上）地域別・百済（下）主題別（韓国木簡学会研究叢書一・二）	木簡研究	38	2016
412	山下輝幸	百済観音の飛鳥時代（第5回）百済観音の神仙思想（2）百済観音に表現された神仙思想の具体相（1）	古代史の海	82	2016
413	李亨求［木村光一，岡泉水訳］	ソウル百済王宮址発見と保存30年史（1）風納土城（プンナップトソン）の研究史（後編）	季刊考古学	134	2016
414	西田紀子	百済大寺と大官大寺	月刊考古学ジャーナル	680	2016
415	山﨑雅稔	後百済甄萱政権の対日外交	國學院雜誌	117(3)	2016
416	山下輝幸	百済観音の飛鳥時代（第6回）百済観音の神仙思想（3）百済観音に表現された神仙思想の具体相（2）	古代史の海	83	2016
417	北畠克美	積石塚から塼築墳へ：百済古墳文化考	祝杯	7	2016
418	李亨求［木村光一，岡泉水訳］	ソウル百済王宮址発見と保存30年史（2）風納土城内の漢城百済王宮址の発見と発掘（前編）	季刊考古学	135	2016
419	有働智奘	六世紀における日本と百済の神祇祭祀：日祀部の制度と『周禮』の受容	日本宗教文化史研究	20(1)	2016

续表

序号	作者	论文名	发表刊物	卷号	刊行年
420	小笠原好彦	書評 李炳鎬『百済寺院の展開と古代日本』	歴史学研究	945	2016
421	堀江潔	百済滅亡後における倭国の防衛体制：斉明紀「繕修城柵」再考	日本歴史	818	2016
422	山下輝幸	百済観音の飛鳥時代（第7回）百済観音と浄土（1）百済観音が阿弥陀三尊の脇侍であった可能性（1）	古代史の海	84	2016
423	前川則江	日本人の世界に向ける役割（使命）のようなものがあるか、あるとすればそれは何か：百済大香炉、七支刀と古代朝鮮の歴史そして古代朝鮮の神話を通して考える	サムライ・平和：日本の心と平和を鎌倉から発信する総合誌	8	2016
424	李亨求［木村光一，岡泉水訳］	ソウル百済王宮址発見と保存30年史（2）風納土城内の漢城百済王宮址の発見と発掘（後編）	季刊考古学	136	2016
425	葛継勇	高句麗・百済人墓誌銘からみる高句麗末期の対外関係	アジア遊学	199	2016
426	鈴木正信	武蔵国高麗郡の建郡と大神朝臣狛麻呂	アジア遊学	199	2016
427	李東冠	日本列島古墳時代前期の百済系鉄鋌の流入とその系譜	古文化談叢	76	2016
428	土田純子	考古資料からみた漢城期百済の領域拡大過程研究	古文化談叢	76	2016
429	山下輝幸	百済観音の飛鳥時代（第8回）百済観音と浄土（2）百済観音が阿弥陀三尊の脇侍であった可能性（2）	古代史の海	85	2016
430	李亨求［木村光一，岡泉水訳］	ソウル百済王宮址発見と保存30年史（3）風納土城（プナップトソン）の発掘調査成果（前編）	季刊考古学	137	2016
431	姜在彦	「摂津国百済郡」のこと	サイ	76	2017

续表

序号	作者	论文名	发表刊物	卷号	刊行年
432	沢勲, 小山博, 中良紀, 藤田康雄	大阪府柏原市、雄略天皇、高井田横穴の構造と分析：古墳、百済の昆支王、凝灰岩、線刻壁画、観光洞窟	洞窟環境Net学会紀要	8（1）	2017
433	イ チャンギ	百済は月の光の下にある	Koreana：韓国の文化と芸術	24（2）	2017
434	キム テシク	百済の出現	Koreana：韓国の文化と芸術	24（2）	2017
435	キム ジョンワン	金銅大香炉に込められた百済人の理想と念願	Koreana：韓国の文化と芸術	24（2）	2017
436	ハ ジョンムン	日本に渡った百済人	Koreana：韓国の文化と芸術	24（2）	2017
437	中久保辰夫	書評 土田純子著『東アジアと百済土器』	考古学研究	64（2）	2017
438	山下輝幸	百済観音の飛鳥時代（第9回）百済観音と浄土（3）神仙思想と浄土思想の共存	古代史の海	86	2017
439	李亨求［木村光一，岡泉水訳］	ソウル百済王宮址発見と保存30年史（3）風納土城（プンナップトソン）の発掘調査成果（後編）	季刊考古学	138	2017
440	川嶋孝幸	『日本書紀』天智紀に関する一考察：「百済の役」関連史料の性格を中心に	中央史学	40	2017
441	篠崎敦史	延長七年の後百済使をめぐって：『扶桑略記』の「寡」の解釈を中心に	札幌国際大学紀要	48	2017
442	植野浩三	馬韓・百済の土器窯と日本須恵器窯の比較研究	文化財学報	35	2017
443	金羅喜	大内義弘の百済先祖伝承の意義	国文学研究ノート	56	2017
444	山下輝幸	百済観音の飛鳥時代（第10回）飛鳥時代の政治と仏教（1）	古代史の海	87	2017

续表

序号	作者	论文名	发表刊物	卷号	刊行年
445	李亨求[木村光一,岡泉水訳]	ソウル百済王宮址発見と保存30年史(4・最終回)百済王宮発見の歴史的意義	季刊考古学	139	2017
446	北川健	朝鮮三国史記と琳聖太子コードの原義:百済王統との接続範型=《失われた環》の再発見	山口県地方史研究	117	2017
447	山下輝幸	百済観音の飛鳥時代(第11回)飛鳥時代の政治と仏教(2)	古代史の海	88	2017
448	大谷光男	朝鮮古代史の研究 百済彌勒寺「舎利奉安記」の沙乇氏と扶餘博物館蔵碑文の砂宅氏について	歴史研究59	7・8	2017
449	大竹弘之	わたしたちの文化財 特別史跡百済寺跡	ヒストリア	263	2017
450	山下輝幸	百済観音の飛鳥時代(第12回)飛鳥時代の政治と仏教(3)	古代史の海	89	2017
451	崔鈆植[金 炳坤訳]	三論学綱要書の流通を通してみた百済仏教学の日本仏教への影響	身延山大学仏教学部紀要	18	2017
452	中良紀	八尾の観光振興 日本遺産と高安千塚古墳群:河内王朝 雄略天皇 物部氏と百済王朝 渡来人とともに	大阪経済法科大学地域総合研究所紀要	10	2018
453	山下輝幸	百済観音の飛鳥時代(第13回)飛鳥時代の政治と仏教(4)	古代史の海	90	2018
454	井上直樹	百済の王号・侯号・太守号と将軍号:5世紀後半の百済の支配秩序と東アジア	国立歴史民俗博物館研究報告	211	2018
455	山本孝文	百済墓制の展開と王権の動向	国立歴史民俗博物館研究報告	211	2018
456	清水昭博	百済の王宮と瓦生産	古代	141	2018
457	瀬間正之	高句麗・百済・伽耶の建国神話と日本	東洋文化研究	20	2018

续表

序号	作者	论文名	发表刊物	卷号	刊行年
458	山下輝幸	百済観音の飛鳥時代（第14回）百済観音の制作時期を推定する（1）	古代史の海	91	2018
459	土田純子	韓国からみた渡来人と土器：百済・馬韓を中心に	月刊考古学ジャーナル	711	2018
460	小林健彦	韓半島に於ける災害情報の言語文化：百済本紀を事例とした倭国との対比	新潟産業大学経済学部紀要	51	2018
461	山下輝幸	百済観音の飛鳥時代（第15回）百済観音の制作時期を推定する（2）	古代史の海	92	2018
462	山下輝幸	百済観音の飛鳥時代（第16回・最終回）まとめ	古代史の海	93	2018

表 3-4　战后日本百济史著作一览

序号	作者	书名	出版者	出版年	页数
1	軽部慈恩	百済美術〈東洋美術叢刊〉	宝雲舎	1946	267
2	浜田青陵	百済観音	養徳社	1948	292
3	今西龍	百済史研究（復刻）	国書刊行会	1970	596
4	軽部慈恩	百済遺跡の研究	吉川弘文館	1971	321
5	大川清編	*百済の考古学	雄山閣出版	1972	381
6	韓国忠南大学百済研究所編	百済の古瓦	学生社	1976	133
7	金基雄	百済の古墳	学生社	1976	214
8	坂元義種	百済史の研究	塙書房	1978	397
9	田村圓澄，黄寿永編	百済文化と飛鳥文化	吉川弘文館	1978	368
10	井内古文化研究室	朝鮮塼當図譜 3　百済・新羅 1, 6　高麗・李朝	同研究室	1978	98+97
11	百済史研究会編	百済史の研究	国書刊行会	1979	566
12	金廷鶴	百済と倭国	六興出版	1981	340
13	田村圓澄	日本仏教史 4 百済・新羅	法蔵館	1983	442
14	姜仁求［岡内三真訳］	百済古墳研究	学生社	1984	214

续表

序号	作者	书名	出版者	出版年	页数
15	李夕湖	百済は語る－古代日本文化のふるさと	講談社	1985	283
16	福岡県教育委員会編	大宰府と新羅・百済の文化	学生社	1988	202
17	東潮，田中俊明編著［森浩一監修］	韓国の古代遺跡2　百済・伽耶篇	中央公論社	1989	424
18	江坂輝弥，金基雄，金達寿，李進熙［韓国文化院監修］	古代の日本と韓国3　古代の百済・加耶と日本	学生社	1990	207
19	鎌田茂雄ほか	韓国古寺巡礼－百済編	日本放送出版協会	1991	156
20	荒井博之	百済王族伝説の謎－日向・百済・飛鳥はトライアングルだった	三一書房	1998	268
21	菊竹淳一，吉田宏志	世界美術大全集　東洋編第10巻－高句麗・百済・新羅・高麗	小学館	1998	470
22	蘇鎮轍	金石文に見る百済武寧王の世界	彩流社	2001	207
23	枚方歴史フォーラム実行委員会編	検証古代の河内と百済－枚方歴史フォーラム	枚方歴史フォーラム実行委員会	2001	155
24	吉田晶	七支刀の謎を解く－四世紀後半の百済と倭	新日本出版社	2001	206
25	朴淳発［木下亘，山本孝文訳］	百済国家形成過程の研究－漢城百済の考古学	六一書房	2003	364
26	全榮來	百済滅亡と古代日本－白村江から大野城へ	雄山閣	2004	277
27	徐廷緑［金容権訳］	百済金銅大香炉－古代東アジアの精神世界をたずねて	三修社	2005	464
28	斉藤忠	古都扶余と百済文化－2005年11月国立扶余博物館講演記念〈Academic series new Asia46〉	第一書房	2006	190
29	南邦和	百済王はどこから来たか－宮崎県南郷村の百済伝承を追う〈みやざき文庫41〉	鉱脈社	2006	237
30	山辺土筆	百済と倭国の物語り	文芸社	2006	355

续表

序号	作者	书名	出版者	出版年	页数
31	片野次雄	戦乱三国のコリア史-高句麗・百済・新羅の英雄たち〈Korean historical stories〉	彩流社	2007	249
32	蘇鎮轍	海洋大国・大百済-百済武寧王の世界	彩流社	2007	282
33	大坪秀敏	百済王氏と古代日本	雄山閣	2008	344
34	国学院大学文学部史学科編	古代文化の源流を探る-百済王興寺から飛鳥寺へ 国学院大学平成20年度文化講演会シンポジウム資料集	国学院大学エクステンション事業課	2008	152
35	辻秀人編	百済と倭国	高志書院	2008	269
36	枚方市文化財研究調査会編	漢城百済の歴史と文化-百済王氏のルーツを探る 特別史跡百済寺跡再整備事業推進イヴェント 歴史講演会資料集 ソウル篇	枚方市文化財研究調査会	2008	66
37	兼川晋	百済の王統と日本の古代-〈半島〉と〈列島〉の相互越境史	不知火書房	2009	271
38	金容雲	「日本=百済」説-原型史観でみる日本事始め	三五館	2011	233
39	飯山満	わが友は百済王	一莖書房	2011	244
40	小和田泰経	朝鮮三国志-高句麗・百済・新羅の300年戦争〈Truth In History27〉	新紀元社	2012	305
41	新川登亀男編	『仏教』文明の東方移動-百済弥勒寺西塔の舎利荘厳	汲古書院	2013	286
42	関裕二	百済観音と物部氏の秘密	角川学芸出版	2013	238
43	酒井清治	土器から見た古墳時代の日韓交流	同成社	2013	310
44	高田貫太	古墳時代の日朝関係：新羅・百済・大加耶と倭の交渉史	吉川弘文館	2014	597
45	九州国立博物館	古代日本と百済の交流	西日本新聞社	2015	127
46	上田正昭	古代の日本と東アジアの新研究	藤原書店	2015	324
47	李炳鎬	百済寺院の展開と古代日本	塙書房	2015	307
48	関裕二	百済観音の正体	KADOKAWA	2016	234
49	鈴木靖民	古代日本の東アジア交流史	勉誠出版	2016	418

续表

序号	作者	书名	出版者	出版年	页数
50	「歴史探訪韓国の文化遺産」編集委員会	歴史探訪韓国の文化遺産 上	山川出版社	2016	321
51	藤井輝久	新・騎馬民族征服王朝説：奈良朝は新羅占領軍の政権平安朝は百済の亡命政権	今日の話題社	2016	1175
52	山本孝文	古代朝鮮の国家体制と考古学	吉川弘文館	2017	316
53	土田純子	東アジアと百済土器	同成社	2017	411
54	蜂矢真郷	古代語の研究：論集	清文堂出版	2017	315
55	鈴木靖民，金子修一，田中史生，李成市	日本古代交流史入門	勉誠出版	2017	573
56	廣瀬憲雄	古代日本と東部ユーラシアの国際関係	勉誠出版	2018	364
57	枚方歴史フォーラム実行委員会	百済王氏とその時代：枚方歴史フォーラム	枚方歴史フォーラム実行委員会	2018	98
58	加藤謙吉	日本古代の氏族と政治・宗教 下	雄山閣	2018	253
59	林順治	八幡神の正体：もしも応神天皇が百済人であるならば 新装改訂版	えにし書房	2018	228

资料来源：日本朝鮮史研究会（2013年以前数据）；日本国立情報研究所（2013年以后数据）。
注：以上两种表格，数据多限于以"百济"为题的论著。鸣谢金光锡兄、胡耀飞兄的惠助。

图 3-9　今西龙　　　　　　图 3-10　今西龙著作

图 3-11　今西龙的《京畿道高阳郡北汉山以及调查报告书》

图 3-12　韩国近年翻译出版的今西龙作品（《新罗史研究》）

图 3-13　轻部慈恩

图 3-14 《轻部慈恩的百济研究》　　图 3-15　日本出版的百济相关著作

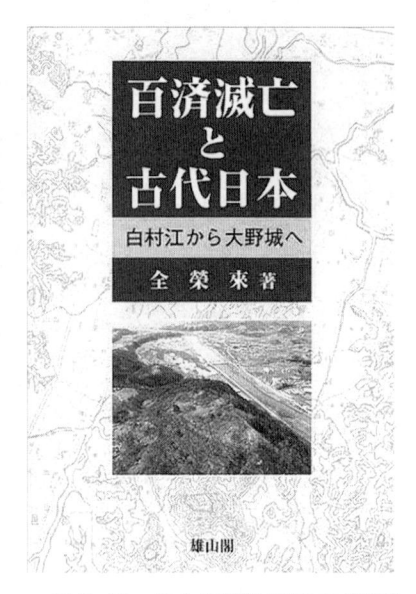

十一　韩国学者的百济史研究

高丽时期金富轼所撰《三国史记》本纪的顺序依次为新罗、高句丽、百济，而在关于三国对外政策的评论上，新罗是"诚事中国""袭圣贤之风化，革洪荒之俗"，高句丽是"兵连祸结""拒命不顺"，百济则是"反复不恒""阳从阴违"[①]。《三国史记》这种"三国观"和"新罗正统观"，持否定高句丽、百济，肯定新罗的立场，对加耶则予以忽视。

实际上，"反复不恒"的百济，虽经两次迁都、两度丧失汉江中下游地区，对外政策选择上有其坚定性，既不同于高句丽的桀骜，也迥异于新罗的韬晦，具有自身的鲜明特征。百济在强盛时期掌握汉江下游、控扼东亚海上交通路的要冲，其时新罗最初（521）遣往中国南朝的使臣须"随百济贡方物"[②]，日本也需通过百济获取南朝先进的文化和技术。百济的国

[①] 《三国史记》第十二、二十二、二十八卷末论曰条；第五卷真德王二年冬条；第七卷文武王报薛仁贵书。

[②] 《梁书·新罗传》，姜孟山、刘子敏主编《中国正史中的朝鲜史料》第一卷，延边大学出版社，1996，第122页。

家发展和对外政策与高句丽、新罗、加耶诸国相比具有独特轨迹，而且，从文献资料之外的考古资料来看，百济的文化呈现令人惊叹的"开放性""优秀性和国际性"[①]，因此百济研究备受东亚各国学者瞩目。

本节整理韩国学界自1985年发表首篇百济史博士学位论文以来的学术成果，试对三十多年来的研究予以初步的总结，希望能为深化研究、扩大国际交流提供有益参考[②]。

韩国百济史研究的总体业绩

百济史作为韩国"国史"内容，一直受到学界重视，取得了较大研究成绩：专业学术研究机构林立，学者、高校、政府多方参与百济遗迹调查、百济历史文化研究，形成集群研究实力；拥有多种专业学术刊物，累计发表论文数量可观，学术会议密集举行且主题意识较强，推动学术对话和研究持续深入；百济研究著作出版多、水准高，积淀深厚，针对民众的知识传播也颇具成效。

除韩国古代史学会、韩国国立中央博物馆、韩国国立文化财研究所这些综合性组织或机构涉及百济历史研究、文化遗产调查活动外，专门性的百济研究机构的活动更为突出，后者包括高校所属研究所、百济学会、百济故都所在地的博物馆、百济文化财研究院、百济文化开发研究院等。

忠南大学百济研究所、公州大学百济文化研究所、圆光大学马韩·百济文化研究所，分别定期出版各自的专业学术刊物《百济研究》《百济文化》《马韩·百济文化》。百济学会前身为2000年成立的百济史研究会，会员以百济史博士学位获得者为主，出版会刊《百济学报》。这些专业刊物发表了大量关于百济史的研究论文（包括考古调查报告、学术资料），论题广泛涉及百济政治、军事、文化、社会、经济、外交等方面，研究精细化、实证化、考古与文献方法综合化的趋势明显。这些研究机构还组织召开学术会议，组织开展遗迹调查活动，出版考古与遗迹调查报告、研究专著、论文集等，是学术研究的主要推动力量。

---

① 權五榮：《백제의 대외교류에 나타난 개방성》，한국대학박물관협회 학술대회，2008；盧重國：《고대동아시아 세계에서의 위상》，《百濟文化》40，2009；梁起錫：《백제문화의 우수성과 국제성》，《百濟文化》40，2009。

② 博士学位论文具有一种标志性，意味着大体在这一时期学界对此领域的研究进入一种相对成熟期。

百济都城汉城、熊津城、泗沘城遗址所在的首尔市、公州市、扶余郡等，除拥有百济都城遗址外，还留存不少墓葬、佛寺遗址等文化遗迹。韩国汉城百济博物馆、韩国国立公州博物馆、韩国国立扶余博物馆等诸多文博机构进行了相关考古调查、学术研究活动，出版了大量的关于百济遗迹的发掘调查报告、图录图册、研究著作和知识读物。

1982年成立的百济文化开发研究院，组织讲演讲座、资助学术研究、调查百济文化遗迹，并编纂、刊行各种百济史料集、论文汇编、论著总览[①]，也是不断推动百济历史文化研究进展的力量。值得一提的是，该院和周留城出版社2004—2009年推出"百济文化开发研究院历史文库"系列丛书，包罗百济历史与考古新研究诸多著作，很有代表性，可谓韩国百济研究成果的一次巡礼。其中一些著作由该领域具有公认水准或者已出版过相应代表作的专家来撰写，例如，李基东、李南奭、卢重国、朴淳发分别撰写了《百济的历史》《百济墓葬探讨》《百济复兴运动探讨》和《百济陶器探究》。从韩国出版界与史学界合作的这套文库可以看出，韩国对百济史的长期研究已形成深厚的积淀，成绩斐然（见表3-5）。

表3-5　周留城·百济文化开发研究院历史文库书目

分类	著者	书名	出版时间
历史学11种	양종국	백제 멸망의 진실	2004
	이도학	백제인물사	2005
	노중국	백제부흥운동 이야기	2005
	박현숙	백제의 중앙과 지방	2005
	최몽룡	한성시대 백제와 마한	2005
	신형식	백제의 대외관계	2005
	임영진	백제의 영역 변천	2006
	이기동	백제의 역사	2006
	김기섭	사료를 보니 백제가 보인다 (국내편)	2006
	정재윤	사료를 보니 백제가 보인다 (국외편)	2007
	김수태	백제의 전쟁	2007

---

① 《百濟史料集》，百濟文化開發研究院，1985；《百濟史論文選集》，불함문화사（제10~11권 대외관계），1996；《百濟研究論著總覽》1~2，백제문화개발연구원，1982—1983。여홍기，백종오，김병희：《백제사연구논저총람》，서경문화사，2003。

续表

分类	著者	书名	出版时间
考古学及其他 22 种	이남석	백제의 무덤 이야기	2004
	이형구	백제의 도성	2004
	이형구	아름다운 백제 건축	2004
	정영호	백제의 불상	2004
	권태연	백제의 의복과 장신구	2004
	임동권	일본에 살아 있는 백제문화	2004
	조유전	백제고분 발굴 이야기	2005
	신광섭	백제의 문화유산	2005
	차용걸	백제 지역의 고대산성	2005
	양기석	백제의 경제생활	2005
	이재운	백제의 음식과 주거문화	2005
	박순발	백제토기 탐구	2006
	이왕기	백제 사찰건축의 조형과 기술	2006
	김두진	백제의 정신세계	2006
	송화섭	백제의 민속	2006
	최광식	백제의 신화와 제의	2006
	최병식	최근 발굴한 백제유적	2007
	윤선태	목간이 들려주는 백제 이야기	2007
	손명조	백제의 철기문화	2008
	김성구	백제의 와전예술	2009
	심정보	백제 산성의 이해	2009
	도수희	백제의 언어와 문학	2009

注：历史、考古分类系为便于统计分析而粗略划分，原丛书无。

实际上，韩国出版的学术专著，在综合概论、分期断代史、专门史、考古研究等方面都有丰硕成果。从 1985 年成周铎、1986 年卢重国分别完成首篇百济考古研究和历史研究博士学位论文开始，目前已经有 80 余篇博士学位论文，其中大部分出版了单行本，从而构成百济研究的主要专著成果，而且这些学位获得者也是百济研究的主要力量。百济史专著成果在 2000 年前主要以政治史和综合概论为主，在 2000 年后则呈现论题的细化趋势，百济断代史、专门史专著成为主流，考古资料的运用和文化史研究比重增大。

1. 百济史的综合性著作

1971 年公州宋山里意外发现武宁王陵以来,百济史研究出现热潮,出版了多部以"百济史"为主题的通史或概论性专著,主要者如下。

韩国国史编纂委员会 1970 年代开始出版《韩国史》,并不断修订,确立了韩国历史的基本体系,影响深远。第 6 卷涉及百济的政治与社会,分为百济的成立与发展、汉城后期至泗沘时期变迁、对外关系、政治体制、经济与社会构造几部分。其中,对外关系部分除分列百济与高句丽、新罗、加耶关系,与中国、日本关系外,还专门设一节对"百济略有辽西"予以承认①。

1992 年申滢植出版的《百济史》② 分别对百济史特征、文献中的百济社会、百济国家成长与发展、统治构造、对外关系、文化诸问题进行系统阐释,重理论分析而轻史实叙述。作者的成绩和特色在于对《三国史记》等历史文献的娴熟运用,对韩国和朝鲜学界的百济研究史也有所检讨,并在百济研究论著附录中单列"任那日本府及济倭关系",显示出对这一问题的重视。

李基东《百济史研究》③ 是作者摆脱关于百济史历来以政治史为中心的研究潮流,以文化史观点从问题意识出发,对百济史进行全局性的新解读,以金石文资料为主对百济和倭的早期交涉史进行了多角度分析。

崔梦龙等著的《百济史的理解》④ 是作者关于百济早期史以及中后期考古研究论文的汇总,主要涉及如目支国、建国神话、王室、略有辽西、白江地理考证问题,文献中的早期国家形成、佐平制、百济都城、伽蓝、佛像、陶器等诸多微观问题的探讨。

《新著百济史》是李道学受到争议的著作。该书封面上写有"东方的罗马帝国 百济史的复原"等字样,全书共 642 页,主要论述百济是怎样的国家、百济的历史如何展开、百济的位置、百济的势力圈、历史记录与百济人、百济人如何生活以及他们留下了怎样的文化等。该书后来改名为《鲜活的百济史》再版⑤。

---

① 국사편찬위원회 편찬:《한국사 . 6: 삼국의 정치와 사회 2: 백제》,탐구당,2013。
② 신형식:《백제사》,이화여자대학교출판부,1992。
③ 이기동:《백제사연구》,일조각,1996。
④ 최몽룡:《백제사의 이해》,학연문화사,1998。
⑤ 이도학:《새로쓰는 백제사》,푸른역사,1997。이도학:《살아있는 백제사》,휴머니스트,2003。

2. 百济"断代史"著作

这主要是指专门研究百济以汉城、熊津、泗沘为都各时期历史的著作，或研究百济特定王代、特定时段的著作。

朴淳发的《汉城百济的成立》① 围绕"百济国家何时以及如何成长"主题，对于百济国家历史实体的形成问题以考古学资料进行微观研究；对与百济国家形成相关联的诸问题，特别是对于探明国家形成时间非常关键的汉江流域，建立了考古学编年体系，并对百济国家的形成和发展史进行综合整理，从理论上阐释百济国家形成研究方法。

2008年版《汉城百济史》是汉城时代研究的集大成之作。该书开宗明义地说，为强调百济以汉城为首都时期的地域性，而将该书题目定为"汉城百济史"，将公元前18年至公元475年统一称作"百济汉城时代"。全书共分五卷，全彩印刷，图文并茂，对学界汉城百济史在政治、经济、文化、对外关系、军事各方面的研究成果进行了充分吸收②。

姜钟沅的《4世纪百济史研究》③ 着眼于东亚急剧变动、不容各国再孤立发展的4世纪，从百济对内通过中央集权力图加强王权、对外为提高国际地位而实施多项政策角度，试对百济的成长与发展过程做系统解释。对外关系主要考察了领域膨胀、加耶地区的进出、马韩地区的归附、与高句丽的对立、与东晋和倭国通交、国际地位的确立等。

俞元载的《熊津百济史研究》④ 集中关注迁都熊津的历史背景、熊津时代的政治情况、贵族势力的变化、地方统治制度等政治史内容，以及汤井城与大豆山城、百济与高句丽军事关系及百济国际地位、百济防御体制、百济泗沘经营等军事、外交内容。

除汉城、熊津时代，近年也出现了以泗沘时代百济政治史为主体的著作。⑤

忠南大学百济研究所《古代东亚与百济》⑥ 一书，对古代东亚世界中的百济（熊津、泗沘时期）进行了宏观与微观考察，为综合理解百济史，对熊津和泗沘时期政治、经济、社会诸领域的时代划分、官等制、军事运

---

① 박순발：《한성백제의 탄생》，서경문화사，2001。
② 《한성 백제사》（전 5 권），서울특별시사편찬위원회，2008。
③ 강종원：《4 세기 백제사 연구》，서경문화사，2002。
④ 유원재：《웅진백제사연구》，주류성，1997。
⑤ 남정호：《백제 사비시대 후기의 정국 변화》，학연문화사，2016。
⑥ 충남대학교백제연구소，《고대 동아시아와 백제》，서경문화사，2003。

用、经济基础、衣冠制和身份制、对外关系、新都城建设等进行了诸多考察。

李道学 2010 年完成了《百济汉城·熊津城时代研究》和《百济泗沘城时代研究》两部专著①。前书关注国家起源、征服国家的出现和集权国家体制的构筑，天下观，都城制与百济关弥城，王系、王位继承、王权，熊津时期汉江流域的支配文化，泗沘迁都及都城计划等前期政治史问题，后书则对迁都泗沘后的政治情况和王权与佛教、百济人的对外活动范围、复兴运动等问题进行了考察，着眼于对政治史重要问题的分析。

3. 百济"专门史"著作

这主要集中在政治史、社会思想史、复兴运动史领域，而以政治史研究为主，涉及国家权力运行体制、王权与贵族势力统治阶层、领域扩张与地方统治等。

朴贤淑的《百济的中央与地方》是关于百济国家统治体制简明而较系统的研究，对国家发展及其环境、官等制、官府和官职设置、统治阶层变化和贵族合议制、王都构造、军制等中央统治制度的整备，以及五部、檐鲁等地方统治体制的发展进行分析，对统治体制的机能和特性进行了总结②。

文东锡的《百济支配势力研究》③ 大体按时间顺序以百济历史上主要支配势力的变化为线索，对政治势力及其相互关系进行考察，对各时期国家权力的特性有新的阐发，涉及近肖古王代的新兴势力、辰斯王和盖卤王代王族的抬头、东城王和武宁王代新支配势力的登场、圣王和威德王大姓贵族的形成等。

文安植的《百济的王权》④ 一书对史料中隐藏的围绕百济王位继承及由此衍生的权力斗争予以揭示，并通过整理王位继承和权力斗争研究的学术史，总结百济史研究趋势。全书按百济历史顺序对百济建国和王权成长、王室更迭与贵族国家形成、国力的衰退与王权的动摇、王权失坠与贵族势力的挑战、熊津迁都与政变的延续、泗沘时代王位继承与政局动向、

---

① 이도학:《백제 한성 웅진성 시대 연구》, 일지사, 2010。
　이도학:《백제 사비성 시대 연구》, 일지사, 2010。
② 박현숙:《백제의 중앙과 지방》, 주류성, 2005。
③ 문동석:《백제 지배세력 연구》, 혜안, 2007。
④ 문안식:《백제의 왕권》, 주류성, 2008。

统治层的内讧与百济灭亡等问题进行论述,实际上是一部较为完整的百济王权与贵族权力演进史。文安植的《百济的领域扩张与地方统治》[1] 分别从百济领域扩张的时间和空间两个角度,探讨百济发展和扩张与地方统治的互动关系问题,涉及百济的发展与五部构成、对岭西和马韩地方的进出及其统治政策等问题,弥补了对长期以来维持着本土生活方式和土著秩序的边疆势力实体研究的不足。

姜钟沅的《百济国家权力的扩散与地方》[2] 主要探讨的是汉城时期百济的领域扩张及地方统治、中央和地方政治势力间的关系、汉城末期地方统治与地方势力、大姓贵族的形成与锦江流域土著势力、国家权力的地方渗透诸问题,还涉及百济迁都熊津及贵族势力动向、泗沘迁都的政治特性等问题。书中使用了不少考古成果,如以水村里百济古墓考察汉城末期地方势力等。

《百济与蟾津江》[3] 考察百济熊津、泗沘时期蟾津江及其周边地区的文化面貌及其变化情况,并力图对百济的蟾津江进出进行深入探究。《百济与锦江》[4] 以百济将锦江地区作为基地发挥其政治、经济、军事功能的情况予以揭示和探讨。《百济与荣山江》[5] 依照文献和古墓等考古资料研究了荣山江流域政治与文化实体、百济与荣山江集团的关系。

2013年出版的《东亚中的百济政治制度》[6] 一书,主要对百济官制形成与发展有关的问题进行研究,包括:早期国家形成期的左右辅,古尔王代左将、佐平制,百济与中国南北朝关系和对其官制的吸收,大王专制体制的整备,武宁王至圣王代地方政治制度(即二十二部司体制和五方制),武宁王代六佐平、十八部体制及其与唐制关系。

梁起锡2013年11月出版的《百济政治史的展开过程》一书,[7] 由三篇构成。第一篇百济政治史的趋势,讨论百济的建国、汉城时代后期政治史的展开、熊津迁都初期的政治情势、泗沘迁都及其背景、威德王的即位和集权势力的变化五个问题。第二篇百济的政治体制,侧重于百济初期的

---

[1] 문안식:《백제의 영역확장과 지방통치》,신서원,2002。
[2] 강종원:《백제 국가권력의 확산과 지방》,서경문화사,2012。
[3] 양기석,권오영:《백제와 섬진강》,서경문화사,2008。
[4] 백제사연구회:《백제와 금강》,서경문화사,2007。
[5] 성정용,노중국:《백제와 영산강》,학연문화사,2012。
[6] 정동준:《동아시아 속의 백제 정치제도》,일지사,2013。
[7] 양기석:《백제 정치사의 전개과정》,서경문화사,2013。

部、泗沘时代的佐平、百济的地方统治体制三大问题。第三篇百济的王权和政治改革，选取武宁王代自尊的天下观、圣王代的政治改革及其性格、管山城战斗的样相及影响、王兴寺的创建和变迁四个代表性事例进行了剖析。

卢重国的《百济政治史研究》是最早一部以国家发展和统治体制变化为中心的较为系统的百济政治史专著①，实际上是作者的博士学位论文修订本。2018年底，本书吸收了三十多年学术发展的新成果，包括新的考古发现，增订为《百济政治史》出版。②《百济政治史》共560页，正文分为八部共二十三章：第一部建国与成长，分为十济国的建国、地域联盟体的形成与河南慰礼城迁都、扶余氏王室的确立三章；第二部强化集权及部体制，分为扶余氏王室强化集权、百济对马韩的并合、部体制的成立和运营三章；第三部肖古王系王位继承权的确立与中央集权体制的整备，分为肖古王系王位继承权确立、近肖古王中央集权体制的整备与征服活动两章；第四部汉城都邑期统治势力的变迁，分为扶余氏王室与真氏王妃族为中心的体制、真氏与解氏势力的交替、木满致的擅权与解氏势力的重新上浮、盖卤王王权强化的促进与失败四章；第五部熊津迁都与新晋势力的登场，分为熊津迁都与南来贵族的动向、新晋势力的登场、王权的稳定与更为强国的宣言三章；第六部泗沘迁都与大姓八族，分为泗沘迁都与二十二部中心体制、汉水流域的丧失与管山城大会战、大姓八族的抬头与六佐平中心政治的运营三章；第七部益山经营与弥勒寺，分为武王的即位与王妃们、武王的益山经营与沙宅氏王后的"抚育万民"两章；第八部百济的灭亡与复兴百济国，分为义慈王代的政治、百济的灭亡、复兴百济国三章。前言分为审视基本史料的视角、百济住民的构成与百济人的形成两节；结语分为大王与陛下、天下观、九层·七层木塔的建立与一统三韩意识。这部著作无疑是学界百济政治史研究的代表作，应是治百济史者必读之书。

除了这部书，卢重国还著有《百济复兴运动史》，论述了百济国灭亡、复兴运动的兴衰、唐与新罗对百济故地的统治等历史；针对中国史书和《三国史记》中作为"平定"对象的复兴军的地位及以往受此影响进行的研究，作者以肯定和褒扬复兴运动为主轴进行了史料分析、整理。他的

---

① 노중국：《百濟政治史研究：國家形成과 支配體制의 變遷을 中心으로》，일조각，1988。
② 노중국：《백제정치사》，일조각，2018。

《百济复兴运动探讨》加入更多对历史细节的叙述，如关于百济复兴之前大势已去的百济史、复兴军与罗唐军事对抗过程、罗唐冲突、唐熊津都督府设置、百济遗民等内容[1]。卢重国还著有《百济社会思想史》。这是一部将社会史与思想史分别加以考察的著述，它打破以政治史为中心的研究倾向，拓宽了百济史研究范围。关于邑落与共同体问题，探讨了邑落社会特性、社会构成单位（城、村）、共同体组织和农耕礼仪等；关于姓氏集团与贵族世家问题，探讨了姓氏集团来源、骨族意识及骨族范围、贵族世家人物活动、姓氏分支化与贵族分化等；关于社会秩序与社会安全问题，探讨了户口掌握与户籍、度量衡的统一与变化、物资流通与惩罚、民生政策与赈贷制、医药技术发展与医疗等问题。

蔡美夏的《韩国古代国家祭仪与政治》[2]虽然并非只是百济时代的研究，但其中关于百济熊津时代祭天地、百济加林城、百济山川祭祀以及东明祭祀等都是空前系统化的研究，既与早期李丙焘、申滢植、金相铉等学者的研究有所对话，又反映了新的学术取向，值得注意。

赵庆哲的《百济佛教史研究》[3]以汉城、熊津、泗沘三个时代论说百济佛教，也是百济专门史方面近年来出现的一部具有填补性的作品。

4. 百济考古与文化著作

2010年以来，这类研究比重明显增大，包括都城、墓葬、城郭、寺塔与建筑、陶器等领域。

《百济的都城》为作者朴淳发十余年研究的集成，以汉城时期的风纳土城和梦村土城、熊津时期的公山城、泗沘都城及益山王宫遗迹为中心对百济都城相关问题进行了系统阐述[4]。

李道学《百济都城考古》包含作者对汉城、熊津和泗沘城、益山王城以及百济都城的佛教寺院的研究。[5]

李南奭的《百济石室坟研究》《百济墓制研究》[6]是关于百济墓葬制度特别是石室墓文化的系统研究之作。

---

[1] 노중국：《백제부흥운동사》，일조각，2003。《백제부흥운동 이야기》，주류성，2005。
[2] 채미하：《한국 고대 국가제의와 정치》，혜안，2018。
[3] 조경철：《백제불교사 연구》，지식산업사，2015。
[4] 박순발：《백제의 도성》，충남대학교출판부，2010。
[5] 이도학：《백제 도성 연구》，서경문화사，2018。
[6] 이남석：《百濟石室墳研究》，학연문화사，1995；《百濟墓制의 研究》，서경문화사，2002。

韩国国立扶余博物馆文化财研究所曾召开主题学术研讨会，会议论文结集为《百济都城变迁与研究上的问题》①，对与百济汉城都城相关的梦村土城和风纳土城最新的发掘调查资料进行新的解释，对百济定都熊津和泗沘的过程与背景重新检讨，并注意到可以阐明百济都城系统的外国史料。

《百济的城郭》② 一书的考察对象——城郭——是百济史上作为具体物证象征着国家实质出现，并在古代国家体制完成之后成为收取地方民赋税、动员劳动力的单位，是理解地方统治体制的核心要素。该书主要着眼于熊津、泗沘时期城郭的基本特性和历史意义，具体研究内容包括城郭构造与防御体制、山城地址与构造、五方城位置和郡县等问题。

赵源昌的《百济寺址研究》③ 对熊津、泗沘两个时期百济的佛寺遗址进行了研究，对百济寺址调查的现状与遗留课题进行了阐述。同作者的《百济的土木建筑》④ 探讨了百济土木技术和建筑技术的特性，并从新罗建筑物、日本寺址角度考察百济建筑技术的影响。

金钟万的《百济陶器》对百济陶器的研究史、形成与发展、种类与用途、制作技法、分期与主要器种形制和编年、国际性与开放性等一系列问题进行了阐述。作者还著有《百济陶器研究》和《百济陶器新研究》等专著⑤。朴淳发亦著有《百济的陶器探究》一书⑥。

资料建设是考古文化研究水平提升的重要手段，韩国学界在这方面较为重视，投入精力较大。例如，2016 年、2017 年汉城百济博物馆编辑的《汉城百济遗迹资料集》首尔市篇、京畿北部篇⑦出版，反映新资料的进展，大大便利后续研究者的跟进。再如，2013—2017 年连续出版的《马韩·百济的坟墓文化》累计十余册⑧，按地区逐次辑录相关资料，是研究相关问题的学人必备的参考。

此外，韩国学界将佛像、塔灯、金属器、砖、瓦、陶器、印章、墨书

---

① 국립부여문화재연구소：《백제도성의 변천과 연구상의 문제점》, 서경, 2003。
② 서정석：《백제의 성곽》, 학연문화사, 2002。
③ 조원창：《백제사지 연구》, 서경문화사, 2013。
④ 조원창：《백제의 토목건축》, 서경문화사, 2011。
⑤ 김종만：《백제토기연구》, 서경문화사, 2004。
　　　　 ：《백제토기의 신연구》, 서경문화사, 2007。
　　　　 ：《백제토기》, 글을읽다, 2012。
⑥ 박순발：《백제의 토기 탐구》, 주류성, 2006。
⑦ 한성백제박물관：《한성백제유적자료집》1-2, 서울책방, 2016—2017。
⑧ 중앙문화재연구원：《마한. 백제의 분묘 문화》, 진인진, 2013—2017。

的铭文以及石刻、碑文、墓志、木简、籍账、写本等作为金石文史料进行研究。① 近年韩国学者集体合作的两巨册《韩国古代文字资料研究（百济篇）》，② 上册按地域、下册按主题编排，对于百济各种金石碑志和出土文献有较为全面的收录，蔚为大观。韩国国学振兴院出版的《韩国古代金石文集成》第三册为百济及百济相关金石文，共收录十四种文献，分为百济金石文、百济遗民关联金石文、百济中国系金石文，第四册为大唐平百济国碑铭的解题和图录。③

2015年金日圭（音译）《百济考古学编年研究》④ 出版，虽然篇幅不大，但比较综合地探讨了百济考古学编年在韩国古代考古学标准下的基本问题，具有现实意义和理论价值。

韩国的百济对外关系史研究成果

百济的对外关系包括与朝鲜半岛上新罗、高句丽、加耶、耽罗等国的关系，也包括与中国汉唐诸王朝以及倭国的外交关系。1985年以来，韩国学界百济对外关系史的研究成果，既有围绕百济国际关系各种角度的大量学术论文，也有百济对外关系史的体系化研究，出现了多部高质量专著。

1. 单行本

韩国百济对外关系史研究的一个明显特点是学者通过多年的积累和研究完成系统性专著。

申滢植2005年出版的《百济的对外关系》⑤ 共6章，分别论述：各时期百济与高句丽和新罗的关系、与中国外交和文化交流、"辽西进出"问题、中韩古代文献中的倭人以及百济对倭关系，问题意识贯穿考察的全过程。该书还从百济的发展与西海（即黄海）的联系、对外关系中的百济这两个独特的角度，对百济是一个怎样的国家予以总结。全书以东亚国际关系中的百济的地位与形态为结语，道出了作者通过对外关系反观百济史的意图和立场，这是作者的独到之处。申滢植是唯一一位撰写完成百济史、

---

① 국사편찬위원회：《한국고대금석문자료집》 1~3，국사편찬위원회，1995~1996。
② 《한국고대문자자료연구 백제》，주류성，2015。
③ 《한국금석문집성》 3-4，한국국학진흥원，2014。
④ 김일규：《백제 고고학 편년 연구》，학연문화사，2015。
⑤ 신형식：《백제의 대외관계》，주류성，2005。

新罗史、高句丽史专著的学者①，他对百济史诸问题的探索其实更多的是从三国整体史角度进行的解读。《百济的对外关系》继续强调作者所谓百济的"辽西进出"和西海的意义。作者多次谈及西海对古朝鲜、高句丽、百济、新罗等古代国家发展的重大影响②，也重视汉江流域的历史意义，这与作者的韩国古代史整体视角研究有很大关系③。

卢重国 2012 年底出版的《百济的对外交涉和交流》④ 与申著不同，除关注政治关系外，还特别注重经济文化交流内容，体现了学界近年来重视百济文化史的趋势。卢氏该书篇幅为申氏两倍，分五篇共十九章（外含导论、结论），也是作者研究百济对外关系史二十多年的总结成果⑤。作为研究的前提，该书最先探讨的是百济对外交涉与交流概念、时期划分、考察视角、战争与谍报、海上航路等理论或概念问题，并对相关外交用语，如贡、献、聘、属、臣属等，以及外交使节团的组织与活动，包括其规模、

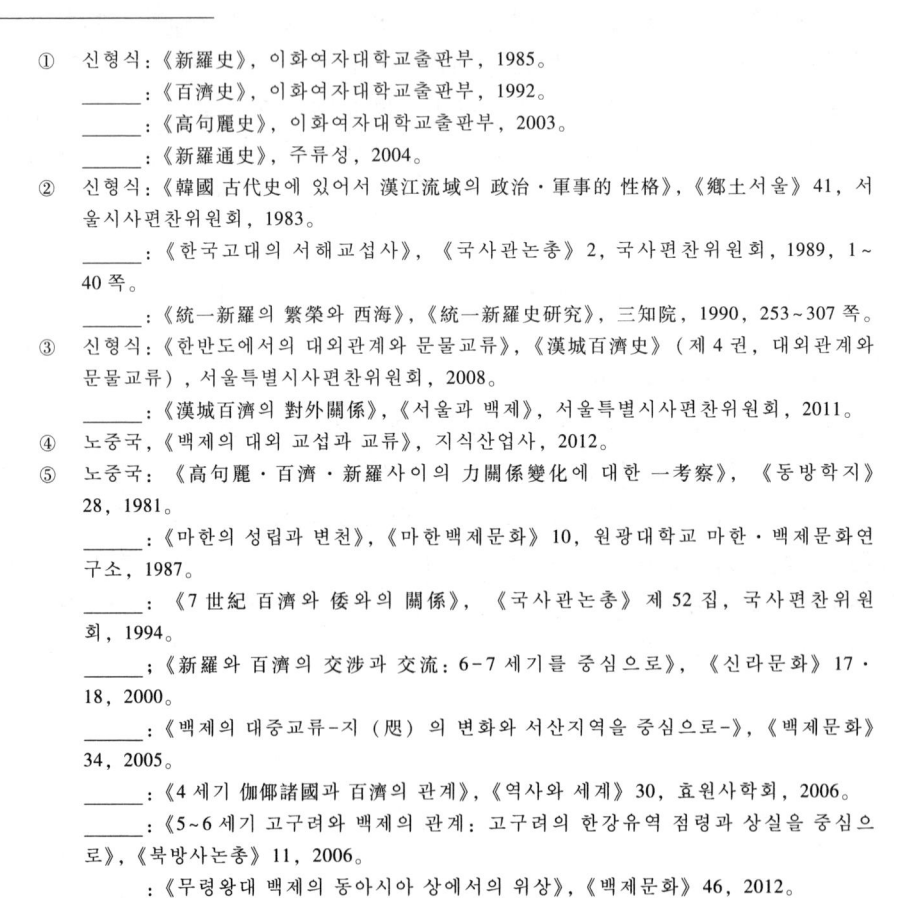

---

① 신형식:《新羅史》, 이화여자대학교출판부, 1985。
　　　　:《百濟史》, 이화여자대학교출판부, 1992。
　　　　:《高句麗史》, 이화여자대학교출판부, 2003。
　　　　:《新羅通史》, 주류성, 2004。
② 신형식:《韓國 古代史에 있어서 漢江流域의 政治·軍事의 性格》,《鄉土서울》41, 서울시사편찬위원회, 1983。
　　　　:《한국고대의 서해교섭사》,《국사관논총》2, 국사편찬위원회, 1989, 1~40쪽。
　　　　:《統一新羅의 繁榮와 西海》,《統一新羅史研究》, 三知院, 1990, 253~307쪽。
③ 신형식:《한반도에서의 대외관계와 문물교류》,《漢城百濟史》(제 4 권, 대외관계와 문물교류), 서울특별시사편찬위원회, 2008。
　　　　:《漢城百濟의 對外關係》,《서울과 백제》, 서울특별시사편찬위원회, 2011。
④ 노중국,《백제의 대외 교섭과 교류》, 지식산업사, 2012。
⑤ 노중국:《高句麗·百濟·新羅사이의 力關係變化에 대한 一考察》,《동방학지》28, 1981。
　　　　:《마한의 성립과 변천》,《마한백제문화》10, 원광대학교 마한·백제문화연구소, 1987。
　　　　:《7 世紀 百濟와 倭와의 關係》,《국사관논총》제 52 집, 국사편찬위원회, 1994。
　　　　:《新羅와 百濟의 交涉과 交流: 6-7 세기를 중심으로》,《신라문화》17·18, 2000。
　　　　:《백제의 대중교류-지（胝）의 변화와 서산지역을 중심으로-》,《백제문화》34, 2005。
　　　　:《4 세기 伽倻諸國과 百濟의 관계》,《역사와 세계》30, 효원사학회, 2006。
　　　　:《5~6 세기 고구려와 백제의 관계: 고구려의 한강유역 점령과 상실을 중심으로》,《북방사논총》11, 2006。
　　　　:《무령왕대 백제의 동아시아 상에서의 위상》,《백제문화》46, 2012。

管理、作用、译语等进行了分析。全书主体部分按时间顺序分为百济早期、汉城时期、熊津时期、泗沘时期。关于文化交流史,除百济早期是将对外关系与文化交流合在一起外,百济汉城、熊津、泗沘各时期的文化交流都被单独提出:汉城时期,包括百济与高句丽、新罗的文化交流,百济与中国晋、宋、北魏的文化交流,从文献与遗物看百济对倭文化交流;熊津时期,包括百济对新罗、加耶的儒学和佛教影响,从文献与遗物看百济与南齐、梁、北魏的文化交流和对倭文化交流;泗沘时期,包括百济与高句丽、新罗的文化交流,与梁和北朝、隋唐的文化交流,以及文献资料所见百济对倭交易品和交流的特性、思想和学问的传播、技术和工艺的传输等。该书关于百济早期的部分,分别探讨了百济与辰韩、弁韩、靺鞨、乐浪郡、带方郡、倭的交涉与交流。表述政治关系时以"交涉"与"关系"两词来区别,显示了作者对百济与对外关系中不同层次属性的独到认识。在百济对汉郡关系方面,作者详细论述公孙氏分乐浪地设置带方及与曹魏的战争、百济与西晋时期乐浪带方二郡的缓和与冲突史实,并从官号、器物等方面探讨文化交流。由于学界对百济早期对外关系的探讨相对较少,因此作者从百济对外关系整体史角度进行的再审视颇有价值。至于汉城、熊津、泗沘各时期百济的对外交涉,作者大致仍按照百济与高句丽、新罗,百济与中国,百济与倭的顺序分别进行细致而翔实的历史论述,非常系统。全书以"对大王意识和朝贡原则的利用""百济对外交涉与交流的特征""百济与古代东亚共有文化圈的形成"来总结百济对外交涉交流史,这是作者对百济对外关系研究的重要理论贡献。卢重国该书与其百济政治史、社会思想史及复兴运动史的专著构成了作者对百济史完整的体系化研究[1],可以说是百济史研究的重要里程碑。

梁起锡 2013 年 11 月出版的《百济的国际关系》[2] 是作者多年来对百济对外关系史研究的总结。全书分为三篇。第一篇为百济与周边世界,包含全南地区马韩社会与百济、近仇首王的对外活动和政治地位、475 年慰礼城陷落后高句丽与百济的国境线、威德王代的对外关系四个专题。第二

---

[1] 노중국:《백제사회사상사》,지식산업사,2010。
　　　:《백제정치사 연구》,일조각,1988。
　　　:《백제부흥운동사》,일조각,2003。
　　　:《백제부흥운동 이야기》,주류성,2005。
[2] 양기석:《백제의 국제관계》,서경문화사,2013。

篇为 5 世纪百济的对外关系，分别从 5 世纪百济与高句丽和新罗的关系、5—6 世纪前半期新罗和百济的关系、5 世纪后半期韩半岛政局与大加耶、5 世纪百济与倭这四个角度重点探讨转折期的百济对外关系史。第三篇为百济的对外交流，主要以百济的文化交流与国际性、百济文化的优秀性和国际性、百济人的移住日本列岛与交流、古代东亚的文化交流为主题，对百济文化交流史进行剖析。作者在附录中以地区史与古代文化为题对相关问题进行了补论。

俞元载也是百济史研究的主要学者，著有《中国正史〈百济传〉研究》《熊津百济史研究》[①] 等。他对百济对外关系的研究有自己的特色：首先是将百济与高句丽、新罗关系排除在外，只探讨百济与中国王朝和与倭国的关系，并专门论述百济"略有辽西"问题[②]；其次，对于辽西问题，作者展开所擅长的文献分析，广泛利用《宋书》《南齐书》《梁书》《南史》《梁职贡图》《建康实录》《通典》《三国史记》等史料。同时，作者对李朝末期至 1980 年代末丁谦、那珂通世、申采浩、郑寅普、池内宏、金庠基、井上秀雄、李弘植、金哲埈等日韩二十二位学者在这一问题上的见解进行了总结，并以文献中出现的册封官爵号探讨南北朝对百济与高句丽的认识问题。此外，在百济与倭的关系上，作者认为自近肖古王对倭接触开始，百济与倭关系一直持续，其间的关键是政治与文化关系，政治关系主要表现为"结好""通好"和百济为牵制高句丽、新罗而进行的"人质外交"，文化关系则主要是百济对倭文化、技术传播。

朴允善的《5 世纪中叶至 7 世纪百济的对外关系》和姜民植的《5 世纪至 6 世纪中叶百济的对外关系》两篇博士学位论文也是较为系统的新研究。两文研究的时空范围的不同显示出旨趣的差异。朴允善着眼于对熊津和泗沘时期百济与高句丽、新罗之间的纵横捭阖，百济对中国南北朝的关系及文化交流、百济与隋唐的关系变化，百济与倭不同时期的关系变化等问题的分析。换言之，此文是从熊津迁都前后直至灭亡期间东北亚诸国的错综关系演变过程中，重点审视百济对外关系的历时性变化，研究主体是百济，但东亚国际全局史观念较强。姜民植则以熊津时期为中心，突出强

---

① 양기석：《백제의 국제관계》，서경문화사，2013。
　　　　：《웅진백제사연구》，주류성，1997。
② 유원재：《백제의 대외관계》，《백제의 역사와 문화》，학연문화사，1996；《백제의 대외관계》，《한국사》6《삼국의 정치와 사회 Ⅱ》，국사편찬위원회，1995。

调其间朝鲜半岛内百济与高句丽、新罗之间的关系演变以及加耶的动向，对百济在朝鲜半岛以外的关系只重点涉及与北魏强化外交及高句丽的应对。换言之，后文限定于百济5世纪初和高句丽冲突中与新罗关系的和好、对北魏外交中高句丽的军事动向、迁都后国内贵族势力的推移及与新罗和加耶关系、汉江流域得而复失过程中与丽罗关系变动等朝鲜半岛史，而非东亚全局历史，研究主体更集中于百济，问题意识较强。显然，这两篇论文都按历史发展顺序，分阶段论述百济对外关系的变化，区别于以往将百济对外关系分别划为对高句丽、新罗、中国、倭的关系等专题论述的模式，力图复原百济整体对外关系的历时性发展过程，即"百济对外关系史"的叙述。

2018年底《早期百济史诸问题》[1]论集出版，检讨旧有史料、反思既有学说的求新特点相当鲜明，包括尹龙九《夫余仇台与马韩辰王——百济标榜的两种出自观》、金起燮《百济的国家形成与住民构成研究动向与争论点》、郑载润《中国辽西地区所见的百济实体》、权伍荣《关于百济的国家形成与夫余的关联性的批判检讨》、李东勋《中国学界的百济史研究动向》五篇文章，对于百济初期历史及其与北族关系的研究无疑具有一定启发力。

2019年出版的《韩国的对外关系和外交史（古代篇）》[2]是一部论文合集。卢泰敦撰写了关于古代对外关系与外交史的总论，论及5—6世纪百济的外交政策、6世纪新罗的跃进及围绕汉江流域的半岛对决、新罗统一战争等具体问题，还涉及天下观、朝贡秩序等结构性、理念性问题。梁起锡撰写的"百济的外交"专章，牵涉百济外交史的基本理解、阶段划分、南方外交与联合高句丽战略的构筑、与新罗同盟的结成及其外交成果、与新罗的角逐及对唐外交的失败，还附论武宁王所谓进出辽西问题及与倭国皇室关系。全书其他关于高句丽（余昊奎撰）、新罗（朱甫暾撰）、加耶（金台植撰）等篇章从不同角度论述了百济外交问题。

2. 学术论文

除系统性研究的专著和博士学位论文外，韩国学界还有大量关于百济对外关系的学术论文，研究角度不仅有百济对外关系总论或概论，还有大

---

[1] 동북아역사재단 한국고중세사연구소：《초기 백제사의 제문제》，동북아역사재단，2018。

[2] 동북아역사재단 한국외교사편찬위원회：《한국의 대외관계와 외교사（고대 편）》，동북아역사재단，2019。

量侧重百济、高句丽、新罗、加耶之间的双边或多边关系，以及百济与中国关系、百济与日本关系的考察，主要论题如下。

关于百济对外关系或对外文化交流的总论、概论，有李基东对百济文化在东亚的地位、卢重国对百济对外关系特点和形态、申滢植关于汉江与西海对韩国三国时期历史的意义、俞元载关于百济对中对倭关系的研究论文，都在发表的同时收录于各自的百济史专著中。此外，还有朴淳发、朴允善、朴贤淑、郑东浚对百济各阶段对外关系的研究，姜凤龙、金柄男等从海上贸易角度对百济对外关系的研究，以及从百济与多国关系综合研究视角进行的研究。

关于百济和高句丽的关系，一是从高句丽"南进"史角度进行的大量研究，如高句丽史研究者孔锡龟、朴性凤、白种五等，此外李道学、余昊奎、朴灿圭、文安植等众多学者也侧重从高句丽角度来探讨两国军事关系；二是从百济对高句丽关系角度进行的考察，如梁起锡关于百济近仇首王与高句丽关系的探讨、金周成对两国相互关系的平行审视等；三是从三国史整体角度进行的研究，如卢重国对高句丽、百济、新罗三者力学关系的对比变化的考察，李成制在研究高句丽"西方"政策研究中涉及高句丽、百济关系，卢泰敦也多以三国史综合角度予以考察。以上三者代表了高句丽史、百济史、三国史三种研究视角。

关于百济与新罗关系，学者分别从政治、军事等角度进行了研究，此外，也有不少关于两国文化交流与比较的论文。围绕百济和新罗战争，有金瑛河、金柄男、金寿泰、朴大在、朴勇国对三国初期至末期两国军事斗争的多样探讨；金甲童、金英心、金德在、张昌恩等对管山城战斗，金周成、金昌锡等对大耶城战斗有专门探讨。李纯根、姜钟沅等对济罗同盟有专门研究。此外，金寿泰等着眼于百济各王代对新罗关系，白承玉、延敏洙、梁起锡、姜钟薰等或围绕加耶问题，或着眼两国关系的某一问题展开论述。卢重国等从佛寺、陶器、墓葬等角度对两国文化交流进行了探讨。

关于百济与加耶的关系，论题较早就受到韩国学界的重视，这可能与韩国的区域史研究较为盛行有关。论题集中在关于百济各时期和加耶的军事、政治关系上，包括百济势力的加耶进出，百济的"加耶征伐"及新罗应对政策，全北地方视角中的百济和加耶关系，围绕加耶问题的百济对新罗、倭的关系等。此外，也有考察百济和加耶的文化交融、经济交流问题以及从加耶对外关系角度进行的研究。

关于百济与马韩关系，论题集中在百济吞并马韩及百济早期对外关系相关问题上，李基东对此有系列论文，并着重探讨了西海航路问题；朴灿圭围绕百济征服马韩问题形成了博士学位论文；李道学、李贤惠等关注伯济国与马韩关系；金寿泰、朴淳发分别从百济和马韩角度探讨两国交涉问题。因加耶史和马韩史受到重视，考古学的研究今后可能会提供更多百济早期对外关系的相关成果。

关于百济与中国关系，由于涉及中国南北王朝、部族、郡县等多种势力，较为复杂。朴允善博士曾进行专门的研究史整理，视野开阔，对中国学者和日本学者的研究同时予以关注，成果涉及两晋时代交涉、辽西（大陆）进出说、对南朝外交、对北朝外交、对隋唐外交[1]。其中，关于"辽西进出"问题，除前述专著外，姜钟薰、金起燮、梁起锡、余昊奎、郑载润、李文洙、徐炳国也都有专文探讨；关于百济与乐浪、带方等汉郡关系，全荣来、尹龙九、姜钟薰、金寿泰、文安植、宋知娟等学者有专门的探究。总体而言，百济与中国王朝关系的研究论题覆盖全面，成果卓越，对其特性的把握，相比中国学界的强调朝贡关系、战争关系、南朝文化对百济传播等，显得更细微、实证，也更全面。其中，朴淳发从乐浪陶器对百济的影响对于百济与中国郡县关系的考察，权五荣关于百济与中国墓葬文化的比较研究，金春宝从百济佛像对百济与中国文化交流的考察，金荣官从百济防御战略对罗唐与百济战争的研究，以及关于梁《职贡图》等微观实证研究等展现出来的研究方法、角度乃至结论都值得中国同行参考。

关于百济与日本关系，该选题研究论文的总量比较大，实际上日本学者参与也相当多，并且日韩两国就此问题的相关学术交流也十分活跃。韩国学者的论题除津津乐道的百济对日文化传播外，广泛涉及两国政治、外交、军事、经济交流史，如百济与倭"人质外交"问题、日本国家起源问题、任那问题、在日百济移民（遗民）及其活动、百济与西日本地方关系等；许多论文关注百济文化对日本国家起源的影响，如洪元卓针对江上波夫的"骑马民族征服说"及 Gari Ledyard "夫余人征服说"[2]，提出"百济

---

[1] 박윤선:《백제와 중국 왕조와의 관계에 대한 연구 현황과 과제》,《百濟文化》45, 2011。

[2] 〔日〕江上波夫:《骑马民族国家》, 张承志译, 光明日报出版社, 1988。Gari Ledyard, "Galloping along with the horseriders: Looking for the founders of Japan," Columbia University reprint edition, 1973.

人造就日本国家"①；通过《日本书纪》《宋书》等文献资料，以及七支刀、百济寺、广开土王碑文、武宁王陵遗物等重要考古资料，来考察百济与倭关系的论文较多；韩国学界对各时期百济和倭关系都有检讨，虽然有不少观点值得商榷，但整体研究成绩值得注意。

战争其实是古代国家关系的特殊形式，韩国学界围绕百济对外战争也有专门的研究著作。其中，金寿泰的《百济的战争》内容包含百济对汉晋边郡战争、对马韩战争、对高句丽战争、对新罗战争、对中国王朝战争；文安植《百济的兴亡与战争》的立意则更倾向于从对外战争角度探讨古代国家的发展，以百济发展史为线索细致地审视了百济对外关系特别是对外战争；卢泰敦《三国统一战争史》的角度另有不同，富于启发意义，在将新罗、百济、高句丽之间的战争史单独作为一个研究对象的基础上，他更关注的是对"新罗的三国统一论"和以新罗为主的战争过程的评价，后者包括百济的灭亡与复兴战争等②。

近年为纪念成周铎教授而出版的《百济与周边世界》系列论文集，也汇集了近年韩国百济学界关于百济对外关系的新作，值得关注。③

俞元载、卢重国等人在不同时期对百济研究史进行过总结④，学界也有多种文献研究目录、论文集等，特别是2004年、2011年金起燮、郑载润、金寿泰分别对汉城、熊津、泗沘时期百济史研究先后进行了两次总结⑤。这些学术史整理对百济对外关系都有专门叙述。特别是朴允善的博士学位论文对百济对外关系研究情况进行的详细整理和分析，值得参考。总之，韩国学界对研究成果不断自觉进行回顾，有利于推动研究的持续深入。

---

① Wontack Hong, *Ancient Korea-Japan Relations: Paekche and the Origin of the Yamato Dynasty*, Seoul: Kudara International, 1994 (1st), 2010 (2nd).
Wontack Hong, *Korea and Japan in East Asian History*, Seoul: Kudara International, 2006.
Wontack Hong, "Ancient Korea-Japan Relations: Dating the Formative Years of the Yamato Kingdom (366-405 CE) by the Samguk-sagi Records and Reinterpreting the Related Historical Facts," *The Open Area Studies Journal*, 2009, 2, pp. 12-29.
② 충남대학교백제연구소:《백제사상의 전쟁》，서경문화사，2000。문안식,《백제의 흥망과 전쟁》，혜안，2006。김수태:《백제의 전쟁》，주류성，2007。노태돈:《삼국통일전쟁사》，서울대학교출판부，2009。
③ 성주탁 교수 추모 논총 간행위원회:《백제와 주변세계》，진인진，2012。
④ 노중국:《백제학 연구의 현황과 전망》，《백제학보》창간호，2009。
유원재,《백제사의 연구현황과 과제》，《백제문화》25，1996。
⑤ 详见《百济文化》33 (2004)、44 (2011)。

通过以上总结，结合中国学界相关研究，特将主要认识归纳如下。

第一，作为"国史"内容，韩国对百济史的研究，无论从研究队伍建设、对机构和刊物的支持角度，还是从研究论著的质与量、考古与调查的规模、学术会议的召开与学术问题的集体合作程度上来讲，都取得了很大的成绩。百济史通史通论、断代史、专门史、考古与文化史研究领域皆有不少成果。随着研究的深入，百济史研究论题精细化、文献与考古研究方法多元化趋势明显，非传统历史学科参与促成的综合化交叉研究的特点已经展现，值得中国同行借鉴之处不少。

第二，韩国学界的百济对外关系史研究，关注的主体更多的是百济，而目前中国学者进行的古代东北亚政治关系史研究，百济属于东北亚全局之一员，而非研究主体。大体上来讲，韩国对百济对外关系史的研究精细而深入，考古与文献结合紧密，参与该领域研究的既有前辈宿学，也有年青新锐，新成果不断，已经有多部百济对外关系史专著或博士学位论文。但在关于"辽西进出"、日本国家起源影响等具体问题上有继续加强与中日同行的"切磋"即学术交流的必要。中国部分学者的论著中涉及百济与东亚世界关系，更多的是从东亚大局对各国的相互关系进行宏观把握，对百济史尚未形成系统、细化的成果，中韩两国学者就同一课题加强对话、互相学习的空间很大。

表3-6 忠清南道历史文化研究院"百济文化史大系研究丛书"书目

序号	书名	出版机构	出版时间
1	百濟史 總論	충청남도역사문화연구원	2007
2	百濟의 起源과 建國	충청남도역사문화연구원	2007
3	漢城都邑期의 百濟	충청남도역사문화연구원	2007
4	熊津都邑期의 百濟	충청남도역사문화연구원	2007
5	泗沘都邑期의 百濟	충청남도역사문화연구원	2007
6	백제의 멸망과 부흥운동	충청남도역사문화연구원	2007
7	百濟 遺民들의 活動	충청남도역사문화연구원	2007
8	백제의 정치제도와 군사	충청남도역사문화연구원	2007
9	百濟의 對外交涉	충청남도역사문화연구원	2007
10	百濟의 文物交流	충청남도역사문화연구원	2007
11	百濟의 社會經濟와 科學技術	충청남도역사문화연구원	2007

续表

序号	书名	出版机构	出版时间
12	百濟의 文化와 生活	충청남도역사문화연구원	2007
13	百濟의 祭儀와 宗教	충청남도역사문화연구원	2007
14	百濟의 美術	충청남도역사문화연구원	2007
15	百濟의 建築과 土木	충청남도역사문화연구원	2007

表3-7　忠清南道历史文化研究院其他百济相关资料

分类	序号	资料名称
基础资料	1	충청남도의 백제유적
	2	일본 속의 백제 - 긴키지역 -
	3	백제 역사유적지구 자료집
	4	중국출토 백제인 묘지 집성
其他资料	1	백제역사문화관 백제관련 문화콘텐츠 개발 (기초조사) 연구용역
	2	백제와 신라의 소통, 나제동맹
	3	백제역사유적지구, 어떻게 세계유산이 되었나
	4	유적과 유물로 보는 한권 백제
	5	인물로 보는 한권 백제
	6	삼국문화교류 국제학술회의 발표자료집, 최종보고서
	7	고대 동아시아의 문화교류와 백제
	8	백제역사유적지구 세계유산 등재기념 국제학술대회
	9	백제역사유적지구의 보존현황과 관리방안
	10	백제역사유적지구의 세계유산 보존관리를 위한 지역주민의 역할과 활용방안 마련 연구
	11	백제문화 아카이브 자료집
	12	교류왕국, 대백제의 발자취를 찾아서
	13	백제문화제의 현재와 미래 전략
	14	백제 고분과 제의 시설

表3-8　忠南大学百济研究所"百济研究丛书"部分书目

序号	书名	出版机构	出版时间
1	마한사연구 (백제연구총서 제6집)	박순발저, 충남대학교출판부	1998
2	백제사의 비교연구 (백제 연구총서 제3집)	서경문화사	2000

续表

序号	书名	出版机构	出版时间
3	백제불교문화의 연구 (백제연구총서 제4집)	서경문화사	2000
4	백제사상의 전쟁	서경문화사	2000
5	후백제와 견훤 (백제연구총서 8)	서경문화사	2000
6	위례산성	서경문화사	2003
7	고대 동아시아와 백제	서경문화사	2003
8	고대도시와 왕권	서경문화사	2005

表3-9　汉城百济博物馆"百济学研究丛书"书目

序号	书名	出版机构	出版时间
1	백제, 누가 언제 세웠나 (백제학연구총서 1)	한성백제박물관	2013
2	근초고왕 때 백제 영토는 어디까지였나 (백제학연구총서 2)	한성백제박물관	2014
3	한성백제의 왕궁은 어디에 있었나 (백제학연구총서 3)	한성백제박물관	2014
4	백제의 왕권은 어떻게 강화되었나 (백제학연구총서 4)	한성백제박물관	2014
5	백제의 성장과 중국 (백제학연구총서 5)	한성백제박물관	2015
6	한국사 속의 백제와 왜 (백제학연구총서 6)	한성백제박물관	2015
7	백제와 요서지역 (백제학연구총서 7)	한성백제박물관	2015
8	개로왕의 꿈, 대국 백제 (백제학연구총서 8)	한성백제박물관	2016
9	백제의 성장과 낙랑·대방 (백제학연구총서 9)	한성백제박물관	2016
10	한성백제사 다시보기 (백제학연구총서 쟁점백제사 10)	서울책방	2017

表3-10　汉城百济博物馆"百济史争论"(쟁점 백제사) 系列学术会议

会序	会议主题	时间
'쟁점 백제사' 집중토론 학술회의 I	문헌사학과 고고학적 측면에서 견해가 첨예하게 나뉘고 있는 백제의 건국문제에 대한 주제발표와 집중토론	2012.11.23

续表

会序	会议主题	时间
'쟁점 백제사' 집중토론 학술회의 Ⅱ	백제 최대 전성기를 이룩한 근초고왕대를 중심으로 백제의 영토확장을 둘러싼 문헌사학과 고고학 분야의 다양한 연구성과 정리와 집중토론	2013. 3. 30
'쟁점 백제사' 집중토론 학술회의 Ⅲ	한성의 도시구조 관련 문헌 및 고고학계 연구현황 및 쟁점 토론	2013. 9. 27
'쟁점 백제사' 집중토론 학술회의 Ⅳ	백제 한성도읍기 왕권강화와 지방통치를 둘러싼 문헌사학과 고고학 분야의 다양한 견해 발표와 집중토론	2014. 4. 30
'쟁점 백제사' 집중토론 학술회의 Ⅴ	백제 한성도읍기 중국과의 관계를 둘러싼 문헌사학과 고고학 분야의 다양한 견해 발표와 집중토론	2014. 10. 2
'쟁점 백제사' 집중토론 학술회의 Ⅵ	한국사 속의 백제와 왜	2015. 4. 30
쟁점백제사 집중토론 학술회의 Ⅶ	백제百濟와 요서遼西 지역	2015. 10. 8
2016년 제8회 쟁점백제사 집중토론 학술회의	개로왕의 꿈, 대국 백제	2016. 4. 29
2016년 제9회 쟁점백제사 학술회의 - '백제의 성장과 낙랑 대방'	백제의 성장과 낙랑 대방	2016. 10. 7
2017년 쟁점백제사 10회 기념 컨퍼런스	한성백제사漢城百濟史 다시보기	2017. 4. 28
2017년 제11회 쟁점백제사 학술회의	백제, 한성에서 웅진으로	2017. 10. 26
2018년 제12회 쟁점백제사 학술회의 - 백제 웅진기 왕계와 지배세력	백제 웅진기 왕계와 지배세력	2018. 4. 27
2018년 제13회 쟁점백제사 학술회의 - 백제 웅진기 영역과 지방지배	백제 웅진기 영역과 지방지배	2018. 10. 18
2019년 제14회 쟁점백제사 학술회의 - 백제 웅진기 외교관계와 인식	백제 웅진기 외교관계와 인식	2019. 4. 25

表 3-11　韩国历年百济研究博士学位论文总览（1985—2018）

分类	著者	年份	题目	院校
历史研究类	노중국	1986	백제정치사연구：국가형성과 지배체제의 변천을 중심으로	서울대학교
	유원재	1990	중국정사 백제전 연구	충남대학교
	김주성	1990	백제 사비시대 정치사 연구	전남대학교
	양기석	1990	백제 전제왕권 성립과정 연구	단국대학교
	이도학	1991	백제 집권국가형성과정 연구	한양대학교
	이근우	1994	『일본서기』에 인용된 백제삼서에 관한 연구	한국학중앙연구원
	박찬규	1995	백제의 마한정복과정 연구	단국대학교
	김기섭	1997	백제 한성시대 통치체제 연구：근초고왕대를 중심으로	한국학중앙연구원
	박현숙	1997	백제 지방통치체제 연구	고려대학교
	김영심	1997	백제 지방통치체제 연구：5-7세기를 중심으로	서울대학교
	강종원	1998	4세기 백제 정치사 연구	충남대학교
	문동석	2000	4~6세기 백제 지배세력의 연구	경희대학교
	정재윤	2000	웅진시대 백제 정치사의 전개와 그 특성	서강대학교
	오순제	2001	백제 한성시기 도성체제의 연구	명지대학교
	김병남	2001	백제 영토변천사 연구	전북대학교
	이용빈	2001	백제 담노제 연구	명지대학교
	최범호	2001	백제 온조왕대의 부 연구	전북대학교
	문안식	2001	백제의 영역확장과 변방세력의 추이	동국대학교
	김영관	2004	백제부흥운동연구	단국대학교
	최병식	2006	백제부흥운동과 공주·연기지역	상명대학교
	길기태	2006	백제 사비시대의 불교신앙 연구	충남대학교
	조경철	2006	백제불교사의 전개와 정치변동	한국학중앙연구원
	박중환	2007	백제 금석문 연구	전남대학교
	박윤선	2007	5세기 중반~7세기 백제의 대외관계	숙명여대학교
	김수미	2007	웅진도독부 연구	전남대학교
	정동준	2008	백제 정치제도사 연구	성균관대학교
	박재용	2009	『일본서기』의 편찬과 백제 관련 문헌 연구	한국교원대학교

续表

分类	著者	年份	题目	院校
历史研究类	홍성화	2009	고대 한일관계사 연구: 한반도 남부 경영론 비판을 중심으로	고려대학교
	강민식	2010	5 세기~6 세기 중반 백제의 대외관계	충북대학교
	윤수희	2010	백제의 인적교류 연구: 5 세기를 중심으로	한국학중앙연구원
	이현숙	2011	4~5 세기대 백제의 지역상 연구	고려대학교
	전우식	2011	백제 '왕권중심 귀족국가' 정치운영체제 연구	국민대학교
	송만영	2011	한반도 중부지역 취락의 발전과 정치체의 성장: 청동기시대~한성백제기를 중심으로	숭실대학교
	박민경	2015	6~7 世紀 百濟의 對倭關係 研究	성균관대학교
	이장웅	2015	百濟 泗沘期 國家祭祀와 佛教寺院	고려대학교
	남정호	2016	사비 후기 백제의 지배세력과 정국운영의 변화	경북대학교
	김경화	2016	백제의 국가제사 연구: 천신제사와 조상제사를 중심으로	인하대학교
	장원섭	2017	신라 삼국통일 연구	韓國學中央研究院
	위가야	2018	5~6 世紀 百濟와 新羅의 '軍事協力體制' 研究	성균관대학교
考古研究类	성주탁	1985	백제성지 연구: 도성지를 중심으로	동국대학교
	장경호	1988	백제 사찰건축에 관한 연구	홍익대학교
	임영진	1995	백제한성시대고분연구	서울대학교
	이남석	1995	백제 석실분묘제의 연구	고려대학교
	최완규	1998	금강유역 백제고분의 연구	숭실대학교
	박순발	1998	백제 국가의 형성 연구	서울대학교
	곽장근	1999	호남 동부지역의 석곽묘 연구	전북대학교
	성정용	2000	중서부 마한지역의 백제영역화과정 연구	서울대학교
	서정석	2001	백제성곽연구: 웅진·사비시대를 중심으로	한국학중앙연구원
	조원창	2003	백제 건축기술의 대일전파: 기단축조와 제와술을 중심으로	상명대학교
	김종만	2004	사비시대 백제토기 연구	충남대학교
	서미영	2004	백제 복식의 연구	충남대학교
	서현주	2006	영산강유역 삼국시대 토기 연구	서울대학교

续表

分类	著者	年份	题目	院校
考古研究类	이동희	2006	전남동부지역 복합사회 형성과정의 고고학적 연구	성균관대학교
	신광섭	2006	백제 사비시대 능사 연구	중앙대학교
	이한상	2009	장신구 사여체제로 본 백제의 지방지배	서울대학교
	채현석	2009	한강 본류역의 유적층위 형성과정 연구 : 미사리·암사동·풍납동 유적을 중심으로	세종대학교
	김정옥	2010	백제 장신구에 나타난 조형적 특징과 상징성에 관한 연구 : 웅진시기를 중심으로	원광대학교
	김성범	2010	나주 복암리 출토 백제목간의 고고학적 연구	공주대학교
	김선기	2010	익산지역 백제 사지 연구	동아대학교
	이귀영	2011	백제 금속공예기술사 연구	고려대학교
	탁경백	2011	백제 사비기 불탑의 조형기술 연구	명지대학교
	박철희	2011	역사문화도시 이미지 형성모형과 적용방안에 관한 연구 : 백제의 수도 부여를 중심으로	충남대학교
	장수남	2013	웅진~사비초 백제의 남조문화 수용 연구	연세대학교
	土田纯子	2013	百濟土器 編年 研究	충남대학교
	장성윤	2013	백제 무령왕릉 벽돌의 고고과학적 특성과 태토 산지 해석	공주대학교
	판보싱	2013	동북아에서 강대국의 부상과 주변국의 동맹전략 선택: 백제와 신라의 사례 연구	인하대학교
	김정호	2013	백제권 문화재를 기반으로 한 문화상품 디자인 개발요소 연구	충남대학교
	김일규	2015	백제 고고학 편년 연구	부산대학교
	조원교	2016	扶餘 陵山里 出土 百濟金銅大香爐 研究	동방문화대학원대학교
	강원표	2016	百濟 喪葬儀禮 研究 : 古墳 埋葬프로세스를 中心으로	고려대학교
	강소영	2017	고고 유물에서 유래한 생체분자의 화학적 분석	중앙대학교
	정수옥	2018	漢城期 百濟土器의 生産과 流通 및 使用에 대한 研究	고려대학교

表 3-12　韩国学界百济对外关系研究主要论文目录（1980—2018）

专题	著者	年份	题目	发表刊物
百济对外关系综合	盧重國	1981	高句麗・百濟・新羅 사이의 力關係變化에 대한 一考察	『東方學志』28
	김용욱	1996	백제의 위상과 대외 관계	『馬韓』創刊號, 마한향토사연구회
	박순발	1999	한성백제의 대외관계	『백제연구』30
	許重權	1999	1~4세기 三國의 戰鬪力에 관한 硏究	『文化史學』11・12・13
	박진숙	2000	백제 동성왕대 대외정책의 변화	『百濟研究』32
	김병남	2001	백제의 국가 성장과 대외 교역	『전주사학』8
	姜鳳龍	2002	고대 동아시아 海上交易에서 百濟의 역할	『한국상고사학보』38
	양종국	2002	7세기 중엽 義慈王의 政治와 동아시아 국제관계의 변화	『백제문화』3
	정동준	2002	7세기 전반 백제의 대외정책	『역사와 현실』46
	박현숙	2003	6세기 백제 대외관계의 변화와 그 의미	『先史와 古代』19.
	정운용	2005	4-7세기 고구려와 백제・신라 관계의 추이	International Journal of Korean History, Vol. 8.
	전종익	2005	고대의 백제・가야・왜(일본)은 어떤 사이였을까?: 사료와 교과서로 본 고대 한일관계	『한일교육연구』11.
	정동준	2006	7세기 중반 백제의 대외정책	『역사와 현실』61.
	김은숙	2007	7세기 동아시아의 국제 관계: 수의 등장 이후 백제멸망까지를 중심으로	『한일관계사연구』26.
	박윤선	2007	7세기 전반 삼국의 역관계와 백제의 대당외교: 백제의 입장을 중심으로	『역사문화연구』27.
	박윤선	2007	5세기 중후반 백제의 대외관계	『역사와 현실』63
	권오영	2008	백제의 대외교류에 나타난 개방성	한국대학박물관협회 학술대회
	노중국	2009	고대동아시아 세계에서의 위상	『百濟文化』40
	박현숙	2010	5~6세기 삼국의 접경에 대한 역사지리적 접근	『韓國古代史硏究』58
	노태돈	2011	7세기 전쟁의 성격을 둘러싼 논의	『한국사연구』154
	노중국	2012	무령왕대 백제의 동아시아 상에서의 위상	『백제문화』46
	김재홍	2012	전북 동부지역 백제, 가야, 신라의 지역지배	『한국상고사학보』78
	김병남	2013	부흥백제국의 성립과 정치적 변동	『군사』89

续表

专题	著者	年份	题目	发表刊物
百제对외관계종합	강민식	2014	552년 백제의 한강유역 포기[棄]와 신라,고구려의 밀약설(密約說)	『先史와 古代』40
	서영교	2014	왜의 백제원조와 소정방(蘇定方)의 평양성철군	『대구사학』117
	문안식	2015	백제의 동아시아 해상교통로와 기항지	『史學研究』119
	박윤선	2015	백제 국제관계사 연구동향과 시기구분 시론	『백제학보』13
	장수남	2015	웅진기 백제의 가야,왜와의 관계 변화	『백제문화』
	유우창	2015	4세기 후반 가야-백제-왜 동맹의 결성	『지역과 역사』36
	박민경	2016	백제 성왕대의 대왜관계 -임나부흥회의를 중심으로-	『史林』55
	박현숙	2016	3~4세기 백제의 대외관계와 왕권의 추이	『韓國古代史研究』83
	우재병		4~6세기 왜와 가야,백제 사이 외교관계 변화와 그 배경	『한국사학보』69
	김태영	2017	신라,백제,가야관련 정책 추진실태 분석 및 시사점	『경남발전』138
	나행주	2017	한반도제국과 왜국의 사신외교-백제·신라의 대왜외교의 형태와 그 특징-	『한일관계사연구』56
	박민경	2017	5세기 후반 백제의 대왜관계 - 蓋鹵王·東城王代를 중심으로 -	『史林』60
	이도학	2017	白江戰鬪의 位置 확인에 대한 接近	『한국고대사탐구』25
	김기섭	2017	4~5세기 동아시아 국제정세와 백제의 외교정책	『백제문화』56
	임영진	2017	전남 해안도서지역의 왜계 고분과 왜 5왕의 중국 견사	『백제문화』56
	장인성	2017	고대 동아시아 역사상의 백제 원지	『백제문화』56
	김영관	2017	백제의 대외 교류사 인식에 대한 단상	『한국고대사탐구』26
	박지현	2018	백제부흥운동과 웅진도독부의 위치	『백제학보』25
	이현상	2018	백제 식리의 원형복원을 위한 주변국 식리와의 비교 연구	『백제학보』24
	盧重國	1981	高句麗·百濟·新羅사이의 力關係變化에 대한 一考察	『東方學志』28
	梁起錫	1997	百濟 近仇首王의 對外活動과 政治的 地位 -高句麗와의 關係를 중심으로-	『百濟論叢』6,백제문화개발연구원.

续表

专题	著者	年份	题目	发表刊物
百济对外关系综合	최종택	1998	고고학상으로 본 고구려의 한강유역진출과 백제	『백제연구』28
	吳舜濟	1999	百濟의 東明과 高句麗의 朱蒙	『역사와실학』12
	임기환	1999	고구려·백제·신라의 동류의식과 문화 차이	『역사비평』46.
	朴燦圭	2002	廣開土王代 高句麗와 百濟의 關係	『고구려연구회 학술총서』3.
百济与高句丽政治、军事关系	박진숙	2004	長壽王代 高句麗의 對北魏外交와 百濟	『韓國古代史研究』36
	李道學	2005	漢城陷落 以後 高句麗와 百濟의 關係:耽羅와의 관계를 중심으로	『전통문화논총』3
	李道學	2005	高句麗와 百濟의 對立과 東아시아 世界	『고구려발해연구』21
	李道學	2005	高句麗와 百濟의 出系 認識 檢討	『고구려발해연구』20
	金周成	2005	6~7세기 고구려와 백제의 상호관계	『고구려발해연구』20
	서영일	2006	고구려의 백제 공격로 고찰	『史學志』38
	임기환	2007	웅진시기 백제와 고구려 대외관계 기사의 재검토	『百濟文化』37
	김현숙	2009	고구려의 한강유역 영유와 지배	『백제연구』50
	李龍虎	2009	百濟腆支王代 解氏勢力의 擡頭와 對高句麗政策	『한국사연구』147
	문안식	2010	고구려의 한강 유역 진출과 서울지역 동향	『서울학연구』39
	신광철	2010	고구려 남부전선 주둔부대의 생활상 : 한강유역의 고구려 보루를 통해서	『고구려발해연구』38
	장종진	2011	5세기 前後 國際情勢와 高句麗 平壤遷都의 배경	『韓國古代史研究』61
	신광철	2011	황해도 일대의 고구려 관방체계와 남부전선의 변화	『先史와 古代』35
	신정훈	2011	고구려 광개토왕의 백제 정벌이 가진 의미에 대하여 -392년~394년을 중심으로-	『大韓政治學會報』19-2
	신정훈	2011	百濟 枕流王·辰斯王代의 정국과 高句麗의 동향	『白山學報』90
	李道學	2012	廣開土王代의 南方 政策과 韓半島 諸國 및 倭의 動向	『韓國古代史研究』67
	李成制	2012	高句麗의 對倭外交와 東海交涉路 : 6세기 후반~7세기 초 고구려·왜·백제 3국의 상호전략에 대한 재검토를 겸하여	『고구려발해연구』43

续表

专题	著者	年份	题目	发表刊物
百济与高句丽政治、军事关系	정재윤	2012	4~5세기 백제와 고구려의 관계	『고구려발해연구』44
	梁銀景	2013	陵寢制度를 통해 본 高句麗, 百濟 陵寺의 性格과 特徵	『고구려발해연구』47
	김건희	2013	고구려 벽화와 백제 금동대향로를 통한 내세관의 비교 고찰- 강서대묘 강서중묘와 금동대향로의 도상 및 구조해석 중심으로	『한국학논집』52
	여호규	2013	5세기 후반~6세기 중엽 高句麗와 百濟의 국경 변천	『백제문화』48
	조법종	2015	고구려유민의 백제 金馬渚 배치와 報德國	『韓國古代史研究』78
	김지영	2016	7세기 고구려와 백제 관계의 변화	『인문학연구』32
	문안식	2016	백제의 평양성 공격로와 마식령산맥 관방체계 구축	『한국고대사탐구』22
	金德原	2016	고구려 연개소문의 대백제·신라정책에 대한 고찰	『한국학논총』45
	이장웅	2016	백제시조 구태·비류(沸流) 전승의 성립과 고구려·공손씨 관계	『백제문화』55
	조영광	2017	고구려·부여계 유이민의 남하와 백제 부여씨의 등장	『先史와 古代』53
	안성진	2017	高句麗와 百濟의 初期 佛教 受容 過程	『韓國古代史研究』85
	김일권	2018	『삼국사기』고구려·백제의 별자리목록과 천문성변기록 분류 연구	『한국고대사탐구』30
百济与新罗政治、军事关系	延敏洙	1990	6世紀前半 伽倻諸國을 둘러싼 百濟·新羅의 動向	『신라문화』7
	朴性鳳	1991	資治通鑑 百濟·新羅關係記事의 整理	『경희사학』16·17.
	白承玉	1992,	新羅·百濟 각축기의 比斯伐伽倻,	『부대사학』15·16
	梁起錫	1994	5~6世紀 前半 新羅와 百濟의 關係	『新羅의 對外關係史 研究』15, 신라문화선양회
	姜鍾薰	1998	新羅上古期金氏族團의 出自: 尼師今時期 百濟關係記事와 관련하여	『한국사연구』102
	이순근	1998	三國統一期 三國의 對外戰略: 소위 '羅濟同盟'과 신라의 한강하류 진출 배경을 중심으로	『人文科學研究』3
	金瑛河	1999	新羅의 百濟統合戰爭과 體制變化: 7세기 동아시아의 國際戰과 사회변동의 一環	『韓國古代史研究』16
	金甲童	1999	新羅와 百濟의 管山城 戰鬪	『白山學報』52

续表

专题	著者	年份	题目	发表刊物
百济与新罗政治、军事关系	박대재	1999	'三國史記' 初期記事에 보이는 新羅와 百濟의 戰爭	『한국사학보』 7
	盧重國	2000	新羅와 百濟의 交涉과 交流: 6~7세기를 중심으로	『新羅文化』 17·18
	김수태	2005	삼국의 외교적 협력과 경쟁: 7세기 신라와 백제의 외교전을 중심으로	『新羅文化』 24
	양종국	2005	백제의 멸망과 신라의 삼국통일	『역사와 역사교육』 10
	朴勇國	2005	新羅의 660년 百濟戰役에 대한 考察	『白山學報』 73
	정운용	2007	웅진시대 백제와 신라	『백제문화』 37
	김영심	2007	광산성전투 전후 시기 대가야·백제와 신라의 대립	『한국학연구원 학술총서』 10
	김병남	2009	백제 초기의 대외 팽창과 대신라 전쟁의 이해	『전북사학』 34
	全德在	2009	관산성전투에 대한 새로운 고찰	『新羅文化』 34.
	金昌錫	2009	6세기 후반~7세기 전반 百濟·新羅의 전쟁과 大耶城	『新羅文化』 34
	전우식	2009	백제 위덕왕대 대신라 정책의 전개와 결과	『한국학논총』 32
	김수태	2010	백제 무왕대의 대신라 관계	『백제문화』 42.
	김병남	2010	백제 성왕대 관산성 전투의 의미	『전북사학』 36
	장창은	2011	6세기 중반 한강 유역 쟁탈전과 관산성 전투	『진단학보』 111
	강종훈	2011	나제동맹의 결성 배경과 고구려의 대외관계	『대구사학』 105
	나승균	2012	나제전쟁에서의 간접접근전략 연구: 나·당연합군과 백제군과의 전쟁을 중심으로	『군사발전연구』 6
	李熙眞	2012	백제-신라 전쟁 양상에 대한 고찰을 통한 백제멸망 원인 재검토	『한국고대사탐구』 12
	백미선	2013	백제 무령왕대의 대신라관계	『新羅史學報』 28
	이남석	2013	新羅土器出土 百濟 石室墓의 檢討	『白山學報』 97
	이경섭	2014	신라·백제목간의 비교 연구	『新羅文化』 44
	노중국	2015	신라와 백제의 교섭과 교류	『新羅史學報』 33
	이상훈	2015	백제부흥군의 옹산성 주둔과 신라군의 대응	『역사교육논집』 57
	문동석	2016	660년 7월 백제와 신라의 황산벌 전투	『新羅史學報』 38

续表

专题	著者	年份	题目	发表刊物
百济与新罗政治、军事关系	이상훈	2016	나당연합군의 군사전략과 백제 멸망	『역사와실학』59
	曹凡焕	2016	新羅 法興王代 전반기 對百濟 정책과 對梁 交涉	『동아시아고대학』42
	張彰恩	2016	'나·제동맹기' 신라와 백제의 국경선 변천	『한국학논총』45
	서영교	2016	여창(餘昌)의 백제연합군과 신라의 전쟁	『백제문화』55
	박서영	2016	백제의 자왕대의 대외정책 -신라와의 전쟁을 중심으로-	『백제연구』64
	이상훈	2017	백제멸망기 신라 수군의 성격과 역할	『한국고대사탐구』27
	장창은	2017	6세기 중·후반 신라·백제의 각축과 국경선 변천	『한국사학보』67
	황보경	2017	신라의 安城地域 진출과 의미	『한국고대사탐구』25
	엄기표	2017	新羅 5~6세기 石碑의 전개와 특징	『목간과 문자』18
	김병남	2018	신라의 백제부흥세력 공략 과정과 의미	『한국고대사탐구』28
	정동준	2018	7세기 중반 백제·신라의 대외정책 비교	『新羅史學報』42
	서현주	2018	신라·백제의 문화적 특성과 융합	『新羅史學報』42
	김창석	2018	6세기 전반 신라의 대외관계와 백제관	『史學志』57
	전덕재	2018	7세기 백제·신라 지배체제와 수취제도의 변동	『新羅史學報』42
	陳政煥	2018	百濟와 新羅의 國家的 美術交流	『新羅史學報』42
百济与加耶关系	金泰植	1992	6세기 중엽 加耶의 멸망에 대한 연구	『韓國古代史論叢』4
	이희진	1994	4세기 중엽 百濟의 '加耶征伐'	『韓國史研究』86
	李熙眞	1994	加耶의 消滅過程을 통해 본 加耶-百濟-新羅關係	『歷史學報』141
	金鉉球	1994	4세기 가야와 백제·야마토왜의 관계	『韓國古代史論叢』6,
	李永植	1995	百濟의 加耶進出過程,	『韓國古代史論叢』7
	李熙眞	1996	百濟勢力의 加耶進出과 加耶의 對應	『軍史』33
	延敏洙	1997	金官國의 멸망과 동아시아	『伽倻文化』10
	金泰植	1997	百濟의 加耶地域 關係史 -交涉과 征服-	『百濟研究論叢』5 -百濟의 中央과 地方, 충남대 백제연구소
	南在祐	1998	加耶時代 昌原·馬山地域 政治集團의 對外關係	『昌原史學』4 -以峯朴東百博士停年紀念論叢-, 창원대 사학회

续表

专题	著者	年份	题目	发表刊物
百济与加耶关系	백승충	1998	문헌에서 본 가야・삼국과 왜	『韓國民族文化』12
	洪潽植	1998	百濟와 加耶의 교섭 - 토기를 중심으로 -	『百濟文化』27
	백승충	2000	6세기 전반 백제의 가야진출과정	『백제연구』30
	南在祐	2001	6세기대 安羅國과 百濟와의 관계	『白山學報』60
	김병남	2003	백제 근초고왕의 가야 진출과 신라의 대응	『대동사학』2
	곽장근	2006	웅진기 백제와 가야의 역학관계 연구	『백제연구』37
	이한상	2006	장식대도로 본 백제와 가야의 교류	『백제연구』43
	노중국	2006	4세기 伽倻諸國과 百濟의 관계	『역사와 세계』30
	이근우	2007	웅진시대 백제와 가야	『百濟文化』37
	김량훈	2007	4~5세기 남부가야제국과 백제의 교섭 추이	『역사와 경계』65
	홍보식	2008	문물로 본 가야와 백제의 교섭과 교역	『호서고고학』18
	朴天秀	2009	호남 동부지역을 둘러싼 大伽耶와 百濟 : 任那四縣과 己汶, 帶沙를 중심으로	『한국상고사학보』65
	우재병	2009	5~6世紀 百濟・加耶・倭사이의 廣域交易體系 再編과 그 背景	『先史와 古代』31
	金周成	2009	百濟 武王의 大耶城 進出 企圖	『百濟研究』49
	곽장근	2010	전북 동부지역 가야와 백제의 역학관계	『百濟文化』43
	金奎運	2011	5世紀 漢城期 百濟와 加耶 關係	『중앙고고연구』9
	이재석	2011	백제의 가야 진출과 倭國 : 소위 '397년 체제'의 성립과 전개를 중심으로	『지역과역사』29
	곽장근	2011	전북지역 백제와 가야의 교통로 연구 전북지역 백제와 가야의 교통로 연구	『韓國古代史研究』63
	백승옥	2012	4~6세기 백제와 가야제국-『일본서기』관련기사 검토를 중심으로-	『백제학보』7
	김재홍	2012	전북 동부지역 백제, 가야, 신라의 지역 지배	『한국상고사학보』78
	김병남	2012	백제의 가야진출과 '사비회의(泗沘會議)'	『百濟研究』55
	김낙중	2014	가야계 환두대도와 백제	『백제문화』50
	위가야	2016	백제의 기문・대사 진출과정에 대한 재검토 - 513년 국제회의의 실상을 중심으로	『史林』58
	최완규	2018	전북지역 가야와 백제의 역동적 교류	『湖南考古學報』59

续表

专题	著者	年份	题目	发表刊物
百济与加耶关系	김준식	2018	고령 고아동벽화고분의 성격과 대가야 지배층	『한국상고사학보』101
	신가영	2018	백제의 사비회의 개최와 가야 諸國의 대응	『史學研究』131
	이현상	2018	백제 장식대도의 원형복원을 위한 비교연구	『마한·백제문화』31
	하승철	2018	전남지역 마한·백제와 가야의 교류	『湖南考古學報』58
百济与马韩关系	盧重國	1987	馬韓의 成立과 變遷	『마한·백제문화』10
	李基東	1987	馬韓領域에서의 百濟의 成長	『마한·백제문화』10
	成周鐸	1987	馬韓·初期百濟史에 對한 歷史地理的 管見	『마한·백제문화』10
	李基東	1990	馬韓史 序章 - 西海岸航路와 馬韓社會의 黎明	『마한·백제문화』12
	李基東	1990	百濟國의 成長과 馬韓 倂合	『백제논총』2, 백제문화개발연구원
	이현혜	1991	마한 백제국의 (伯濟國) 형성과 지배집단의 출자	『백제연구』33
	李道學	1992	伯濟國의 성장과 소금 交易網의 확보	『백제연구』23
	兪元載	1994	晋書의 馬韓과 百濟	『韓國上古史學報』17, 한국상고사학회
	박찬규	1995	百濟의 馬韓征服過程 연구	단국대 대학원 박사학위
	柳哲	1996	全北地方 墓制에 대한 小考 - 百濟 南進 前後時期를 中心으로-	『湖南考古學報』3
	兪元載	1997	百濟의 馬韓 征服과 支配方法	『百濟論叢』6, 백제문화개발연구원
	李賢惠	1997	3세기 馬韓과 伯濟國	『百濟研究論叢』5 - 百濟의 中央과 地方, 충남대 백제연구소
	김수태 유원재	1998	3세기 중후반 백제의 발전과 마한	『백제연구총서』6
	김수태	2001	백제의 대외교섭권 장악과 마한	『백제연구』33
	박순발	2001	마한 대외교섭의 변천과 백제의 등장	『백제연구』33
	임영진	2010	묘제를 통해 본 마한의 지역성과 변천과정 - 백제와의 관계를 중심으로	『백제학보』3
	최범호	2010	백제 온조왕대 강역 획정 기사의 제설 검토	『白山學報』87
	이장웅	2012	百濟의 馬韓 薯童(武康王) 神話 수용과 益山 彌勒寺	『역사민속학』38

续表

专题	著者	年份	题目	发表刊物
百济与马韩关系	이도학	2013	영산강유역 마한제국의 추이와 백제	『백제문화』49
	土田純子	2013	馬韓,百濟地域 出土 炊事容器 變遷考	『백제연구』58
		2013	특집: 전남지역 마한 소국과 백제	『백제학보』9
	최범호	2013	백제 온조왕대 남방영역과 마한 정복기록의 재검토	『전북사학』43
	문안식	2014	백제의 전남지역 마한 제국 편입 과정 - 서남해지역 및 연안도서를 중심으로 -	『백제학보』11
	김기섭	2014	백제의 영역확장과 마한병탄	『백제학보』11
	임영진	2014	전남지역 마한 제국의 사회 성격과 백제	『백제학보』11
	문안식	2014	백제의 전남지역 마한 제국 편입 과정 - 서남해지역 및 연안도서를 중심으로 -	『백제학보』11
	김수미	2015	백제 멸망 이후 馬韓 인식의 변화 양상	『韓國古代史硏究』77
	박중균	2015	미호천유역(美湖川流域)의 마한에서 백제로의 전환과 재지세력(在地勢力)의 존재양태	『호서고고학』33
	이진우	2015	마한·백제권 석곽묘의 변천	『한국상고사학보』88
	성정용	2016	마한·백제지역분구묘의 출토유물과 성격	『先史와 古代』49
	최영주	2018	고고자료로 본 영산강유역 마한세력의 성장과 변동과정 - 백제와의 관계를 중심으로 -	『동아시아고대학』52
	정동준	2018	백제 근초고왕대의 마한 영역화에 대한 사료 재검토	『韓國古代史硏究』91
	임동민	2018	『晉書』馬韓 교섭기사의 주체와 경로	『韓國古代史硏究』89
	신기철	2018	2~4세기 중서부지역 주구토광묘와 마한 중심세력 연구	『호서고고학』39
	이문수	1980	백제의 요서경략에 대한 고찰	『한사대논문집』1
	문명대	1981	부여 정림사터에서 나온 불상과 도용	『계간미술』겨울호
	朴性鳳	1983	東夷傳 百濟對中關係 同一年代記事의 對比	『경희사학』11
	이명규	1983	百濟 對外關係에 關한一試論-'大陸進出說'考察을 위한 하나의 假說로서-	『史學硏究』37
	김선욱	1984	백제의 수당관계소고-내외상관성을 중심으로-	『百濟硏究』15
	권오영	1988	고고자료를 중심으로 본 백제와 중국의 문물교류	『진단학보』66

续表

专题	著者	年份	题目	发表刊物
百济与马韩关系	임영진	1988	서울 석촌동출토 백제칠기와 중국칠기와의 관계	『진단학보』66
	유원재	1989	'百濟略有遼西' 기사의 분석	『백제연구』20
	양기석	1990	백제의 대륙진출설의 허실	『역사산책』2
	鄭孝雲	1990	7세기대의 한일관계의 연구 上 -백강구전에의 왜국파견 동기를 중심으로-	『고고역사학지』5·6
百济与中国关系	김수태	1991	백제의 멸망과 당	『백제연구』22
	강종훈	1992	백제 대륙진출설의 제문제	『한국고대사논총』4
	유원재	1992	魏虜의 백제침입 기사	『백제연구』23
	유원재	1995	Ⅲ. 백제의 대외관계	『한국사』6 삼국의 정치와 사회Ⅱ-백제
	문안식	1996	百濟의 對中國郡縣 一考察	『傳統文化研究』4, 조선대 전통문화연구소
	박윤선	1996	도일 백제유민의 활동	『숙명한국사론』2
	김기섭	1997	백제의 요서경략설 재검토: 4세기를 중심으로	『한국고대의 고고와 역사』
	全榮來	1998	百濟의 興起와 帶方故地	『百濟研究』28
	金榮官	1999	羅唐聯合軍의 百濟侵攻戰略과 百濟의 防禦戰略	STRATEGY 212-2, 한국해양전략연구소
	유원재	1999	百濟 黑齒氏의 黑齒에 대한 檢討	『백제문화』28-백제부흥운동과 임존성의 제문제
	이용현	1999	'梁職貢圖'百濟國使條의 '旁小國'	『朝鮮史研究會論文集』37
	金春實	2000	百濟 7세기 佛像과 中國 佛像	『先史와 古代』15, 한국고대학회
	김영관	2001	滅亡 之後 百濟 遺民의 動向	『典農史論-松籃李存熙敎授停年紀念號-』7, 시립대국사학과
	여호규	2001	백제의 요서진출설 재검토	『진단학보』91
	徐炳國	2001	百濟와 高句麗의 遼西統治	『역사와실학』19·20
	권오영	2002	喪葬制를 中心으로 한 武寧王陵과 南朝墓의 비교	『百濟文化』31
	김병남	2002	百濟 溫祚王代의 '東有樂浪'에 대하여	『대동사학』1

续表

专题	著者	年份	题目	发表刊物
百济与中国关系	양종국	2002	7세기 중엽 의자왕의 정치와 동아시아 국제관계 변화	『百濟文化』31
	여호규	2002	6세기말~7세기초 동아시아 국제질서와 고구려 대외정책의 변화	『역사와 현실』46
	강종훈	2003	4세기 백제의 요서지역 진출과 그 배경	『한국고대사연구』30
	권오영	2003	백제의 대중교섭 진전과 문화변동	『강좌한국고대사』4
	문명대	2003	한국고대조각의 대외교섭	『삼국시대 불교조각사 연구』, 예경
	임기환	2003	남북조기 한중 책봉·조공 관계의 성격-고구려·백제의 책봉·조공에 대한 인식을 중심으로-	『한국고대사연구』32
	宋知娟	2003	漢城百濟와 帶方郡의 관계	한국학중앙연구원 한국학대학원 석사학위논문
	강종훈	2004	백제의 성장과 對中國郡縣 관계의 추이: '삼국사기' 백제본기 초기기록의 '樂浪' 관련 기사의 검토를 겸하여	『韓國古代史研究』34
	김무중	2004	고고자료를 통해 본 백제와 낙랑의 교섭	『호서고고학』11, 호서고고학회
	김수태	2004	漢城 百濟의 성장과 樂浪·帶方郡	『百濟研究』39
	박순발	2004	한성기 백제 대중교섭 일례	『백제시대의 대외관계』, 호서고고학회
	윤용구	2004	삼한과 낙랑의 교섭	『한국고대사연구』34
	임기환	2004	한성기 백제의 대외교섭	『한성기 백제의 물류시스템과 대외교섭』, 학연문화사
	權五榮	2005	백제문화의 이해를 위한 中國 六朝文化 탐색	『韓國古代史研究』49
	이성규	2005	4세기 이후의 낙랑교군과 낙랑유민	『동아시아 역사 속의 중국과 한국』, 서해문집
	정재윤	2005	中國 史書에 보이는 백제의 요서진출에 대한 고찰	『漢城百濟 史料 研究』漢城百濟叢書Ⅰ, 畿甸文化研究院
	文東錫	2006	梁武帝의 佛教政策에 대하여-백제와 연관성을 중심으로-	『東亞考古論壇』2
	박윤선	2006	위덕왕대 백제와 남북조의 관계	『역사와 현실』61

续表

专题	著者	年份	题目	发表刊物
百济与中国关系	곽동석	2007	제 2 장 중국과의 문물교류 제 2 절 웅진기 중국과의 문물교류	『백제의 문물교류』
	강종훈	2007	제 2 장 백제의 중국 대륙진출	『한성도읍기의 백제』 백제문화사 대계 연구총서 3
	김영관	2007	나당연합군의 백제공격로와 금강	『백제와 금강』, 서경문화사
	김은숙	2007	7세기 동아시아의 국제 관계 -수의 등장 이후 백제 멸망까지를 중심으로-	『韓日關係史硏究』26, 한일관계사학회
	문명대	2007	사비기 중국과의 문물교류	『백제의 문물교류』, 백제문화사 대계 연구총서 10
	박윤선	2007	5세기 중반 - 7세기 백제의 대외관계	숙명여자대학교 박사학위논문
	박윤선	2007	7세기 전반 삼국의 역관계와 백제의 대당 외교-백제의 입장을 중심으로-	『역사문화연구』27
	서영수	2007	제 2 장 중국과의 관계 제 1 절 남북조와의 관계	『백제의 대외교섭』
	양종국	2007	웅진시대 백제와 중국	『百濟文化』37
	윤용구	2007	새로 발견된 낙랑목간	『한국고대사연구』46
	윤용구	2007	중국계 관료와 그 활동	『백제의 대외교섭』백제문화사 대계 연구총서 9
	임영진	2007	제 2 장 중국과의 문물교류 제 1 절 한성기 중국과의 문물교류	『백제의 문물교류』
	정동준	2007	5세기 백제의 중국식 관제 수용과 그 기능	『韓國史硏究』138, 韓國史硏究會
	강종훈	2008	제 4 장 백제의 요서 진출	『한성백제사 4 대외관계와 문물교류』
	노중국 권오영	2008	보론 백제의 중국대륙진출	『백제 역사와 문화』, 충청남도역사문화연구원
	박윤선	2008	백제와 송·제·양 교섭기사에 대한 고찰	『역사문화연구』31
	양홍	2008	고고자료를 통해 본 중국 남·북조의 문화교류	『대백제국의 국제교류사』
	윤용구	2008	중국과의 대외관계와 문물교류	『한성백제사』4-대외관계와 문물교류

续表

专题	著者	年份	题目	发表刊物
百済与中国关系	박윤선	2009	무왕대 전반기 삼국의 각축과 백제의 외교	『한국고대사연구』53
	이휘달	2009	백제와 중국 육조청자의 비교 검토	『연구논문집』9, 호남문화재연구원
	정재윤	2009	5~6세기 백제의 南朝 중심 외교정책과 그 의	『백제문화』41
	윤용구	2010	낙랑·대방지역 신발견 문자자료와 연구 동향	『한국고대사연구』57 한국고대사학회
	이기동	2010	중국 진사과 및 제과에 합격한 한국인들	『한국사시민강좌』46, 일조각
	李道學	2010	百濟의 海外活動 記錄에 관한 檢證	『2010 세계대백제전 국제학술회의발표집』, 충청남도역사문화연구원
	정재윤	2010	중국계 백제관료에 대한 고찰	『백제문화』45
	김수태	2011	5세기 후반 백제의 대왜 관계와 남조	『백제학보』6
	박윤선	2011	백제와 중국왕조와의 관계에 대한 연구 현황과 과제	『百濟文化』45
	양종국	2012	백제 의자왕대의 정치와 對中外交 성격 검토	『百濟文化』47
	金榮官	2012	百濟 遺民들의 唐 移住와 活動	『한국사연구』158
	토전두자	2012	백제유적 출토 중국자기(中國瓷器)의 시간적 위치에 대한 검토 -백제토기와 공반된 자기를 중심으로-	『호서고고학』27
		2013	특집: 백제의 중국 사행로(使行路)	『百濟研究』57
	김성한	2013	백제의 요서 영유와 '백제군'	『역사학연구』50
	정동준	2013	백제의 중앙관제에 미친 중국왕조의 영향에 대하여 -중앙관사의 구성을 중심으로-	『史林』44
	김성한	2013	百濟의 遼西 영유와 '樂浪'	『역사학연구』52
	민성욱	2013	낙랑과 백제와의 관계 고찰을 통한 말갈의 위치 연구	『선도문화』15
	김영관	2013	大唐平百濟國碑銘에 대한 고찰	『역사와 담론』66
	전영	2014	백제와 중국 남조의 문화교류: 무령왕릉을 중심으로	『한중인문학회 국제학술대회』
	拜根興	2014	중국 학계의 백제 유민 禰氏 家門 墓誌銘 검토	『한국사연구』165

续表

专题	著者	年份	题目	发表刊物
百济与中国关系	조관휴	2014	백제 한성기의 왕계 변화와 대방군과의 관계	『한국학논총』42
	서영교	2014	당고종 백제철병 칙서(勅書)의 배경	『동국사학』57
	오택현	2014	낙양 용문석굴 소재 백제 관련 명문자료	『목간과 문자』13
	李成制	2014	高句麗・百濟遺民 墓誌의 出自 기록과 그 의미	『韓國古代史研究』75
	윤용구	2014	중국 출토 고구려・백제유민 묘지명 연구 동향	『韓國古代史研究』75
	김영심	2014	遺民墓誌로 본 고구려, 백제의 官制	『韓國古代史研究』75
	蔡昡錫	2014	百濟 王・侯制의 도입과 운영에 대한 試論	『한국사연구』166
	李基天	2014	唐代 高句麗・百濟系 蕃將의 존재양태	『韓國古代史研究』75
	조범환	2015	중국인 유이민의 백제 귀화와 정착 과정에 대한 검토-「陳法子墓誌銘」을 중심으로	『한국고대사탐구』19
	백길남	2015	4~5세기 백제의 중국계 유이민의 수용과 태수호	『동방학지』172
	曹凡煥	2015	중국인 유이민의 백제 귀화와 정착 과정에 대한 검토	『한국고대사탐구』19
	강종훈	2015	『晉書』慕容皝載記와 『資治通鑑』晉穆帝紀 所載 '백제(百濟)' 관련 기사의 사료적 가치	『대구사학』121
	박찬우	2015	한성기 백제의 장군호 활용 배경과 정치적 의미	『백제문화』52
	정영식	2016	남조 차 문화의 백제에 대한 영향 고찰	『한국예다학』3
	정동준	2016	백제의 지방통치제도에 미친 중국 왕조의 영향	『역사학보』232
	임기환	2016	백제 遼西진출설과 역대 교과서 서술 검토	『한국사학보』63
	박순발	2016	백제의 해상 교통과 기항지 -대중국항로를 중심으로	『백제학보』16
	배근흥	2016	한국에서 새롭게 출토된 두 건의 백제 사료 연구 -〈사리봉안기〉와 '行貞觀十九年(행정관십구년)' 가죽 漆甲의 명문을 중심으로-	『백제문화』54
	정동준	2016	의자왕대 백제에 대한 당의 인식 변화 -외교문서의 분석을 중심으로-	『史林』55
	金昌錫	2016	中國系 인물의 百濟 유입과 활동 양상	『역사문화연구』60
	임동민	2016	백제와 동진의 교섭 항로	『백제학보』17

续表

专题	著者	年份	题目	发表刊物
百济与中国关系	최상기	2016	백제 멸망 이후 예씨(禰氏) 일족의 위상	『역사와 현실』101
	안정준, 최상기	2016	[총론] 당대 묘지명을 통해 본 고구려·백제 유민 일족의 동향	『역사와 현실』101
	정동준	2017	5세기 동아시아에서의 책봉호의 정치적 의미-백제 및 남조 주변제국에 수여된 장군호를 중심으로	『역사와 세계』52
	강종원	2017	백제 사비기 군사 운용체계의 변화와 황산벌전투	『백제학보』22
	주경미	2017	백제 위덕왕의 불교적 치세관 형성과 6세기 중국의 정세 변화	『한국고대사탐구』27
	신희권	2017	중국도성과의 비교를 통한 한성백제 도성의 형성과 발달	『백제학보』19
	장석영	2017	백제 혜균이 중국불교에 미친 영향 - '불성(佛性)'의 해석과 관련하여 -	『한국불교사연구』11
	조재우	2017	「류인원기공비(劉仁願紀功碑)」의 해석과 당조의 백제고토 지배방식	『史林』61
	정동준	2017	백제 율령에 미친 중국왕조의 영향 - 소위 '태시율령 계수설' 비판 -	『동국사학』62
	김금자	2017	남북조시기 백제와 북조의 관계에 대하여	『백제학보』19
	拜根興	2017	석각묘지명 사료에 반영되어 있는 7세기 중엽의 당과 백제 - 신발견 당 군인 [군장(軍將)] 묘지명을 중심으로	『백제학보』19
	馮立君	2017	대방군왕 작호에 대한 고찰 - 중국과 백제의 관계로부터 -	『백제학보』19
	박종욱	2017	백제의 대중국교섭 항로- 고구려의 해상차단 관련 기록을 중심으로 -	『백제학보』19
	임동민	2017	The Native Origins of the Paekche Refugee Ye (禰) Family and the Background of Their Activities in the Tang Dynasty	International Journal of Korean History 22-2
	박현숙	2017	한성시기 백제의 宋·北魏와의 외교 배경과 그 양상	『先史와 古代』51
	백길남	2017	'百濟略有遼西' 記事의 기술배경과 漢人 유이민 집단	『韓國古代史研究』86
	채미하	2017	666년 고구려의 唐 封禪儀禮 참여와 그 의미	『東北亞歷史論叢』56
	소현숙	2018	6세기 百濟와 山東의 佛教文化 交流에 대한 再考	『한국고대사탐구』29

续表

专题	著者	年份	题目	发表刊物
百济与中国关系	권오영	2018	백제와 부여의 계승성 여부에 대한 검토	『東北亞歷史論叢』61
	김수태	2018	웅진도독부의 백제부흥운동 재론 - 664년 사비산성 전투를 중심으로 -	『백제학보』25
	井上直樹	2018	백제의 왕호·후호·태수호와 장군호 - 5세기 후반 백제의 지배질서와 동아시아 -	『백제학보』25
	백길남	2018	중국왕조의 '백제략유료서' 기사서술과 인식 - 백제군 설치를 중심으로	『백제학보』25
	채민석	2018	웅진도독부 소속 주현의 기원에 관한 새로운 인식 - 7세기 백제의 부병제 도입과 관련하여	『백제학보』23
	남정호	2018	660년 당군과 신라군의 연합 작전에서의 몇 가지 문제	『역사와 담론』87
	정재윤	2018	중국 요서 지역에 보이는 백제의 실체	『東北亞歷史論叢』61
	정동준	2018	6세기 동아시아에서의 책봉호의 정치적 의미 - 국제정세의 변동과 백제의 책봉호에 반영된 인식을 중심으로	『史林』66
百济与倭政治军事关系	崔在錫	1989	百濟의 大和倭와 高句麗·新羅와의 關係	『한국학보』57, 일지사
	崔在錫	1990	百濟의 大和倭의 '日本'으로의 變身過程	『동방학지』69, 연세대 국학연구원
	李道學	1990	百濟 七支刀銘文의 再解釋	『한국학보』60, 일지사
	金恩淑	1990	日本書紀의 백제관계기사의 기초적 검토	『백제연구』21
	金昌鎬	1990	百濟 七支刀 銘文의 재검토 - 日本學界의 任那日本府說에 대한 反論(3) -	『역사교육논문』13·14 合
	李根雨	1990	百濟本記와 任那問題	『가라문화』8, 경남대 가라문화연구소
	鄭孝雲	1991	七世紀代의 韓日關係의 研究:'白江口戰'에의 倭軍派遣 動機를 中心으로	『考古歷史學志』5·6·7
	李基東	1992	騎馬民族說에서의 韓·倭연합왕국론 비판	『한국사시민강좌』11, 일조각
	羅幸柱	1993	古代 朝·日關係에 있어서의 '質'의 意味 - 특히 '質'의 파견목적을 중심으로 -	『건대사학』8, 건국대 사학회
	崔在錫	1993	百濟와 肥後倭와의 關係 - 日本書記를 중심으로 -	『일본학』12, 동국대일본학연구소
	崔在錫	1993	任那의 위치·강역과 인접 5國과의 關係	『아세아연구』36-1, 고려대 아세아문제연구소

续表

专题	著者	年份	题目	发表刊物
百济与倭政治军事关系	盧重國	1994	7世紀 百濟와 倭와의 關係	『國史館論叢』52, 국사편찬위원회
	延敏洙	1994	百濟와 倭國과의 初期交涉記事 檢討	『日本學』13, 동국대 일본학연구소
	沈正輔	1995	廣開土王 陵碑文의 析疑 -특히 辛卯年 倭來渡 記事에 대하여-	『韓國上古史學報』19
	李載浩	1995	百濟의 發展過程과 對倭關係 研究	『韓國史研究』88
	盧柄煥	1995	6세기 百濟 威德王의 對 大和倭 불교정책과 法興寺(飛鳥寺)조영	『교육논총』15
	崔在錫	1996	5世紀後半 百濟와 倭國 -昆支의 행적과 東城王의 卽位事情을 중심으로-	『정신문화연구』65
	임윤자	1996	5세기 후반의 倭와 百濟의 관계	대구효성가톨릭대 대학원 석사학위
	延敏洙	1997	百濟의 對倭外交와 王族 -百濟 外交史의 特質-	『百濟研究』27
	鄭孝雲	1997	7世紀 中葉의 百濟와 倭	『百濟研究』27
	최재석	1999	'日本書紀'에 나타난 百濟에 의한 大和倭 경영 기사와 그 은폐 기사에 대하여	『韓國學報』25-3
	최재석	1999	백제 의자왕에 의한 소아입록 부자 주살과 "일본서기"의 기사에 대하여	『民族文化論叢』20-1
	李炳銑	2000	對馬島에 있었던 百濟勢力에 대하여 -백제군과 임나 건국을 중심으로	『韓國學報』26-4
	김택균	2000	4세기말 5세기초의 백제와 왜와의 관계	『江原史學』15
	강종훈	2001	4세기 백제-왜 관계의 성립과 그 배경	『역사와 현실』40
	이재석	2001	5세기말의 백제와 왜국 -동성왕의 대왜국 관계를 중심으로	『日本歷史研究,』14
	유불란	2001	百濟와 倭의 政治外交關係考察을 통해 본 새로운 歷史認識의 姿勢	『역사와사회』2
	이재석	2001	5세기말 곤지의 도왜 시점과 동기에 대한 재검토	『백제문화』30
	우재병	2002	4~5세기 왜에서 가야, 백제로의 교역루트와 고대항로	『호서고고학』6·7
	延敏洙	2002	古代 韓日 外交史: 三國과 倭를 中心으로	『韓國古代史研究』27
	김현구	2002	백제와 일본간의 왕실외교 -5세기를 중심으로 -	『백제문화』31

续表

专题	著者	年份	题目	发表刊物
百济与倭政治军事关系	김병남	2003	한국사학: 백제 동성왕대의 대외 진출과 영역의 확대	『韓國思想과 文化』22
	서현주	2004,	4~6세기 백제지역과 일본열도의 관계	『호서고고학』11
	李在碩	2004	5세기 백제와 倭國의 관계	『百濟研究』39
	김수태	2004	백제 의자왕대의 대왜외교 – 왕족들의 재등장과 관련하여 –	『백제문화』33
	정재윤	2007	웅진시대 백제와 왜의 관계에 대한 예비적 고찰	『백제문화』37
	이재석	2007	7세기 왜국의 대외 위기감과 출병의 논리	『日本歷史研究』26
	박현숙	2007	6세기 백제와 일본의 관계	International Journal of Korean History, Vol. 11
	서보경	2008	百濟의 同盟 形成과 관리 – '宋書'에 보이는 倭王의 都督百濟軍事號 요청과 관련하여	『日本研究』35
	김현수	2010	6세기 백제의 대왜외교 양상과 의미	『한국학논총』34
	洪性和	2010	5세기 百濟의 정국변동과 倭 5王의 작호	『韓國古代史研究』60
	洪性和	2010	4~6세기 百濟와 倭의 관계: '日本書紀' 内 倭의 韓半島 파병과 百濟·倭의 인적교류 기사를 중심으로	『한일관계사연구』36
	洪性和	2011	웅진시대 백제의 왕위계승과 대왜관계	『백제문화』45
	洪性和	2011	百濟와 倭 왕실의 관계: 왕실 간 혼인관계를 중심으로	『한일관계사연구』39
		2012	특집: 백제의 지방과 대외교류	『百濟研究』55
	권오영	2012	계체왕조의 등장을 둘러싼 고고학적 환경 – 무령왕대 백제와 왜의 교섭을 이해하기 위한 사전작업 – 繼體王朝의 登場을 めぐる 考古學的環境 – 武寧王代, 百濟の對倭交渉の理解するための事前作業 –	『백제문화』46
	김화경	2012	백제 건국신화의 연구 – 일본의 도모신화를 중심으로 한 고찰 –	『韓民族語文學』60
	박윤선	2012	도일 백제유민의 정체성 변화 고찰	『역사와 현실』83
	김문자	2012	일본 고대 복식에 미친 백제복식의 영향	『服飾』62-5
	백승옥	2012	4~6세기 백제와 가야제국 – 『일본서기』관련기사 검토를 중심으로 –	『백제학보』7

续表

专题	著者	年份	题目	发表刊物
百济与倭政治军事关系	우재병	2012	5~6세기 百濟와 倭의 정치적 연대와 각국 墓制의 수용 양상	『先史와 古代』37
	백미선	2012	백제 멸망기 渡倭 승려들의 활동과 사상	『한일관계사연구』41
	권오영	2012	계체왕조의 등장을 둘러싼 고고학적 환경 -무령왕대 백제와 왜의 교섭을 이해하기 위한 사전작업-	『백제문화』46
	韓나래	2013	百濟 佛敎建築이 日本에 끼친 影響	『文化史學』40,
	연민수	2013	웅진시대 백제의 대왜동맹과 외교	『백제문화』49
	이병호	2013	백제사원과 일본 비조사(飛鳥寺) 삼금당(三金堂)의 원류	『百濟研究』57
	이재석	2013	7세기 후반 백제부흥운동의 두 노선과 왜국의 선택	『百濟研究』57
		2013	特輯: 古代韓日關係 硏究의 새로운 흐름	『百濟研究』58
	李炳鎬	2013	일본의 도래계 사원과 백제 유민의 동향 I	『한국사학보』53
	徐榮教	2013	百濟의 倭使國書 奪取사건	『군사』86
	이다운	2013	고대일본의 백제불교 전개와 정치변동: 사찰 창건을 중심으로	『원불교사상과 종교문화』56
	히시다 테츠오	2013	백촌강 이후 일본의 불교사원에 보이는 백제유민의 영향	『동양미술사학』2
	서정석	2013	백제산성이 일본 '朝鮮式山城'에 끼친 영향 -大野城을 중심으로-	『역사와 담론』67
	이다운	2013	'大寺' 창건과 百濟·倭의 교섭	『동북아 문화연구』34
	신유진	2013	『日本書紀』에 보이는 百濟의 '君'號에 대한 考察	『한일관계사연구』44
	연민수	2014	일본서기의 백제인식과 번국사상(蕃國思想)	『百濟研究』59
	이재석	2014	5~6세기 백제의 대왜국 외교의 추이와 그 유형	『백제문화』50
	박재용	2014	6세기 고대일본 백제계 도왜인(渡倭人)과 불교	『백제문화』50
	윤용혁	2014	백제의 대왜(對倭) 항로와 가카라시마(加唐島)	『백제문화』51
	박주선	2015	百濟 義慈王代의 신라 고립책과 對倭관계: 653년 백제와 왜의 통호를 중심으로	『韓國史論』61
	심경순, 이재운	2015	『日本書紀』百濟 관련 기사의 역사적 가치에 대한 검토	『전북사학』46

续表

专题	著者	年份	题目	发表刊物
百济与倭政治军事关系	김영심	2015	일본 속 백제 유물의 범위와 의미	『백제문화』53
	우재병	2015	묘제에 보이는 백제와 왜 사이 교류의 몇 가지 특질	『한국사학보』61
	洪性和	2015	5세기대 木氏를 중심으로 한 百濟와 倭의 고찰	『동아시아고대학』39
	노성환	2015	백제 임성태자의 일본이주전설에 관한 연구	『일어일문학』67
	정동준	2015	백제에서의 장군호 수용과 막부제	『역사와 현실』97,
	정동준	2016	백제의 지방통치제도에 미친 중국왕조의 영향 - 漢代~南北朝時代 지방통치기구와의 비교를 중심으로 -	『역사학보』232
	장수남	2016	百濟의 對中關係進展과 支配體制再建	『人文科學論文集』53
	이재준	2016	나 당 연합군의 침공전략과 백제의 대응	『한국군사학논집』72-3
	윤일영	2016	羅·唐군의 이동과 백제군 배비: 서기 660년	『군사학연구』13
	우재병	2016	5~6세기 서남부지역 수장묘를 통해 본 백제와 왜의 관계	『先史와 古代』50
	정재윤	2016	가와치 지역의 백제계 도왜인(渡倭人)	『東北亞歷史論叢』52
	박민경	2016	百濟 武王代의 對倭關係	『한일관계사연구』53
	고전관태	2016	일본열도의 백제관련 해상교통로와 기항지 -세토나이카이(瀬戶內海) 루트와 백제 영산강 유역-	『백제학보』16
	박윤선	2016	7세기『일본서기』삼국관계 기사의 분석과 백제와 왜의 관계	『史林』55
	박해현	2016	일본 고대 불교 발전에 기여한 백제 渡來人	『韓國古代史研究』83
	서영교	2016	百濟의 남강유역 再進出과 倭	『서강인문논총』46
	연민수	2016	백제 귀실씨(鬼室氏)와 일본의 후예씨족	『백제학보』17
	김규운	2017	고분으로 본 6세기 전후 백제와 왜 관계	『한일관계사연구』58
	김영심	2017	고대 일본의 도교문화와 백제	『백제문화』57
	노성환	2017	일본 시코쿠 순례 속의 한국문화	『일어일문학』74
	羅幸柱	2017	한반도제국과 왜국의 사신외교 = 韓半島諸國과 倭國의 使臣外交 - 百濟·新羅의 對倭外交의 形態와 그 特徵 -	『한일관계사연구』56

续表

专题	著者	年份	题目	发表刊物
百济与倭政治军事关系	박재용	2017	고대 일본의 蘇我氏와 百濟系 씨족	『韓國古代史研究』86
	박재용	2017	백제의 대왜(對倭)교섭과 항로(航路)-5~6세기를 중심으로	『백제학보』19
	장미애	2018	6세기 왜계백제관인을 통해 본 백제-왜 관계의 변화	『역사와 현실』109
	박재용	2018	일본 사료로 본 백제 熊津시기 왕계	『한일관계사연구』61
	문동석	2018	고고자료로 본 백제와 왜 교섭	『일본어문학』82
	신숙	2018	7세기 백제와 일본 正倉院 소장품	『美術史學』36
	홍성화	2018	웅진시대 백제와 왜의 관계	『사총』94
	주경미	2018	백제 왕흥사지(王興寺址) 출토 사리장엄구(舍利莊嚴具)와 6세기 동아시아 불교문화	『百濟研究』67
	조원창	2018	百濟 泗沘期 木塔 築造技術의 對外傳播	『先史와 古代』55
	이한상	2018	일본 규슈 출토 백제양식 금공품 연구	『한국문화연구』35
其他	권오영	2012	백제와 서역의 문물교류에 대한 시론	『百濟研究』55
	이도학	2017	백제와 인도와의 교류에 대한 접근	『동아시아불교문화』29

图 3-16　申滢植《百济史》　　图 3-17　首尔特别市市史编纂委员会《汉城百济史》

第三编　百济学史述要 | 383

图 3-18　卢重国《百济政治史》

图 3-19　卢重国《百济的对外交涉与交流》

图 3-20　朴淳发《百济的都城》

图 3-21　汉城百济博物馆学术会议海报

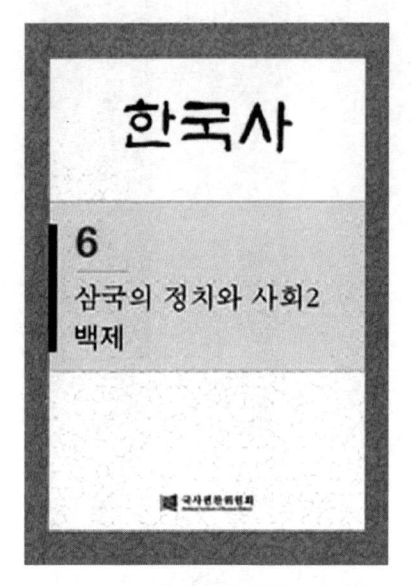

图 3-22　韩国国史编纂委员会　　　图 3-23　朝鲜社会科学院《朝鲜
　　　　　《韩国史》百济卷　　　　　　　　　　 断代史》百济史卷

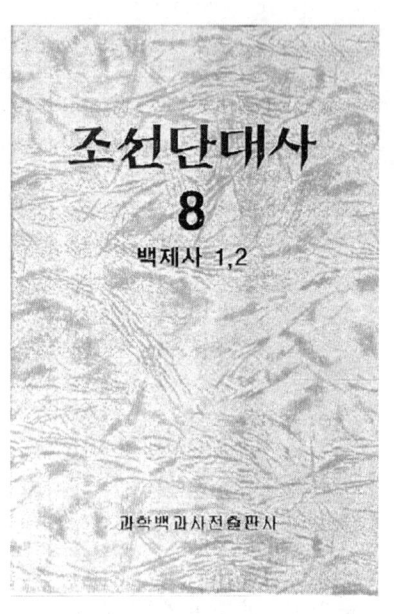

十二　百济研究专刊论文总目

　　韩国学界的百济史研究是其"国史"重要篇章，因此各相关高校、科研机构的研究规模和力度很大，持续投入从而形成集成影响力。其中，各机构主办的以百济历史文化为核心研究领域的专门学术刊物是一道亮丽的风景。韩国国内刊发百济史专题论文的期刊还有《韩国古代史研究》（韩国古代史学会）、《东北亚历史论丛》（东北亚历史财团）等历史学综合性期刊，其他考古类、佛教研究类、地域文化类的不少刊物也都相应地刊登百济专题史方面的文章和资料，但是以下四种刊物无疑是最为集中地发布百济研究最新成果的学术园地。

《百济学报》（2009—2018 年）

　　韩国百济学会是由韩国各高校、博物馆、研究院等学术机构中的百济研究人员组成的组织，主办的会刊《百济学报》（《백제학보》）创办于 2009 年，始为半年刊，现为一年三刊或四刊，被收录到"韩国学术期刊引

用索引"（KCI，Korea Citation Index，한국학술지인용색인）登载目录。2016年，百济学会曾与中国延边大学合作举办"东亚世界中的百济与中国"国际学术研讨会，邀请中国方面的学者共同研讨百济史问题，扩大了学会及会刊的影响力。

1（2009）①

백제학회 창립 축사/도수희

백제학회의 운영 방향/양기석

백제학 연구의 현황과 전망/노중국

목간자료를 통해 본 사비도성의 공간구조-'外椋部'명 목간을 중심으로/박태우

나주 복암리 유적 출토 백제목간과 기타 문자 관련 유물/김성범

백제 의자왕 증손녀 太妃 부여씨 묘지/김영관

2（2009）

백제의 취사시설과 취사방법-한성기를 중심으로/한지선

익산 왕궁리유적의 화장실에 대한 일고찰/전용호

백제시대 유적 출토 직물의 고고학적 고찰/안보연

백제의복의 현대적 활용/나선정, 김병미

고구려, 백제 평와의 제작기법 비교/심광주

백제 금속공예 제작기법의 전개양상/이귀영

백제 한성기 장식대도의 제작기법 검토-수촌리와 용원리 사례를 중심으로/이현상

3（2010）

문헌을 통해서 본 마한의 始末/박찬규

묘제를 통해 본 마한의 지역성과 변천과정-백제와의 관계를 중심으로/임영진

보덕 전승에 관한 시론적 검토/배재영

북위 평성 단상/박순발

일본 나라분지 남부의 최신 발굴조사 성과/권오영

4（2010）

백제 수막새 제작기법과 생산체제의 변화-풍납토성 출토품을 중심으

---

① 总目说明："1（1967）"，意为1967年出版的总第1辑，余同；每辑目录分为一段落；每篇文章题目在前，"/"后为作者名。

로/소재윤
　　백제의 수리시설과 김제 벽골제/노중국
　　백제 초기 정치체제의 성립과정과 구조적 특질/박기범
　　백제 멸망기 方領의 성격과 왕성의 분기화/지원구
　　의자왕 후기 지배층의 분열과 백제의 멸망/남정호
　　다시 백제사연구의 새로운 국면을 열어줌/김수태
　　김포 운양동유적 분구묘/김기옥
　　화성 청계지구 백제토기 가마/강아리
　　연기 송원리 백제고분군/조은하
　5 (2011)
　　무안 양장리유적 출토 절구공이 기능에 대한 소고/고경진
　　백제 한성지역 출토 유개고배의 분류와 변천양상/신종국
　　한성지역 백제토기 분류 표준화 방안의 모색/한지선 외 2 명
　　자연과학적 데이터를 활용한 풍납토성 백제토기의 분류 방안 연구/문은정 외 3 명
　6 (2011)
　　문헌기록 속의 영산강 유역 -4~5 세기를 중심으로/노중국
　　영산강유역 토기문화의 변천 양상과 백제화과정/서현주
　　『일본서기』 편찬과 백제계 사관/박재용
　　5 세기 후반 백제의 대왜 관계와 남조/김수태
　　영산강 상류지역의 취락변동과 백제화 과정/이영철
　　사철제련과 대도야장에 관련된 일본 고문헌 자료의 검토/노태천
　　7 세기 초 영산강 유역의 호구와 농작-나주 복암리 목간의 분석/김창석
　　3~5 세기 영산강유역권 토착세력의 성장 배경과 한계/임영진
　　영산강유역 정치체의 성장과 변동 과정/김낙중
　7 (2012)
　　한국 고대의 계세사상과 그 실현 양상 -《일본서기》 수인기 순장 기사를 단초로 하여-/노중국
　　미륵사지 출토 사리봉안기와 백제의 왕비/주보돈
　　4~6 세기 백제와 가야제국-『일본서기』 관련기사 검토를 중심으로-/백승옥

백제 멸망후 부여융의 행적과 활동에 대한 재고찰/김관영
백제 복속 후 전라북도 지역에 대한 신라의 정책/조법종
창녕지역 양식 토기의 생산체계/김옥순, David R. Abbott, Sophia E. Kelly, 장윤득
창녕지역 고분 조사현황 및 성과/정인태
隋代『解方保墓誌』與雁門解氏-兼爲梳理漢唐之間解氏人物與世系郡望-/왕기위
수대『解方保墓誌』와 雁門解氏-한당지간에 해씨 인물과 세계군망에 관한 정리-/허리

8 (2012)
특집: 청주 신봉동 백제고분군: 신봉동고분군의 묘제양상과 특징/이훈
淸州 新鳳洞古墳群 築造集團의 性格 再考/성정용
신봉동 백제고분군의 묘역 축조 과정 검토 -출토 토기 분석을 중심으로-/한지선
淸州新鳳洞古墳群の鐵器にみる被葬者集団/영목일유
淸州 新鳳洞 古墳群의 鐵器에 보이는 피장자집단/이기성
新鳳洞古墳群にみられる日本文化系要素/무말순일
신봉동고분군에서 보이는 일본문화계 요소/이동관
龜背紋與步搖冠飾 -大月氏文化對三燕地區影響淺析-/위정
귀배문과 보요관식 -대월씨 문화가 삼연지역에 미친 영향-/김봉근
청주 신봉동 고분군의 보존과 정비 방안에 관한 연구/김철주
금강유역 한성기 백제 횡혈식석실묘의 축조환경/이현숙
河內百濟寺跡の發掘調査/대죽홍지
河內百濟寺跡の發掘調査/이기성
연구노트: 4~5세기 풍납토성의 도성 경관/소재윤

9 (2013)
특집: 전남지역 미한 소국과 백제: 전남지역 마한사회와 백제
문헌자료로 본 전남지역 마한소국의 위치/박찬규
고고학 자료로 본 전남지역 마한 소국의 수와 위치 시론/임영진
문헌자료로 본 침 미다례의 위치/김영심
고고학에서 본 침미다례의 위치/최성락

문헌자료로 본 비리피 중포미지반고사읍 /정재윤
고고학 자료로 본 비리피 중포미지반고사읍의 위치/김낙중
임나사현과 기문의 위치/곽장근
연구노트: 충남 부여지역 출토 중국제 옥기의 고고학적 고찰./임승경
답사기 카작, 키르키즈스탄 고분 답사/강지원

10 (2013)
미호천유역 백제고분의 양상과 성격/박중균
백제 건국세력의 계통과 한성기 묘제/이도학
가락동 2호분 출토유물을 통한 조영시기 재검토/김일규
한성지역 백제 횡혈식석실묘 연구-서울 방이동, 가락동 석실묘를 중심으로/이현숙
미호천 중상류의 백제토성 현황과 특징/김호준
백제학회 2012~13년 중국 답사/임영진

11 (2014)
특집: 전남지역 마한 제국의 사회 성격과 백제
전남지역 마한 제국의 사회 성격과 백제/임영진
취락으로 본 전남지역 마한 사회의 구조와 성격/김승옥
출토유물로 본 전남지역 마한제국의 사회 성격 -5~6세기 토기를 중심으로-/서현주
백제의 영역확장과 마한병탄/김기섭
백제의 전남지역 마한 제국 편입 과정 - 서남해지역 및 연안도서를 중심으로 -/문안식

12 (2014)
실험 고고학을 통해 본 백제 흑색마연토기 제작기술 연구/남상원, 김수경
제작기술로 통해 본 무령왕릉 출토 장식도의 제작지 검토/최기은
백제 직물의 특성과 직조 기술/박윤미

13 (2015)
백제의 중앙통치조직에 대한 연구사 검토/정동준
최근 백제사 연구 성과와 동향 -2013년도 연구 성과를 대상으로-/문동석

백제 국제관계사 연구동향과 시기구분 시론/박윤선

호남지역 마한, 백제 발굴자료의 현황과 특징 -2014년을 대상으로-/정일

14 (2015)

한, 중, 일 분구묘의 관련성과 그 배경/임영진

마한 분구묘의 출현과정과 조영집단/권오영

영산강유역 제형분구묘의 등장 과정과 의미/김낙중

마한 방대형, 원대형 분구묘의 등장배경/최영주

15 (2015)

가야 아리사등의 외교와 행적/장인성

『일본서기』에 보이는 왜계백제관료) /박재용

아리사등 일라를 통해본 6세기 한일 관계/정재윤

백제 사비기 부여, 익산지역의 자비용기에 대한 고찰/서현주

16 (2016)

백제의 해상 교통과 기항지-대 중국항로를 중심으로-/박순발

일본열도의 백제관련 해상교통로와 기항지 -세토나이카이 루트와 백제 영산강 유역-/고전관태, 김도영(번역)

서남해안 일대의 백제 해상교통로와 기항지 검토/김낙중

17 (2016)

2014년도 마한, 백제사 연구 동향과 성과/김기섭

최근 발견된 주요 륙조묘/위정

백제 귀실씨와 일본의 후예씨족/연민수

백제와 동진의 교섭 항로/임동민

백제 복식 구조에 관한 고찰/라선정

18 (2016)

호서지역의 마한과 백제 유적조사 성과/성정용

호남지역 유적조사 성과를 통해 본 마한·백제 -2015년을 대상으로-/정일

나주 복암리 출토 목간으로 본 사비시대 두힐/김근영

백제 국가성립기 전후의 토기변화상 -풍납토성 중·하층 출토품을 중심으로-/신화영

전북지역 마한·백제묘제의 양상과 그 의미/최완규

백제사 연구 자료를 다시 수집하고 새롭게 정리한 역작 - 권인한·김경호·윤선태 공동편집, 『한국고대문자자료연구 -백제편』, 2015, 주류성 -/김영관

19 (2017)

남북조시기 백제와 북조의 관계에 대하여/김금자

석각묘지명 사료에 반영되어 있는 7세기 중엽의 당과 백제- 신발견 당 군인 [군장] 묘지명을 중심으로/배근흥

중국 도성과의 비교를 통한 한성백제 도성의 형성과 발달/신희권

대방군왕 작호에 대한 고찰 - 중국과 백제의 관계로부터 -/馮立君

백제의 대중국교섭 항로- 고구려의 해상 차단 관련 기록을 중심으로 -/박종욱

백제의 대왜교섭과 항로- 5~6세기를 중심으로/박재용

남해 남치리 백제고분의 출현과 그 배경/하승철

20 (2017)

2016년 백제사 연구 성과와 동향 - 웅진·사비시대 문헌사를 중심으로 -/장미애

2016년 호서지역 원삼국~백제의 고고학 조사·연구성과/이현숙

호남지역 유적조사 성과를 통해 본 마한·백제 - 2016년을 중심으로 -/이동희

『진서』에 보이는 마한의 대외 교류와 백제의 성장/전진국

고분 부장품을 통해 본 영산강유역 마한세력의 대외교류/최영주

5~6세기 영산강류역권의 동향과 왜계고분의 의미/오동선

랑아수국과 해남제국의 세계/권오영

백제 한성기 절구 연구/윤정현

21 (2017)

백제 관복제의 정비시기와 변천과정 검토/나용재

일본 횡구식석곽의 기원과 그 의의/김규운

백제의 천 및 오제 제사의 내용과 의미/김경화

백제 인명의 이해 시론 - 막고와 해를 중심으로/박윤선

22 (2017)

문헌자료를 통해 본 삼한의 소도와 제의/문창로

보령 명천동 유적을 중심으로 본 소도와 의례공간/나혜림

기리영을 통해 본 마한 제국과 조위/이정빈

백제 사비기 군사 운용체계의 변화와 황산벌전투/강종원

3~5세기 세종 지역 묘제의 특징 검토/김성수

분묘로 본 백제 고도의 신라 지배 양상 - 부여·청양지역을 중심으로 -/서현주

23 (2018)

백제 부흥운동의 태동 배경에 관한 일고찰/김병남

백제 전축묘 벽돌의 생산과 유통에 대한 연구 - 고고학과 보존과학의 학제간 연구-/정치영, 장성윤

웅진도독부 소속 주현의 기원에 관한 새로운 인식 - 7세기 백제의 부병제 도입과 관련하여/채민석

24 (2018)

2017년 한성기 백제사 연구 성과와 과제/박종욱

2017년 웅진·사비기 백제사 연구 성과와 과제/박지현

2017년 서울·경기·강원 지역 원삼국·백제 고고학 조사·연구 성과와 과제/신희권

2017년 호서지역 마한·백제 고고학 조사·연구 성과와 과제/조아영, 성정용

2017년 호남지역 원삼국·백제 고고학 조사·연구 성과와 과제/전용호

익산 미륵사지 출토 백제 수막새의 기초적 검토/이병호

백제 식리의 원형복원을 위한 주변국 식리와의 비교 연구/이현상

삼한 소도의 공간 구성에 대한 고고학적 접근 - 중부지역의 환구 유적을 중심으로 -/이형원

백제 지역 출토 월요청자 및 관련 문제/이군

25 (2018)

백제 무왕의 출계와 천하관/노중국

백제 제철조업의 공정별 연구 현황과 과제/한지선

'계유명 조상비'의 조성 주체 문제 재고/김수진

웅진도독부의 백제부흥운동 재론 - 664년 사비산성 전투를 중심으로 -/김수태

백제 사비기 원락 건물의 유형과 성격 - 부여 청산지구 원락 유적의

성격 규명에 즉하여 -/박순발
　　백제의 중국식 이름문화 수용 과정의 고찰 - 백제왕과 왕족의 이름을 중심으로 -/박윤선
　　백제부흥운동과 웅진도독부의 위치/박지현
　　중국왕조의 '백제략유료서' 기사 서술과 인식 - 백제군 설치를 중심으로 -/백길남
　　백제 부흥운동기 서방성을 둘러싼 제문제/서정석
　　공주 송산리 고분군 활용방안 연구 - 전시시설물을 중심으로 -/장충희
　　중국 사료로 본 고구려와 백제 악무/全莹, 楊璐
　　백제의 왕호·후호·태수호와 장군호- 5세기 후반 백제의 지배질서와 동아시아 -/井上直樹
　　26（2018）
　　해남 백포만 고대 포구세력의 존재양태/강봉룡
　　해남반도와 가야·신라의 교류, 그리고 항시국가지미/이동희
　　해남지역 마한 취락의 특징과 변화/정일
　　해남 지역 문화유산 보존과 활용 - 고대 문화유산을 중심으로 -/정재윤
　　출토토기로 본 군곡리유적의 고고학적 의미/한옥민
　　백제 무왕대의 건축물 조영과 정국변화/강종원
　　무령왕릉 묘지석의 대명력 사용 문제와「백제본기」일식기록의 역일 재검토/김일권
　　일본 고대묘지와 한국, 그리고 무령왕릉 지석/이나다나츠코
　　몽촌토성 북문지 일원 삼국시대 고고자료의 양상과 성격/박중균
　　익산 미륵사지 녹유연목와의 제작기술과 의미/송현경

《百济文化》（1967—2018）

《百济文化》（《백제문화》, The Journal of Paekche Culture）由位于百济第二个都城熊津所在地公州的高校——国立公州大学的百济文化研究所在1967年创办，在各种百济研究学术专刊中创刊最早。1967—2006年为年刊（偶有延迟），2007年改为半年刊，收入KCI期刊目录。公州大学百济文化研究所除主办本刊外，在百济文化研究领域还出版其他百济史著

作、举办相关学术会议、展开百济遗迹调查等。重要者有百济文化丛书六辑：《百济墓葬研究》（2002）、《百济复兴运动史研究》（2004）、《公州历史文化论集》（2005）、《中国史料中的百济》（2006）、《百济复兴运动管窥》（2008）、《轻部慈恩的百济研究》（2016），其他还有《公州的古文化》（1977）、《百济文化圈的文化遗迹：公州篇》（1979）、《百济的历史》（1995）、《百济圣王及其时代》（2007）等多种学术资料。

1（1967）

인문과학편：

후백제의 흥망고/문병헌

공주백제고분양식의 일례 - 장기면 시목동 고분을 중심으로 -/안승주

자연과학편：계룡산의 식생연구 - 동학사 남부계곡의 수직식생분석 -/최두문

부록：백제문화연구소 규약

연구소자료

2（1968）

인문과학편

백제본기와 려라본기와의 대교/홍사준

웅천과 사비성 시대의 백제왕관지에 대한 고찰/김영배

백제고분의 연구 - 공주지방을 중심으로 -/안승주

공주 백제시대의 문화에 관한 연구/박용전

자연과학편：계룡산의 식생연구 - 동학사북부계곡의 폭포주변의 수직식생분석 -/최두문

3（1969）

백제의 칠악사와오함사소고/홍사준

부여발견 반가사유석상 삼례/김영배

공주 주미사지에관한 연구/박용전

서산 용현리 출토 백제 금동여래입상고 - 조성양식의 제문제를 중심으로 -/이은창

모계사회고 - 한국 고대사회의 경우와 관련하여 -/박병국

서산 대산반도 고대문화의 성격에 관한 소고 - 출토유물을 중심으로 -/안승주

4 (1970)

공주 서혈사지에 관한 조사연구 (1) - 사혈사지 제 1 차 발굴조사보고 -

김영배, 박용전, 안승주, 홍사준, 박병국, 소원섭, 박인화, 이상우

5 (1971)

백제가요의 연구/조재훈

백제 도연에 대하여 - 구조양식을 중심으로 -/강인구

백제 고분문화의 연구 - 부여 초촌면 소사리 백제토광분을 중심으로 -/안승주, 박병국

공주 서혈사지에 관한 조사연구 (2) - 서혈사지 제 2 차 발굴조사보고 -/안승주

6 (1973)

개교 25 주년 기념호 :

백제어연구서설/조재훈

공주출토의 백제와 전에 관한 연구/박용전

백제 옹관묘의 일형식 - 부여지방의 곤관묘 -/강인구

부여군 은산면 금강사 출토고와의 연구/대천청

백제 분묘의 구조/안승주

자료: 공주 탄천 정치리사지/김영배

7-8 (1975)

백제웅진천도 1500 주년 기념논총 :

기념사/강명경

부여 송국리 요령식동검출토 석관묘/안승주, 김영배

백제건국지로서의 한강하류지역/김원용

백제미술문화와 신라 고구려미술문화와의 비교/진홍섭

백제의 불상조각/황수영

백제국의 서화인고/홍사준

연산 신흥리 백제고분과 그 출토유물/윤무병

백제의 화장묘 3/강인구

백제고분의 연구/안승주

백제와당의 체계적 분류 1 - 수막새기와를 중심으로 -/박용전

백제 고리산성고/정영호
「산유화가」 연구/조재훈
자료: 공주의당출토 금동보살입상/김영배
부록: 백제문화연구의 성과와 방향
주제발표요약: 백제의 불상조각/황수영
주제발표요약: 백제미술문화와 고구려 신라미술문화와의 비교/진홍섭
주제발표요약: 백제건국의 제문제/김정배
주제발표요약: 백제건국지로서의 한강하류지역/김원용
토론회 초록/연구소자료

9 (1976)
논산 표정리 백제고분과 토기/안승주
백제와당의 체계적 분류 – 수막새기와를 중심으로 –/박용전
정읍가고 1/조재훈
자료: 연산 청동리 출토 청동검/연구소자료
자료: 공주 봉안리 출토 백제토기/연구소자료

10 (1977)
충남해안지방의 백제고분 이예와 출토유물/지건길
보령 구용리 백제고분과 출토유물/안승주
서일본 발견의 백제계 토기/소전부사웅
신원사 석탑 사리구/김영배
정읍가고 2/조재훈

11 (1978)
보령 장현리 백제고분과 출토유물/지건길
공산성내의 유적/안승주
수원시 탑지 조사/김영배
신라 효자 향덕과 그 유적/윤용혁
새로운 가사집과 호서가/허흥식
지리산가 소고/조재훈

12 (1979)
백제토기의 연구/안승주
공주 송산리고분 출토의 마구/안승주, 이등추남(Ito Akio)

군장사회의 발전과정 시론/김정배
백제인의 문화활동 일고 - 일본서기를 중심으로 -/홍사준
무등산가 소고/조재훈
자료: 백제호자 이례/서성훈
자료: 백제의 나발형식 토제소탑/정내공
13 (1980)
백제전기 고분의 형성과정/서곡정
백제의 토기병 고찰/서성훈
한국 소재 강회사용 고분의 강회에 대한 화학적 조사/정내공, 안전박행
익산 미륵사지에서 출토된 녹색 유리모양 물질의 분석/안전박행, 정내공
공주 남산리 지역의 고대문화/안승주
선운산가 소고/조재훈
자료소개: 길림 집안 마선구 일호벽화묘/강인구
14 (1981)
공주웅진동고분군 발굴조사보고서/안승주
부록: 공주 웅진동고분의 지구물리탐사/정봉일
15 (1983)
백제 옹관묘에 관한 연구/안승주
영산강유역의 옹관묘연구/성낙준
신기리백제궁륭상석실분의 일례/홍빈기, 이규산
부여 태양리 백제고분 일례/이강승, 신광섭
16 (1985)
백제 토광묘의 연구/안승주
한국의 옹관묘 - 백제지역을 중심으로 -/정계옥
청동기시대 한반도 사회발전단계문제 - 무덤변천을 통해 본 남한지역사회발전 -/이남석
백제사지의 연구 - 공주 부여지역을 중심하여 -/안승주
17 (1987)
백제역대총목신석〈홍만종의 "동국역대총목" 중에서〉/한상각
충남 서해안 고인돌 2 예/이남석

백제권 (금강유역 및 서해안) 학술답사보고/강헌규

18・19 (1989)

전의지역 고대산성 고찰/안승주, 이남석

백제시대 석축묘의 일고찰 - 88 년 공주웅진동 조사고분 -/이남석

공주지방의 동계에 관한 연구 - 부전동계를 중심으로 -/윤여헌

조선조 공주 고지도 5 종의 비교 분석 - 공주지방 문화유적의 탐색과 관련하여 -/윤용혁

삼국사기와 삼국유사에 나타난 효자 '향덕 향득' 에 대하여/강헌규

죽류 이용에 관한 시대적 고찰과 식문화적 의미/김갑영

자료 : 공주 부전동 동계/연구소자료

20 (1990)

백제 관제와 관식 - 관제 관식의 정치사적 의미고찰 -/이남석

백제 초기의 지방통치체제 연구 - 『부』 의 성립과 변화과정을 중심으로 -/박현숙

조선조 공주 (충청) 감영고 - 위치 기구를 중심으로 -/윤여헌

공주 부전대동계의 성립배경과 운영주체/임선빈

보고 : 구룡사지 시굴조사 간보/이남석

보고 : 백제문화권내의〈충 효 열〉유적조사연구 - 공주 (웅진) 지역을 중심으로 -/한상각

21 (1991)

무령왕릉발굴 20 주년기념학술회의특집 :

무령왕릉의 발굴과 연구현황/안승주

백제 무령왕대의 집권력 강화와 경제기반의 확대/노종국

무령왕릉 출토 지석과 백제사연구의 신전개/이기동

송산리 방단계단형무덤에 대하여/조유전

その後の武寧王陵と南朝墓/강내삼진

日本における武寧王陵系遺物の研究動向/소전부사웅

무령왕릉 출토 지석에 관한 연구/성주탁

무령왕릉출토 관식에 관하여 - 단선설에 대한 반론 -/윤세영

무령왕릉출토잔의 중국도자사적 의의 - 년대추정이 가능한 중국최고의 백자로서 -/김홍남

백제 무령왕릉 출토 관재의 수종/박상진

보전과학적 측면에서 본 무령왕릉/이태영

백제사와무령왕릉/최몽룡 (사회), 노종국, 이기동, 조유전, 강내삼진, 유원재, 양기석, 차용걸, 임영진

무령왕릉과출토유물/문명대 (사회), 소전부사웅, 성주탁, 윤세영, 김홍남, 최종규, 정구복, 박영복, 강경숙

22 (1992)

한국고대노비의 발생 및 존재양태에 대한 고찰/조법종

백제 횡혈식 석실분의 구조형식 연구/이남석

충남지역의 백제산성에 관한 일연구/서정석

고려 대몽항쟁기 지방민의 피난 입보 사례 - 아산만 연안지역의 경우 -/윤용혁

23 (1994)

특집: 충청지역의 동학농민전쟁 개교 45주년 기념 학술대회

대회사/안승주

동학농민전쟁의 역사적 의의/이이화

조선 후기 민중사상과 동학농민전쟁/조광

충청지역 농민전쟁의 전개양상/양진석

충청도의 동학교단과 농민전쟁/신영우

동학농민전쟁과 공주전투/박맹수

종합토론요지:

충청지역의동학농민전쟁/최덕수 (사회), 양진석, 신영우, 박맹수, 이이화, 조광, 김정기, 이영호, 배항섭

충청지역 동학농민군의동향과 동학교단 - 『홍양기사』와 『금번집략』을 중심으로 -/배항섭

자료소개: 『금번집략』/연구소자료

24 (1995)

근초고왕대 남해안진출설에 대한 재검토/김기섭

웅진시대의 사비경영/유원재

송산리 방단계단형 적석유구에 대한 검토/서정석

「공주목지도」에 나타난 공주 문화유적/윤용혁

백제문화유적지 영문 안내문의 언어학적 분석 (1) /임병빈

백제 지명 소비포현에 대하여/강헌규

제 41회 백제문화제 학술강연회:

백제사상의 웅진시대 - 고고학적 연구성과를 중심으로 -/안승주

제 1 주제: 웅진도읍기의 정치사 - 동성왕대를 중심으로 -/노중국

제 2 주제: 웅진시대의 사회경제사/양기석

제 3 주제: 웅진시대의 대외관계 - 중국왕조와의 관계 -/유원재

제 4 주제: 웅진시대의 고분과 문화/이남석

25 (1996)

백제 근초고왕대의 동경/김기섭

청주 신봉동 1호분에 대한 검토/서정석

백제 무왕의 익산경영/유원재

공주 분강 저석 고분군 검토/이남석

삼국시대 민 백성의 개념과 성격에 대한 검토/조법종

산유화가의 전통성/조재훈

백제문화제의 현황과 개선방안/윤용혁

백제의 우술군 (/성) 옹산성 및 그 주변 지명과 고려 이후의 계족산 (/성) 에 대하여/강헌규

백제문화연구소 발표 요지 - 백제문화의 연구 어디까지 왔나 -: 백제사의 연구현황과 과제/유원재

백제문화연구소 발표 요지 - 백제문화의 연구 어디까지 왔나 -: 백제문학 연구사의 현황과 그 문제점/조재훈

백제문화연구소 발표 요지 - 백제문화의 연구 어디까지 왔나 -: 백제어 연구의 현황과 그 문제점/강헌규

26 (1997)

백제문화 국제학술 세미나 특집: 웅진시대 백제문화의 재조명 / 백제 웅진시대의 지방통치와 귀족세력/유원재

백제문화 국제학술 세미나 특집: 웅진시대 백제문화의 재조명 / 천도 이전의 웅진지역문화/서오선

백제문화 국제학술 세미나 특집: 웅진시대 백제문화의 재조명 / 웅진지역 백제유적의 존재의미 - 백제의 웅진천도와 관련하여 -/이남석

백제문화 국제학술 세미나 특집: 웅진시대 백제문화의 재조명 / 웅진시기 백제와 중국과의 관계/강맹산

백제문화 국제학술 세미나 특집: 웅진시대 백제문화의 재조명 / 日本

の蓮華文鬼瓦について/호전유이

　　백제문화 국제학술 세미나 특집: 웅진시대 백제문화의 재조명 / 백제사상에 있어서 익산의 위치/나종우

　　백제문화 국제학술 세미나 특집: 웅진시대 백제문화의 재조명 / 백제금동보살상의 조형성 연구/조원창

　　27 (1998)

　　개교 50주년 기념 학술발표회 특집:

　　'남천 / 남천주' '사라' 에 대하여/강헌규

　　백제인의 토착 신앙 연구/구중회

　　백제 위덕왕대 부여 능산리 사원의 창건/김수태

　　백제시대 중국도자의 수입과 방제/김영원

　　백제 무왕의 치적/김주성

　　백제의 건축양식과 기법/이왕기

　　지역축제와 문화관광자원의 연계 방안 - 은산별신제와 부여지역을 중심으로 -/이해준

　　능산리 백제고분 출토 장식구에 관한 일고/최맹식

　　충남지역 백제시대 석조문화재의 석질과 풍화특성에 관한 연구/최석원, 채상정, 김경진

　　논문: 신라, 가야 문화권에서 본 백제의 마구/이상율

　　논문: 백제와 가야의 교섭 - 토기를 중심으로 -/홍보식

　　28 (1999)

　　백제 흑치씨의 흑치에 대한 검토/유원재

　　백제 주유성고/심정보

　　나주 회진토성에 대한 검토/서정석

　　백제 성실구에 대한 검토 - 천안 용원리 유적 출토품을 중심으로 -/이현숙

　　공주지역 사지 연구 - 전 백제사지를 중심으로 -/조원창

　　예산 향천사의 역사와 유물 - 13세기 이규보의 향천사 시와 관련하여 -/윤용혁

　　백제문화제의 현장 연구/구중회

　　백제 부흥운동의 시작과 끝, 임존성/이도학

　　예산 봉수산성(임존성)의 현황과 특징/이남석

백제 이후의 예산과 임존성/김갑동
종합토론: '백제부흥운동과 임존성'에 관한 심포지엄/학회자료
29（2000）
능산리 고분군과 백제왕릉/이남석
서산 여미리 고분구에 대한 검토/이상엽
백제 태진도성의 구조에 대한 일고찰/서정석
삼국시대 월에 대한 인식/조원창
소아씨 세력 성장의 토대 - 대신 취임의 기반 -/이재석
2000년 정기학술대회 발표논문 - '포지역과 한국 천주교회사':
내포 천주교회사의 의의（기조강연）/이원순
조선후기 내포지방의 역사지리적 성격 - 천주교 전래와 관련하여 -/임선빈
오페르트의 덕산굴총사건과 내포 일대의 천주교 박해 - 문호개방론과 관련하여 -/원재연
충청도 지역의 천주교회 사적지와 그 의미/하성래
종합토론/홍석표, 임선빈, 서종태, 원재연, 백원철, 하성래
30（2001）
공주 공산성내 백제 추정왕궁지/이남석
5세기말 곤지의 도왜 시점과 동기에 대한 재검토/이재석
웅진천도후 백제와당의 중국 남북조요소 검토 - 북조계 와당을 중심으로 -/조원창
길림성 중부지역 초기 철기시대 문화유적 연구/이종수
충남 금산군 의성정씨（추정: 정현）묘 출토 유물의 보존처리에 관한 소고/서정호, 최기영
학술회의 / 백제 웅진시대와 공주 공산성:
웅진 천도와 웅진성/박현숙
백제 웅진도성의 제문제/서정석
웅진성의 변천/김수태
백제의 등와제작기법에 관하여（1）- 특히 한성시대와 웅진시대를 중심으로 -
/호전유이
학술회의/백제 웅진시대와 공주 공산성: 제47회 백제문화 기념 학

술회의 종합토론/연구소자료
　　31 (2002)
　　2002년 학술회의: 백제문화를 통해 본 고대 동아시아 세계
　　고대 동아시아 속의 백제문화/이기동
　　고대 한, 중, 일 관계에 있어서 백제의 역할/강봉룡
　　백제와 일본간의 왕실외교 - 5세기를 중심으로 -/김현구
　　무녕왕릉을 통해 본 동아시아 세계 - 고고학적 입장에서 -/서곡정
　　상장제를 중심으로 한 무녕왕릉과 남조묘의 비교/권오영
　　백제묘제의 전개에서 본 무녕왕릉/이남석
　　무녕왕릉의 연화문에 대하여 - 중국남조묘, 고구려와의 비교검토 -/호전유이
　　백제도성과 공산성/전중준명
　　(연구논문)
　　백제 성왕대의 군령과 성주/김수태
　　당 시장군 정사초당비에 대한 검토/민덕식
　　7세기 중엽 의자왕의 정치와 동아시아 국제관계의 변화 - 의자왕의 대한 재평가 (1) /양종국
　　32 (2003)
　　(연구논문)
　　무령왕 "출생전승" 에 대한 논의/윤용혁
　　부흥운동기 백제의 군사활동과 산성/서정석
　　사찰건축으로 본 가구기단의 변천 연구/조원창
　　백제멸망에 대한 고고학적 접근 -통일신라토기의 유입과 관련하여-/산본효문
　　연구논문: 연기 불비상과 충남지역의 백제계 불상/정은우
　　백제문화제 반세기의 현황과 평가에 관한 연구 -공주의 백제문화제를 중심으로-/유기준
　　(심포지움: 백제부흥운동과 백강)
　　백강전쟁과 그 역사적 의의/김현구
　　唐朝對百濟的戰爭: 背景與性質/韓昇
　　백제 조국회복전쟁기의 몇 가지 쟁점 검토/이도학
　　白村江の戰いと倭/좌등신

백강에 대한 연구현황과 문제점/심정보
白村江の戰いと古代の東アジア/신천등귀남
계룡산의 도자문화: 공주 계룡산지역 도자문화의 특성/강경숙
(심포지움 2: 계룡산의 도자문화)
학봉리 요지의 유구와 도자의 성격/김영원
학봉리 철화분청사기의 과학기술적 연구/이영은, 고경신
조선 도자의 일본 전파와 이삼평/방병선
자료: 공주 수촌리유적/이훈
33 (2004)
특집논문: 백제문화 활성화 방안
백제 한성기 연구 동향과 과제/김기섭
웅진시대 백제사 연구의 성과와 과제 - 대외관계를 중심으로 -/정재윤
사비시대 백제사연구의 성과와 과제/김수태
부흥운동기 백제사 연구의 성과와 과제/양종국
묘제를 통해 본 수촌리유적의 연대와 성격/이훈
(특집논문 2: 백제 의자왕에 대한 재조명)
고고학에서 본 백제 말기의 방위체제 - 나성을 중심으로 -/서곡정
백제 의자왕대의 정치 변동에 대한 검토/이도학
백제 의자왕대의 대왜외교- 왕족들의 재등장과 관련하여 -/김수태
의자왕 후예들의 과거와 현재/양종국
의자왕 관련 전설의 전개 양상/황인덕
(기획논문)
문화자원 활용을 위한 백제문화 콘텐츠 확대방안/이해준
백제문화콘텐츠와 지역문화축제의 연계활용 방안 고찰/유기준
백제문화 콘텐츠의 문화관광 자원화 방안/정환영
서산지역의 산성과 부성산성/서정석
(연구논문)
법천리 4호분 출토 청동개 연화돌대문의 의미/조원창
금산지역 백제산성에 관한 고찰/최병화
34 (2005)
특집논문: 서산지역의 백제문화:

백제의 대중교류-지의 변화와 서산지역을 중심으로-/노중국
　　동아시아속의 서산과 그 해양문화적 의미 -백제 시대를 중심으로-/윤명철
　　백제 서산마애삼존불상/김춘실
　　보원사지 5층석탑의 고찰/정영호
　　특집논문: 백제 무왕과 그의시대:
　　백제사상의 무왕/노중국
　　백제 무왕의 계보와 집권 기반/이도학
　　초기단계 서동설화 고찰/황인덕
　　무왕시대의 불교건축과 기와 -막새를 중심으로-/최맹식
　　부여 궁남지 유적 발굴조사 현황과 전망/김성범
　　7세기 부여, 익산지방의 백제토기/김종만
　　특집논문: 백제 웅진시대의 재검토:
　　경부자은의 공주 백제문화 연구/윤용혁
　　웅진시대 백제사연구의 현황과 과제 -연구시각을 중심으로-/김수태
　　웅진기 백제고고학 연구의 현황과 과제/이한상
　　백제 웅진시대 발굴 문화재의 보존과학 현황과 과제/김규호
　　연구논문:
　　예산 사면석불의 미술사적 검토/정은우
　　백제 유물 속의 백제어 소고/김홍석
　　백제 인각와의 출현과 변천과정 검토/심상육
　　35 (2006)
　　한반도 남부지방 전방후원분의 석실형식과 계보-현문시설부석실을 중심으로-/강인구
　　백제묘제를 통해 본 봉선리 유적 조영집단의 특징과 성격 -철기유물을 중심으로-/정해준
　　월평동산성 성벽 축조기법과 시기에 대한 검토/박태우
　　유공호형토기일고/김경칠
　　백제 부흥운동과 웅진도독부의 역사적 의미/양종국
　　무령왕 관련 구리거울 연구/구중회
　　36 (2007)
　　특집: 백제의 불교문화:

수원사 미륵신앙의 성격/길기태

백제 웅진 대통사와 대통신앙/조경철

대통사지 출토 백제 와당의 형식과 편년/조원창, 박연서

부여 구아리 출토 소조상과 그 유적의 성격/이병호

백제 한성시대에 기원한 와에 대하여 (1) -검단산성 출토 기와 자료를 중심으로-/등원륭부 (Takao Fujiwara)

37 (2007)

특집: 백제의 대외교류:

웅진시기 백제와 고구려 대외관계 기사의 재검토/임기환

웅진시대 백제와 신라/정운용

웅진시대 백제와 가야/이근우

웅진시대 백제와 왜의 관계에 대한 예비적 고찰-『일본서기』를 중심으로-/정재윤

웅진시대 백제와 중국/양종국

百濟の燈瓦製作技法について [4] -輕部慈恩氏寄贈瓦に見る 西穴寺 技法の再考と 新元寺技法-/호전유이 (Yuuji Toda)

38 (2008)

웅진시기 백제의 국가제사 - "제천지 (祭天地)"를 중심으로-/채미하

백제옷의 직물과 문양/김병미

일본속의 백제계 유적과 유물/서곡정

해상 교류로 본 중국과 백제의 관계/주유흥

백제 한성시기의 도성제 성립과 몽촌토성/김기섭

百濟瓦當蓮華文の國際性/호전유이

원삼국시대 주거지와 백제시대 주거지의 비교검토-서천 봉신리 유적을 중심으로-/정해준

백제역사재현단지와 문화유산의 연계방안/이해준

39 (2008)

백제 간선 교통로의 재편성과 그 의미 -섬진강 유역을 중심으로-/곽장근

연화문으로 본 고령 고아동 대가야 벽화고분의 추가장 시기 검토/조원창

홍성 석성산성에 대한 고찰/서정석
백제 가림성고-『삼국사기』제사지 신라조의 명산대천제사를 중심으로-/채미하
백제 무왕대 신도 건설과 미륵사, 제석사 창건/조경철
사택지적비문에 반영된 소승불교적 성격에 대하여/박중환

40 (2009)
일본의 세계문화유산 추진전략/조창민부 (Asakura Toshio)
중국의 세계문화유산 현황과 미래/안가요
우리나라 문화재정책의 현황과 과제/송인범
백제 문화의 우수성과 국제성/양기석
공주, 부여 지구의 세계문화유산 등재 전략/서곡정
백제문화와 중국의 남조문화: 무령왕릉을 중심으로/주유흥
백제의 고대동아시아 세계에서의 위상/노중국
공주지역 백제문화유적의 유산적 가치: 세계문화유산 등재를 위한 검토/이남석

41 (2009)
백제 위덕왕의 능산리사원 창건과 제의/길기태
백제 왕흥사의 창건과 변천/양기석
미륵사 사리기를 통해 본 백제 병려문의 발전/박중환
백제 의자왕대의 불교: 경흥을 중심으로/김수태
백제의 부여 인식/배재영
5~6세기 백제의 남조 중심 외교정책과 그 의미/정재윤

42 (2010)
백제 칠지도의 제작 연대 재론: 병오정양을 중심으로/조경철
백제 사비기 오제 제사와 능산리사지/이장웅
백제 무왕대의 대신라 관계/김수태
『일본서기』에 인용된 『백제본기』/박재용
산성에서 발견된 석벽건물의 성격에 대한 시고/서정석
한국 서남부지역 이중구연호의 변천과 성격/왕준상
익산 왕궁리유적 금제품의 조성과 제작기법/한송이, 김규호

43 (2010)
침미다례의 위치에 대한 고고학적 고찰/임영진

전북 동부지역 가야와 백제의 역학관계/곽장근
고고학자료를 통한 백제 사비천도의 재인식/이남석
사비기 백제 와요의 구조변화 연구 -소성실과 연도부를 중심으로-/엄기일
동아시아 불교조각을 통해 본 백제미륵사의 불상/최성은
발굴조사 성과를 통해 본 익산의 백제 사찰/금선기

44（2011）
백제 한성도읍기연구 동향과 과제/김기섭
백제의 웅진도읍기 연구현황과 과제/정재윤
사비시기 백제사의 전개과정과 신 자료 발견/김주성
무령왕릉 출토 황색 및 녹색과 박 유리구슬의 고고화학적 고찰/김나영, 이윤희, 김규호
법륭사헌납보물 갑인명금동광배 명문 연구/소현숙
박도유모반사건으로 본 웅진도독부와 신라의 갈등/김수미
공주의 역사문화유산보존과 고도복원/강종원

45（2011）
전남 동부지역 가야문화의 기원과 변천/이동희
웅진시대 백제의 왕위계승과 대왜관계/홍성화
백제와 중국왕조와의 관계에 대한 연구 현황과 과제/박윤선
나주 복암리 출토 목간 연구의 쟁점과 과제/김창석
백제 사택지적비의 연구사와 사상경향/조경철
『한원』 번이부의 주문구성에 대하여/윤용구

46（2012）
무령왕대 백제의 동아시아 상에서의 위상/노중국
무령왕릉 출토 탄목제품의 과학적인 분석을 통한 명칭재고 및 한반도 내 출토 현황 검토/유혜선
백제관상징체계의 변천양상/이귀영
ガラスからみた古代の交易ルート 武寧王陵出土品と日本出土品の比較を中心に/田村朋美
武寧王代百濟の對倭關係/田中俊明
위진남조의 장군제와 "녕동대장군" /이주현
웅진, 사비시기 백제 지배층의 사상적 지향 -六朝士大夫와의 비교를

통하여-/김영심
　　현존 『양직공도』 백제국기삼례/윤용구
　　계체왕조의 등장을 둘러싼 고고학적 환경 -무령왕대 백제와 왜의 교섭을 이해하기 위한 사전작업-/권오영
　　東晋高崧家族墓與百濟武寧王陵的比較研究/周裕興
　　東亞細亞橫穴式墓制展開와武寧王陵/이남석
　　무령왕의 문화산업적 활용/정재윤
　　47 (2012)
　　홍성지역의 고대사회-지배세력의 성장과 변화를 중심으로-/양기석
　　홍성지역의 산성과 백제의 군현/서정석
　　백제부흥운동기 홍성에 대한 연구/김영관
　　백제의 율령 반포 시기와 그 변천/전덕재
　　백제 성왕의 죽음과 신라의 "국법"/주보돈
　　백제 의자왕대의 정치와 對中外交 성격 검토/양종국
　　백제권역 동물희생 관련 考古자료의 성격/박중환
　　백제 한성시기 금속공예의 투각 연속육각문의 수용과 전개/이송란
　　48 (2013)
　　古墳群의 把握과 理解-日本의 事例를 中心に-/和田晴吾 (Wada Seigo)
　　공주지역 백제 횡혈식석실의 구조와 변천/홍보식
　　공주지역 고분출토 백제토기/김종만
　　공주지역 고분 출토 금속공예품의 특징과 함의/이한상
　　公州 宋山里 D 地區 積石遺構의 性格/임영진
　　5세기 후반~6세기 중엽 高句麗와 百濟의 국경 변천/여호규
　　사비시대 백제의 미륵불 신앙/김수태
　　백제지역 횡혈묘의 철기부장 습속, 장법의 계통과 조묘집단의 성격/김길식
　　百濟 橫穴式石室의 型式變遷과 系統關係/최영주
　　6세기 후반 백제사원의 사리안치에 대하여/대교일장
　　49 (2013)
　　백제 7세기 소조상의 양상과 전파-신라 및 일본 백봉기 소조상과 관련하여-/최성은
　　삼론학 강요서의 유통을 통해 본 백제불교학의 일본 불교에의 영향/

최연식
　　금산 백령산성 출토 문자기와의 명문에 대하여 -백제 지방통치체제의 한 측면-/이병호
　　낙랑칠기 연구와 식민지주의/오영찬
　　영산강유역 마한제국의 추이와 백제/이도학
　　백제박사제도의 운용과 변천/양기석
　　웅진시대 백제의 대왜동맹과 외교/연민수
　　백제의자왕 외손 이제 묘지명에 대한 연구/김영관
　　이식, 으로 본 고대 동북아시아 각국사이의 교류/이한상
　　무령왕비 두침에 그려진 어룡문의 실체/장석오
　　50（2014）
　　5~6세기 백제와 왜 : 昆支王と飛鳥千塚古墳群/笠井敏光
　　畿内初期横穴式石室にみる百濟の影響/安村俊史
　　5~6세기 백제의 대왜국 외교의 추이와 그 유형/이재석
　　6세기 고대일본 백제계 도왜인과 불교/박재용
　　웅진시대 백제 사원과 도성의 관계 -수원사를 중심으로-/김수태
　　百濟 遺民 陳法子 墓誌銘 研究/김영관
　　2~3세기 한강하류역 철제무기의 계통과 무기의 집중유입 배경 -김포 운양동유적 철제무기를 중심으로-/김길식
　　공주 수촌리 토기의 계통 연구/신희권
　　웅진기 백제양식 연대시론/김일규
　　가야계 환두대도와 백제/김낙중
　　사비도성의 경관과 나성의 축조배경/이남석
　　7세기대 백제 기와의 전개 양상과 특징/이병호
　　지형분석 및 GIS 분석을 이용한 백제시대 충남 공주지역의 촌락분포 연구/박지훈
　　東國古墳時代における渡來文化の流入と展開/日高愼
　　韓日古代山城の城門に關する一考察/向井一雄
　　51（2014）
　　황지미/청동기시대 굴립주건물지의 기능 분석/김경택
　　고대 삼국의 불교와 정치/조경철
　　고흥 안동고분 축조의 역사적 배경/김영심

백제의 해상활동과 신의도 상서고분의 축조 배경/문안식
백제 무령왕릉 간지도의 해석/이경화
백제의 대왜 항로와 가카라시마/윤용혁
부여나성 동나성 2문지 발굴조사의 의의/심상육, 이명호, 김태익, 김선옥
일제강점기 충남지역의 '석기시대' 조사/이기성
경부자은의 백제 성곽 연구/서정석
김미영/남해 남치리 1호분 발굴조사 성과/류창환

52 (2015)

마곡사 오층석탑에 관한 고찰/박경식
공주 마곡사 오층석탑 금동보탑 연구/정은우
마곡사 오층석탑 상륜부 금동보탑의 재질특성과 조성시기 해석/이찬희, 조영훈, 전병규
한국 고대 도교의 특징/장인성
한성기 백제의 장군호 활용 배경과 정치적 의미/박찬우
웅진시대 백제의 한강유역 영유권 연구-문헌과 고고학 자료의 재검토를 통한 이해 서설-/김영관
수촌리고분군에서 본 백제 금공양식의 발현과 전개/이한상
삼국시대 표준연대유물의 정합성 검토/김일규
운봉고원의 제철유적과 그 역동성/곽장근
익산지역 백제 불교사원지의 특성과 불교유물을 통한 익산의 위상-발굴조사 사례를 중심으로-/양은경
7, 8世紀의 百濟系渡來人과 日本 -百濟王氏の成立と律令國家初期の動向を中心として-/최은영
웅진 "영흥도선"의 구조 특징과 역사적 성격-장보고 시대의 신라 연해 선박-/윤용혁
지형분석과 GIS 분석을 이용한 충남 '공주 송산리 고분군' 입지 연구/박지훈

53 (2015)

武寧王(斯麻) 卽位過程 檢討/최욱진
웅진기 백제의 가야, 왜와의 관계 변화/장수남
연화문으로 본 능산리 동하총의 편년/조원창

일본 속 백제 유물의 범위와 의미/김영심
후백제와 오월국 교류에서의 신지견/이도학
한양도성 축조기법 연구 -백제 성곽과의 비교를 중심으로-/신희권
지형 및 GIS 분석에 따른 나주 오량동유적의 입지 특성/박지훈, 이찬희, 전용호

54 (2016)

백제역사유적지구의 세계유산 등재와 의미/정재윤
고대 동아시아사상의 백제 삼산/장인성
泰安(태안) 마애삼존상의 도상과 성격 -竝立한 二佛의 존명 추정과 '정치적 서상'으로서 가능성 탐색-/소현숙
中國의 백제학 硏究에 대한 略考/전영, 양로
한국에서 새롭게 출토된 두 건의 백제 사료 연구 - 〈사리봉안기〉와 "行貞觀十九年" 가죽 漆甲의 명문을 중심으로-/배근흥
한국 고대의 지방 郡縣과 治所城-牙山鶴城山城을 중심으로-/서정석
함안 성산산성 木簡을 통해 본 新羅의 지방사회 구조와 수취/김창석
삼국시대 금호강 유역의 공간 구조와 물자 이동 -押梁郡을 중심으로-/박성현
6~7세기 경기북부지역 신라 성곽의 철기 수급체계/김길식
新發見〈高乙德墓誌銘〉을 통해 본 고구려 末期의 中裏制와 中央官制/여호규
백제 무왕대의 정국변화와 미륵사 조영/강종원
백제 喪葬儀禮의 硏究-錦江流域 상장의례 遺蹟의 意味- /이남석, 이현숙
2015년 발행 초등사회 5-2 (역사) 구성에 대한 비판적 검토/김주성

55 (2016)

백제 시조 구태·비류 전승의 성립과 고구려·공손씨 관계/이장웅
백제 지방통치조직의 변화와 중방성/김주성
여창의 백제연합군과 신라의 전쟁/서영교
5세기대 서산 부장리 세력의 성장 배경과 위상/이한상
연기 나성리 4호 목관묘 출토 용문투조대금구의 연대/박보현
홍련봉 1·2보루의 축조방식과 구조에 대한 연구/안성현
백제사신도를 통해 본 백제 복식의 정체성/라선정
익산 연동리가마 출토 전 백제와당의 편년과 제작 주체/조원창

後百濟 防禦體系 硏究 試論/곽장근
56 (2017)
7세기 신라 州의 성격 변화와 수취-명주와 삭주를 중심으로-/김창석
통일신라시대 금호강 유역의 공간 구조 개편/박성현
통일신라기 주 치소성의 구조와 물자유통-전주 동고산성을 중심으로-/서정석
원삼국~백제 한성기 경기남부지역 제철기지 운용과 지배세력의 변화 추이/김길식
덕진산성의 구조와 축조시기에 대한 검토/박현준
덕진산성의 축조 연대와 의미/안성현
삼국시대 임진강 유역 관방체계와 덕진산성/서영일
Study on the Construction Technology of Deokjinsanseong Fortress/심광주
덕진산성 보존과 활용의 기본방향/이한용
4~5세기 동아시아 국제정세와 백제의 외교정책/김기섭
57 (2017)
고대 일본의 도교문화와 백제/김영심
백제 대장식구의 전개와 특질/김도영
대전 월평산성 출토유물과 점유세력의 변화 -관방시설 축조기법과 출토유물을 중심으로-/김길식
백제 고고학 연구에서 익산 미륵사지 서탑 출토 유물의 의미/김낙중
3~5세기 금강 석성천 유역의 문화상 연구/김성수
고구려 유민 남단덕 묘지명에 대한 연구/김영관
문화관광 활성화를 위한 지방정부의 역할에 대한 연구 -백제문화권을 중심으로-/석용현, 김경배
58 (2018)
공주 대통사와 동아시아 불교 -『삼국유사』'원종흥법염촉멸신'의 비판적 검토-/조경철
공주지역의 혈사와 그 활용 방안/조원창
공주 주미사지와 신라의 웅주지배/김창석
4~7세기 백제의 경계와 그 변화 -경기와 충청지역을 중심으로-/전덕재
벽골제의 기능/김주성

백제 서방성의 위치와 성격/지원구
예산지역의 백제부흥운동/김수태
공주 지역 백제 수막새의 특징과 계통/이병호
일본 중등 역사교과서의 임나일본부설/김기섭
59（2018）
웅진성의 역사적 가치와 의미/정재윤
백제 웅진성의 조사성과와 웅진왕도의 경관/이현숙
공산성 내 통일신라시대 이후 건물지의 구조와 분포 특징/최병화
역사문화자원의 정비·활용과 지역발전/이순자
백제 판김재 금공기술 연구-금동관·금동식리를 중심으로-/이현상
백제 사비기 사찰 출토 치미의 고찰/홍밝음
백제문화제의 지방정부간 관광협력 영향요인에 대한 연구-충남 공주시와 부여군을 대상으로-/석용현
원주 법천사지 지광국사탑의 의장분석 및 성격 고찰-외래적 요소를 중심으로-/박대남
일본의 사적등 복원건물의 정비와 활용/우치다카즈노부
공산성의 조사경과와 앞으로의 과제/이현숙

《百济研究》（1970—2018 年）

韩国国立忠南大学百济研究所主办的《百济研究》（《백제연구》）1970 年创刊。最初为年刊，1999 年始改为半年刊。韩国国立忠南大学百济研究所除编辑《百济研究》期刊之外，还出版有"百济研究丛书""学术研究丛书"等图书资料。在组织和召开学术会议、出版相关资料之外，至今已举办学术讲座近七十期。《百济研究》荣登韩国 KCI 期刊目录，是百济研究方面老牌标志性的刊物之一。

1（1970）
머리말: 창간호 1970 년 10 월/김영묵
공주출토의 백제와당에 관한 연구/박용전
백제지명고~대왕포와 고마미지현~/홍사준
백제의 불교조각-부여기를 중심으로-/황수영
백제근초고왕탁경고/이병도
백제사상의 특징적 일면/성주탁

발: 창간호 1970 년 10 월/김용경
［자료］: 공주출토의 백제전/김영배
2 (1971)
간행사: 백제연구 제 2 집 1971 년 10 월/김용경
백제의 건축미술/황수영
일본에 전하여진 백제악/이혜구
백제사원의 가람제도/태홍섭
백제성지연구- 축성을 중심으로 -/홍사준
백제학술 및 기술의 일본전파/이병도
백제어연구와 자료면의 문제점 - 특히 지명의 고찰을 중심으로 하여 -/이숭녕
백제의 대중관계 소고 -조공관계를 중심으로-/최근묵
대외관계에서 본 백제문화의 발달요인/성주탁
무녕왕릉/성주탁
백제불교의 일본전수/김동화
화성군 마도면 백제고분과 토기류/김원용
정읍사해석에 대한 의문점/이희승
3 (1972)
문헌에 나타난 백제산업 - 황칠 인삼 저에 대하여 -/홍사준
한국의 구석기 문화/손보기
간행사: 백제연구 제 3 집 1972 년 12 월/박상용
「두량윤성」 에 대하여/지헌영
백제 조천성고/정영호
백제정신의 역사적 고찰/유남상
훈민정음도에 대하여/이정호
서평: 「백제와전도보」 /지헌영
백제 왕칭어 소고 - 「어라하, 건길지, 구드레, 구다라」 를 중심으로 -/도수희
백제복식에 관한 고찰/권태원
武寧王陵發掘が日本に語りかけるもの/서천굉 (Nishikawa Hiroshi)
4 (1973)
간행사 (1973 년 12 월) /송재영

백제제석사지의 연구/황수영
백제 지명속에 잇는 고대 음운 변천/김선기
수덕사구기와 백석사고/홍사준
자료: 백제관계사료/최근묵
금산의 고분과 토기류/강인구
조천성의 위치에 대하여 - 백제 성지조사연구의 일시도 -/성주탁
한국조형양식의 균제상태에 대한 분석적 연구 - 기일신라 백제의 토기류를 중심으로/박만식
충남 서해도서의 민속연구-부락제의 실태조사를 중심으로/박계홍
산장산하 지명고 (상) -두량윤성에 대하여 (續) -/지헌영

5 (1974)
대전부근 고대성지고/성주탁
「금마저」에 대하여/도수희
「무강왕전설」의 연구/사재동
임진왜란때의 호서지방의 민간반란/최근묵
호암사지와 왕흥사지고/홍사준
자료: 대전지방 출토 청동제유물/성주탁
무녕왕릉 및 송산리육호분의 전축구조에 대한 고찰/윤무병백제무녕왕릉 전고/김영배
武寧王陵發見の金製耳飾 について/이등추남 (Ito Akio)
금추사의 주역사상과 실학사상/김길환

6 (1975)
백제산성 연구 - 충남 논산군 연산면 소재 「황산성」을 중심으로-/성주탁
백제유학의 기반과 본질 탐구를 위한 시도/유남상
백제시대 한문학의 경향에 대하여 - 특히 그 병려체를 중심으로 -/조종업
「무강왕전설」의 연구 (續) /사재동
「사계」김장생의 생애/김성준
무녕왕릉의 목관/윤무병
충청 지방의 이조상류 주택고- 예산, 회덕의 고택을 중심으로-/박만식, 이종윤, 이달훈

한 일 민속의 비교고찰 - 특히 한국의 부락제와 대마도의 민간집단신앙에 대하여 -/박계홍

日本の古墳出土銅鋺について-武寧王陵副葬遺物に寄せて-/소전부사웅 (Ohda Hujio)

자료: 백제사관계문헌 및 논문목록/최근묵

무녕왕릉발견 두침과 족좌/진홍섭

무녕왕릉출토 수형패식/김원용

7 (1976)

백제어연구/도수희

薯童謠考/김병욱

왕궁평성에 대한 연구 - 금마의 백제말기 왕도가능성의 제문제 -/송상규

불교계 국문소설의 형성 경위 - 국문불서 월인석보를 중심으로 -/사재동

충청 지방의 이조상류 주택고 (2) /박만식, 이종윤, 이달훈

한 일 민속의 비교고찰 (3) - 일본혼인의 역사적 유형을 중심으로 -/박계홍

龍鳳文環頭大刀試論-韓國出土例を中心として-/마목순, 혈택화광 (Wakou Anazawa)

신라 삼년산성 연구/성주탁

8 (1977)

백제산성의 신유형/윤무병, 성주탁

백제불교에 관한 제문제/안계현

백제의 사회풍속사 고찰 (1) 〈한의 사회풍속을 중심으로〉/권태원

백제어의 계통론 (1)/강길운

대덕 내동리 지석묘유적 발굴개보/지건길

乾芝山城跡出土の炭化米粒/좌등민야 (Sato Toshiya)

충청 지방의 이조 상류 주택고 (3) - 예산 이광임선생 고택을 중심으로 -/박만식, 이달훈

武寧王と日本の文化/대곡광남 (Otani Mitsuo)

김제 벽골제 (碧骨堤) 발굴보고/윤무병

9 (1978)

웅진시대 백제의 귀족세력/이기백

백제어의 연구 (계통론) (2)/강길운

무녕왕릉 석수의 연구/윤무병

백제의 사회풍속사 고찰 (2) 〈한의 사회풍속을 중심으로〉/권태원

예산동서리석관묘 출토 청동일괄유물/지건길

「회덕향약」 고/성주탁

10 (1979)

백제지명연구/도수희

중국묘제가 무녕왕릉에 미친 영향 - 풍수지리적 요소 -/강인구

운산지방 백제토기의 연구/윤무병

무녕왕릉출토「동자상」에 대하여/성주탁

대청댐 수몰지역의 설화 연구/김병욱

만회 권득기의 생애와 철학사상 - 잠치와의 격치논쟁을 중심으로 -/유정동

우암학의 의 민족사적 재정립 - 조선기 도학과 한국학의 정맥 -/최창규

공주군관내 고대산성지 분포조사/성주탁, 심정보, 유원재, 홍빈기, 이규산, 이달훈

안민학의 애도문 고/구수영

유회당 권이진의 학통과 사상/유명종 (Myong Jong Yu)

북벌과 춘추대의/조종업

권시의 학문과 사상/김길환

11 (1980)

백제지명 연구/도수희

백제 태진성과 사비성 연구/성주탁

百濟武寧王陵と南朝墓の比較硏究/강내삼진 (Okauchi Sanshin)

논산군관내고대산성분포조사/윤무병, 성주탁, 심정보, 이달훈, 유원재, 서오선, 공석귀, 서태일

백제기태의 연구/서성훈

12 (1981)

백제 왕실교대론에 대하여/이기동

무녕왕릉문물의 서사적 구조/사재동
百濟儀式考/성주탁, 차용걸
서산군관내 고대산성지 분포조사/성주탁, 심정보, 이달훈, 윤무병, 서오선, 공석귀
조선조후기실학파의 산업의식과 가치관/최근묵
隋唐時期在中國史上的地位/부요성, 김선욱 (역)
백제국사의 초상에 대하여/홍사준
百濟古瓦考/구전수일

13 (1982)

개교 30 주년기념 : 백제연구 국제학술대회 발표요지문 (1982. 5. 21 ~ 22)

백제지명에서〈량〉자에 관하여 (W. Sasse)
백제의 문학/왕중
백제고분에 대한 몇가지 관찰/김원용
고대 한 일관계사 연구와 무녕왕릉/이진희
일본내의 도래계집단과 그 고분 - 신택천총을 예로 삼아 -/삼호일
백제어 연구와 관련된 제문제/이기문
백제사상의 연구/유남상
백제의 학교/고명사
백제의 귀족/정상수웅
백제 사비도성 연구/성주탁
백제의 반가사유상/황수영
扶餘雙北里遺蹟發掘調査報告書/윤무병
백제문화의 특성/윤무병
백제건국고/김철준
백제문학 - 특히 변문에 대하여 -/왕중
백제불의 복제와 그 원류/구야건
백제전기의 언어에 대하여/도수희

14 (1983)

천원군 목천면 남화리 백제토성 발굴개보/윤무병
천안시 및 천원군 고대산성 분포 조사보고/학회자료
백제부흥군의 주요거점에 관한 연구/심정보

천안시 및 천원군 유물 유적 조사보고 /학회자료

백제석상 신자료 2 건 (도판) /황수영

면암 최익현의 의병운동/최근묵

서천군 유물 유적 조사보고/학회자료

한말 성리학과 의리사상 - 면암을 중심으로 -/김길락

백제의 한문문화/임창순

백제어의 「백태 사비기벌」에 대하여/도수희

백제어의 연구시고- 주로 「태 (態)」자지명과 인격의 경향에 대하여 -/이숭녕

신라의 전적문화/윤병태

서천군 관내 고대산성 분포 조사보고/학회자료

한강유역 백제초기 성지연구 (夢村土城 二聖山城조사와 문헌과의 비교검토) /성주탁

15 (1984)

백제연구의 회고와 전망: 제 2 회 백제연구국제학술대회

백제와당의 연구/박용전

백제토기의 연구/안승주

한강유역에 있어서의 백제문화연구/윤무병

백제고분의 연구방향/강인구

영산강 유역의 백제문화 연구/최몽룡

백제 성곽 연구/성주탁

백제미술의 연구/진홍섭

백제사의 연구/이기동

백제한문학연구의 회고와 전망/조종업

백제사연구의 회고와 전망 - 일본의 문헌사학을 중심으로 -/평야방웅

우암송시열의 문묘및 서원종사/최근묵

충청지방의 인쇄문화 - 16 세기까지 -/윤병태

종합토론백제연구/김원용, 윤무병, 이기백, 황용혼, 윤덕향, 강인구, 서곡, 이형구, 안승주, 정명호, 박용전, 정영호, 진홍섭, 한부지, 전영래

대마도발견 백제금동반가상 /정영호

백제의 수당관계소고 - 내외상관성을 중심으로 -/김선욱
백제의 사회풍속사 연구에 대한 회고와 전망/권태원
백제사연구의 회고와 전망 - 일본의 고고미술사학을 중심으로 -/서용정
백제사연구의 회고와 전망 - 중화민국을 중심으로 -/한부지
익산지역의 백제문화 - 연구사와 연구현황에 대하여 -/윤덕향
백제 연구의 종합적 과제/이기백
보령 예산군 전적 조사보고/윤병태
예산군관내고대산성분포조사보고/심정보, 유원재, 이달훈, 서오선, 서태일, 이정우, 강희천, 공석구
보령군 관내 고대산성 분포조사보고/유원재, 박태우
朝鮮における中國より冊封された官印について) -古代より明に至る-/대곡광남 (Otani Mitsuo)

16 (1985)
고구려의 수당관계연구- 말갈을 중심으로 -/김선욱
우암 송시열연구 (1) -그의 가계와 타성씨족 -/최근묵
아문건축의 양식에 관한 연구 - 충청지방의 아문을 중심으로 -/박만식, 이달훈
부여용정리 백제건물지발굴 조사보고서/윤무병, 이강승
직산 사산성 발굴조사 중간보고서 - 1985년도 제1차 발굴 - /성주탁, 차용걸
연기군 관내 고대산성지 분포조사/박태우
日韓火葬墓の出現) -扶餘と九州-소전부사웅 (Ohda Hujio)
「금강산유산녹」 해제/조종업
연기군 전적 조사보고/윤병태
제3편 유적조사보고 논문편: 개태사 삼존석불전 창건기단 조사보고/윤무병

17 (1986)
간행사: 1986년 12월/권태원
(제2편 제1회 연대학연구 한 일공동학술대회편)
진 한시대의 역일- 전욱역의 산법/고천기일랑 (Hurukawa Kiichiro)
日本の曆の變遷/도유행

古代朝鮮（A. D. 205~1391）の星食記錄의 검증 -一日의 始めの問題を含めて-/재등국치（Saito Kuniji）
백제의 재이기록/박성래
(제1편 제3회 백제연구 국제학술대회편)
수서와 당서의 백제사료에 관한 검토 - 봉건요인을 중심으로 -/김선욱
백제율령에 대하여/노중국
광개토왕릉비문에 보이는 백제관계기사의 검토/이기동
「삼국사기」에 나타난 백제사회의 성격- 「삼국사기」 본기의분석을 중심으로 -/신형식
백제 초기사 연구사료의 성격/이종욱
석상신궁소장 칠지도의 진위에 대하여/김정학
백제사료에 관한 연구 - 현존 유적 유물을 중심으로 -/정영호
백제석실분과 그 묘제의 일본전파에 관한 연구/안승주
백제성지와 문헌자료 - 대목악군 감매현 구지현을중심으로 -/성주탁
「日本書紀」と百濟系史料/산미행구（YamaoYukihisa）
廣開土王碑の百濟と倭/무전행남（TakedaYukio）
淺說中國正史中所見到的百濟史料/손동훈
백제의 언어자료/도수희
초기백제사와 고고학/윤무병
백제시조「구태」고/왕민신
력과 역/유남상
조선 관상감의 성변측후단자/나일성
제3편 유적조사보고 논문편: 사산성일원의 역사적 배경/권태원
18 (1987)
백제고지 대방주고/심정보
백제의 세제/양기석
中國が授けた東夷諸國の冊封について-古代より 唐に至る-/대곡광남（Otani Mitsuo）
안정복의 『대록지』/김수태
扶餘定林寺址蓮池遺蹟發掘報告書/윤무병
통일신라시대의 지방도시에 대한 연구/박태우

조선후기 기호사림의 주자인식 - 주자문집 어록 연구의 전개과정 -/김준석
홍성군 결성지역 지표조사 보고 (1) 충남대학교박물관
19 (1988)
(제 4 회 백제연구 국제학술대회 특집)
종합토론/윤무병, 이기백, 김정기, 최몽룡, 정재훈, 안승주, 차용걸, 심봉근, 전영래, 최성락, 두정승, 이성래, 오연옥
백제 도성에 대하여/안승주
신라성의 축성수법 2 례/심봉근
高句麗の城郭について/전촌황일 (Tamura Koichi)
중국 고대성곽의 구조와 재료의 변천 - 당송성곽의 방어기능을 중심으로 -/황관중
야성과 산성 - 성원의 발전을 통하여 중국 고대국가의 특질을 논함 -/두정승
몽촌토성과 하남위례성/최몽룡
백제도성축조의 발전과정에 대한 고찰/성주탁
사비도성에 대하여/윤무병
백제지방제도와 성곽 - 전북지방을 중심으로 -/전영래
『주서』 백제전 연구/유원재
西日本古代城郭遺跡の研究動向/소전부사웅 (Ohda Hujio)
백제의 축성기법- 판축토루의 조사를 중심으로 -/차용걸
의자왕대 정치세력의 동향과 백제멸망/김주성
신독재 김집의 생애와 예사상/한기범
西周初期燕の埋納遺跡/갑원진지 (Komodo Masayuki)
충남 금산의 탑 신앙 연구/이필영
20 (1989)
사계 김장생의 생애와 예학사상/한기범
백제 건국신화의 원형과 성립배경/노명호
渤海山城理解のにめに-その基礎的檢討-/고교학이 (Takahashi Gakuji)
한 중 고대 도성축조에 관한 비교사적 고찰/성주탁
사비시대 백제의 4 방계산과 호국사찰의 성립 - 법왕의 불교이념 광

대시책과 관련하여 -/이도학

「백제약유요서」기사의 분석유원재

고조선의 문화강역문제/권태원

백제 신화론 - 그 신화론이 전제하고 제기해야 할 문제들에 관한 시론 -/김열규

대전의 고대산성/심정보

21 (1990)

제5회 백제연구 국제학술대회논문

백제건국사의 이, 삼의문제/이기동

종합토론/이기동, 김정기, 성주탁, 전중준명(Tanaka Toshiaki), 윤무병, 노중국, 양기석, 이종욱, 김수태, 전촌원징(Tamura Encho), 유원재, 장영방, 상전정소(Ueda Masaaki), 김은숙, 김성구, 이강승, 권태원, 김재붕, 윤환

부여의 백제요지와 출토유물에 대하여/김성구, 최병현

왕도로서의 사비성에 대한 예비적 고찰/전중준명(Tanaka Toshiaki), 이강승

백제말기 국경선에 대한 고찰/성주탁, 전영래

백제의 남천과 중국문화의 영향/권태원, 박성봉

신봉동 백제토광묘 출토 철제유물/차용걸

백제와 비조문화/상전정소(Ueda Masaaki), 윤환(역), 김정기

충남 연산 개태사 석조삼존불고 - 본존상과 우협시 보살상이 후대의 모작일 가능성에 대하여 -/김춘실

산성 왕성 사비도성/윤무병

당대 사서의 백제에 대한 기록과 인식/장영방, 김선욱(역)

덕흥리 벽화고분의 주인공과 그 성격/공석구

『일본서기』의 백제관계기사의 기초적 검토 -「백제삼서」연구사를 중심으로 -/김은숙, 김태식

백제 사비시대의 중앙정치부조직/이종욱, 노중국, 이종욱

백제 위덕왕대 왕권의 존재형태와 성격/양기석, 유원재

백제의 미륵신앙/전촌원징(Tamura Encho), 윤환(역), 문명대

22 (1991)

중서부지방 백제 토광묘에 대한 시론적 검토/권오영

부소산성 추정 동문지 발굴 개보/최무장
백제 소비포현성지조사보고/성주탁
초기 백제고분의 검토 - 건국과 관련하여 -/강인구
백제의 국호에 관한 몇 문제/도수희
마한 백제국의 형성과 지배집단의 출자/이현혜
백제의 멸망과 당/김수태
서산 태안지역의 조운관련 유적과 고려 영풍조창/윤용혁
고구려 발해 말갈 묘장형제 비교연구/정영진
이색 수필문학의 특성 - 「동문선」 소재 기를 중심으로 -/경일남

23 (1992)

7세기 중엽의 동아시아/산미행구 (YamaoYukihisa)
횡혈식석실분의 조사방법론 (1) - 조사주안점을 중심으로 -/조영현
신라 왕경의 형성과정/강종원
위로의 백제침입 기사/유원재
백제토기의 형성과정 - 한강유역을 중심으로 -/박순발
백제국의 성장과 소금 교역망의 확보/이도학
제라야의 문물교류 - 백제금강 2/최종규
백제 의자왕대의 태자책봉/김수태
초노 이유태의 정치사상 -「기해봉사」의 분석을 중심으로 -/한기범

24 (1994)

백제사료 존의/조종업
연기 비암사석불비상과 진모씨/전영래
고고 미술을 통해본 한 일관계연구시론 - 재일 백제금동불상을 중심하여-/정영호
서울 백제초기고분에 보이는 묘제의 복합성/임영진
백제의 술수/장인성
南北朝隋唐之與百濟的往來/韩国磐
부여 부소산폐사지고/신광섭
'백제패망' 전설들로 본 백제사, 백제사의식/황인덕
삼국시대 철모의 변천 - 백제계 철모의 인식 -/김길식
백제 테뫼식 산성의 형식분류/공석구

25 (1995)

백제 평기와 제작기법 연구/최맹식

향로의 기원과 형식변천/전영래

금강유역의 선사문화 1 - 갑천유역을 중심으로 -/이강승

충남서해안지방 백제토기연구 - 보령 서천지방을 중심으로 -/김종만

「국가진보장」의 백제제 적칠 느티나무장에 대하여/최재석

『고사기』의 백제 신라설화/권오엽

천정대 전설의 역사성과 지역성 (속) /황인덕

신독재 김집의 종법인식과 실천/한기범

명재 윤증의 학문과 정론/이은순

초로 이유태의 성리학 고찰/황의동

동춘당 송준길의 인품과 철학사상/송인창

26 (1996)

外交關係與社會變遷-百濟對中國文化的受容的初步觀察/황관중, 장인성

백제의 사회구조와 생활문화계통/권태원, 이순구

6세기의 백제권력과 불교문화의 수용 (6世紀の百濟權力と佛教文化の受容) /이평래, 귀두청명 (Kito Kiyoahi)

VIEWS OF PAEKCHE HISTORY: THE FOUNDING/ (Sherrill M. Davis), 양기석

백제의 전기판도와 그 언어자료/도수희, 강헌규

CONCERNING THE DATE OF THE PAEKCHE BUREAUCRATIC RANK SYSTEM/ (Jonathan W. Best), 신형식

한성백제 기층문화의 성격 - 중도유형문화의 역사적 성격을 중심으로 -/박순발, 이현혜

영산강유역 옹관고분의 문화적 성격/성낙준, 임영진

백제의 신분제에 대하여 (百濟の身分制について) /정상수웅 (Inoue Hideo)

남북조여백제정치 문화관계적연변/韩昇, 위존성

종합토론/윤무병, 권태원, 귀두청명, (S. M. Davis), 도수희, 이현혜, 박순발, 이형구, 장인성, 황관중, (J. W. Best), 노중국, 정상수웅, 이기동, 권태원 (역), 문선정 (역), 장인성 (역)

백제의 병기 - 칼, 창, 촉의 기초적 분석 -/김성태
백제사회의 지역공동체와 국가권력 - 재지세력 편제의 한 측면 -/이기동, 이우태
　27 (1997)
웅진시대 백제의 남방경성에 대하여/이근우
백제시대 수입도자의 영향과 도자사적 의의/이종민
7세기 중엽의 백제와 왜/정효운
공주 송산리 고분군과 백제 왕릉/이남석
백제사회의 유망민과 도적의 정치적 성격에 대한 검토/조법종
무녕왕 매지권을 통하여 본 백제의 토지매매문제/이희관
백제지역 횡구식석곽분 연구/최완규
백제의 대왜외교와 왕족 -백제외교사의 일특질-/연민수
영산강유역 대형옹관묘 사회의 성장에 대한 시론/김주성
백제 근초고왕의 왕위계승/강종원
지방군사화가 당대 회북지역의 정치와 사회에 미친 징격/노건영
　28 (1998)
백제 시조전승의 형성과 변천에 관한 고찰/임기환
공주 하봉리유적 소고/서오선
백제의 흥기와 대방고지/전영래
세기대 백제의 초강기술/노태천
금강유역 4~5세기 분묘 및 토기의 양상과 변천/성정용
고고학상으로 본 고구려의 한강유역진출과 백제/최종택
금동관으로 본 나주 신촌리 9호분 을관의 연대/박보현
백제의 성, 촌과 지방통치/김영심
백제 지역 출토 중국도자 연구/이난영
백제 사비도성 삼척/성주탁
사비시대 백제의 군사조직과 그 운용/이문기
백제 의자왕대 왕족의 동향/김수태
구순각목토기의 변천과 성격에 대하여/이형원
개태사지 출토 명문와에 대한 일고찰/청수신행
중국 고대 장새의 출현과 형태/장인성
약설신강청동시대/왕병화

29 (1999)

고구려토기의 형성에 대하여/박순발

백제 좌장의 정치적 성격/강종원

백제의 도교/장인성

삼국시대 불교 수용의 실제/이기백

후백제 견훤정권의 성립과 농민/김수태

영목영부의 고대 한일관계사 연구비판/최재석

30 (1999)

강원 지역 철기문화의 성격/심재연

한성백제의 대외관계/박순발

《일본서기》에 나타난 백제왕 풍에 관한 기사에 대하여/최재석

충남지역의 백제 성곽 연구/김영심

수당 사신의 부왜 및 그 예의 문제/고명사

백제연구소와 나 (1968. 4. 1 ~ 1993. 3. 31) /성주탁

31 (2000)

호남 동부지역 고총의 분포상과 그 의미/곽장근

영산강 유역 전방후원분 출토 원통형토기에 관한 시론/우재병

6세기 전반 백제의 가야진출과정/백승충

일본 전방후원분과 횡혈식 석실/하상방언

사비도성의 구조에 대하여/박순발

부여 사비강 '배돛대...' 이야기 연구/황인덕

32 (2000)

중국 동북지방의 선비 무덤 연구/박양진

호남 동부지역 고총의 분포상과 그 의미곽장근

백제 동성왕대 대외정책의 변화/박진숙

천방사 전설과 백제말기 역사상황/황인덕

삼국 및 통일신라 군사참여층의 확대와 군역할/강봉용

5~6세기 영산강유역 정치체의 성격 - 나주 복암리 3호분 출토 위세품분석 -/김낙중

남조의 상례 연구 - 황제의 의례를 중심으로 -/장인성

전남지방 출토 식륜의 의의/소표명언 (Oguri Akihiko)

무녕왕릉 묘지를 통해 본 백제인의 생사관/장인성

33 (2001)

백제의 대외교섭권 장악과 마한/김수태

이중구연토기 소고/서현주

백제 전기 기와에 대한 신지견 - 화성 화산고분군 채집 기와를 중심으로 -/권오영

중부지방 3 ~ 4 세기 고분군 세부편년/김성남

마한 대외교섭의 변천과 백제의 등장/박순발

백제어의 형성과 계통에 대하여/정원수

중국 남북조시대의 반가사유상과 미륵신앙/강희정

34 (2001)

마한의 진왕과 신분고국/윤선태

가야지역 횡혈식석실의 출현배경/산본효문

평기와 연구의 최근동향/최맹식

6 세기 고구려의 불교신앙/정선여

백제설화 연구 성과의 점검과 전망/황인덕, 김기옥

대전 구성동토성/성정용, 이성준

35 (2002)

백제의 만주기원설 검토/김수태

『일본서기』 신공 49 년조에 대한 검토/서보경

우전팔번경 명문에 대한 새로운 고찰/장팔현

『대벽건물』 고 -한일관계의 구체상 구축을 위한 일시론 -/청류태개 (Aoyagi Taisuke)

백제 이층기단 축조술의 일본 비조사 전파/조원창

36 (2002)

한성시기 백제의 도성제와 방어체계/여호규

풍납토성 출토 외래문물에 대한 검토/권오영

풍납토성 출토 '대부' 명에 대하여 /문동석

한성백제기 철기문화의 특성/이남규

백제와 왜의 수막새/판야화신 (저), 산본효문 (역)

《삼국사기·유사》 기사에 의한 신라왕경 복원과 고한척/신정 굉 (저), 산본효문 (역)

37 (2002)

백제인의 식생활 시론/김기섭

한반도 출토 수혜기 (계) 토기에 대하여/목하긍 (저), 산본효문 (역)

사비시대 백제토기와 사회상/김종만

웅진·사비기 백제토기 편년에 대하여 /박순발

계족산성 출토 철제 대도제작에 적용된 기술체계 연구/박장식, 이성준

출운풍토기의 이정에 나타난 고한척/신정굉 (저), 산본효문 (역)

38 (2003)

한성기 백제 기와의 제작전통과 발전의 획기/권오영

백제와 중국의 무역도자/성정용

백제「대통사식」수막새의 성립과 전개/청수소박

백제 사비기의 도연/산본효문

백제 흑치가의 성립과 흑치상지/강종원

근년래남조고고적신수확/추후본

남경 육조도성의 연구/주유흥

남조문화와 왜/하상방언

39 (2004)

구태의 백제건국기사에 대한 재검토/윤용구

한성 백제의 성장과 낙랑·대방군/김수태

5세기 백제와 왜국의 관계/이재석

5, 6세기의 토기에서 본 나주세력/주정청치

부여 능산리 나성축조 목간의 연구/근등호일

백제의 사천왕신앙/길기태

백제 한성시대 평와의 소개/등원륭부

금산 백령산성 출토 명문와 검토/강종원

백제와전에 보이는 동범·개범의 한 사례/청수소박

40 (2004)

낙랑토성의「활석혼입계」토기와 그 연대/정인성

오이도 원삼국토기의 성격/김성남, 우정연

백제토기 형성기에 보이는 낙랑토기의 영향/박순발

화성 기안리 제철유적 출토 낙랑계토기에 대하여/김무중

경기 남부 백제유적의 분포양상과 역사적 의미/이남규, 권오영, 문동석

한성시기 백제 횡혈식 석실분의 수용/김기범

백제마구에 대한 기초적 연구/류창환

백제의 수막새기와 제작기법에 대하여 (Ⅱ) /호전유이

백제서예와 목간의 서풍/이성배

공주 계룡산성/박순발, 정원재

41 (2005)

백제토기 성립기 양상에 대한 재검토/한지선

5세기경 일본열도 주거양식에 보이는 한반도계 취사·난방시스템의 보급과 그 배경/우재병

고배의 형식과 5~6세기 영산강유역권 고분/서현주

고고학적으로 본 6세기의 백제-구주관계/갑원진지 (저), 토전순자 (역)

백제 사비기의 불교정책과 도승/길기태

삼국~고려시대 열쇠·자물쇠의 변천 및 성격/이형원

기와의 전래 - 백제와 일본의 초기 기와생산체제의 비교-/청수소박 (저), 한진숙 (역)

대전 마봉재·두솔산 보루 유적/박순발, 이성준

42 (2005)

백제 단경병 연구/토전순자

수촌리 백제고분군 조영세력 검토/강종원

사비시대 백제 전내부체제의 운영과 변화/이문기

7세기대 고구려 불교정책의 변화와 보덕/정선여

백제 시기의 효사상 수용과 그 의의/근등호일

43 (2006)

5세기의 고구려와 왜국 - 송서 왜국전의 왜왕무 상표문에 나타난 '고구려 정도' 문제를 중심으로 -/서보경

영산강유역 전방후원분을 통해 본 5~6세기 한반도와 일본열도/박천수

장식대도로 본 백제와 가야의 교류/이한상

삼국시대 철촉의 연구/김두철

사비기 석실의 기초편년과 매장구조 - 부여 염창리, 능산리지역을 중심으로/산본효문

백제 사비시기의 미륵신앙/길기태

44 (2006)

백제 한성기 북계와 동계의 변천/문안식

백제 한성시대 남방영역의 확대과정과 지배형태 시론/김성남

웅진기 백제와 가야의 역학관계 연구/곽장근

백제 성왕대의 변경: 한강유역을 중심으로/김수태

고고학 자료로 본 백제와 영산강유역 - 웅진·사비기를 중심으로-/서현주

5세기 왜. 백제관계와 나제동맹/웅곡공남

『삼국사기』 교빙 기사를 통해 본 나제동맹 시기의 재검토/정운용

영산강유역의 전방후원분과 왜국 주연지역의 전방후원분/십수인

동아시아세계 속의 「백제왕씨」의 성립과 전개 - '일본율령국가'를 분석하는 소재로서- /송완범

일본고대목탑기단의 구축기술복원과 심초설치형식의 변천에 관한 연구/좌천정민

45 (2007)

백제 왕실수공업의 성립과 생산체제/김창석

백제 사씨세력의 중앙귀족화와 재지기반/강종원

예산 사면석불의 조성 시기와 그 배경/정재윤

대전 계족산성의 축조배경에 대한 고찰/토전순자

일본〈선광사연기〉에 보이는 백제 불교수용의 일례/김춘실

대전 계족산성 저수지의 구조/이재욱·토전순자

중국에서의 백제학 연구의 회고와 전망/주유흥·정리민

46 (2007)

도시국가 로마의 성립/차전환

서양 중세도시의 자유와 자치-역사인가 신화인가/김응종

중국 초기 도시의 연구-수공업공방의 출현과 발전을 중심으로/박양진

당 후반기 소주성의 공간구조와 사묘/정순모

「환호도시」 론을 통해본 일본 고대 도시의 맹아/우재병
한강, 금강지역의 영남지역계통 문물과 그 의미/성정용
『일본서기』 불교전래기사의 편찬에 대해서/중촌수야
2004년 이후 주마루 오간 연구/우진파
대전 계족산성 출토 토기에 관한 고찰-저수지 및 남문지 출토 토기를 중심으로/토전순자
대전 계족산성 저수지의 축조연대 결정/김명진·이종신·홍덕균
대전 흑석동 산성/박순발·최경환·박길만

47 (2008)
百濟·唐·倭的國際關係
기록에 나타난 백제 시조 및 건국자의 사적 위상과 실태/김병곤
고고자료를 통해 본 웅진도읍기 한강유역 영유설 재고/최종택
백제 흑치상지의 성씨에 대한 신고찰/문동석
백제 왕족의 왜 파견과 그 성격 - 곤지를 중심으로/정재윤
이른바 백제계 횡혈식석실분묘와 군집묘의 형성/一瀨和夫
백제와 당 관계에 관련한 두 문제-웅진 도독 왕문도의 사망과 예식진 묘지명에 관하여/拜根興
백제의 무역망과 담당층/윤재운

48 (2008)
백제의 '당' 호에 대한 시론적 고찰/김영심
백제 '롱관용' 연구/박순발

49 (2009)
한성기 백제 전 초고/정치영
백제 무왕의 대야성과 진출 기도/김주성
익산 왕궁리 오층석탑 발견 사리장엄구에 대한 연구/조원교
대흥 소도독사와 읍치 성황사/강성복
백제 문주왕계의 등장과 무녕왕/전중준명
대전 금고동산성/박순발·박은선·김민선·신경택·전민경

50 (2009)
영산강유역정치체와 백제왕권의 관계변화 - 금속제복식유물을 중심으로 -/김낙중
고구려의 한강유역 영유와 지배/김현숙

한성백제의 도교문화와 그 성립과정/문동석
편운화상부도를 통해 본 실상산문과 견훤정권/배재훈
중국 불교사찰의 검토를 통해 본 백제 사비기 불교사찰의 제문제/양은경
장신구로 본 웅진백제 지방지배의 추이/이한상』
6 좌평-18 부체제와 당제/정동준
고고자료로 본 신라의 한강유역 지배 방식/홍보식

51 (2010)
부여 관북리 백제유적의 성격과 시간적 위치 - 2008년 조사구역을 중심으로 -/남호현
마한·백제의 토기요와 일본 순혜기요의 비교연구/식야호삼 (우에노 코소)
백제 풍납토성 출토 시유도기 연구 - 경당지구 196호 유구 출토품과 중국 자료와의 비교를 중심으로 -/한지수
고대 영산강 유역 세력에 대한 검토/홍성화
백제 오함사 수막새 제작기법 - 백제 사비기 조와기법의 일례 -/평송량웅 (히라마츠 요시오)

52 (2010)
한일 신발문화에 대하여 -한일 목제 신발의 수용과 전개-/본촌충보 (모토무라 미츠야스)
익산 왕궁리유적 궁장과 신롱석 산성의 기원/박순발
고대 여성 연구의 세계적 경향/새라 넬슨
백제 부소산사지 출토품의 재검토와 사지의 성격/양은경
백제 의약과 도교문화/장인성
장강유역 한·육조시기 전실묘의 사우권진식 천정부에 대한 고찰/조윤재

53 (2011)
한성백제의 시간적 상한과 하한/권오영
백제 궁성의 원지와 후원/김낙중
백제의 도교 성립 문제에 대한 일고찰/김영심
중국 고대 도성의 원림 -한당시기의 고고학 발견을 중심으로-/류진동

원삼국~백제 웅진기의 변천양상 및 편년 -한강 및 금강유역을 중심으로-/박순발・이형원

고대 일본의 공원/오노켄키치

新羅의 宮苑池 -九皇洞苑池의 性格을 중심으로-/오승연

54 (2011)

백제 무왕의 태자 책봉과 왕권의 변동/강종원

고대 일본 등원씨와 백제계 도왜인/박재용

일본 '세계사도록'에 나타난 고대 한국사상/박현숙・서보경

백제 정림사식가람배치의 전개와 일본의 초기사원/이병호

무령왕릉 매지권의 기원과 수용배경/장수남

일본 출토 백제 (계) 토기: 출현과 변천/츠지다 준코

55 (2012)

특집: 백제의 지방과 대외교류

백제 국가권력의 확산과 지방/강종원

묘제를 통해 본 한성기백제의 지역상-용원리유적권을 중심으로-/이현숙

한성백제의 대외교류와 불교/길기태

김동관을 통해 본 백제의 지방통치와 대외교류/이훈

호남서부지역 고고학자료를 통해 본 웅진기의 지방/서현주

5~6세기 북구주 호족의 대한교류와 다원성/연민수

漢城百濟期 編年 再考/柳本照男 (YanagimotoTeryo)

백제와 서역의 문물교류에 대한 시론/권오영

백제의 왕, 후호, 장군호제와 그 운영/노중국

백제의 가야 진출과 「사비회의」/김병남

백제의 서남해 도서지역 진출과 해상교통로장악/문안식

56 (2012)

한성백제의 차문화와 다확/문동석

한성백제기 금강유역 거점지역의 지형조건/이홍종, 조보람

나주 복암리 출토 백제목간의 판독과 용도분석-7세기 초 백제의 지방지배와 관련하여-/윤선태

백제〈사택지적비〉의 서풍과 그 형성배경/정현숙

비조시대 궁도와 백제 사비기 도성의 구성요소에 관한 비교시론/鈴木

一議
　웅진도독부의 지리적 위치와 성격/김주성
　57（2013）
　특집: 백제의 중국사행로
　한당시기 중국과 한반도의 해상항로/손광기
　古代중국의 객관제도를 통해 본 백제객관 집아관의 실제/조윤재
　5~7세기 중국왕조들의 백제에 대한 인식과 外交 전략의 변화/방향숙
　연운항 봉토석실묘의 역사 성격/박순발
　자료소개: 연운항시 봉토석실의 조사 보고/고위
　『삼국유사』「변한백제조」에 투영된 백제사 인식/박현숙
　백제사원과 일본 비조사 삼김당의 원류/이병호
　평성궁 정원의 사용형태와 그 특징/김은정
　7세기 후반 백제부흥운동의 두 노선과 왜국의 선택/이재석
　58（2013）
　特輯: 古代韓日關係 研究의 새로운 흐름
　『日本書紀』의 '日本府' 구상과 그 모티브에 관한 試論/이재석
　倭國의 第3次 遣唐使와 百濟, 新羅/나행주
　百濟 古爾王代 聯盟王國說 검토/이현혜
　南京 出土 南朝 塑造像의 製作技法과 生産體系/양은경
　百濟 末 政治 勢力과 百濟의 滅亡/장미애
　馬韓, 百濟地域 出土 炊事容器 變遷考/토전순자
　59（2014）
　호서지역 백제 영역화에 따른 취락의 변화양상/윤정현
　백제김동대향로에 나타난 백제 복식과 콘텐츠/라선정
　미륵사지 석탑 사리장엄구의 구성과 의의/주경미
　일본서기의 백제인식과 번국사상/연민수
　평안경 신천원의 조영 목적과 특징/김은정
　60（2014）
　특집: 고대 동아시아와 궁정의례: 난파조정의 궁전과 조참, 조의/서보경
　고대 일본 도성 공간에 있어 정원의 성격에 관한 고찰-절회 장소의

분석을 중심으로 -/김은정
　　백제 한성양식 토기복합체의 분포시차 연구/이성준
　　한성백제기 거점도시의 구조와 기능 - 나성리유적을 中心으로 - /이홍종, 허의행
　　『일본서기』에 보이는 풍장과 교기 관련 기사의 재검토/남정호
　　61 (2015)
　　極東亞細亞 農獵區 設定/박순발
　　백제 전실묘의 구조와 축조 배경 재검토/윤한나
　　백제 사비기 익산 개발 시기와 그 배경/리병호
　　익산지역 백제유적의 평기와 특징과 변천/박은선
　　후백제 　불교조각의 대외교섭/진정환
　　광인천황의 즉위과정/김은숙
　　62 (2015)
　　서안지역에서 발견된 석탑 및 탑형 사리용기에 대한 소고/염만리
　　백제 익산 미륵사의 3탑 3금당과 쌍탑의 기원/조경철
　　백제 석탑의 독창성과 한국 석탑에 미친 영향-미륵사지 석탑을 중심으로- /박경식
　　한국 석탑 출현기 사리장엄방식의 변화 양상/주경미
　　일본 불탑의 전개와 구조적 특징-한, 중의 새로운 발견과 비교를 바탕으로-/좌천정민 (Sagawa Masatoshi)
　　마한 주구묘의 유형과 시, 공간적 전개과정-경기, 충청지역을 중심으로- /김희중
　　63 (2016)
　　호서지역 고구려유적의 조사현황과 력사적 성격/최종택
　　대전 월평산성의 축성 주체와 위상/이한상
　　고대 갑천류역 백제 사비기 고분의 분포와 역사적 의미/서현주
　　공학적 분석을 통한 풍납토성 성벽의 원형복원/김진만, 손수원, 이성준
　　백제 한성기 저장시설 확산의 동인-단면 플라스크형 저장수혈을 중심으로- /김왕국
　　백제 사비기의 조와계통과 생산체제/최영희

64 (2016)

사이토 다다시의 공주 교촌리 전실분 발굴조사와 가루베 지온 비판/정치영

백제 의자왕대의 대외정책 -신라와의 전쟁을 중심으로- /박서영

남조 화상전 향로와 백제 금동향로 비교/전형, 난국금

65 (2017)

일본 고대도성의 성립과 장지・묘장- 연구 현황과 과제 -/小田裕樹

초기 평안경의 산릉과 장지의 전개/網伸也

한 장안성과 묘지・무덤/유진동

당대의 황제릉/장건임

수・당 장안과 장지- 생전의 생활공간과 사후의 세계 -/妹尾達彦

오나라 수도 건업의 도성 공간과 장지/장학봉, 진강

한반도 요고 전래고/박순발

백제 무왕의 대신라 강경책과 그 배경/강종원

백제어 자음 /p/와 일본어 자음 /h/의 대응관계 연구/최경애

66 (2017)

고대 일본 궁도에 있어 장지의 성립과 전개/橋本義則

백제 도성 묘역의 비교 고찰/박순발

백제 오악 제사와 불교사원- 북악 오함사 와 남악 지역을 중심으로 -/이장웅

중서부지역 원삼국~한성기 백제 시루의 지역특성 연구/나선민

부여 '자온대' 전설의 형성 배경과 후대의 변이/황인덕

A New Perspective in Understanding Jar With Hole and Cylindrical Shaped Pottery Stand/김길식

67 (2018)

백제 호적문서 관련 목간의 재검토/박현숙

무령왕릉 묘지석에 사용된 역법과 상장례기간/최민희

백제 왕흥사지 출토 사리장엄구와 6세기 동아시아 불교문화/주경미

68 (2018)

이상일/백제 등잔 사용법 연구

미륵사지 석탑 판축기초의 복원적 연구민황식/김현용, 천득염

『등씨가전』의 고대한국 관계 기사 검토/박재용

월남사 가람배치에 관한 고찰/정정혁, 정민호, 천득염

《马韩·百济文化》（1975—2018 年）

圆光大学马韩·百济文化研究所主办的《马韩·百济文化》（《마한·백제문화》），偏重考古文化方面。圆光大学位于韩国全罗北道益山市，这里正是韩国西部地区古代马韩百济文化的中心地区。该刊创刊以来出版周期不甚严格，2013 年后定期为半年刊。刊物具有鲜明地域特色，刊登了大量发掘报告、研究论文。收入 KCI 期刊目录。

1（1975）
彌勒寺 創建에 對한 彌勒信仰의 背景/金三龍
彌勒寺址의 緣起說話考/洪石影
典型樣式의 石塔과 彌勒寺址 石塔/金正基
彌勒寺址의 綠釉瓦當에 對한 考察/吳隆京
彌勒山의 名稱에 대한 考察/柳在泳
彌勒寺 創建 緣起說話考/金英泰
百濟時代의 石燈/鄭明鎬
百濟彌勒寺의 創建年代에 對하여/李炳燾
彌勒寺址考/洪思俊
巫의 단골制 研究/金泰坤
完山과 比斯伐論/全榮來
益山 彌勒寺址 東塔址및 西塔調査報告書
2（1977）
百濟의 益山遷都와 그 文化의 性格/金三龍
益山의 靑銅器 文化/金元龍
百濟 帝釋神仰考/洪潤植
益山 王宮坪 發掘調査略報告/鄭明鎬
新撰 姓氏錄의 百濟人 姓氏考/洪思俊
彌勒寺址 東塔址 2次 發掘調査 報告
3（1979）
馬韓領域에서 發見된 住居址/金正基
百濟의 觀音思想/金煐泰
益山地域의 百濟說話/趙明烈

全南地域의 家屋/金光彦
益山文化圈 研究의 現況과 課題/洪潤植
百濟古都 益山地域 文化財現況 調査報告書
4・5 (1982)
百濟 彌勒思想의 歷史的 位置/金三龍
百濟의 彌勒信仰/田村圓澄
韓國 磨製石劍・石鏃編年에 關한 研究/全榮來
飛鳥地方의 寺院跡 發掘調査 成果/坪井清定
日本의 百濟系 雙塔伽藍/藤澤一夫
都城遺跡研究의 一方向/佐藤興治
韓國 工藝技術 發達史/鄭明鎬
報德城 調査報告書
6 (1983)
益山文化圈 研究의 回顧와 展望/金三龍
益山彌勒寺 創建背景을 通해 본 百濟文化의 性格/洪潤植
彌勒寺址 石燈에 對한 研究/鄭明鎬
韓國 青銅器文化의 研究/全榮來
益山地域 金石文 調査報告書/趙東元
7 (1984)
益山地域의 새로운 注目/黃壽永
亞細亞에 있어서 彌勒信仰/中村元
日本에 있어서 百濟史 研究의 意義/芳賀登
日本에 있어서 百濟史 研究/井上秀雄
百濟佛教의 日本 傳來/鎌田茂雄
彌勒信仰 在中國的流傳/楊白衣
中央亞細亞와 百濟의 文化/小玉大圓
7世紀의 日・韓 佛教交涉/中井真孝
百濟의 佛像/秦弘燮
百濟古墳의 系譜/小田富士雄
百濟伽藍의 特性/金正基
百濟 初期遺蹟에 對하여/鄭永鎬
百濟 工藝에 對하여/孟仁在

新羅 皇龍寺 經營의 文化的 意味/洪潤植
8 (1985)
東北亞細亞에 있어서 百濟文化/秦弘燮
百濟에 있어서 彌勒信仰과 益山 彌勒寺/芳賀登
新羅와 百濟工藝 比較 小考/孟仁在
求法僧 謙益과 그의 周邊/小玉大圓
三國時代의 佛敎收容과 社會發展의 諸問題/洪潤植
9 (1986)
考古學側面에서 본 馬韓/崔夢龍
朝鮮時代의 靑華白磁에 나타난 繪 性 硏究/朴幸甫
金山寺의 伽藍과 彌勒信仰/洪潤植
10 (1987).
馬韓・百濟考古學의 發展/金元龍
馬韓의 成立과 變遷/盧重國
馬韓領域에서의 百濟의 成長/李基東
錦江流域 靑銅器文化圈 新資料/全榮來
古代日本에 있어서 百濟의 位置/芳賀登
馬韓・初期百濟史에 對한 歷史地理의 管見/成周鐸
百濟 求法僧 謙益과 그 周邊/小玉大圓
百濟系 石塔의 特徵/金正基
11 (1988)
馬韓 蘇塗信仰領域에서의 百濟佛敎의 收容/洪潤植
古代山城의 發生과 變遷/全榮來
蛇山城考/權兌遠
12 (1990)
馬韓考古學의 現狀과 課題/金元龍
魏志東夷傳에 있어서 馬韓/武田幸男
馬韓時代의 考古學과 文獻史學/全榮來
馬韓社會의 人類學的 考察/李光奎
馬韓社會의 構造와 性格/金杜珍
馬韓史 序章/李基東
吉野? 里 遺跡과 韓國/西谷正

馬韓認識의 歷代 變化/朴性鳳
馬韓文化와 鐵/東潮
全南地方의 馬韓文化/崔盛洛
蘇塗의 宗教民俗學的 照明/金泰坤
百濟의 彌勒寺/Jonathan W. Best
13（1993）
東北亞 古代文化에 있어서의 韓國/金元龍
遼東地區 青銅文化的 新認識/郭大順
劍把頭飾 形式變遷과 青銅器文化의 系列/全榮來
南시베리아의 青銅器時代/V. I. Molodin
先史時代 中國 東北地方의 聚落과 墓地/岡村秀典
遼東半島 石棚의 研究/許玉林
韓半島고인돌文化의 源流와 展開/池健吉
遼東과 西北朝鮮 青銅器時代 陶壺의 幾個問題/徐光輝
東北亞 農業의 發生과 傳播/嚴文明
頭滿江流域 石棺墓의 性格/朴龍淵
考古學的으로 본 高句麗 建國以前의 桓因/李松來
百濟國家形成에 關한 몇 問題/Mikhail N. PAK.
近年 高句麗考古의 主要 發見과 研究/魏存成
外來系文物을 通해 본 5C代 玉田古墳群의 性格/趙榮濟
西 溝型 銅柄鐵劍과 老河深，彩嵐墓地의 族屬/林沄
化學分析을 通해 본 渤海沿岸 青銅器文化의 起源 問題/李亨求
14（1999）
益山地域의 最近 考古學的 成果/崔完奎
百濟 熊津城인 公山城에 對하여/李南奭
王宮里遺蹟 發掘의 最近 成果/孟植
百濟史에서 益山文化遺蹟의 性格/俞元載
百濟 武王代의 政治勢力/金壽泰
15（2001）
百濟지역 정치체의 史的 전개와 百濟史上의 益山세력/盧重國
百濟 法王과 武王의 불교정책/金周成
百濟古墳과 益山 雙陵/李南奭

益山地域의 百濟古墳과 武王陵/崔完奎
地政學的측면에서 본 益山(수로교통로를 중심으로)/金三龍

16 (2004)
금강유역 청동기문화권에 대한 관견/全榮來
考古學으로 본 馬韓/崔夢龍
考古學的立場에서 본 益山文化圈 硏究의 成果/西谷正
韓國古代史에 있어서 益山文化圈의 位置/李基東
百濟 武王代 益山 遷都說의 검토/李道學
6-7 세기 동아시아에 있어서 彌勒信仰의動向/石上善應
考古美術史 側面에서 본 益山彌勒寺의 創造性/金正基
益山地域 佛敎美術과 그 意義/鄭永鎬
益山 王宮塔 出土「百濟金紙角筆 金剛寫經」의 硏究/宋日基
百濟의 益山遷都에 대한 考察/羅鐘宇
4-6 세기 百濟와 大陸 各國의 往來/羅冬陽

17 (2007)
墳墓遺蹟에서 본 익산세력의 傳統性/최완규
益山 王宮城 發掘성과와 그 性格/김용민
高句麗平壤都城と 王宮城/田中俊明
百濟 熊津 王都와 웅진성/이남석
泗沘都城과 익산 왕궁성/박순발
日本藤原京と 王宮城/花谷 浩
百濟 末期의 政治狀況과 익산 왕궁성/강종원
백제 무왕의 즉위과정과 익산/김주성
高句麗・百濟 山城과 都城/전영래

18 (2010)
익산지역 문화유산의 활용방안/윤덕향
고도보존과 고도육성 방향/채미옥
익산지역 문화유산과 주민생활/채남석
'고인돌 유적'의 세계유산등재 의미와 그 영향/이영문
경주문화유산의 국제화 전략 - 문화유산관광을 중심으로/노정철
세계유산 역사도시의 보존과 활용 전략 - 일본 교토와 나라를 중심으로/장호수

19 (2010)

한국 고대사에 있어서 익산 왕궁리유적의 가치와 의의 - 최근의 고고학적 조사 성과를 중심으로 -/지병목

건축사적 측면에서 본 미륵사의 세계유산적 가치/천득염, 김준오

백제익산왕도의 성립과 위상/박방룡

고도 익산의 진정성에 관한 다각적 분석/이도학

중국남조도성과 백제/하운고

동아시아의 고대도성 —왜국과 백제도성제의 관계성에 대하여—/정상화인

20 (2012)

사료와 고고학자료로 본 백제 왕도익산/송호정

웅진기 백제의 재천도 추진과 익산/박중환

고고학 으로 본 백제왕권의 사비 경영과 익산자료/산본효문

백제말기 무왕대 익산천도의 재해석/최완규

東魏北齊城都城規劃於攷古髮掘新收穫/朱巖石

21 (2013)

왕도익산의 현재적 메시지/최완규

百濟王都속의 서울 한성/신희권

百濟王都속의 웅진성/이남석

사비도성과 익산 왕궁성/박순발

백제 왕도 속의 익산/이신효

中國北朝都城制研究/주암석

藤原宮, 京の成立/심택방수

22 (2013)

권두언/안승모

고독한 천재 전영래/최완규

전영래선생님의 미소/윤덕향

한반도 도작농경 기원 연구의 선구자, 전영래/안승모

나의 스승, 전영래 선생님/박현수

전영래 교수님을 회고하며/조상미

고고학계의 스크루우지, 전영래 선생님/이문형

전영래교수년보 및 주요연구업적/원광대학교마한백제문화연구소

전영래 교수마지막 강의/전영래
전영래 교수 육필 원고/전영래
문화유산 스케치/전영래
활동이모저모/전영래
馬韓 -硏究現況과 課題-/최몽룡
마한분묘와 그 묘제의 인식/이남석
익산 오룡리 유적 출토 탄화미 입형 분석/전영원, 안승모, 김성욱
3~4 세기 호서지역 (주구) 토광묘 연구/김중엽
왕궁리유적을 통해 본 백제말기 익산경영/이신효
삼국시대 한강 유역 보루유적의 현황 과 성격 -서울 배봉산과 파주 용미리 보루를 중심으로-/황보경
全北扶安地域高麗靑瓷硏究/한정화, 임영호
益山於陽洞가마 出土白磁硏究/이문형
삼국시대주거지출토토기의 태토조성과 소성온도/신원재
중서부지역 단사선문양에 대한 연구 - 취락유적을 중심으로 -/정우진

23 (2014)
개미와 종자Ⅱ -익산 장신리유적의 사례를 중심으로 -/안현중
익산 청동기문화권과 마한/김규정
익산 무형리 포변유적 조사개요/김중엽, 김형서
익산 어량리 중발유적 조사개요/옥창민, 김성욱, 김승재

24 (2014)
고도 익산의 보존 및 복원을 위한 새로운 모색/최완규
고도, 고도학과 중국고도학회/소정홍
익산 신용리갓점유적의 신석기시대 주거지에 대한 소고/김성욱
조선시대 움집의 려막기능 재고-경기도지역의 움집을 중심으로/오승환
군산 관원리 11 호주거지 출토 탄화종자 분석/안승모
익산 삼담리 상북지유적 조사개요/김중엽, 김성욱, 김승재

25 (2015)
특별기고문: 문산 김삼룡선생과 익산문화권의 연구/홍윤식
특별기고문: 문산 김삼룡박사의 생애와 사상/양은용

특별기고문: 원불교의 미륵사상/박상권
특별기고문: 백제사 속의 익산에 대한 재조명/이도학
특별기고문: 익산문화권 연구의 새로운 모색/최완규
특별기고문: 익산 금마저 백제문화의 새로운 인식/김선기
특별기고문: 숭생기의 관점에서 신라 주요유적 -광주, 월성, 동궁과 월지, 관아, 첨성대의 지기를 중심한 풍수적 관점- /최맹식
고창 봉덕리 1호분의 축조와 공간활용에 관한 검토/김중엽
익산 왕궁성의 구조에 대한 연구 성과와 논쟁점/전용호
백제역사유적지구 세계유산 등재 이후의 문제/이신효
분석 및 조사보고문: 고창 봉덕리 1호분 출토 금동신발의 제작방법과 문양 -4호석실 출토품을 중심으로-/이문형, 유수화
분석 및 조사보고문: 고창 봉덕리 1호분 4호석실 출토 기대와 소호장식호 표면 유약층의 성분 분석/조남철

26 (2015)
특별기고문: 고고학으로 본 복숭아 재배와 의례적 기능/안승모
군산 오식군도의 신석기-청동기시대굴 (Crassostrea gigas) 자원 이용 연구 -노래섬・띠섬 패총을 중심으로-/신숙현
百濟時代第宅의 出現/이수지
고도 익산 백제문화유산의 활용 방안/문이화

27 (2016)
새만금의 고환경과 매장문화재 유존가능성 2/이영덕
호남지역 백제시대 와당 연구/김선기
세계유산 백제역사유적지구의 지역사회 역할/최완규
김제 벽골제 발굴조사 개요 -중심거를 중심으로-/진만강, 곽스도, 안현중

28 (2016)
내 인생의 가이드, 김선기 선생님/심옥섭
내가 사랑한 선생님!/박현수
진로의 길잡이/조상미
영원한 스승 김선기 선생님/김규정
조막손의 남자 "김선기"/이문형
퇴임을 맞이하신 스승님을 위해/한정화

김선기 선생님과의 인연, 그리고 행복한 추억/안여진
김선기박사 당신을 추억하며/안상걸
마한사의 전개와 익산/박순발
마한의 성장과 익산/김규정
7세기 금마세력과 서동설화/김주성
익산지역 고대 성곽의 분포 현황과 특징/이문형
익산지역 백제 건축유적에서 보이는 신 토목·건축 기술/조원창
익산 세계유산 자원의 활용과 주민 참여/문이화
국립익산박물관에서 백제 정원 활용방안 시론/한승호, 송현경, 김남주

29 (2017)
익산 쌍릉 출토 유물 -목관을 중심으로-/이영범
익산 쌍릉의 세계유산 추가등재 전략 -일본 사례와의 비교 검토를 통해서-/이다운
익산 연동리유적 가마 검토/김형서
출토된 철기 유물의 보호를 위한 방청필름 적용성 연구/한예빈, 범대건

30 (2017)
세계유산 백제역사유적지구의 지역활성화 전략 - 익산을 중심으로 -/문이화
세계문화유산과 고도보존사업의 연계 필요성과 과제/채미옥
한국 세계유산의 보호·관리 및 홍보·활용 현황과 과제/한필원
유적 출토품으로 본 부안 청자의 특징과 편년/김세진
백제 사비도성의 건물유형 연구/강소희
고구려 철촉의 편년 연구/김보람

31 (2018)
중국의 세계유산 및 그에 따른 고도古都와의 관계/리링푸, 조윤재 (번역)
세계유산과 중국 세계문화유산의 보존 -문화유잔 보존 이념의 융합과 실천, 그리고 발전-/두샤오판, 조윤재 (번역)
세계문화유산 등재 그 후 -중국 제계문화유산 현황-/선양, 조윤재 (번역)

중서부지역 청동기시대와 원삼국시대 분묘의 공간분포와 그 의미/최원석

백제 장식대도의 원형복원을 위한 비교 연구/이현상

일제강점기 고적조사사업으로 본 익산의 문화유산 －1900～1920년의 고적조사를 중심으로－/신민철

32（2018）

백제 천도 지명 지모밀지와 속지명　모질매´/박종희

백제의 고도, 익산의 도성과 왕궁/이신효

전북지역 마한・백제 사주식 주거 구조의 양상/조성희

화엄사 서오층석탑 부조 신장상 연구/윤여창

익산 쌍릉（대왕릉：사적 제87호）발굴조사 개요/이문형, 김중엽

익산토성（사적 제92호）발굴조사 개요/박동범

图 3-24　《百济学报》 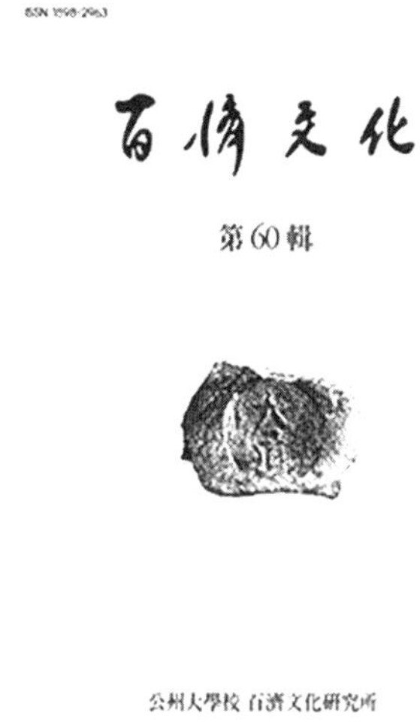　　　图 3-25　《百济文化》

图 3-26　《百济研究》　　　　　图 3-27　《马韩·百济文化》

附 录

作者已刊百济史论著

2014 年

《韩国与中国近 30 年百济史研究述要——以对外关系史研究为中心》，中国朝鲜史研究会会刊《朝鲜·韩国历史研究》第 15 辑。

2015 年

《试论南北朝时期高句丽黄海交通活动的影响》，《延边大学学报》2015 年第 4 期。

2016 年

《百济与北族关系问题》，《韩国研究论丛》2016 年第 2 辑。

2017 年

《대방군왕 작호에 대한 고찰: 중국과 백제의 관계로 부터》，韓國百濟學會會刊《百濟學報》第 19 號。

2018 年

《百济与中古中国政治关系新探——以带方郡公/王爵号为中心》，《中国中古史集刊》第 4 辑，商务印书馆。

《朝鲜半岛与古代汉字文化的传播——读戴卫红〈韩国木简研究〉》，《澎湃·私家历史》2018 年 4 月 30 日；又刊《中国与域外》第 3 期，2018。

2019 年

《中国学界百济史新近研究及其反思》，《当代韩国》2019 年第 1 期。

《汉唐时代与百济历史——研究内涵、历史书写与学术谱系》，《社会科学战线》2019 年第 10 期。

后　记

　　古代中国与周边互动的历史，是我尤为关心的学术领域。汉唐时代的百济古国，是一个相对受到忽视的"周边"，而百济人群及其故地也曾一度由"外"而"内"，所以我很想通过百济研究这样的视角，重新观察中古中国与周邻世界。

　　这本《百济集史》共分三编，一为史事撷要，即百济基本史实和脉络；二为史料提要，即东亚典籍、金石文的解题和考古资料的介绍；三为学史述要，分国别回顾中日韩三国学者的研究成果。细心的读者不难发现，书中颇有些"留白"之处。

　　最初，为了研究百济，我撰写了关于韩国与中国学界研究成果的长文，随后又针对大陆学界近年的新研究作出过评述。日本学界的成果几乎没有得到国内学者的关注和吸收，所以又补写了今西龙、轻部慈恩、坂元义种三人著作的介绍。后进的研究者，只有重视学术史，才能作出被学术史重视的文章。这即是本书第三编的缘起。

　　百济的史料，分散于东亚，韩国同行对其中的典籍和金石文献各有整理辑录，对于百济考古文物资料也有系统介绍，但我认为应将三者同等对待、融通汇总，同时还要对史料进行分类定性。这是本书第二编竭力所做，今后的工作将更加细化。

　　百济的历史叙事，因为史载缺佚，尚有不明之处。迄今为止，就连将百济史作为"国史"的韩国学界也还没有一部百济通史行世。本书第一编简要论及学界较为关心的专题，并提供一份大事年表，恐怕也不乏羚羊挂角之失。我相信随着新史料的不断发现，国际学术交流的不断深化，研究水准也会不断提高，这些必将推动高质量的百济史撰著，希望本书的第一编能有资格成为引玉之砖。

　　陕西师范大学是隋唐史研究重镇，长安作为周秦汉唐的千年故都，考古文物和历史遗迹的丰富程度远非其他任何一地可比，在古都任教，我颇感幸运。学院领导、前辈、学友们给予我工作和生活上的多方关照，使我获得了安定的写作环境。本书能有幸被纳入"陕西师范大学史学丛书"并得到二〇一九年度陕西师范大学优秀出版著作基金资助，就得益于学校和学院的大力支持，这对于一个以学术为志业的青年学人是一种鼓励和鞭策。

韩国忠南大学的朴淳发先生，曾牺牲休息时间对我的第一篇百济史文章逐页点拨，并勉励我继续百济研究。延边大学的全莹老师邀请我参加韩国百济学会，督促我拿出让海东同行刮目相看的研究成果。拜根兴先生多年来对我的学习和研究十分关心，惠助尤多，我到西安以后更是获得了随时请益的机会。我的两位授业恩师李宗勋先生和李鸿宾先生，各以其独特的方式关怀着我的学术道路，虽然他们对这本"不务正业"的书毫不知情。李花子老师帮助落实在中国社会科学院访学事宜，使我获得难能可贵的自由空间，本书即是回京学习的部分成果。这本小书也是我研究百济的开始，借此付梓之机，特向几位老师表示衷心感谢。

书稿撰写期间，西安博物院张全民先生惠赠百济人墓志集成图录，延边大学金光熙、郑红英、金锦子等老师寄赐大量韩文书刊，在日本访学的金光锡、胡耀飞二兄帮忙搜集相关资料，王艳、蒋雪楠、单敏等学生协助翻译文献、编制表格等，特此一并对以上诸位致以诚挚谢意。

本书的编辑出版工作，还要向社会科学文献出版社的领导和同仁道谢，尤其是高明秀、郑庆寰、赵晨诸位的帮助，特别感谢张倩郢，她提出不少修正建议。

冯立君　谨识
二〇一九年秋于新疆旅次

图书在版编目（CIP）数据

百济集史 / 冯立君著. — 北京：社会科学文献出版社，2019.10

（陕西师范大学史学丛书）

ISBN 978-7-5201-5543-4

Ⅰ.①百… Ⅱ.①冯… Ⅲ.①东亚-历史 Ⅳ.①K31

中国版本图书馆 CIP 数据核字（2019）第 205257 号

陕西师范大学史学丛书

百济集史

著　　者 / 冯立君
出 版 人 / 谢寿光
责任编辑 / 赵　晨
文稿编辑 / 张倩郢

出　　版 / 社会科学文献出版社·历史学分社（010）59367256
地址：北京市北三环中路甲29号院华龙大厦 邮编：100029
网址：www.ssap.com.cn
发　　行 / 市场营销中心（010）59367081　59367083
印　　装 / 三河市尚艺印装有限公司

规　　格 / 开 本：787mm×1092mm　1/16
印 张：29　字 数：486千字
版　　次 / 2019年10月第1版　2019年10月第1次印刷
书　　号 / ISBN 978-7-5201-5543-4
定　　价 / 128.00元

本书如有印装质量问题，请与读者服务中心（010-59367028）联系

▲ 版权所有 翻印必究